OSTSEE
Riga
Smolensk
Mogilew
KAISERREICH RUSSLAND
KGR. POLEN
Zamosc
Wieliczka
Galizien
Brody
Zaslau
Jaroslau
Lemberg
Tarnopol
Troppau
Jekaterinoslaw
Elisabethgrad
Nikopol
Kaschau
Szarogrod
HABSBURGER REICH
Cherson
Pest
Fsm. Moldau
Szegedin
Arad
Siebenbürgen
Krim
Feodossija
KGR.
Temesvár
Karlsburg
Kézdivásárhely
Hermannstadt
Sewastopol
Peterwardein
Dubova
Walachei
SCHWARZES MEER
OSMANISCHES REICH

MONIKA CZERNIN

Der Kaiser reist inkognito

JOSEPH II. UND DAS EUROPA DER AUFKLÄRUNG

PENGUIN VERLAG

Klimaneutral
Druckprodukt
ClimatePartner.com/14044-1912-1001

MIX
Papier aus verantwortungsvollen Quellen
FSC® C014496
FSC
www.fsc.org

Penguin Random House Verlagsgruppe FSC® N001967

3. Auflage

Lektorat: Regina Carstensen
Karten: Birgit Kohlhaas, kohlhaas-buchgestaltung.de
Umschlaggestaltung: Favoritbuero, München
Umschlagabbildungen: Porträt Kaiser Josephs II. (1741–1790)
von Joseph Hickel (Böhmisch Leipa 1736–1807 Wien),
Dorotheum Wien, Auktionskatalog 22. 10. 2019;
Großfürstentum Siebenbürgen [B IX a 715],
Josephinische Landesaufnahme (1769–1773),
Österreichisches Staatsarchiv
Satz: Leingärtner, Nabburg
Druck und Bindung: GGP Media GmbH
Printed in Germany
ISBN 978-3-328-60057-2
www.penguin-verlag.de

Dieses Buch ist auch als E-Book erhältlich.

Für meinen Vater, Vinzenz Czernin, der mich reisen lehrte
und meine Leidenschaft für die Geschichte Europas grundgelegt hat.
Und für meinen Mentor und Freund Remo Largo,
der das Erscheinen dieses Buches noch so gerne erlebt hätte.

Es ist der Welt nicht gegeben, sich zu bescheiden:
den Großen nicht, dass kein Missbrauch der Gewalt stattfinde,
und der Masse nicht, dass sie in Erwartung allmählicher
Verbesserungen mit einem mäßigen Zustande sich begnüge.
Könnte man die Menschheit vollkommen machen, so wäre
auch ein vollkommener Zustand denkbar; so aber wird es
ewig herüber- und hinüberschwanken, der eine Teil wird leiden,
während der andere sich wohl befindet, Egoismus
und Neid werden als böse Dämonen ihr Spiel treiben,
und der Kampf der Parteien wird kein Ende haben.

Johann Wolfgang von Goethe im Gespräch mit Johann Peter Eckermann,
25. Februar 1824

Wirf dich ins Weite, wirf dich ins Leere,
Nur Ferne gewinnt dich dir selber zurück!

Stefan Zweig, »Hymnus an die Reise«, 1909

Inhalt

Prolog

Inmitten des feuchten, düsteren Verlieses kniet ein junger Mann auf dem nackten Boden. Durch die wenigen Fenster dringt fahles Licht ins Innere, das sich an den vielen Spinnweben bricht und für einen trügerischen Glanz sorgt. Es tropft von der Decke, ein monotoner, folternder Rhythmus. Der Mann liegt in Ketten, schweren Eisenketten, die bei jeder Bewegung über den Stein scheuern und mit einem großen Ring an der Kerkermauer angebracht sind. Er kann sich kaum rühren. Im Raum sind nur sein Atem und das Tropfen zu hören, während von weiter weg die Schreie der Gefolterten zu ihm herüberdringen. Sein Gewand – und das ist das Seltsame – ist weder verschlissen noch schmutzig. Ein paar frische Flecken, die die Ketten und der schmierige Boden hinterlassen haben, ansonsten goldene Knöpfe, feinstes Tuch, eine weiße Generalsuniform. Einzig hochgestellte Persönlichkeiten, solche, die nie und nimmer in den Verliesen der schauerlichen Festung Spielberg in Brünn inhaftiert wurden, durften ein Gewand wie dieses tragen. Und noch etwas ist ungewöhnlich. Die Gesichtszüge und Hände des Angeketteten sind fein und elegant, womöglich von hoher Geburt. Wer ist der Mann?

Jetzt hört man Schritte, eilige Schritte. Zwei Männer, ebenfalls in Uniform, und ein Kerkermeister.

»Majestät, es reicht!«, sagt der eine.

»Bitte …«, der andere.

Betreten versuchen sie seinem Blick auszuweichen, während der

Kerkermeister die Ketten löst. Nur er, der die Gesichter der Gepeinigten gut kennt, die anfängliche Verzweiflung und später die von den Martern toten Blicke, sieht ein Erkennen von Erniedrigung und Pein in den Augen des hohen Mannes aufblitzen. Nie wird er dieses Antlitz vergessen.

Der Kaiser – denn kein anderer ist es, der sich sehr zum Missfallen seiner Entourage dieser Tortur unterzogen hat – erhebt sich, klopft seinen Rock aus und streckt seinen Rücken. Ein Schauder läuft durch seinen ganzen Körper, er fröstelt bis ins tiefste Innere seiner Seele. Erst als er hinter seinen Begleitern hinaus ins Freie tritt, spürt er die Wärme des zu Ende gehenden Tages. Voll wiedergefundener Lebensfreude besteigt er sein Pferd, gibt ihm die Sporen und galoppiert vor den Kutschen seiner Reisebegleiter in Richtung Horizont. Es ist die erste Reise des jungen Herrschers inkognito durch Europa. Im Ausland nannte er sich Graf von Falkenstein, und so wurde er unter diesem Titel in ganz Europa berühmt, ja, es bürgerte sich ein, ihn ganz allgemein so zu bezeichnen.

Welch eine Szene![1] Die, die sie miterlebt oder auch nur davon gehört hatten, sprachen entweder mit Irritation oder Ehrfurcht von dem Ereignis im Sommer 1766. Ein Kaiser in Ketten? Freiwillig das Los gemeiner Verbrecher erduldend? Auch wenn nur für einige Stunden? Wo und wann hatte es so etwas gegeben? Im ausgehenden 18. Jahrhundert, in jenen Jahren vor dem Ausbruch der Französischen Revolution, als es in Europa gärte, als die scheinbar so festgefügte Ordnung des Ancien Régime und der barocken Höfe überall Risse bekam und mit dem Sturm auf die Bastille 1789 schließlich in Brüche ging. Nur eine geschichtsvergessene Zeit kann leugnen, dass die Krisen und Verwerfungen, die wir gegenwärtig in Europa erleben, keine Vorläufer haben. So wie heute schienen damals die alten Gleichungen nicht mehr aufzugehen. Hier ein von Gott eingesetzter Monarch, dort sein fügsames Volk. Hier Prunk und Etikette, dort Mittellosigkeit und Schicksalsergebenheit. Hier die Macht der Grundherren, dort die Ohnmacht der Leibeigenen. Hier die reiche Kirche, dort die armen Sünder. Überall Oben und Unten.

Dabei hatten die Aufklärer, jene kühnen Denker der Epoche, die Glückseligkeit aller Menschen zur Maxime erhoben, nicht einfach als hohle Phrase, sondern als Herausforderung an die Politik. Vernunft und Wissenserwerb, Toleranz und Bürgerrechte sollten fortan die Grundlage für die als dringend erachteten Reformen dienen. In der Theorie waren derlei Postulate schnell in die Welt hinausposaunt – sie umzusetzen war eine ungleich schwierigere Aufgabe. Schon weil die Ungleichheit zum Signum der Epoche gehörte. Die Ungleichheit der Stände – soziale Klassen sollte es erst später geben – und die daraus resultierenden Lebensläufe. Die unterschiedliche Entwicklung von Städten und ländlichen Regionen. Dazu die Unterschiede der vielen verschiedenen Distrikte, Länder und Herrschaftsgebiete, die Europa wie einen bunten Flickenteppich aussehen ließen. Am heterogensten war die Habsburgermonarchie, ein unübersichtliches Länderkonglomerat, das nur durch die habsburgische Dynastie zusammengehalten wurde und immer wieder in höchst unterschiedliche Territorien mit eigenen Eliten, Gesetzen, Sprachen und Entwicklungsstadien zu zerfallen drohte.

Aber auch das Römisch-Deutsche Reich, dessen Kaiser der in Ketten gelegte fünfundzwanzigjährige Mann war, bestand aus einem Sammelsurium von Ländern, die mehr oder weniger lärmend auf ihre jeweilige Unabhängigkeit pochten. Der Kaiser nannte sich Joseph II., war seit einem Jahr im Amt und sollte mit seinen Herrschaftspraktiken noch zahlreiche Fürsten und Untertanen in ganz Europa in Staunen versetzen. Neben dem Heiligen Römischen Reich, für das die Habsburger seit dem 15. Jahrhundert fast ununterbrochen den Kaiser stellten, regierte er gemeinsam mit seiner Mutter Maria Theresia, einer Erzherzogin von Österreich, auch noch das Habsburgerreich, das nur zum Teil zum Römisch-Deutschen Reich gehörte.[2]

Das ist mehr als kompliziert! Vieles von der Lebenswelt des 18. Jahrhunderts, das uns heute so fremd erscheint, können wir nur mit Mühe verstehen. In diesem Fall hilft es, sich in eine Landkarte aus der Mitte des 18. Jahrhunderts zu vertiefen und die unübersichtlichen Grenzverläufe zu studieren. Diejenigen des Habsburgerreichs überlappen sich nur teilweise mit denjenigen des Heiligen Römischen Reichs, das eine Unzahl weiterer Länder auf sich vereint. Letzteres grenzt im Westen an das Königreich Frankreich, im Norden an das von Dänemark, im Osten an das von Polen und an das Königreich Ungarn, welches Teil des Habsburgerreichs, nicht aber des Römisch-Deutschen Reichs ist. Zu Österreich *und* dem Heiligen Römischen Reich gehören die Erzherzogtümer ob und unter der Enns (Ober- und Niederösterreich), die Herzogtümer Steiermark, Kärnten und Krain, die Grafschaft Tirol mit Vorarlberg, die Grafschaft Görz, Inneristrien und die Hafenstadt Triest, Streubesitz im Breisgau, Schwaben und Elsass. Zu Österreich, *nicht* aber zum Römisch-Deutschen Reich zählen der weitaus größere Teil der habsburgischen Länder: Schlesien, Kroatien, Slawonien, Dalmatien und das von den Türken zurückeroberte Siebenbürgen sowie das Banat. Das Königreich Böhmen samt der Markgrafschaft Mähren genießt eine Sonderstellung. Außerdem befinden sich noch beträchtliche Gebiete in Italien (etwa das Herzogtum Mailand und Modena) und schließlich die Österreichischen Niederlande unter Habsburgischer Oberherrschaft. Die Osmanen beherrschen das ganze südöstliche Mittelmeer, haben ihre größte Ausdehnung während der Türkenkriege jedoch längst eingebüßt. Und noch weiter im Osten schließt – so weit das Auge reicht – das schier unendlich große Zarenreich an. Das ist in etwa das geografische Spektrum, innerhalb dessen sich diese Erzählung hier abspielt.

Regieren war im ausgehenden 18. Jahrhundert keine einfache Sache, es reichte nicht, auf die Jagd zu gehen und Staatsbankette zu geben, wie man es Josephs Großvater nachsagte. Um genau zu sein: Die Aufgabe, die der Enkel Kaiser Karls VI. zu übernehmen sich anschickte, war überaus schwierig und verzwickt, auch wenn er als aufgeklärter Monarch wie alle, die sich zur geistigen Avantgarde der Epoche zählten, annahm, dass eine vernunftorientierte Politik Vorurteile und Aberglauben beseitigen und die menschlichen Verhältnisse in rationaler Weise neu zu ordnen imstande wäre. Doch das Römisch-Deutsche Reich bestand aus einem schwer zu kontrollierenden Haufen souveräner Fürsten, und das Habsburgerreich mit seinen Dutzenden Völkern, Religionen, Sprachen war für simple Lösungen ebenfalls zu komplex. Trotz der Reformanstrengungen, die schon Josephs Eltern unternommen hatten, erschien Österreich immer noch rückständiger als Frankreich oder Preußen. Der Schuldenberg war durch die Kriege bedrohlich angewachsen. Die Verwaltung hinkte den verordneten Reformvorstellungen hinterher. Der Hof war ein barockes, auf Gunst und Missgunst ausgerichtetes Gebilde, verfilzt und teuer. Und dann schwankte auch noch das Mächtegleichgewicht in Europa ständig und gefährlich hin und her.

Joseph wollte (ab 1765 als Mitregent an der Seite seiner Mutter, ab 1780 als Alleinherrscher) aus den habsburgischen Ländern einen modernen Staat, ein Territorium mit gleichen Gesetzen, vereinheitlichten Institutionen und einer zentralen Verwaltung, ein Ganzes also oder – in der Sprache der Zeitgenossen – ein *totum* schmieden und Österreich zur Großmacht aufsteigen lassen.[3] Was man jedoch hinzufügen muss, auch wenn die Historiker es nicht so nennen würden: An der heterogenen Verfasstheit seines Reichs waren seine Vorgänger »schuld« (wie im Übrigen ebenso alle anderen Herrscherhäuser Europas), hatten sie doch ihre Territorien bisher nicht als Staaten begriffen. Es waren dynastische Reiche, durch Kriege, Heiratspolitik und

Tausch zusammengekommen, ohne einheitliche administrative Einrichtungen, dafür aber mit mächtigen lokalen Adelsfamilien, die das Steuerwesen, die Rechtsprechung und die Einberufung zum Militär kontrollierten und in unregelmäßigen Abständen Landtage abhielten. Die Habsburger waren auf diese Gremien angewiesen, sie herrschten weder absolut noch souverän, sondern in einem auf Gegenseitigkeit beruhenden Abhängigkeitssystem. Das alles mag im Mittelalter durchaus Sinn gemacht haben, aber im 18. Jahrhundert war dieses Ancien Régime zunehmend dysfunktional geworden. Kein Wunder also, dass Joseph II. große und umfassende Reformen in Angriff nehmen würde.

Dazu musste der Kaiser die Verhältnisse kennenlernen, und deshalb verordnete er sich eine Reihe von Reisen bis in die hintersten Winkel seines Reichs und durch ganz Europa. Er wollte Daten und Fakten sammeln. Er wollte wahrnehmen, zuhören und kombinieren. Er wollte die Welt verstehen, um sie zu verändern. Seine Reisen waren von den Prinzipien der Aufklärung nur so durchdrungen, sie waren gewissermaßen eine Inkarnation des aufgeklärten Projekts, unter dem die Zeitgenossen in ihrem Fortschrittsoptimismus ganz allgemein ein immerwährendes Voranschreiten im Lichte der Vernunft verstanden. Das 20. Jahrhundert hat durch seine Barbarei diese Hoffnung indes nachhaltig erschüttert, und unsere Zeit hat die blinden Flecken jener Ära unter anderem als ein Unterfangen weißer, mächtiger Männer auf den Prüfstand gestellt.[4]

Josephs Mutter hingegen waren die aufgeklärten Philosophen stets suspekt gewesen, vielleicht auch deshalb, weil sie durch die Bank Männer waren. In jedem Fall mied sie sie, wo sie nur konnte, und doch hatte sie Josephs Erzieher (welcher Mutter passiert das nicht?) aus ebenjenem aufgeklärten Milieu gewählt, allen voran den Staatsrechtler Christian August Beck. Franz Stephan von Lothringen, der zurückhaltende, aber kluge und fortschrittliche Vater hatte mit seinem

Denken ebenfalls das Seine zur Erziehung des Thronfolgers beigetragen. Trotzdem scheuten Josephs Lehrer keine Mühe, den aufgeweckten, hochintelligenten Jungen in ein Korsett zu zwingen. Allein ihr Zögling, den man als »störrisch« empfand (heute würde man dazu einfach willensstark sagen), ließ sich nicht brechen, lieber ging er, kaum zum Mitregenten ernannt, auf Reisen, die ihm eine bessere Schulung dünkten als der Einfluss seiner Erzieher und Berater.

Und so wurde aus dem Kind, das sein Taschengeld gern an Arme verschenkte, ein Monarch, der seine gewohnten Sphären verließ, um die Bitten und Klagen des Volkes ernst zu nehmen. Um das Korn auf den Feldern seines Reichs im Wind wehen zu sehen. Um den Pflug der leibeigenen Bauern selbst in die Hand zu nehmen und die Ketten der Kerkerhaft zu spüren. Um die Unwegsamkeit der Straßen, die Unpassierbarkeit von Flüssen, die labyrinthische Dichte der Wälder, die Ärmlichkeit der Dörfer zu erfassen und die Mühsal und Beengtheit des ländlichen Lebens kennenzulernen. Aber auch, um osmanische Salztransporte auf der Donau zu verfolgen und die Soldaten an den äußersten Grenzen seines Reichs zu besuchen, genauso den Papst in Rom, den Vesuv bei Neapel, Versailles und Paris sowie die anderen aufgeklärten Herrscher seiner Zeit, den *großen* Friedrich in Preußen sowie die *große* Katharina in Russland. Dabei war er radikaler als die beiden »Großen«, denn ihm war es mit dem aufgeklärten Herrschaftsverständnis vom »ersten Diener des Staates« ernster als Friedrich und Katharina. Dem wenig fortschrittlichen französischen König, Ludwig XVI., der seine Schwester Marie Antoinette geheiratet hatte, war Joseph an Weitblick und Mut weit überlegen. Als er die beiden 1777 in Versailles besuchte, ahnte er ihr schlimmes Ende voraus.

Alles, was Joseph auf seinen Reisen sah, notierte er sorgfältig in seinem Reisejournal und verfasste im Anschluss umfangreiche, meist luzide »Relationen«, Berichte, die er seiner Mutter und dem Staatsrat vorlegte. Denn war nicht das Informationsdefizit des Hofes das

Problem der Monarchie? Nur durch unvoreingenommenes empirisches Erforschen könne man, so Josephs Überzeugung, Tradition und Parteilichkeit entkommen und sinnvolle Reformen beschließen. *Ich habe keine Vorurteile gehabt. Aber gesehen, gehört, kombiniert.*[5]

Während er im Römisch-Deutschen Reich alleine Kaiser war, musste Joseph sich im Habsburgerreich die Regentschaft mit seiner Mutter teilen, eine Regierungsform, die Sprengstoff in Hülle und Fülle bot. Und das nicht nur, weil es nicht leicht ist, mit einem Elternteil gemeinsam ein Reich zu lenken, sondern auch, weil der Generationskonflikt, den die beiden fünfzehn Jahre lang auslebten und in ihren Briefen für die Nachwelt festhielten, in Wirklichkeit ein Epochenkonflikt war. Sie waren Protagonisten im Wettstreit zwischen neuem und altem Herrschaftsverständnis, zwischen vormodernem und modernem Staat, zwischen Feudaldenken und Aufklärung. Die Rollen in dem Spiel waren meist klar verteilt, hier der vorwärtspreschende Sohn, dort die zögerliche Mutter, doch manchmal vertauschten sie ihre Rollen aus bestimmten Gründen auch. Dass Maria Theresia in jenen Jahren die Politik allein bestimmte und Joseph deshalb nichts anderes übrig blieb, als den Hof zu fliehen und auf Reisen zu gehen, ist indes eine ungerechte Unterstellung. Nur diejenigen sind ihr auf den Leim gegangen, die dem Gejammere der Mutter über die Unternehmungen des Sohnes allzu großen Glauben schenkten. Josephs Exkursionen waren keine Flucht, ganz im Gegenteil, sie waren sein politisches Programm. *Wenn das Reisen für jeden denkenden Menschen nützlich ist, so ist es das umso mehr für einen Souverän, der, alle Vergnügungen zurückweisend, sich nur auf die Nützlichkeit seines Tuns konzentriert*, schrieb er schon kurz nach seinem Regierungsantritt 1765.[6]

Auch nach Maria Theresias Tod 1780, in den Jahren der Alleinherrschaft, war der Kaiser weiter inkognito in Europa unterwegs. Und er versuchte das angefangene Reformprogramm zu vollenden, für das er auf all seinen Reisen Anschauungsmaterial gesammelt hatte – in

Windeseile und zum Teil mit brachialer Gewalt. Das Toleranzedikt und die Abschaffung der Leibeigenschaft, die Einführung des Beamtenstaats und eine Grundsteuer für alle, die Aufhebung von Todesstrafe und Zensur, der Bau von Schulen, Krankenhäusern und Armeninstituten – kaum jemand kam mit der Geschwindigkeit der Veränderungen zurecht. Das machte den Kaiser ungeduldig, schließlich galt es, keine Zeit zu verlieren, und die Reformen waren doch alle ganz logisch. Es war eben eine Epoche großer Umwälzungen.

Das Volk war die neue Variable in der alten Gleichung, denn es ließ sich nicht mehr ignorieren. Anfangs war es für Joseph nur eine unklare Verheißung. Seine Erzieher hatten davon gesprochen, dass er als erster Diener des Staates für die Glückseligkeit aller verantwortlich sei, also – zumindest erschien es ihm so – auch für das Wohl der Bauern, der Handwerker und Tagelöhner, ja, sogar der armseligen Bettler und notleidenden Mütter. Den Hof und den Adel, die Staatsbankette in Schönbrunn und die öden Gala-Tage in der Hofburg – das kannte Joseph zur Genüge. Aber das Volk war ein ferner, unbekannter Kontinent. Schon früh keimte daher der Wunsch in ihm auf, dieses, sein Volk kennenzulernen. Und als er dann auf seinen Reisen all die einfachen Menschen traf und ihre Bittschriften an sich nahm, prägten sich ihm Bilder und Erlebnisse ein, die er nie mehr vergaß, die ein Leben lang nachhallten. Denn das Volk lebte in großer Unordnung, in existenzieller Not, in Dunkelheit und Aberglauben. Es war auf vielfältige Art und Weise bedrückt. Kaiser Joseph II. sollte mehr als jeder andere Herrscher seiner Epoche zum Anwalt dieses Volkes werden, zu einem Monarchen, der die Menschen und ihre Lebensumstände zu verstehen versuchte, der sich vor die Tore der Städte begab, um die Bitten all jener zu hören, die von den Herrschenden normalerweise nur dann wahrgenommen wurden, wenn sie Hungerrevolten oder Bauernunruhen anzettelten. Sich der Verwundbarkeit der Schwachen anzunehmen wurde zu seinem Alleinstellungsmerkmal.

Jeder, der selbst in frühen Jahren Reisen in fremde Welten unternommen und diese nicht nur aus Abenteuerlust, sondern zur Erweiterung des eigenen Horizonts riskiert hat, weiß, wie sehr das Unterwegssein das eigene Sein verändert. Und dabei kann man das, was Joseph unternahm, nur mit den kühnsten Abenteuerreisen vergleichen. Nicht mit Kreuzfahrten auf einem Luxusdampfer! Schließlich reiste der Kaiser mit kleinem Gefolge, mit einem Zelt und seiner Hirschhaut als Schlafsack. Wer einmal in einem weltabgeschiedenen Dorf gestrandet ist und in einer ärmlichen Hütte um Wasser gebeten hat, wer sich zu Fuß abseits der erschlossenen Wege durch die Wildnis gekämpft, sich mit extremer Armut oder epidemischen Krankheiten konfrontiert gesehen hat, der kann sich eine ungefähre Vorstellung davon machen, was es für einen Kaiser der Neuzeit bedeutete, seine vertrauten Lebensumstände zu verlassen und auf Reisen zu gehen.

Im 18. Jahrhundert hatte sich das Reisen – die seit dem 16. Jahrhundert von Edelmännern unternommene obligatorische Grand Tour – allmählich etabliert, eine wachsende Zahl von Reiseführern bot sogar einige Orientierung. Doch Joseph benutzte nur selten ausgetretene Pfade, und sein Interesse war ein viel Breiteres als das der Kultur- und Bildungsreisenden. Seine Neugier und sein Erkenntnisdrang führten ihn bis an die Ränder seines Reichs, selbst dorthin, wo kaum je ein Fremder des Weges gekommen und es weder Straßen noch Landkarten gab. Alle Reisen wurden daher im Vorfeld am Wiener Hof sorgfältig geplant. Karten wurden mit den eingezeichneten Routen, Dossiers mit Informationen zu Land und Leuten sowie Listen mit den Nachtstationen und dem mitzuführenden Proviant erstellt. Ebenso eine Gesamtkalkulation. Bei aller Bescheidenheit und Einfachheit, die Joseph zum Grundprinzip seines Reisens unter falschem Namen erhob, mussten stets genügend Pferde vorhanden sein, und die Kuriere aus Wien hatten zu wissen, wohin sie mit der Post reiten sollten. Denn Joseph regierte auch von unterwegs, er las seine Korrespondenz, antwortete auf Depeschen, traf Entscheidungen und besetzte vakante Posten.

Was selbst die besten Vorbereitungen indes nicht beeinflussen konnten, waren die unmittelbaren Umstände vor Ort. Man saß – Federung und Polsterung hin oder her – tagelang in rumpelnden Kutschen und holte sich ein Hämorrhoidalleiden. Auch das war ein Grund, warum der Kaiser gewaltige Strecken zu Pferd zurücklegte. Und wenn man nicht darben oder krank werden wollte, musste man Utensilien des täglichen Gebrauchs – Essgeschirr, Bettwäsche, Toilettenartikel, Nahrungsmittel in ausreichender Menge – mitschleppen sowie das nötige Personal mitnehmen. Dabei galt die einfache Regel: je niedriger der Stand, desto leichter das Gepäck. Seine müden Glieder streckte man entweder in den Betten schlichter Gasthäuser und Poststationen aus, oder man quartierte sich, wenn man über das entsprechende Netzwerk verfügte, in den Schlössern der Verwandtschaft oder bei Standesgenossen ein. Doch die mit Stroh oder Schilf gefüllten Säcke, die in den Betten als Schlafunterlage dienten, waren – zumindest die in den Gasthäusern – voller Flöhe, Bettwanzen und Läuse.

Während für hochgestellte Personen das Reisen durch Wetterstürze, desolate Straßen und einstürzende Brücken, durch scheuende Pferde und schlafende Kutscher gefährlich werden konnte, mussten einfache Leute Überfälle von Dieben und Räubern fürchten. Manchen gab ihre Anonymität einen gewissen Schutz, im Falle des inkognito reisenden Kaisers hatte die Tarnung jedoch einen anderen Sinn. Es bewahrte ihn vor der Etikette, die er ansonsten hätte einhalten müssen, sogar dann, wenn man ihn als den erkannte, der er war. Der Kaiser des Römisch-Deutschen Reichs. Und – das war das Wichtigste – es ermöglichte ihm authentische Begegnungen mit dem normalen Volk. Nahezu auf Augenhöhe!

Natürlich habe ich nicht alle Reisen des Kaisers beschrieben, schließlich hat sein britischer Biograf Derek Beales errechnet, dass Joseph II. ein Viertel seiner Regierungszeit unterwegs war und dabei eine Strecke zurücklegte, die den Umfang der Erde übertrifft (wohlgemerkt in der Kutsche und zu Pferde).[7] Ich habe vor allem jene ausgewählt, bei denen er Ideen für seine Reformen sammelte, und diejenigen, die wie die nach Frankreich oder in die Österreichischen Niederlande oder die märchenhafte Reise mit Katharina der Großen und Fürst Potjomkin auf die Krim am berühmtesten sind. Mit der schier unübersichtlichen Literatur (zeitgenössische Quellen, Primär- und Sekundärliteratur) gewappnet und durch die vielen Tage im Wiener Haus-, Hof- und Staatsarchiv, versunken in elf Kartons mit Handschriften, habe ich mich so sehr in die Welt des 18. Jahrhunderts und die Person des inkognito reisenden Kaisers versetzt, dass meine Erzählung nahezu automatisch romanhafte Züge annahm. Dennoch: Alles ist verbürgt, nichts erfunden. Die Dialoge und Szenen basieren entweder auf dem umfangreichen Studium der Quellen, oder es sind – wenn sie kursiv und mit Fußnoten versehen sind – direkte Zitate, denen der quelleninteressierte Leser im Anhang nachgehen kann.

Was mich immer wieder fasziniert hat, ist, wie aktuell die Reisen Joseph II. durch das zerrissene 18. Jahrhundert sind. Aktuell deshalb, weil auch unsere Welt unter ihrer Disparität und ihren unterschiedlichen Geschwindigkeiten leidet, weil die Schwachen verwundbarer werden und unsere auseinanderbrechenden Gesellschaften wie schon lange nicht mehr in einer Erneuerungskrise mit ungewissem Ausgang stecken, samt der schon im 18. Jahrhundert zunehmend praktizierten Methode der Volkserhebung, des Protests und der Revolte. Bis heute weckt Joseph II. denn auch die Sehnsucht nach Politikern, die die Bedürfnisse der Menschen ernst nehmen, indem sie durch die Lande fahren, um zuzuhören und mitzufühlen, anstatt sich in ihren Machtzentren abzuschotten. Und so wird der inkognito reisende Kaiser zum Vexierbild einer Welt im Umbruch und die Beschreibung seiner Reisen zu einer Studie über die Möglichkeiten und Grenzen von Politik.

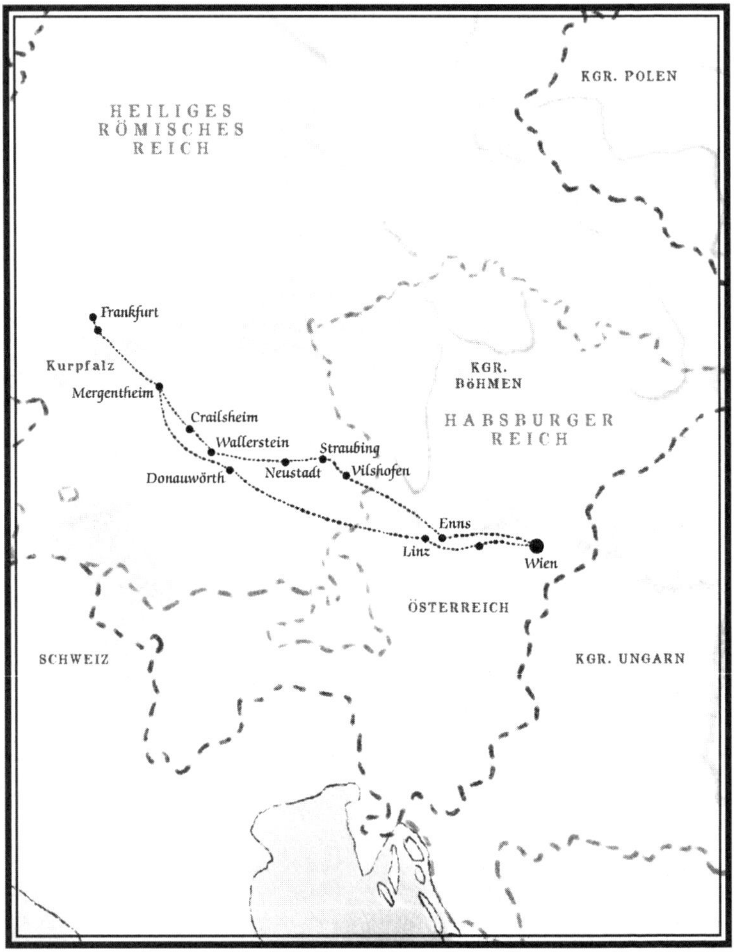

Wien ~ Enns ~ Vilshofen ~ Straubing ~ Neustadt ~ Wallerstein
Crailsheim ~ Mergentheim ~ Heusenstamm ~ **Frankfurt** ~ Heusenstamm
Mergentheim ~ **Donauwörth** ~ Linz ~ Melk ~ Wien

1764 Frankfurt

Nie mehr eine Hofreise

Joseph hatte das geschäftige Treiben vor den Toren Frankfurts allmählich satt. Der große Imperialwagen, den man zerlegt und in Matratzen verpackt nach Frankfurt gekarrt hatte, war längst wieder zusammengebaut, die Katharinenpforte, durch die man in die Stadt fahren würde, für das prunkvolle Gefährt vergrößert, das Krönungsgewand hingegen verkleinert, die Reichskrone gepolstert. Und man war vom greisen Landgraf von Hessen-Darmstadt empfangen worden. Worauf wartete man also noch?

Doch plötzlich kommt Bewegung in den feierlichen Prozessionszug, der ihn und seinen Vater Franz Stephan von Lothringen zum Bartholomäus-Dom geleiten soll. Die Pferde schnauben nervös. Erst nach langem Hin und Her war es gelungen, sie in der richtigen Reihenfolge aufzustellen. Die Waffen blitzen in der Sonne. Alle wissen um ihre Plätze und Rollen in diesem gewaltigsten Spektakel der Neuzeit. Unter Glockengeläut und Kanonendonner geht es endlich los. Joseph blickt aus dem Fenster der kaiserlichen Kutsche, während er sich der Innenstadt nähert. Es ist der 21. März 1764. Er ist dreiundzwanzig Jahre alt und im Begriff, zum römisch-deutschen König gekrönt zu werden. Das von kunstfertiger Diplomatenhand eingefädelte Ritual ersetzt die Kaiserkrönung, wenn der Thron des Römisch-Deutschen Reichs noch zu Lebzeiten des amtierenden Kaisers, in diesem Fall ist es sein Vater, Kaiser Franz I., für seinen Nachfolger gesichert werden soll.

Josephs Blick geht Richtung Himmel. Die hellgrünen Blätter der Bäume versetzen ihm einen Stich mitten ins Herz. Wie sie sich im Wind bewegen! In der Sonne glitzern! Mit einer jähen Sehnsucht sieht er den Bäumen nach, die dem grauen Gemäuer der Stadt weichen, erinnern sie ihn doch an ein Ereignis vor drei Jahren, während die Kutsche durch das Stadttor rumpelt.

Damals war er mit seiner jungen Gemahlin, Isabella von Bourbon-Parma, zu einer Reise nach Mariazell aufgebrochen. In Lilienfeld, wo sie auf ihrem Weg übernachteten, hatten sie Seite an Seite ihre Angeln aus dem Fenster im ersten Stock des Zisterzienserklosters in den bis an die Klostermauern reichenden Forellenteich ausgeworfen. Das ganze Voralpenland schimmerte im Frühlingsgrün. Ihre Hochzeit war noch nicht lange her, und gemäß der Tradition statteten sie der Mutter Gottes von Mariazell einen Besuch ab. Geduldig, wenn auch ermattet von der sechsstündigen Fahrt, die am späten Morgen in Schönbrunn ihren Anfang genommen hatte, lauschten sie dem Salve Regina in der Stiftskirche von Lilienfeld und zogen sich dann in ihre Gemächer zurück. Dort hatte der Abt ihnen zur Überraschung ebenjene Angeln bereitstellen und das Fenster zum Forellenteich öffnen lassen.

»Monsieur regardez! Comme je suis heureuse!«[1] Isabellas glockenhelles Lachen, als sie ihren ersten, verzweifelt sich sträubenden Fisch die Hausmauer hinaufzog, und dann vor Mitleid fast zu weinen anfing, als er glitschig zappelnd auf dem Holzboden nach Luft schnappte, würde er nie mehr vergessen. Bienen und Schmetterlinge flatterten auf das Fenstersims, alles roch nach blühendem Flieder. Er hatte ihren Unterarm gestreift, sanft und scheinbar absichtslos, doch anders als sonst hatte sie ihn nicht weggezogen. Nur über ihre Wangen war ein Hauch von Röte gehuscht. War sie zu beschäftigt gewesen? Im Anschluss an dieses selbstvergessene Kindervergnügen ließ sie ihn gewähren. Er nahm sie in die Arme und überhäufte sie mit Küssen, bevor er das nervös kichernde Mädchen zur für sie hergerichteten Bettstatt trug. Nie war er glücklicher gewesen als in den darauffolgenden Stunden. In seiner Liebestrunkenheit vergaß er alles, den Hof, die Mutter, den Kaiser und seine eigene Position als Erbe des Habsburgerreichs, dem damals wohl größten und bedeutendsten Reich auf europäischem Boden. Doch auch sie, deren Liebe ihm manchmal schmerzlich verhalten dünkte, schien gelöst und ohne Angst. Mit zarter Hingabe überließ sie sich seiner Leidenschaft.

Anderntags verfasste er einen Brief an *Votre Majesté* – so lautete die korrekte Anrede für seine Mutter (man schrieb und sprach selbstverständlich Französisch miteinander) –, dass das Glück auf seiner Seite gewesen sei und er die meisten Forellen gefangen habe. Doch beim Wort »Glück« dachte er nur an sie, seine zärtlich geliebte Gemahlin, und deshalb hatte er schnell hinzugefügt, dass er Isabella mehr verehre denn je, nicht nur wegen ihres stets vollendeten Benehmens, sondern weil er an jenem Nachmittag in Lilienfeld gesehen habe, dass sie Ihre Majestät ebenso liebe wie er, ihr Sohn, selbst.[2]

Frankfurt – Ein glanzvoller Einzug, doch mit Tränen im Herzen

Josephs Tagträume verflüchtigten sich bald. Die sehnsuchtsvollen Erinnerungen zerschellten an der Wucht des Frankfurter Ereignisses und erinnerten ihn an den plötzlichen Tod seiner hinreißenden Isabella, mit dem seine kurze Ehe vor einem Jahr zu Ende gegangen war. Das jahrhundertealte Ritual der Krönung zum römisch-deutschen König, das der Sohn von Kaiser Franz I. nun über sich ergehen lassen musste, gemahnte ihn an seine Verpflichtung als oberster Herrscher der Christenheit, die zu übernehmen nun bevorstand, sowie an seine Rolle als Herrscher des Habsburgerreichs, die er mit in die Wiege gelegt bekommen hatte. Da gab es kein Entrinnen. Alles, jeder Stein in der Kaiserkrone, jedes Kleidungsstück bei der Krönung, jeder Schritt, ja, jede einzelne Geste der Akteure hatte seine althergebrachte Bedeutung. Ein orchestraler Klang, der das Römisch-Deutsche Reich und seine jahrhundertelange Geschichte in einem sinnlichen Ereignis für den Augenblick weniger Tage lebendig werden ließ.

Trommler, Trompeter, die Stadtabgeordneten zu Fuß und die Kavallerie Frankfurts führen den Zug an. Dann kommt das Gefolge des kaiserlichen Marschalls, danach die Vertreter der sechs weltlichen Kurfürsten, jeder mit großer Eskorte und mehreren Staatskarossen. Anschließend der schier endlose Tross der geistlichen Kurfürsten, der Erzbischöfe von Köln, Mainz und Trier, jeder ebenfalls mit Gefolge, in prächtigen Gewändern und mit Ehrfurcht gebietender Zurschaustellung. Sie alle demonstrieren, dass sie die Mächtigsten unter den Mächtigen sind, die den Kaiser – und somit auch den römisch-deutschen König – wählen. Zum Schluss tauchen die Galawagen der kaiserlichen Majestäten auf, die mit Gemälden, Gold und Lackarbeiten verziert sind und durch deren große spiegelglatte Fenster man ins Innere sehen und den Kaiser und seinen Sohn erspähen kann.[3] Überall Vergoldungen, selbst die Geschirre der Pferde funkeln durch den leichten Trab nur noch stärker im Licht der Sonne.

Allein die märchenhafte Pracht und die schier uferlose Größe des Ereignisses sollte den Atem der Zeitgenossen stillstehen lassen und dem herbeigeeilten Volk die unumstößliche Macht der scheinbar gottgewollten Ordnung vor Augen führen. Wobei »scheinbar gottgewollt« nur die Nachgeborenen sagen können, jenen durch die Säkularisierung ewig aus dem Mysterium der Religion Verbannten. Für die damaligen Menschen – ob Bauer oder Fürst – war das Gottesgnadentum ein unumstößlich göttliches Gesetz, es konnte ebenso wenig hinterfragt werden wie Gott selbst. Und ebenjener Gott beauftragte den Herrscher, sich in den Dienst seines Amtes zu stellen. Deshalb erfolgt der eigentliche Krönungsvorgang als Teil eines katholischen Hochamts nun auch in der Stiftskirche der Stadt. Macht und Herrlichkeit des Kaisertums sollten sich tausendfach in den Gebeten der Anwesenden spiegeln.

Alles riecht nach Weihrauch. Der Dom ist in das flackernde Licht der Kerzen gehüllt. Gesang und Gebet fluten in abwechselnden Rhythmen durch das gotische Langhaus. Dann halten alle den Atem an. Joseph spürt den Blick seines Vaters auf den Schultern, als er im schweren Krönungsmantel niederkniet und von den drei geistlichen Kurfürsten gemeinsam die Reichskrone auf das Haupt gesetzt bekommt. Hat nicht auch er als Kaiser Franz I. ebendiesen Treue- und Krönungseid geschworen, sich zum Beschützer der Kirche, Wahrer des Reiches und gerechten Richter machen lassen und sich damit Verpflichtungen unterworfen, deren Gestaltungsspielräume nicht mehr so eindeutig waren als zur Zeit Karls des Großen, dessen Schwert er, Joseph, nun in Händen hält?

Und plötzlich ist ihm, als würde er den Vater wieder so wahrnehmen wie als Kind, damals, als er ihm *Lehrer und Freund* gewesen und er zu ihm als dem *größten Prinzen des Hauses* aufgeschaut hatte.[4] Damals, als sie noch zusammen auf die Jagd gingen und Franz Stephan ihn in sein Naturalienkabinett mitnahm. Jetzt kommen ihm wieder die Warmherzigkeit und Sanftmut seines Vaters zu Bewusstsein, ohne ihn durch den ständigen Vergleich mit seiner machtbewussten Mutter herabzusetzen. Ist er nicht einfach ein ungemein angenehmer Mensch mit vortrefflichen Qualitäten? In einem Brief an Maria Theresia bekennt Joseph später nicht nur, dass er *die gestrige Zeremonie beeindruckend und erhaben* gefunden habe, sondern weiterhin, dass er versucht habe, *sie so gut als möglich auszuführen und nicht peinlich zu wirken. Seine Majestät, der Kaiser, hat uns gegenübergestanden, dass er sich seiner Tränen nicht erwehren konnte.*[5]

Unter das Volk gemischt hatte sich auch der noch nicht vierzehnjährige Johann Wolfgang Goethe. Ein halbes Jahrhundert später, genauer 1811, sollte er als der wohl berühmteste Chronist die Ereignisse des Tages in seiner Autobiografie *Dichtung und Wahrheit* niederschreiben. Da hatte Franz II., der Neffe Josephs II., die Krone des Römisch-Deutschen Reichs bereits niedergelegt, um sie dem Zugriff Napoleons zu entziehen. Aus den Trümmern der Französischen Revolution und den Verwüstungen der Napoleonischen Kriege bildete sich allmählich eine neue Weltordnung heraus. Mit diesem neuen Geist spickte Goethe seine Zeitzeugenschaft und beschrieb die Kaiserkrönung als bizarres *Welttheater*, als ein aus der Zeit gefallenes Spektakel. So ist sie den nachfolgenden Generationen fälschlicherweise in Erinnerung geblieben. Außerdem glaubte er, das Unglück des jungen Königs, der unter Glockengeläut und den Vivat-Rufen des Volkes den Dom verlassen und zum Römer gegangen war, durchschaut zu haben. *Er*, Joseph, so Goethe, *schleppte sich in den ungeheuren Gewandstücken mit den Kleinodien Karls des Großen wie in einer Verkleidung einher, so daß er selbst, von Zeit zu Zeit seinen Vater ansehend, sich des Lächelns nicht enthalten konnte. Die Krone, welche man sehr hatte füttern müssen*, fährt Goethe in seiner Beschreibung fort, *stand wie ein übergreifendes Dach vom Kopf ab. Die Dalmatika, die Stola, so gut sie auch angepaßt und eingenäht worden, gewährte doch keineswegs ein vorteilhaftes Aussehen. Scepter und Reichsapfel setzten in Verwunderung …*[6] Goethe war es sogar gelungen, ohne Erlaubnis dem anschließenden Staatsbankett im Römer beizuwohnen, indem er einen der Diener beschwatzte und von diesem eine Silberschüssel in die Hand gedrückt bekam, um sich beim Servierpersonal einzugliedern, während draußen am Rathausplatz der gebratene Ochse und der aus dem Springbrunnen sprudelnde Wein dem Volk überlassen wurden.[7]

Kein Zweifel, Joseph litt in Frankfurt Qualen. Doch nur zu einem Teil wegen der behäbigen Opulenz und der strengen Etikette, die ihm ein goldener Käfig dünkte, während sein kritischer Geist so wenig in die Routinen des Ancien Régime hineinpasste wie die *Enzyklopädie* Diderots in die Bibliothek des französischen Königs Ludwig XVI. Zu Hause fühlte er sich auf einem Pferd, in einfacher Kleidung, im schnellen Gang durch Wiesen und Wälder reitend, immer neue Länder entdeckend, Gefahren herausfordernd, lernend. Bei Abenteuern, die seinem Stand so fern waren wie die einfachen Untertanen, deren Los zu kennen ihm für seine Reformvorhaben unerlässlich erschien. Würde er auch das Römisch-Deutsche Reich zu verwandeln vermögen und gleichzeitig, so geschickt wie seine Vorfahren, den alten Glanz der Kaiserkrone für die habsburgischen Länder einsetzen können?

Sein Unglück aber hatte einen anderen Kern. Der ganze prunkvolle Einzug, die feierliche Krönungsmesse, das Festmahl, alles ähnelte dem nahezu ebenso prächtigen Fest anlässlich seiner Hochzeit vor vier Jahren in Wien, und wieder wurde Joseph von seiner Trauer überwältigt. *Dieser Einzug hat mich im Innersten aufgeregt, und ich bedurfte aller Kraft, um mich aufrechtzuhalten. Gerade vier Monate nach dem Tage, an welchem ich jene schöne und geliebte Seele von dem Körper sich loslösen sah, fand meine Wahl … und an dem Tag, an dem ich vor ihrer Leiche mich trennen musste, mein Einzug statt … Mit meiner Trauer bin ich jedermann zur Last, ich muss daher alles in mich hinabwürgen und mich den ganzen Tag hindurch verstellen. Verzeihen Sie mir, dass ich Ihr zärtliches Herz betrübe. Aber haben Sie Mitleid mit einem Sohn, der … in wahrhafter Verzweiflung ist.*[8] Rührend, wie er um der Mutter Verständnis wirbt. Doch Maria Theresia hatte da längst Gespräche über einen Ersatz für Isabella geführt. Ein König und zukünftiger Kaiser konnte nicht ehelos bleiben.

Frankfurt – Niemand sieht das Volk

All dies konnte Goethe nicht wissen, als er den jungen Kaiser beschrieb. Aber noch etwas anderes war diesem Schreibfähigsten unter allen Beobachtern nicht aufgefallen, eine Begebenheit, die ihn, Joseph, sehr betroffen gemacht hatte. *Ihre Majestät*, so berichtete er in einem seiner Briefe an die Mutter, *hätten vor Empörung über die Raufereien am Ort des Geschehens geschrien, denn die Truppen schlugen unnötig und in erschreckender Weise auf die Menschen ein. Aber am Ende war der Gegenangriff des Volkes so erfolgreich, dass sich die Grenadiere zerstreuten, doch dann, als jene das Feuer eröffneten, traf eine Kugel ein 19jähriges Mädchen tödlich.*[9]

Welch ungewöhnlicher Fokus. Wen interessierten schon die Belange des Volkes? War es nicht schaulustig, roh und zuweilen eben ein unbändiger Mob, dem nur durch die Gewehrsalven der Soldaten beizukommen war? Sogar Friedrich der Große, der doch allen als der lupenreinste Aufklärer auf dem Thron galt, hatte keine Empathie für die unteren Schichten, ihm galten die Gelehrten und seine eigenen Machtinteressen alles. Nur Joseph! Das macht ihn so ungewöhnlich und bei der herrschenden Elite seiner Zeit so unbeliebt. Auch seiner Mutter musste aufgefallen sein, dass er sich bereits in Frankfurt anschickte, ein neues Verständnis von Herrschaft zu entwickeln.

Nach der Krönung waren Vater und Sohn, der Kaiser und der römisch-deutsche König, noch in Frankfurt geblieben. Es gab Staatsbankette und Audienzen. Der Kurfürst von der Pfalz, Karl IV. Theodor, erschien, um den Majestäten zu huldigen – er hatte das eigentliche Krönungsereignis versäumt. Ob absichtlich oder nicht, hing anfangs wie eine Gewitterwolke über dem Treffen, hatte man seine Vorurteile gegen die Wahl Josephs doch erst vor Kurzem durch eine beträchtliche Geldsumme in Wohlwollen zu verwandeln gewusst. Auch eine Delegation der Frankfurter Juden erschien und überbrachte 500 Goldmünzen. Die hiesige jüdische Gemeinde war die größte in ganz Deutschland und ein bedeutender Finanzplatz obendrein. Das großzügige Geschenk konnte man sich leisten. Ob sich der junge Monarch auch ihrer Sache annehmen würde, der Sache der Toleranz und der bürgerlichen Freiheiten für Juden?

Joseph beobachtete, wie gewinnend sein Vater bei den Audienzen agierte, wenn er mit Gesandten aus allen Ecken des Reichs sprach, wie eloquent er argumentierte und wie aufgeklärt er dachte. Nicht umsonst hatte Franz Stephan mit seinem privaten Wirtschaftsimperium aus Manufakturen und landwirtschaftlichen Betrieben sowie durch virtuose Spekulationen an den Börsen Europas ein wahres Vermögen angehäuft. Es war kaum zwanzig Jahre her, dass Josephs Vater selbst aus der Hand der kurfürstlichen Erzbischöfe die Kaiserkrone auf das Haupt gesetzt bekommen hatte. Die Kaiserwürde hatte ihm keine souveräne Macht verliehen, aber sie war dennoch von erheblichem Vorteil. Der Kaiserhof war de facto der Hof des Erzhauses in Wien – mit allen Vorteilen kurzer Wege und identischer Netzwerke, und während Maria Theresia als Herrscherin des Habsburgerreichs neben allen Fürsten des Reichs stand, herrschte der Kaiser über allen. Er war die oberste Rechtsinstanz, selbst wenn sich im Reichskammergericht in Wetzlar die unerledigten Fälle mittlerweile zu Türmen stapelten und dem Reichshofrat in Wien stets Parteilichkeit zugunsten der Katholiken vorgeworfen wurde. Außerdem war es allein er, der im Reich Standeserhöhungen vornehmen, Reichsämter besetzen, Privilegien verleihen und die allzu fetten Pfründe der Reichskirche beschneiden durfte.

Kurzum, die Machtfülle war beträchtlich, und das Reich, auch wenn das Vertrauen in seine Institutionen im 18. Jahrhundert zusammengeschrumpft war, galt immer noch als jene erhabene Klammer, unter der an die fünfundzwanzig Millionen Untertanen ihr Dasein fristeten. Gute Reichspolitik hätte sich darin gezeigt, den Reichsverband erstens zu stärken – das war das letzte Mal während der Türkenkriege im 16. und 17. Jahrhundert passiert (da sie von den Habsburgern angeführt und den Reichsständen bezahlt wurden) – und zweitens seine Institutionen zu reformieren. Das nahm sich Joseph nun vor, doch Reichspolitik und europäische Bündnispolitik standen einander diametral gegenüber, es würde also alles andere als leicht werden.

»Mein lieber Sohn«, der Kaiser, der Josephs Aversionen gegen Prunk und Etikette kannte, nahm ihn vor der nächsten Audienz zur Seite, »seht doch welch Möglichkeiten sich Euch auftun. Ihr werdet nach meinem Ableben der mächtigste Herrscher in Europa sein.«

Joseph stutzte. »Ihre Majestät, meine erhabene Mutter«, erwiderte er dann aber schnell, »hat aber doch selbst gesagt, dass die Krönung eine Komödie ist und unverhältnismäßig teuer obendrein.«[10]

»Ach, ma cher Mitz.« Franz Stephan benutzte sein Lieblingskosewort für Maria Theresia. »Das ist eine andere Sache.«[11]

Joseph wusste, was sein Vater dachte.

Seine Mutter spielte die Wichtigkeit der Reichskrone stets herunter.[12] Dessen Stände hatten sie im Österreichischen Erbfolgekrieg gleich nach ihrer Thronbesteigung 1740 mächtig enttäuscht, sie hatten Österreich nicht ausreichend gegen Preußen unterstützt und waren so am Verlust Schlesiens mit schuld, dem größten Trauma ihrer gesamten Regentschaft. Außerdem konnte im Römisch-Deutschen Reich nur ein Mann Kaiser werden, und so regierte sie die habsburgischen Erblande samt Böhmen, Ungarn und so weiter, aber eben nicht das Römisch-Deutsche Reich. In der Folgezeit schlug sie nur derart raffiniert Kapital aus der Kaiserwürde (ihres Mannes), dass sie der Nachwelt als »die Kaiserin« in Erinnerung blieb, obwohl 1745 Franz Stephan, so wie jetzt ihr Sohn Joseph für diese Rolle gewählt und gekrönt worden waren. Andererseits wiederum konnte Joseph nur ihretwegen Kaiser werden, die Hausmacht im Habsburgerreich war für die Wahl in Frankfurt unerlässlich gewesen.

Die Donau – Eine Ahnung von Freiheit

Dann, am 10. April 1764, tritt man die Rückreise an – in umgekehrter Reihenfolge wie man vor einem Monat von Wien zur Krönung aufgebrochen war. Der italienische Chirurg Giovanni Alessandro Brambilla, den Joseph später oft als Begleiter auf seine Reisen mitnehmen wird, befindet sich ebenso im Tross der Majestäten wie die beiden Maler Johann Dallinger von Dalling und Wenzel Pohl.[13] Meister Martin van Meytens, Porträtmaler am Wiener Hof, hatte die beiden extra nach Frankfurt entsandt, damit sie an Ort und Stelle Skizzen für einen Krönungszyklus fertigen und als Grundlage für fünf großformatige Ölgemälde in seine Werkstätte liefern konnten.

In Donauwörth verlässt die Reisegesellschaft ihre Kutschen, um auf vierzig Schiffe umzusteigen, weil man zu Wasser wesentlich schneller vorankommt als über Land. *Das Schauspiel war in der That herrlich, all die Schiffe vereint zu sehen und zugleich die Massen Volkes, die als Zuseher erschienen waren*, schreibt Joseph an Maria Theresia.[14] Doch schon bald bricht bei den Malern Nervosität, um nicht zu sagen Hysterie aus. Durch das schlechte und windige Wetter wird die Fahrt auf der Donau zu einem gefährlichen Unterfangen. Und Dallinger und Pohl können, wie viele ihrer Zeitgenossen, nicht schwimmen. Das Küchenschiff, auf dem sie sich befinden, hat starke Schlagseite und schickt sich an, auf Grund zu laufen. Die zwei Männer halten sich panisch mit der einen Hand an der Reling fest, mit der anderen balancieren sie ihre sperrigen Gerätschaften und die unzähligen Skizzen, während einige Schiffer, die im tiefen Wasser gerade noch stehen können, versuchen, sie vom Boot zu zerren.

»Zum Teufel mit dem Reisen! Mich kriegen keine zehn Pferde mehr auf einen solchen Kahn.«

Der Hund der beiden kläfft seine hasenfüßigen Herren an. Schließlich klettern sie mit den Köchen und Mundschenken unter viel Geschrei und Hilferufen von Bord. Die Skizzen bleiben gottlob unversehrt.[15]

Joseph steht an der Reling und späht zum Küchenschiff hinüber, der Wind zerzaust sein Haar. Duftwolken mit dem Geruch von Spanferkel schweben an ihm vorbei, bevor der Ort ihrer Zubereitung endgültig in den Fluten verschwindet. Gott sei Dank, die Maler und der Hund sind gerettet! Aber irgendwie hat die Szene auch etwas rührend Komisches, und so muss er unwillkürlich in sich hineinlachen, immer losgelöster, immer herzhafter, natürlich ohne dass es jemand merkt. Das erste Mal auf dieser Fahrt fühlt er sich frei, Wind und Wetter ausgesetzt, unvorhergesehenen Ereignissen ausgeliefert, die mächtiger sind als das ganze Brimborium dieser Hofreise. Wie sehr hat ihn dieses Unterwegsseins in all seiner Umständlichkeit und Schwerfälligkeit bisher gelangweilt!

Während das Schiff im Sturm hin und her schwankt, keimt in ihm eine nicht gekannte Abenteuerlust auf. Er spürt, dass sie sein Leben bestimmen wird. Er will schnell und ohne Rücksicht auf Gefahren unterwegs sein! Entdeckungen machen, die jede Menge Wagemut erfordern! Nur so wie nach Frankfurt wird er nie mehr reisen! Nur keine Hofreise, das schwört er sich, während er die Uferlandschaft der Donau vorüberziehen sieht. Sie ist schon allein durch die schiere Größe des Gefolges und den dadurch hervorgerufenen Organisationsaufwand (geht sie doch auf das in der Nachfolge Karls des Großen etablierte Wanderkaisertum zurück, bei dem der Hofstaat in jeden Winkel des Reichs mitgenommen werden musste) eine Karikatur dessen, was er sich nun vornimmt. An jeder Poststation hatten 450 Pferde bereitgestanden, ganz zu schweigen von der Anzahl der Quartiere und den Nahrungsmitteln, die man mitgeführt hatte, damit sie an den Nachtstationen zur Verfügung gestellt werden konnten. Nicht zu vergessen das Gepäck – unfassbar, nur weil sich ein Mann je nach Rang und Funktion mit großer Garderobe auszustatten hatte. Joseph schüttelt den Kopf. Eine Hofreise kann er nur als das Gegenteil von Fortbewegung, Fortkommen, Erkenntnisgewinn betrachten. Sie ist ein monströses Unterfangen verlagerter Sesshaftigkeit. Außerdem hat das Ganze ein Vermögen gekostet, zwei Millionen Gulden.

Innsbruck – Plötzlicher Tod und der Ernst des Lebens

Ein Jahr später. In Innsbruck. Es ist der 18. August 1765.

»Ma chère mère, Votre Majesté, mon père …« Weiter kommt Joseph nicht. Er ist noch außer Atem, nicht durch die wenigen Stufen, die er hat überspringen müssen, um rasch in ihr Gemach zu gelangen, sondern gelähmt vom Schock. Sein Vater hat einen Herzinfarkt erlitten.

Maria Theresia blickt ihn an, als ahnt sie alles in dem Augenblick, in dem er den ersten Schritt auf sie zumacht. Mit einer unwirschen Handbewegung versucht sie ihn vom Weitersprechen abzuhalten, während sie sich mühsam erhebt.

»Votre aimé époux … je suis désolé … es tut mir furchtbar leid … Euer geliebter Gemahl«, stammelt Joseph und versucht die schlimme Nachricht vom plötzlichen Tod des Kaisers in Worte zu fassen.

Jetzt schwankt sie, knickt ein und sinkt in Ohnmacht. Joseph fängt die Mutter auf, wie er kurz zuvor auf den Gängen zu den kaiserlichen Appartements der Innsbrucker Hofburg seinen Vater aufgefangen hatte, als dieser nach dem gemeinsamen Theaterbesuch zusammengebrochen war. Ihm ist, als wären alle Geräusche der Welt mit einem Mal verstummt, ja, selbst die Erde würde sich nur noch in Zeitlupe weiterdrehen. Von ganz weit weg dringen die Stimmen der Kammerdiener an sein Ohr. Sie waren ihm gefolgt, nachdem sie den Toten notdürftig in das nächstbeste Zimmer getragen und auf ein Bett gelegt hatten. Nun nehmen sie ihm die Mutter ab, hieven sie zu ihrer Schlafstätte, holen den Arzt und fächeln der Ohnmächtigen Luft zu.

Es war der letzte Tag der Hochzeitsfeierlichkeiten für Josephs Bruder Leopold mit María Ludovica von Spanien gewesen. Die Vermählung hatte in Innsbruck stattgefunden, weil der Vater der Braut, der König von Spanien, keine Hochzeit in Wien wollte. Erst fünf Jahre zuvor hatte dort Joseph als Thronfolger des Habsburgerreichs und zukünftiger Kaiser Isabella mit kaum zu überbietender Pracht und Herrlichkeit geheiratet. Mit der Hochzeit hatte man mitten im Siebenjährigen Krieg Stärke demonstrieren und den entbehrungsreichen Alltag des Volkes durch ein Ereignis von märchenhafter Entrücktheit versüßen wollen. Damit hätte die Hochzeit des zweiten Kaisersohnes am selben Ort nie und nimmer mithalten können. Außerdem, so war argumentiert worden, lag Innsbruck näher an Italien, und die ohnehin äußerst beschwerliche Anreise für die Infantin würde sich so verkürzen. Weiterhin wäre die Toskana, die Leopold fortan regieren würde, in erträglicher Nähe. So also war es gekommen, dass Maria Theresia die Organisation der Hochzeit in die Hände des in Innsbruck residierenden Gouverneurs von Tirol, Kassian Graf Enzenberg, und dessen Gemahlin Sophie gelegt hatte, die Maria Theresias ehemalige Hofdame und eine ihrer engsten Vertrauten war.[16]

»Je dois le voir, lasst mich zu ihm!« Der dringende Wunsch, nur noch ein einziges Mal den innig geliebten Gemahl zu sehen, lässt Maria Theresia langsam wieder zu sich kommen.

»Majesté, je vous en prie! Der Anblick – Sie sollten ihn lieber lebendig im Herzen behalten, ich bitte Sie, Majestät.« Joseph versucht, unterstützt vom herbeigelaufenen Kammerherrn, seine Mutter davon abzuhalten, zum toten Franz Stephan zu eilen. Der Arzt hält ihr ein Riechfläschchen unter die Nase, eine Kammerzofe reicht ein Glas mit Wasser, allein, die Monarchin lehnt alles ab. Sie versinkt in einen eigentümlichen Dämmerzustand, während Joseph nicht von ihrer Seite weicht.

Was wird nun werden? Sorgen bemächtigen sich des vaterlos gewordenen Sohnes. Mit Bekanntwerden des Todes würde er automatisch zum Kaiser des Römisch-Deutschen Reichs ernannt. Das wäre schneller und vor allem plötzlicher, als er es erwartet hat. Und was würde aus der geliebten Mutter werden? Wie würde sie, die ihren Mann wie einen Teil ihrer selbst geliebt hat, den Tod verkraften? Würde er als ihr Sohn sie trösten können? Würde überhaupt irgendjemand dies vermögen? Oder würde sie sich angesichts des tiefen Schocks zurückziehen und ihm die Regierungsgeschäfte der habsburgischen Länder überlassen? In seinem Alter, mit vierundzwanzig Jahren, hatten schon viele Monarchen den Thron bestiegen. Er würde die Verantwortung sicher zu tragen wissen. Und doch, mit einem Schlag Herrscher über das riesige Habsburgerreich zu sein, macht ihm Angst. Zwar steht er als Kaiser theoretisch über dem Habsburgerreich, aber er hat die Regentschaft in Österreich dennoch als vordringlichste Aufgabe anzusehen.

Schon in der Todesnacht waren Eilkuriere nach Wien und zu allen Botschaftern ins Römisch-Deutsche Reich ausgeschickt worden. Nach der dreitägigen Aufbahrung in Innsbruck wurde Franz Stephans Leichnam an der Schiffsanlegestelle von Hall in Tirol auf ein Deck eines Kahns gebracht und den Inn, ab Passau die Donau abwärts nach Wien transportiert. Dort wurde er nach drei weiteren Aufbahrungstagen am 31. August in der Kapuzinergruft beigesetzt. Der Sarg, der normalerweise während der offiziellen Aufbahrung offen sein musste, wurde im Fall des Verstorbenen nach wenigen Stunden geschlossen, denn durch das warme Sommerwetter hatte sich ein kaum zu ertragender Gestank bis zu den vorderen Reihen der Trauernden ausgebreitet.

Maria Theresia sollte ihre Trauerkleider nie mehr ablegen, nie mehr Feste feiern oder gar Karten spielen, nie mehr die tägliche Messe versäumen und nie mehr ihr Ehebett mit einem neuen Gemahl teilen – was für ein Skandal, dass sie darauf bestanden hatte, mit Franz Stephan in ein und demselben Bett zu schlafen. *Ich kann kaum ausdrücken, um wie viel ich in Wien unglücklicher bin als bei Euch*, schrieb sie am 12. September aus Wien an Sophie Enzenberg: *Der Aufenthalt hier scheint mir unerträglich, mein Schmerz wächst von Tag zu Tag. Der Kaiser wurde zum Mitregenten ausgerufen, und der Hof existiert wie früher. Ich bin sehr zufrieden mit dem Kaiser.*[17]

Das war der Anfang einer neuen Ära. Maria Theresia hatte sich in kürzester Zeit wieder so weit im Griff, dass sie als erste Amtshandlung ihren Sohn Joseph zum Mitregenten in den habsburgischen Ländern erklärte. Sie sei, das ließ sie jedem gegenüber durchblicken, zu erschöpft und traurig und einsam, um die Regierungsgeschäfte alleine zu schultern. Sich ganz zurückzuziehen, nach Innsbruck oder in ein Kloster, wie sie ebenfalls nicht müde wurde zu beteuern, wollte sie hingegen auch nicht. *Gott allein weiß, wie lange mein miserables Leben noch dauern wird … Lassen Sie meinen Sohn nicht im Stich, ich sehe, dass er geschmeichelt ist, wenn er zu Euch spricht. Vernachlässigen Sie mich stattdessen. Ich wäre Ihnen dankbar dafür, denn ich habe nie den leisesten Zweifel an Ihrer Zuneigung zu mir*, gestand sie ihrem Vertrauten und Staatskanzler Wenzel Anton Kaunitz.[18]

In Wirklichkeit ging es ihr und dem Kanzler bei der Konstellation der Koregentschaft um politisches Taktieren. Der neue Kaiser musste, um der Einheit des Reichs und der Abwehr der Türkengefahr willen, mit einer territorialen Machtbasis ausgestattet werden, ansonsten könnte sich die Kaiserkrone womöglich nicht halten. Außerdem würde – das hatte Maria Theresia mit Kaunitz hinter vorgehaltener Hand besprochen – die Mitregentschaft den Kaiser an die Belange des Habsburgerreichs binden. Joseph stand als Kaiser über ihr, der Königin und Regentin des Habsburgerreichs. Zumindest theoretisch hätte er sich auch gegen die Mutter wenden können, aber nicht gegen sich selbst, den Mitregenten. Schlau gedacht! Dass sie Joseph mit diesem Konstrukt in eine unmögliche Position brachte – höchster Herrscher der Christenheit, aber gleichzeitig von seiner Mutter abhängig –, war etwas, was sie schon bei Franz Stephan praktiziert hatte.

Doch Joseph war anders als sein Vater, er war jung, ungeduldig und voller Gestaltungswillen. 1761 hatte er den Eltern seine Ideen zur Politik – *Rêveries* (Träumereien) genannt – unterbreitet, jetzt verfasste er eine weitere große Denkschrift, die alles, was er im Staats- und Kriegsrat über das Regieren gelernt, und alles, was ein aufgeklärter Monarch der Zeit darüber zu denken hatte, zusammenfasste. Da ging es um Ansiedlungsprojekte als wirtschaftliche Notwendigkeit, Modernisierung der Armee, Zentralisierung und Vereinheitlichung der Verwaltung, um das unsinnige Zensurwesen, Sparmaßnahmen bei Hof und die Berufung der Fähigsten. Nicht Herkunft und Protektion, sondern Ausbildung und Verlässlichkeit müssten die Vergabe von Posten maßgeblich bestimmen. *Die guten Herrn glauben, alles erreicht und einen großen Staatsmann herangebildet zu haben, wenn ihr Sohn die Messe ministriert, seinen Rosenkranz betet, alle vierzehn Tage beichtet und nichts anderes liest, als was der beschränkte Geist des Beichtvaters gestattet. Wer würde kühn genug sein, nicht zu sagen: Das ist ein netter Junge, sehr gut erzogen! Allerdings würde ich antworten: Ja, wenn unser Staat ein Kloster und unsere Nachbarn Karthäuser wären!«*[19] Der Streit mit der über alle Maßen katholischen, ja, seit dem Tod ihres Manns geradezu bigotten Regentin, war vorprogrammiert.

Wien – Reisen wird zum Programm

Ende Juli 1766 war Joseph von seiner ersten größeren Inspektionsreise nach Böhmen, Sachsen, Schlesien und Mähren zurückgekehrt. Es hatte ihn zu den Schlachtfeldern des Siebenjährigen Krieges gezogen. Bis Dresden war er gekommen, und um ein Haar hätte er sogar

Friedrich den Großen getroffen. Die Straßen waren wider Erwarten gut, die Wälder einsam gewesen. Die Armseligkeit der Siedlungen jedoch traf den Kaiser ins Mark. Die leibeigenen Bauern in Böhmen waren die großen Leidtragenden dieses vor über zehn Jahren beendeten Krieges. Seine Verwüstungen hatten die landwirtschaftliche Produktion immens zurückgeworfen und die Vorratsspeicher geleert. Als sich Joseph dann im Verlies der Festung Spielberg anketten ließ, hatte er zum ersten Mal und in aller jugendlichen Kompromisslosigkeit das Los seiner Untertanen am eigenen Leib erfahren.

Zurück in den alltäglichen Routinen als Kaiser des Römisch-Deutschen Reichs und Mitregent in den habsburgischen Ländern sitzt Joseph eines Tages im Frühjahr 1767 allein, nur in einen Morgenmantel gehüllt, an seinem Schreibtisch. Noch ungestört durch seine Kammerherren, die ihn anzukleiden ehedem erscheinen und ihn daran erinnern werden, dass sein Leben am Hof eine endlose Abfolge von Verpflichtungen und Verantwortungen ist, nimmt er Papier und Federkiel zur Hand.

Wenn das Reisen für jeden denkenden Menschen nützlich ist … Rasch gleitet seine Hand über das Papier, doch dann hält er inne. Wie soll er die auf seiner Reise wahrgenommenen Erlebnisse schildern? Diesen vor seinem inneren Auge ablaufenden Bilderstrom einer beunruhigend unwirtlichen Welt? Hatte er nicht schon damals, als er aus der Kutsche ins Land blickte, den Entschluss gefasst, seiner Verstörung etwas entgegensetzen?

Wenn das Reisen … für jeden … Er überfliegt noch einmal das Geschriebene und setzt dann fort: *So ist es das umso mehr für einen Souverän, der, alle Vergnügungen zurückweisend, sich nur auf die Nützlichkeit seines Tuns konzentriert.*[20] Ja, genau, das ist es, deswegen wollte er reisen. Die ganze Nacht hatte er keine Ruhe gefunden, die Gedanken waren durch seinen Kopf geschossen, elektrisierend und schnell. Nun sieht er seinen

Plan klar vor Augen, in allen Einzelheiten. Er verspürt keinerlei Zweifel über die Sinnhaftigkeit seines Tuns. Ganz im Gegenteil, der enorme Gewinn seiner Idee für den Staat, für das Regierungsgeschäft, ja, als Beitrag zur Verbesserung der Verhältnisse ist es, der ihn so sehr beflügelt. Jetzt muss er nur noch schnell sein Reiseprogramm skizzieren, er spürt weder Hunger noch die Kälte des frühen Morgens. Sie, seine Mutter Maria Theresia, die Wien so gut wie nie verlassen hat (kaum verwunderlich, wenn man bedenkt, dass sie fast zwanzig Jahre lang mit Schwangerschaften verbracht hat und dann durch eine Pockenerkrankung entstellt war), soll verstehen, von welch großem und unersetzlichem Wert es ist, wenn er, einem genauen Plan folgend, etwa vier lange Reisen unternähme (insgeheim natürlich weit mehr), um die Verhältnisse im Habsburgerreich selbst in Augenschein zu nehmen.

So würde er eine Reise durch die südwestdeutschen Provinzen nach Belgien unternehmen, die nächste durch Südösterreich nach Italien, um Bruder Leopold und der Toskana einen Besuch abzustatten, die dritte nach Kroatien und an die österreichische Adriaküste, das Littorale, und eine letzte Reise nach Ungarn und Siebenbürgen. All das in den nächsten vier Jahren, um den derzeitigen Frieden in Europa auszunutzen und die Tatsache, dass er bei bester Gesundheit, von jugendlicher Kraft und ungeheurem Einsatzwillen ist.

Unruhig steht er auf, um einige Schritte durch sein Gemach zu tun. Gewiss, nichts liegt näher als das! Solche Reisen bringen ihm und dem Staat nur Vorteile. Seine Mitregentschaft, die ihn oft wie ein allzu enges Korsett dünkt, könnte dadurch zu einer sinnvollen, nachgerade zwingenden Regierungsform werden. Welcher Herrscher in Europa, so überlegt er weiter, kann es sich schon leisten, so zu regieren: in einer Mischung aus permanenter Anwesenheit durch den einen Teil und kontinuierlichem Erkenntniszuwachs durch denjenigen Teil, der sich auf Reisen begibt? Außerdem: Er ist erst sechsundzwanzig, vom

Schreibtisch aus regieren kann er noch lange, während seine von all den sechzehn Geburten schon recht schwerfällige und über fünfzigjährige Mutter mittlerweile selbst die Reise zum ungarischen Landtag nach Pressburg scheut.

Die eigene Anschauung in Verbindung mit der Fähigkeit, richtige Vergleiche anzustellen, ist nützlich. Man sieht Gutes und kann es imitieren – und Schlechtes, das es zu vermeiden gilt, schreibt er weiter. Natürlich würde er militärische Festungsanlagen, Schlachtfelder und Grenzbefestigungen besuchen, aber nicht nur das. Auch Flüsse, das Meer, die Häfen, Minen, Manufakturen und noch vieles andere mehr. In den Provinzhauptstädten würde er so lange verweilen, bis er verstand, was in deren Verwaltung vorgeht, bis er sich ein Bild von der Qualität der Beamten, der Schwere ihrer Aufgaben, ihrer Charakterfestigkeit gemacht und begriffen hat, woran es liegt, dass so vieles im Argen ist. Nichts wäre von größerer Wichtigkeit als dies, nichts würde er sich für seine und seiner Mutter Regentschaft so sehr wünschen, als dass es gelänge, den habsburgischen Erblanden sowie den Königreichen, Herzogtümern, Grafschaften, Grundherrschaften und Städten dieses Länderkonglomerats ohne eigentlichen Namen eine funktionierende Verwaltung angedeihen zu lassen. Dies erscheint ihm als die größte aller Reformen, die edelste, das Fundament, ohne das alle anderen Verbesserungen der Verhältnisse von vornherein zum Scheitern verurteilt sind.

Schließlich war es dies, was er in all den Jahren seiner Erziehung zum Thronfolger vorrangig gelernt hatte: *Der Staat müsse vernünftig und einheitlich aufgebaut sein.* Samuel von Pufendorfs Naturrechtslehre, deren Basis die natürliche Gleichheit der Menschen vor ihrem Schöpfergott darstellte, hatte Joseph buchstäblich inhaliert. Etwa wenn er, Joseph, in seiner berühmten Denkschrift aus dem Jahr seines Regierungsantritts sein aufgeklärtes Menschenbild beschrieb: *Unsere Eltern*, so hieß es dort ganz egalitär, *können uns nur das körperliche Leben verleihen, und daher gibt es keinen Unterschied zwischen einem König, einem Grafen, einem*

Bürger oder einem Bauern. Seele und Geist gab uns der Schöpfer; Vorzüge und Laster sind das Ergebnis guter oder schlechter Erziehung.[21] Und seit er in Geografie, Geschichte und Staatskunde alles über seine Länder gelernt hatte, war er das ungute Gefühl nicht mehr losgeworden, dass in der Theorie zwar alles wohl erdacht sei, dass es sich aber nur auf dem Papier zu einem homogenen Bild füge. Es brauchte Daten, Landkarten, empirische Erfahrungsberichte, Befragungen und Bittgesuche der einfachen Menschen aus dem Volk. Und nichts anderes wollte er beschaffen: Daten, Daten, Daten. Über alles und jeden. Die Zusammenhänge würden sich dann schon einstellen. Das war schließlich das neue Denken, das durch die Enzyklopädisten und ihren geistigen Vater, den französischen Schriftsteller und Philosophen Denis Diderot, verbreitet wurde.[22] Es war die durch ganz Europa wehende Hoffnung, durch Wissen, Verstand und Vernetzung zu etwas Neuem zu gelangen. Weg mit den theologischen, den metaphysischen Ideen, die nur eine scheinbar sinnvolle Grundlage des Lebens bildeten. In Wirklichkeit war alles sehr einfach, die Naturphänomene wie auch die Verfasstheit des Staates ließen sich beobachten, ihre Eckdaten erheben und die sich daraus ergebenden Zusammenhänge systematisch beschreiben. Eins, zwei, drei, vier – ganz leicht und ohne irgendwelche wie auch immer gearteten Überhöhungen. Endlich würde sein Geist frei atmen und sein Verstand seine Arbeit tun können.

Josephs Blick fällt auf ein Porträt Friedrichs des Großen. Seit er dessen *Antimachiavel* gelesen hat, wozu ihn sein Erzieher Beck nicht hatte aufmuntern müssen, ist der preußische König sein Vorbild, sein geheimer Held, sein Idol. Ihn, den Seelenverwandten, zu besuchen, plant er darum mit großem Ernst, und da ihm die Mutter schon einmal einen Strich durch die Rechnung gemacht hat, vorerst im Geheimen. Schließlich ist Friedrich, seit er sich große Teile Schlesiens unter den Nagel gerissen hat, Maria Theresias erklärter Erzfeind. Er hat den Österreichischen Erbfolgekrieg angezettelt, als er, kaum dass seine dreiundzwanzigjährige Kontrahentin in Wien den Thron bestiegen hat, in Schlesien einfiel. Daraufhin war ganz Europa gegen die junge Regentin in den Krieg gezogen, und Maria Theresia hatte nur durch die Hilfe Ungarns ihr Reich zu retten vermocht. Jedoch ohne Schlesien zurückzubekommen.

Auch die Schweiz, Frankreich, Russland und England – fremde Territorien – will er bereisen, denn dadurch verspricht er sich besonders überraschende Erkenntnisse. Doch davon soll vorerst ebenfalls nichts nach außen dringen, er kennt die endlosen Flüsterintrigen des Hofes nur zu gut.

Ich brauche keinen unnützen Komfort, so werden die Kosten sich in Grenzen halten, und wie Sie wissen, werde ich als Feind sämtlicher Formalitäten und Etiketten die Gesellschaft meiden und ihre Häuser nicht betreten.[23] Genau, er wird stets inkognito reisen, nichts würde sinnvoller und praktischer sein als diese Maßnahme. Er würde sich einfach kleiden, die Beinkleider schwarz, Rock und Weste zwar von feinem Tuch, aber ohne Bordüren, die den edlen Stand verraten, der Hut ohne Federn. Er würde in einfachen Gasthöfen übernachten, eine Hirschhaut, Stroh darauf, eine Decke – und fertig ist das Königsbett.[24]

Diese Art, sich selbst neu zu erfinden, etwas, das so ganz und gar nicht seinem Stand und seiner Aufgabe entspricht, würde der Mutter am meisten missfallen, sie würde das Inkognito als Verrat an der Person, die er qua Geburt zu sein hat, empfinden. Ach, was wusste sie schon! Würde er jedes Mal gezwungen sein, eine offizielle Hofreise zu unternehmen, er käme nicht weit, die Staatskassen wären schnell geplündert, und – weitaus schlimmer – überall würden die Menschen in Erwartung des Kaisers Lügengebilde errichten. In der Folge würde er nichts, wirklich gar nichts Echtes zu Gesicht bekommen. Für seine Reisen, insbesondere die ins Ausland, würde er sich den Titel eines Grafen von Falkenstein zulegen. Perfekt! Rührte der doch aus einer durch das lothringische Erbe an ihn gefallene Grafschaft bei Worms mitten im Römisch-Deutschen Reich, in Wirklichkeit das einzige Territorium, über das er allein und aus eigenem Recht verfügen konnte.

Mittlerweile waren die Kammerdiener erschienen, der Kaiser bekleidet und auf dem Weg zum Staatsrat, der jeweils dienstags und donnerstags tagte und seine wie seiner Mutter Anwesenheit verlangte. Den Brief hatte er in ein Kuvert gesteckt, versiegelt und einem Kammerherrn überreicht. Obwohl seine Mutter nur in einem anderen Flügel der Hofburg wohnte, hatten sie es sich mehr und mehr zur Gewohnheit gemacht, brieflich miteinander zu verkehren. So lag das, was sie dachten, stets schwarz auf weiß vor. Das sollte – was es jedoch selten tat – Konflikte vermeiden helfen, denn davon gab es zwischen ihnen zum großen Verdruss beider leider eine ganze Menge. Für Maria Theresia blieben die Reisen des Kaisers *terribles voyages*.[25]

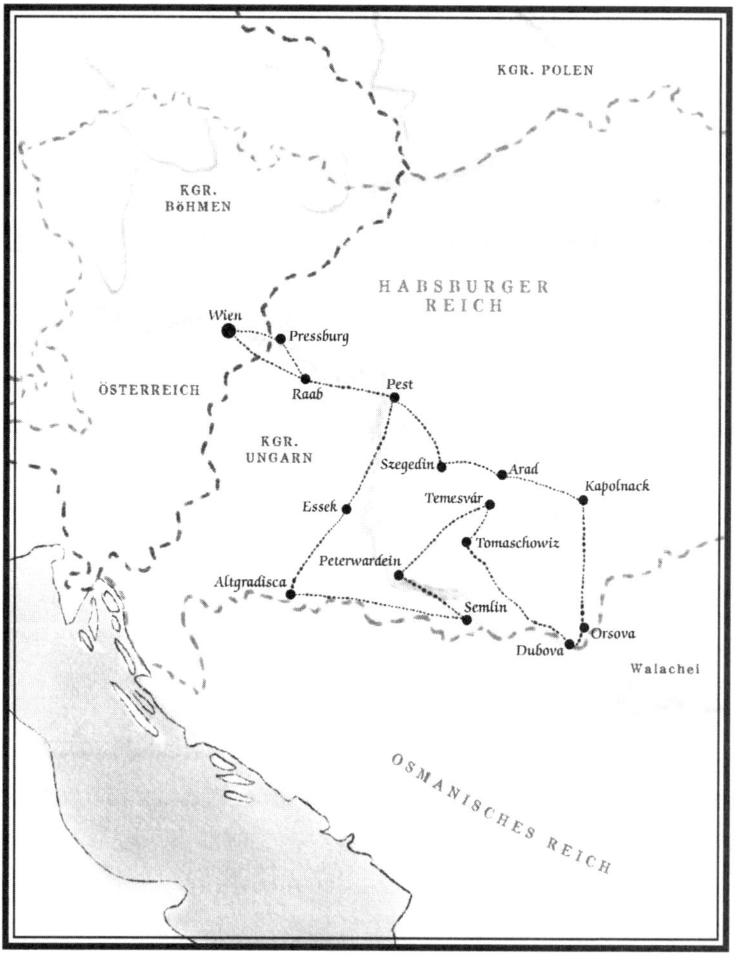

Wien ~ Raab ~ **Pest** ~ Szegedin ~ **Arad** ~ **Kapolnack** ~ **Orsova**
Dubova ~ **Tomaschowiz** ~ **Temesvár** ~ Peterwardein
Semlin ~ Altgradisca ~ Essek ~ Pest ~ Raab ~ Pressburg ~ Wien

1768 Banat

Wie unzählige Bittsteller die Wahrnehmung verändern

Freiheit. Endlich. Am frühen Morgen des 16. April 1768, als Joseph sein Pferd über die Donaubrücke von Buda nach Pest (erst 1873 wird aus den selbstständigen Städten Budapest) lenkt, fällt alle Anspannung von ihm ab. Die aneinandergebundenen Kähne, aus denen die Pontonbrücke besteht, ächzen und schwanken, als die Kutschen über sie hinwegrumpeln.[1] Ein erster heller Streifen am Horizont kündigt den neuen Tag an und lässt die Umrisse von Pest, dem administrativen Zentrum des Königreichs Ungarn, vor Josephs Augen auftauchen. Der Kaiser, in einfacher grüner Uniform, reitet, wann immer es ihm gefällt, mit den Wachen vorneweg. Hinter ihm dösen die Reisegefährten in ihren Kutschen, selbst die Kutscher lassen sich noch durch nichts aus der Ruhe bringen. Ein paar Katzen huschen vor ihnen über die gepflasterte Straße, sonst regt sich auch in Pest nichts. Die Wachen am Stadttor haben Befehl, den inkognito reisenden Kaiser und sein Gefolge ohne Verzögerung freie Durchfahrt zu gewähren, die Tore stehen darum schon offen, als die Reiter, ihre Pferde zügelnd, die Stadt verlassen. Draußen erwartet sie die soeben aufgegangene Sonne. Hellgrün liegt die ungarische Tiefebene vor ihnen. Es ist Frühling, und die Pferde schnauben. Joseph überkommt ein nie gekanntes Glücksgefühl.

Über ein Jahr hatten die Vorbereitungen zu dieser ersten großen Inspektionsreise gedauert, Joseph hatte alle nur erdenklichen Berichte über Land und Leute gelesen, und die zuständigen Hofstellen hatten versucht, eine einigermaßen sichere und nicht allzu unbequeme Reiseroute zu planen. Der offizielle Grund für die Reise war ein Streit der zuständigen administrativen Stellen. Die Wiener Stadt-Banco, ein Geldinstitut, der Hofkriegsrat und der Banater Impopulationskommissionspräsident Johann Wilhelm Edler von Hildebrand lieferten sich ermüdende Auseinandersetzungen darüber, wer das Banat nun verwalten dürfe und wie. Das Gebiet, in dem es weder privaten Grundbesitz noch Adelige mit ausgedehnten Grundherrschaften gab, unterstand direkt dem Institut Wiener Stadt-Banco, also einer Bank! Ein Verwaltungskonstrukt, widersinnig, für Korruption anfällig und umständlich. Nur wie sollte er, Joseph, das ändern?

Erst 1718 war die Region im äußersten Südosten des Reichs von Prinz Eugen, dem großen Feldherrn, den Türken entrissen und im Frieden von Passarowitz Habsburg zugeschlagen worden. Seither versuchte man den verwaisten und vernachlässigten Landstrich durch Peuplierungs-, also Besiedlungsmaßnahmen zu entwickeln. Es ging darum, eine militärische Pufferzone gegen neuerliche Angriffe aus dem osmanisch dominierten Süden zu schaffen und die menschenleeren Gebiete in fruchtbares Ackerland zu verwandeln.

Die Schwabenzüge brachten aber nicht bloß Schwaben, Pfälzer und Franken, sondern auch Leute aus dem Elsass, aus Lothringen und den innerösterreichischen Ländern, ja, sogar aus Frankreich und Italien an diese Außengrenze der damaligen Christenheit – insgesamt über 100 000 Menschen in knapp hundert Jahren. Dazu kamen noch einige katholische Bulgaren, Armenier und Albaner, die das Osmanische Reich gegen das christliche Österreich tauschen wollten, und ein paar durch die vielen Türkenkriege dezimierte einheimische Bauern – Raizen und Walachen. Das von den Siedlern übernommene, erst seit Kurzem entwässerte Sumpfland, eine mit Gestrüpp überwucherte Wildnis, konnten nur die Stärksten in fruchtbares Ackerland und ihr karges Leben in Wohlstand verwandeln. Ungefähr ein Drittel der

Siedler überlebte die harten Bedingungen, den Hunger und die Seuchen nicht.

Das war die Situation, als der Kaiser zu seiner Reise aufbrach. Nicht nur von den militärischen Anlagen, von den Spitälern, Kerkern und Bergwerken wollte er sich ein detailliertes Bild machen, sondern zuvorderst von der Lage der Siedler. Dazu war es unerlässlich, dass die lokalen Stellen die Anordnungen zu seinem strikten Inkognito berücksichtigten. Wieso dieser doch so einfache Befehl nur so schwierig zu befolgen war? Hatte er nicht in allen Einzelheiten dem Banco-Präsidenten Graf Hatzfeld schriftlich erläutert, was er erwartete? *Dass weder bei der Durchreise, von Bürgerschaft oder Magistraten öffentliche Ehrenbezeichnungen, Ausrückungen, Bewillkommnungen und Losbrennungen eines Geschützes, noch in denjenigen Orten, wo ich übernachten werde, einige Beleuchtung, Musik oder andere Festies auch nicht bei Kavaliers, in deren Schlösser ich übernachten werde, geschehen sollen.*[2]

Doch sämtliche Verwaltungsbeamte schienen taube Ohren zu haben. Man hatte emsige Vorbereitungen zum Empfang des Monarchen getroffen. Joseph hatte daraufhin allen mit Ungnade gedroht – und einige Monate später in aller Schärfe noch einmal festgestellt, dass *mir in keinem Ort ein Empfang zu machen* sei. *Da ich selbst in die Stadt Temeswar kommen werde, so braucht keiner von denen Administrationsräten mir entgegenzukommen … Ich werde ein Zelt mithaben, im Notfall.*[3] Ein Zelt! War das nicht etwas radikal für den Kaiser des Römisch-Deutschen Reichs? Und für die Hofbeamten geradezu eine Provokation? Während sie sich den Kopf zerbrachen, wie sie den obersten Herrscher der Christenheit sicher vor Krankheiten, Unfällen, ja, Überfällen durch die wilden Landstriche an der Grenze zum Osmanischen Reich manövrieren könnten, fiel dem jugendlichen Wagehals zur eigenen Unterbringung nichts Besseres ein als ein Zelt, selbst wenn er damit eher eine Art provisorisches Militärlager meinte?

Joseph wendet sein Pferd und lässt es ein paar Galoppsprünge zurück zu den Kutschen machen. In der ersten, seiner Kutsche reibt sich sein Schwager Albert von Sachsen-Teschen soeben den Schlaf aus den Augen. In der nächsten sitzen sein Freund, der Präsident des Hofkriegsrats Moritz Graf von Lacy, Oberststallmeister Graf Karl Johann von Dietrichstein und Generalmajor Joseph von Colloredo, hinter diesen kommen die Militärs Laudon, Nostitz und Miltitz, danach die Kutschen des Dienstpersonals. Insgesamt dreizehn Fuhrwerke! Viel zu viele, findet Joseph, während er bis ans Ende des Trosses zum Fuhrwerk der Köche und Hilfsköche reitet. Das herabhängende und nur durch eine Plane geschützte Kochgeschirr klappert im Takt der schnell dahintrabenden Pferde, Diener lachen, der Kaplan schaut andächtig zum Fenster hinaus. Wozu hat er all diese Leute mitgenommen? Er hatte händeringend versucht, das Gefolge kleinzuhalten, doch das hatte bei allen zuständigen Stellen zu derart großem Unverständnis, sogar zu panischer Sorge geführt, dass er sich diese unnötigen Reisebegleiter aufschwatzen hatte lassen. Bei seiner nächsten Reise würde er die Mehrheit von ihnen nicht mehr mitnehmen, allen voran den Kaplan.

Arad – Gefängnisse, Folter und keine Besserung

Am 19. April verlässt die Reisegesellschaft Szegedin, und nur zwei Nachtlager später erreicht sie die Stadt Arad, einen Tag früher als im Reiseplan vorgesehen.[4] Kein Wunder, man startet stets um vier Uhr morgens und fährt ohne allzu lange Pausen, bis die Nacht hereinbricht. Würde er, Joseph, dieses Tempo durchhalten, spräche sich in Wien herum, dass die Reisen mit ihm eine Qual wären. So würde die Gefolgschaft bei den nächsten Unternehmungen wie von selbst auf den härtesten Kern zusammenschrumpfen (tatsächlich wurde die Gefolgschaft auf den Reisen kleiner). Dies jedenfalls erhofft er sich, der seine Reisevorkehrungen mit Bedacht gewählt hatte. Missgünstige, die zu einfältig waren, den Zweck seiner Reisen zu verstehen, hatten Maria Theresia eingeflüstert: Der Kaiser wolle sich im Ruhm eines abenteuerlichen Helden sonnen. Oder, was man sich ebenfalls in den Gängen der Hofburg zugeraunt hatte, er laufe vor seinen Verpflichtungen davon und verfolge nur deshalb derlei unstandesgemäße Ideen wie ebendiese Reisen. Doch wie auch sollten sie, die die Behaglichkeit ihrer vornehmen Lebensentwürfe nicht einmal dann verließen, wenn sie sich von ihren Palais in die extra für sie eingerichteten und vom Volk abgetrennten Logen ihrer Kirchen begaben, ohne nur einen Fuß auf das Straßenpflaster zu setzen, eine Ahnung von der Wirklichkeit außerhalb des Hoflebens haben?

Dass er, um seine Mission zu erfüllen – und er hoffte, damit erfolgreich zu sein –, fürchtete, als Kaiser nichts von den eigentlichen Verhältnissen zu sehen zu bekommen, konnten nur jene verstehen, die wie er die Vision eines neuen, besseren Staats in die Tat umsetzen wollten. Nur wer in der modernen Naturrechtslehre geschult war und dem Denken der französischen Enzyklopädisten nahestand, wusste den Wert von Vernunft und empirischen Fakten zu schätzen. Empörend, dass er die Werke Diderots, etwa die *Encyclopédie*, mit der der Franzose und seine Mitstreiter seit 1752 das Weltwissen zusammentrugen, wie auch die Bücher Jean-Jacques Rousseaus und des berühmtesten von allen, Voltaires, nur im Geheimen hatte lesen dürfen. Die Werke der französischen Aufklärer standen im Habsburgerreich allesamt auf der Liste der verbotenen Bücher. Was für ein Armutszeugnis für die mächtigste Monarchie in Europa! Und warum? Weil seine Mutter auf die Jesuiten hörte, die ihre Macht in Bereiche des Lebens ausgedehnt hatten, in denen sie wenig Erfahrung besaßen. Nun, wenigstens ihr Stern war dank Gerard van Swieten, dem Leibarzt der Kaiserin und großen Reformer, im Sinken begriffen.

Arad war am Fluss Mieresch gelegen, eine mittelalterliche Festung, die, wie so viele Städte in der Region, erst seit dem Zurückdrängen der Türken an Österreich gefallen war. Strategisch wichtig seit den Mongolenstürmen, hatte man 1763 begonnen, eine neue Festungsanlage zu bauen, nicht nur um die etwa 400 rumänischen, serbischen und ungarischen Familien der Stadt zu schützen, sondern als Teil der Verwaltung der Militärgrenze, jenem habsburgischen Limes, der von Kroatien über Slawonien und das Banat bis nach Siebenbürgen reichte.

Joseph wollte alles wissen und sehen, um seiner Aufgabe als erster Diener des Staates nachzukommen, und so befahl er kurz nach der Ankunft in Arad, dass er in aller Herrgottsfrüh die Festung mit ihren Einrichtungen zu sehen wünsche, insbesondere den Kerker, von dem er schon im Vorfeld nichts Gutes gehört hatte.

Was für ein Elend! Noch spät, als er und seine Getreuen das beschämend üppige Abendmahl aus Rindfleisch, mehreren Hühnern und einem großen Topf mit Suppe zu sich nahmen, verließen ihn die Bilder nicht. Die unwürdig am Boden zusammengekauerten Menschen, die Enge in den Kasematten, die Feuchtigkeit der Festungsgewölbe, ohne Tageslicht, ohne irgendwelche Lebenserleichterungen. Zu essen gab es für die Häftlinge fast nichts, und das, was es gab – irgendein unkenntlicher Brei, manchmal ein Stück Brot –, hatte in einem Napf geschwommen, der am bloßen Kerkerboden stand. Wie Tiere hielt man sie, egal welcher Verfehlungen sie beschuldigt waren. Es schien, als wären die Aufklärung der Verbrechen sowie die Besserung der Delinquenten weit weniger wichtig als die Abschreckung durch Folter und Todesstrafe. Nur: Nicht einmal die Abschreckung zeigte ihre Wirkung! Auch wenn Josephs eigene Kerkererfahrung ein unauslöschliches Gefühl der Freiheitsberaubung, der Erniedrigung und des Schmerzes hinterlassen hatte, die Lebensumstände der meisten Menschen waren anscheinend so beschämend, dass es für sie egal war, ob sie im Kerker oder in ihren elenden Behausungen ihr Dasein fristeten oder gar zum Tode verurteilt wurden. Erlösung von allen irdischen Leiden versprachen sie sich sowieso nur, wenn sie nicht mehr am Leben waren, wenn nach dem Diesseits sie das Jenseits erwartete.

Im Verlauf der Reise würde Joseph noch weitere Kerker besuchen und später in seinem detaillierten Bericht, seiner Relation für Maria Theresia und den Staatsrat, die Sinnlosigkeit dieser Form der Bestrafung festhalten: *Die Kerker sind entsetzlich. Sie müssen beysammen in Kasematten seyn, welches alle Bekennungen [Geständnisse] unmöglich macht; sie leugnen alles, die Tortur ist umsonst, auch die Todesstrafe.*[5]

An anderer Stelle notierte Joseph: *Ansonsten kann hier nicht unbemerkt lassen, dass die Art, mit welcher hier die Exekutionen geschehen, unglaublich ist, weil, wie man mir gesaget, alle Quartal 60 auch 70 Delinquenten gerichtet werden, wogegen wohl ein Abhilfs-Mittel getroffen werden sollte.*[6] Die Frage nach einem *Abhilfs-Mittel*, die Frage, wie ein moderner Staat Verbrechen so bestrafen könne, dass eine allgemeine Besserung und Läuterung der Unglücklichen und ein Nutzen für den Staat dabei herauskäme, ließ Joseph seither nicht mehr los. Schließlich war auch dies ein beliebtes Thema der Aufklärer. 1764 war das bahnbrechende Werk von Cesare Beccaria, *Dei delitti e delle pene (Von den Verbrechen und von den Strafen)* erschienen, das in ganz Europa bis ins 19. Jahrhundert hinein zur Grundlage der Strafrechtsreformen werden sollte. Der italienische Rechtsphilosoph setzte sich darin unter anderem für die Abschaffung von Folter und Todesstrafe ein. 1776 wurde durch Josephs Einfluss dann auch im Habsburgerreich die Folter abgeschafft. 1787 trat das Josephinische Strafgesetz in Kraft, das die Todesstrafe zwar aufhob (außer im Standrecht), sie aber durch das nicht minder grausame Schiffeziehen ersetzte. Das Treideln, bei dem Schiffe gegen die Strömung flussaufwärts gezogen wurden, meist durch Tiere, seltener durch Menschen, war eine derart beschwerliche Zwangsarbeit, dass innerhalb der ersten Jahre an die 800 Sträflinge starben. Nicht so sehr ein neuer Humanismus, vielmehr ein sich durch alle Reformen ziehender Utilitarismus war wie so oft die Maxime aufgeklärter Politik.

Kapolnack – Die ersten Siedler und ihre herzzerreißenden Bitten

Am 23. April verlassen sie Arad. Joseph sitzt wieder im Sattel. Er tut dies so viel lieber, als sich von der Kutsche durchrütteln zu lassen und zur Untätigkeit verdammt zu sein. Nicht einmal schreiben kann er auf den holprigen Straßen, da die Pflastersteine oft herausgebrochen links und rechts des Weges verstreut liegen oder bei unbefestigten Erdstraßen unzählige Schlaglöcher den Weg säumen.[7] Nur durch die umsichtige Fahrweise der Kutscher sind Achsbrüche bisher vermieden worden. Einige Male war ein Rad ausgeschlagen, es war wegen der Unebenheit des Bodens von der Achse gesprungen, und der Wagen war dann in den Graben gekippt. Mehr ist bislang nicht passiert. Der mitfahrende Chirurg ist jederzeit bereit, Wunden zu verbinden oder, falls nötig, sogar ein gebrochenes Bein zu versorgen. Er hat eine hölzerne Kiste mit chirurgischem Werkzeug für diese Zwecke mit auf die Reise genommen, aber gottlob noch nicht einsetzen müssen. Stattdessen interessiert er sich für Krankenhäuser und Krankenstationen. Doch mit dem Wort »Krankenhaus« haben die armseligen Verschläge in den Dörfern, wo meist irgendwelche Quacksalber den Leuten Zähne ausreißen, nun wahrlich nichts gemein.

Abermals genießt Joseph seine Unabhängigkeit. War in Allerherrgottsfrühe noch Raureif auf den Bäumen gelegen, herrscht jetzt zu Mittag eine milde, fast schon sommerwarme Luft. Die Wiesen duften, und vor ihnen liegen die ausgedehnten Wälder der westlichen Karpaten. Auf beiden Seiten des Flusses Mieresch sind sie wunderschön. Der Kaiser denkt kurz an Wien, an die Mutter. Ob sie bei Hof froh sind, ihn für eine geraume Zeit los zu sein? Erst seit drei Jahren ist er Mitregent, aber er hat die Routinen des Hofs schon derart durcheinandergewirbelt, dass Obersthofmeister Fürst Khevenhüller, der gefühlt seit einer halben Ewigkeit über der höfischen Etikette wacht, als sei sie ein Stück seiner selbst, einem Herzinfarkt nahe war. *Dieser unglückliche Geist der Erneuerung, der bald nach dem Tod Kaiser Karls VI.* [Josephs Großvater] *über uns hereingebrochen war und seither jeden Tag an Stärke gewann, scheint unter der derzeitigen Herrschaft gänzlich die Kontrolle zu übernehmen, sodass wir, wenn es so weitergeht, kein einziges Gesetz der Etikette bei Hof wiedererkennen werden!*[8]

Der arme Mann! Jetzt tut er Joseph fast leid. Wie er am ganzen Leib bebte, als Joseph handstreichartig die unzähligen Gala-Tage, die neben anderen Festivitäten der höfischen Prachtentfaltung und herrschaftlichen Selbstdarstellung dienten, auf einen einzigen zusammenschrumpfte, die Schweizergarde entließ, den Aufwand für die Jagden halbierte und die Wildschweine, die so viel Schaden in der Landwirtschaft anrichteten, im großen Stil abschießen ließ – und das, obwohl er selbst ein leidenschaftlicher Jäger ist! Und dann, als er auch noch das spanische Mantelkleid verbot, jene altmodische Hoftracht, die schon allein durch die Anzahl der Edelsteine auf dem reich besetzten Umhang sowie die Größe des Federhuts die Stellung innerhalb der Hofgesellschaft anzeigte, war von der barocken Weltordnung kaum noch etwas übrig geblieben. Sogar Staatskanzler Fürst Kaunitz, ansonsten ein mutiger Verfechter des aufgeklärten, rationalen Staates, fürchtete um seine kostbare Toilette. Mit seiner Perücke pflegte er in einem zuvor mit Puder eingestaubten Raum spazieren zu gehen, einzig um einen möglichst gleichmäßigen Weiß-Effekt zu erzielen. In der Frage der Hoftracht reagierte der schlaue Fuchs Kaunitz knapp, mit den Werten der Aufklärung, wenn auch für die alte Weltordnung: *Jedes Verbot ist widerwärtig!*[9]

Ach, um wie viel besser, um wie viel interessanter, um wie viel abenteuerlicher ist doch sein Leben hier draußen in der weiten Welt, denkt Joseph, während sein Kutscher schon von Weitem das Dorf Kapolnack erblickt.

Kleine, unregelmäßig geschnittene Felder lösen die einsamen Wälder ab, durch die sie die längste Zeit gereist sind. Einige scheckige Schweine grunzen verschreckt, als die Kutschen an ihnen vorbeirumpeln. Je näher sie den winzigen, strohgedeckten Häusern kommen, desto matschiger wird die Straße. Vor den Behausungen stehen hölzerne Regentonnen für das einzig saubere Wasser, das ihre Bewohner zur Verfügung haben, seit der Brunnen in der Dorfmitte eingestürzt ist. Wie Kinderspielzeug verstreut stehen Verschläge für das Vieh, werden Gänse- und Hühnerhütten erkennbar sowie etwas abseits die Klohäuschen. Einige Jungen, in Lumpen gekleidet und bis auf die Knochen abgemagert, bringen Ziegen und Schafe von der Weide zurück in ihre Ställe. Eine Alte humpelt herbei, um die Tiere zu füttern. Ein Irrer läuft kopfschüttelnd die Straße entlang, ohne den Kaiser und seine Reisegesellschaft auch nur eines Blickes zu würdigen. Dann, am Ende des Dorfes, folgen einige frisch gedeckte Häuser, der Zugang zu ihnen wurde eigens vom Unrat, der ansonsten neben der Straße herumliegt, befreit. Schon allein das macht den Kaiser stutzig. Doch auch die artig aufgereihten deutschen Siedler in ihren adretten Kleidern haben etwas Künstliches an sich.

»Eure Majestät, schauen Sie!« Lacy kann sein Lachen kaum zurückhalten. »Normalerweise picken die Hühner die Körner aus dem Staub der Straße, nicht vom Dach.«

In diesem Teil der kleinen Siedlung aber sitzt das Federvieh auf dem Dach, weil das Stroh offenbar mehr Körner enthält, als am Wegesrand zu finden sind. Aber normalerweise würde es niemandem einfallen, ungedroschenes Stroh, also mitsamt den Getreidekörnern, zum Dachdecken zu verwenden. Joseph gibt den Befehl, den Sachverhalt aufzuklären, und bald wird klar, dass die Siedler gar nicht in den Hütten leben, sondern von Impopulationsdirektor Hildebrand eigens aus dem einige Kilometer abseits der Strecke gelegenen deutschen Ansiedlerdorf Guttenbrunn herbeigekarrt worden sind.[10] Einige Wochen später, in Temesvár, wird sich herausstellen, dass die beiden obersten Lokalbeamten, ebenjener Hildebrand und der Administrationsrat von Brandenburger, hinter der Geschichte steckten. Sie hassten einander leidenschaftlich, einzig Gift und Dolch hätten sie noch nicht gegeneinander angewendet, wie der Kaiser bemerkt, *sonst ist gewiss alles, was die verleumderischen Zungen erdichten, die niederträchtigste Intrige ersinnen können, beiderseits angewendet worden.*[11]

Hildebrand war derart spät von Brandenburg über das Kommen des Kaisers informiert worden, dass er in Kapolnack nur ebendieses stümperhafte Programm zusammenschustern hatte können.

Die ortsunkundigen Dorfbewohner haben für ihre Komödie sogar ein karges Willkommensmahl – eine Mehlsuppe mit ein bisschen Speck – zubereitet, und der Hausvorstand der Siedlergemeinde richtet ein paar untertänige Worte an den Kaiser. Was Joseph, der die Freundlichkeit der Leute dankend erwidert, aber erzürnt, ist, dass er am Rande der Szenerie einige weitaus schlechter gekleidete Bauern dabei beobachtet, wie sie ihre Bittgesuche abgeben wollen. Von zwei Banater Lokalbeamten werden sie mit den Worten weggescheucht, dass der Kaiser sich für ihre Angelegenheiten nicht interessiere, schließlich habe er weit Wichtigeres im Kopf.

»Wer sind diese Menschen?« Joseph verlangt, dass man die Bittsteller sofort zu ihm vorlässt. »Kennen die Herrn meine Verordnungen nicht?« Er hatte mit Nachdruck verfügt, dass jeder, sogar der Geringste, vorausgesetzt, er nennt seinen Namen, ihm eine Bittschrift übergeben darf.

Die Beamten wirken betreten, als sich die kleine Schar der vom kargen Leben Gezeichneten vor dem Kaiser aufreiht und sich einer nach dem anderen in den Staub zu werfen versucht. Jeden Einzelnen von ihnen richtet Joseph wieder auf, jedem Einzelnen hört er zu. Voller Stolz, dass sie ihr Anliegen von einem Schreiber in schwungvollen Lettern auf Papier gebannt und dafür ein paar Kreuzer bezahlt hatten, überreichen die Dörfler ihm ihre Bitten. Die Ersten in der Reihe sehen zwar ärmlich, aber noch einigermaßen gesund aus, doch je mehr sich die Schlange ihrem Ende zuneigt, desto zerschlissener ist ihre Kleidung, desto abgemagerter die Körper derer, die sich oft von weit her aufgemacht haben, um von ihrem Elend zu erzählen, weil sie gehört haben, dass der Kaiser durch ihr Land fährt.

So würde es stets sein, denkt Joseph – das Inkognito bewahrt ihn vor der Etikette und ermöglicht ihm, vorausgesetzt seine Befehle werden eingehalten, einen unverstellten Blick auf die Verhältnisse. Doch dass sich hinter dem Grafen Falkenstein in Wirklichkeit er, der Kaiser, verbirgt, wird sich stets schnell herumsprechen.

Das Spiel mit Identitäten war in der Gesellschaft des 18. Jahrhunderts durchaus beliebt, war doch das Leben selbst durch Rollen definiert, die der jeweiligen Stellung in der Gesellschaft, vor allem der des Hofes und der Aristokratie entsprachen. Und so würde im Laufe der Jahre auch das Inkognito des Kaisers zu einem populären und in den Gazetten vielfach zum Besten gegebenen Versteckspiel, ja, es würde sogar Anekdotensammlungen geben, die mit den stets gleichen Geschichten, dass ein Graf Falkenstein zum Beispiel in einem Gasthof aufgetaucht sei und erst ein Zimmer bekam, als der ahnungslose Wirt durch einen wie auch immer gearteten Zufall herausfand, wen er vor sich hatte, ihr Publikum unterhielten.

Doch zurück nach Kapolnack und zu den Bittstellern. Die einheimischen Raizen und Walachen klagen, dass sie von den Siedlern verdrängt und in Armut und Not gestürzt worden seien. Dort, wo sie über Generationen ihr Vieh geweidet hätten, würde man heute neue

Dörfer anlegen und Felderwirtschaft betreiben. Einige junge Männer bitten, ins Militär aufgenommen zu werden. Das Leben als Grenzer habe viele Vorteile, die Versorgung sei besser, und das sei, selbst gemessen an den Schrecknissen möglicher Kriege, immer noch erstrebenswerter, als Hunger zu leiden. Andere jammern über das allseits grassierende Fieber und sonstige Krankheiten, sie wünschen sich einen Arzt, auch wenn er nur in zwei Tagesmärschen zu erreichen sei.

»Ob Majestät mir meinen Branntweinkessel zurückholen können? Ich würd vielmals darum bitten«, stammelt ein altes, gekrümmtes Männlein und hält mit zitternden Händen dem Kaiser sein Schreiben hin.[12]

So eine Dummheit! Joseph verlangt sofort, dass man dem Alten seinen Besitz zurückgebe. Als ob es etwas ausmache, wenn er Brandwein herstelle, dafür einige wenige Gulden im Jahr verdiene und sein Los mit Alkohol versüße?

Die Beamten, immer noch verlegen, notieren die Causa, während ein Diener Joseph die Schreiben abnimmt und in einen extra dafür vorgesehenen Postsack steckt.

In seinem Reisejournal, das er fast täglich für kurze, spontane Einträge benutzt, vermerkt der Kaiser am Abend: *Wegen der allort befindlichen Asylants habe ich starcke Sachen und große Missbräuche gesehen.*[13]

Am Ende der Reise sollte der Kaiser mehrere Hundert solcher Bittschriften bekommen und, so die Missstände nicht an Ort und Stelle behoben und die Gesuche nicht sofort erfüllt werden konnten, sie mit nach Wien nehmen.[14] Keine der Eingaben wurde links liegen gelassen oder ging verloren. Auch in Wien praktizierte Joseph diese neue Form der Volksnähe. Er, der die Zimmerfluchten des Leopoldinischen Trakts der Hofburg bewohnte, empfing in der Folge die zahlreichen Bittsteller auf dem Kontrollgang im Halbgeschoss darunter.

Jeder durfte kommen, jeder wurde gehört. Joseph wurde von den einfachen Menschen dafür verehrt, von der Oberschicht hingegen verlacht. Wieso sich mit solchen Kleinigkeiten abgeben? Es behindere den Blick auf das große Ganze. Andere mutmaßten, es ginge dem Regenten bloß um *publicité*, wie man damals statt Öffentlichkeitswirksamkeit sagte. Dass der oberste Herrscher der Christenheit sich derart herabließ, dass er nicht irgendeiner Theorie vom Herrschen entsprach und sich bloß mit Lippenbekenntnissen zur intellektuellen Mode der Zeit bekannte, sondern sich für die Bedürfnisse und Belange der Menschen tatsächlich interessierte, war für viele ein Verrat an der Monarchie und der gesamten aristokratischen Ordnung.[15]

Orsova – An der Grenze zum Osmanischen Reich

Nun reiten sie auf steilen Gebirgswegen entlang des Flüsschens Cerna und der Grenze zur Walachei. Seit etwa vierzehn Tagen ist die Reisegesellschaft des Grafen Falkenstein bereits unterwegs. Gestern hatten sie in einem Dorf am Fluss genächtigt, Joseph hatte vorsichtshalber – in den vorherigen Quartieren hatte er sich Flöhe und Läuse eingefangen – sein Zelt aufstellen lassen. Am frühen Morgen, noch im Halbschlaf, hatte er ein Bauernmädchen den Weg entlanglaufen sehen. Barfuß, in der Hand einen Wäschekorb, war sie singend zum Fluss geschlendert. Er hätte sich ihr gerne genähert. Der feste Busen, die enge Taille, die nackten Beine. Alles war so vollendet. Oder hatte er sie sich nur zurechtgeträumt?

Er rieb sich die Augen.[16] Er war ein freier Mann, seit seine zweite Frau Josepha, eine geborene Prinzessin von Bayern, vor einem Jahr gestorben war. Wie schon seine geliebte erste Frau Isabella war auch sie den Pocken, dieser Pest des 18. Jahrhunderts, erlegen. Obwohl er zugeben musste, dass sie gute Eigenschaften gehabt hatte und dass sie, die ihn so treu geliebt, im Gegenzug mehr Zuneigung verdient hätte, war er ihrem Begräbnis ferngeblieben. So sehr hatte er sich, was diese zweite Ehe betraf, gegängelt, als Opfer der Heiratspolitik seiner Mutter missbraucht gefühlt. Maria Theresia wusste wohl, was sie zugunsten der Staatsräson von ihren Kindern verlangte und wie sehr sie damit deren Lebensglück aufs Spiel setzte. Königskinder waren nicht frei. Sie gehörten der Aufgabe, die sie im Sinne der Dynastie und des Reichs zu erfüllen hatten. So war es nun einmal.

Und doch hatte Joseph seiner Mutter, was die arme Josepha betraf, sogar leidgetan. *Mein Sohn ist im Endeffekt zu beklagen, denn sie ist weder hübsch noch angenehm, ich will glauben, dass sie lieb ist, aber wenn es so bleibt, werden wir uns nicht genug bei Gott zu bedanken haben, wenn sie uns zumindest einen Thronfolger schenkt*, hatte sie, Habsburgs oberste Heiratsvermittlerin, schon im März 1765, also nur zwei Monate nach der Vermählung mit Josepha an ihre Freundin Sophie Enzenberg geschrieben.[17] Vielleicht war Maria Theresia auch deshalb schuldbewusst am Bett ihrer Schwiegertochter geblieben, als diese an den Pocken erkrankte. Daraufhin hatte sich die Regentin selbst mit der lebensgefährlichen Krankheit angesteckt, ihr Zustand verschlechterte sich zusehends, sodass ihr schließlich die Sterbesakramente verabreicht wurden. Er selbst war nicht mehr vom Bett der Mutter gewichen, und im ganzen Land wurde für die Kaiserin gebetet. Als sie sich wider Erwarten erholte, dankte man Gott im Stephansdom mit einem Hochamt und prägte Münzen und Medaillen aus Anlass ihrer Genesung.

Joseph erinnert sich an die bangen Stunden am Krankenbett. Wäre seine Mutter damals gestorben, würde er nun alleine regieren … Doch den Gedanken, so verlockend er auch ist, verscheucht er so schnell, wie er in seinen Kopf gekommen war. Stattdessen denkt er wieder an den morgendlichen Traum am Fluss. Er fühlt seine Kraft und die seines Pferdes, er ist in den besten Jahren, und er wird diese besten Jahre sicher nicht ohne Sinnesfreuden verleben. Nur heiraten, das wird er, egal welches Gezeter seine Mutter veranstaltet, nicht mehr. Wie auch? In Isabella hatte er sich völlig unerwartet und beim ersten Anblick – dieser ereignete sich wie üblich erst bei der Hochzeit – unsterblich verliebt. Seine ganze Unsicherheit hatte sich beim Wimpernschlag ihrer sanften Augen in Luft aufgelöst. Isabella von Bourbon-Parma war der Inbegriff einer Märchenprinzessin. Von anmutiger, zarter Gestalt, mit vollem, sprechendem Mund und dunklen, sanften Rehaugen. Er mochte es, wie sie Violine spielte, wie sie zeichnete, und darüber hinaus verfasste sie sogar noch philosophische Reflexionen. Alle am Wiener Hof waren von ihrem Wesen bezaubert gewesen. Er selbst hatte damals nicht geahnt, dass ihr Herz in all seiner jugendlichen Leidenschaft heftiger für seine Schwester Marie Christine schlug. Isabella schrieb ihr Briefe voller Emphase. Und doch, als er von einer leichten Krankheit wieder genesen war, vermerkte sie in einer Epistel an seine Schwester: *Dem Erzherzog geht es wieder gut. Du kannst dir meine Freude vorstellen … Adieu, obwohl ich dich von ganzem Herzen liebe, habe ich gestern gespürt, dass der Erzherzog vorgeht.*[18] Hatte sie gefühlt, die für ihn bloß ein ihrem Pflichtgefühl entsprungenes Wohlwollen gehegt hatte, dass aus der emotional ungleichen Beziehung doch eine glückliche Ehe hätte werden können?

Damals hatte er als Thronfolger bereits alle Hände voll zu tun gehabt. Er nahm an den Sitzungen des Kriegsrats und an jenen des Staatsrats teil. Er stand um sechs Uhr dreißig morgens auf, ging zur Messe und arbeitete sich ab acht in die Staatsangelegenheiten ein – die Aufgaben waren ihm uferlos, chaotisch, aber auch faszinierend erschienen. Und wenn er sich am Abend zu seiner Gemahlin flüchtete, mit ihr musizierte oder sie still, in sein Glück versunken, betrachtete, war er einfach nur dankbar gewesen, dankbar für jedes Wort und ihre Schweigsamkeit, für jede ihrer so anmutigen Züge, für den Duft, den sie verströmte, und das Rascheln ihres Reifrocks, wenn er sie ihn in Richtung ihrer eigenen Gemächer verschwinden sah.

Längs dem Plajaschen-Posten [Grenzwächter-Posten] *siehet man links zu einer Insel und vor sich über die hohen Berge in die Walachei hinein, rechts ist ein ebenes, an der Donau gelegenes Land, die Donau erbreitet sich unter der Festung Orsova und ist auf dem rechten Ufer gegen Widin zu sehen ... Die noch vom Krieg abgebrannten Häuser stehen noch ganz verdorben da, Stücke, sowohl eiserne als metallene, liegen auf den Bastionen herum. Man siehet fast keinen Menschen drinnen, nur einige wenige Türcken schauten uns an*, heißt es im Reisejournal des Kaisers vom 30. April.[19]

Sie waren an den Ausläufern der Karpaten entlanggeritten, bis die Donau vor ihnen lag, die natürliche Grenze zum Osmanischen Reich. Alles hier erinnerte an die Zeit der Türkenkriege. Seitdem die Osmanen in der Schlacht bei Mohács 1526 über Ungarn gesiegt hatten, war die Region dem Osmanischen Reich zugeschlagen worden. Doch Prinz Eugen war es im sechsten Österreichischen Türkenkrieg, der von 1714 bis 1718 dauerte, gelungen, die Osmanen endgültig über die Donau zu treiben und das Banat inklusive Orsova sowie Teile Nordserbiens mit Belgrad Österreich einzuverleiben. Das Habsburgerreich erreichte so seine größte Ausdehnung in Südosteuropa, und Prinz Eugen wurde zum Synonym für den »Retter des Abendlandes« vor dem »Erbfeind der Christenheit« – und das, obwohl er nur einen Bruchteil seines militärischen Lebens gegen das Osmanische Reich, die meiste Zeit hingegen im Kampf gegen Frankreich verbracht hatte.

Als 1736 der nächste Krieg zwischen den Osmanen und dem mit Russland verbündeten Habsburgerreich ausbrach, lag der große Feldherr im Sterben. Die Landgier der Zarin und Karls VI., sollte sich auf längere Sicht nicht bezahlt machen. Österreich verlor fast alle von Prinz Eugen eroberten Gebiete wieder, also Orsova, Belgrad und die Kleine Walachei, nur das Banat, durch das der Kaiser jetzt reiste, verblieb bei den Habsburgern. Kein Wunder, dass man sich lieber an die großen Siege Prinz Eugens, die Schlachten mit den klingenden

Namen »Zenta«, »Peterwardein« und »Belgrad« erinnerte, mit denen auch Joseph II. aufgewachsen war, statt an die Niederlagen und Verluste dieses über zwei Jahrhunderte andauernden Kräftemessens. Das ständige Hin und Her der Kriege hatte der Region vielfach geschadet, die Grenzbevölkerung war lethargisch, sie wusste, dass sie nur ein Spielball der Mächtigen war und dass dies an ihrem Los nicht allzu viel änderte.

Langsam nähert sich die Reisegesellschaft dem Grenzgebiet, und Joseph sieht, wie *etliche wenige Türken* ihn und seine Gefährten beobachten. Ob sie alarmiert sind? Schon im Vorfeld der Reise hatte Graf Hatzfeld Eilkuriere an die Hohe Pforte, die Regierung in Konstantinopel, entsandt, damit das Auftreten des ungewöhnlichen Trosses keine diplomatischen Verwicklungen ergab, schließlich war der Friede kein Vierteljahrhundert alt. Und es war ein brüchiger Friede.

Von Alt-Orsowa auf habsburgischem Territorium blicken Joseph und seine Begleiter hinüber zur Donauinsel Ada Kaleh und das nicht fertiggestellte Minarett der Festung Neu-Orsova. Richtung Osten erahnt man die steilen Schluchten des Eisernen Tors, dort, wo sich die Donau mit Macht durch eine der imposantesten und gefährlichsten Flussdurchbrüche Europas hindurchwindet.

Später würde Joseph auch durch Zenta kommen. *Zenta ist ein großer Ort … wo die türkische Brücke gestanden … Die Türken … wurden von Prinz Eugeni en demi attaquiret, die Brücken abgeschossen und sie schier alle in die Theiss zu springen genöthiget.*[20] Ob auch er in den Lauf der Geschichte eingreifen sollte? Die Türken wieder aus Belgrad vertreiben? Orsova zurückerobern? Gedankenspiele über mögliche Gebietserweiterungen, über Macht und Einfluss und die damit verbundene Stellung in Europa waren in Anbetracht dieser heiß umkämpften Grenzregion kaum zu vermeiden. Alles hing mit allem zusammen, das Römisch-Deutsche Reich mit dem Habsburgerreich, die Großmachtbestrebungen

Österreichs mit Russland und Polen, Russlands Plan der Eroberung Konstantinopels mit der schwindenden Macht der Osmanen und das Schicksal der »Erbfeinde des Christentums« wiederum mit allen anderen Mächten in Europa.

Einige Tagesreisen später machte die kaiserliche Reisegesellschaft am Ufer der Donau Rast, als ein türkischer Salztransport flussaufwärts Richtung Belgrad an ihnen vorüberzog. *Wir sahen türkische Schiffe, so durch Menschen gezogen werden, mit welchen sie Salz, von Widin auf Belgrad in 20 Tagen heraufführen: Hinunter, sagen sie, könnte man in 4 oder 5 Tagen fahren*, vermerkte der Kaiser am Abend in seinem Tagebuch.[21]

Doch momentan gab es für Joseph Wichtigeres zu tun, als möglichen Großmachtplänen nachzuhängen und seine Fantasie mit Bildern einer fernen Welt zu beflügeln. Die Peuplierung musste vorangetrieben werden, schließlich konnten die neuen Landstriche nur durch Menschen in blühende Landschaften verwandelt werden. Auch die Ansiedlung von Manufakturen, Glashütten, Eisenhämmern oder Papiermühlen war einzig mit einer entsprechenden Bevölkerungsdichte zu bewerkstelligen. Das Land war so fruchtbar, ein wirklicher Garten Eden! Und es war seit der Zeit Florimond de Mercys, der neben Prinz Eugen in der Schlacht von Peterwardein gekämpft und dann als Verwalter des Banats die ersten Schwabenzüge in das verwüstete Land geleitet hatte, ein Laboratorium einer aufgeklärten Besiedlungspolitik geworden. Ein Land, in dem nach rationalen Mustern erbaute Dörfer die Hebung des allgemeinen Wohls zu demonstrieren versuchten.

Tomaschowitz – Dörfer am Reißbrett entworfen

Am Weg nach Tomaschowitz, wo die Reisenden am 9. Mai eintrafen, sah Joseph eine elende Siedlung nach der anderen. Das flache Sumpfland zwischen Bega und Temes war fruchtbar, doch für scin Sumpffieber berüchtigt. Die Kolonistendörfer waren zwar tatsächlich am Reißbrett entstanden und die Siedler hatten die versprochenen Vergünstigungen – fünf Jahre Steuerfreiheit, keine Schollengebundenheit, keine Diskriminierung nach Religion und Volkszugehörigkeit sowie eine kostenlose Überlassung von Grund und Boden – auch zugesprochen bekommen. Und doch waren sie im Banat einem Leben mit unglaublichen Härten in einer der unwirtlichsten Regionen am Rande Europas ausgesetzt.

Im Mai gibt es in der Gegend oftmals noch Nachtfrost, untertags wird es so heiß wie in Afrika, der Frühling explodiert förmlich, wenn die Arbeit auf den Feldern beginnt. Dicke Klumpen kleben an den Holzpantoffeln der vom Feld müde nach Hause kommenden Männer, ihren krummen Rücken sieht man den Schmerz an, den das Umpflügen der schweren Böden mit dem Ochsengespann verursacht. Man hört ein Baby schreien. Ist die Mutter in der Nacht am Fieber verstorben?

»Man hat uns Versprechungen gemacht«, seufzt einer der Siedler.

Als zweiter Sohn eines kleinen Bauern aus Ulm war er mit großen Hoffnungen auf ein besseres Leben ins Banat gekommen. Seine Frau und zwei der Kinder hatten die ersten Jahre nicht überlebt, jetzt schuften er und sein Sohn allein auf den Äckern, die man ihnen zugewiesen hat. »Es ist ein ständiges Sterben, das Fieber, die Schwäche«, fährt der Mann fort, bitter und matt. Ihr Dorf sei so groß, dass sie Stunden von ihren Häusern bis zu ihren Äckern bräuchten und noch länger, um Holz und Wasser zum Heizen und Kochen nach Hause zu schleppen. In wenigen Jahren habe man all seine Kräfte verbraucht.[22] Der Mann sieht doppelt so alt aus, als er an Jahren zählt. Das Banat war eine Wasserwüste. Um Landwirtschaft betreiben zu können, mussten die Sümpfe trockengelegt und die Flüsse reguliert werden. Es war eine Pionierleistung.

Und doch, der Bauer ist über den hohen Besuch ehrlich erfreut. Er bittet die kleine Delegation in seine Hütte und schickt den Sohn, die Vorräte aus der Kammer zu holen. Dann bricht der Bauer sein Brot und bietet, schüchtern und unsicher, dem Kaiser davon an. Ein Lächeln geht über sein grobes, gegerbtes Gesicht.

»Majestät?«

Joseph nimmt das Brot aus des Bauern Händen und dankt ihm von Herzen.

Ob er es auch mit Erdäpfeln, Hanf, Kohl oder Farbkräutern versucht habe? Sogar mit Wein würde man andernorts experimentieren. Er solle neue Anbaumethoden und neue Feldfrüchte testen. Vielleicht habe er ja Interesse, mit an vorderster Front einer neuen Entwicklung der Landwirtschaft zu stehen? Joseph gibt seinem Diener einen Wink, der eilt davon und kommt bald mit einem Kistchen voll Samen und Setzlingen wieder, die er dem Mann übergibt.[23] Der Bauer studiert sie konzentriert, wie Kostbarkeiten. Die Sonne steht hoch am Himmel, die plötzliche Hitze nimmt Josephs Begleitern den Atem, nur ihm, der so schlank wie ein Weidenbaum ist, und dem Bauern, der sich an das extreme Klima gewöhnt hat, tut sie nichts.

Am Abend, nachdem die Reisegesellschaft in einigen notdürftig hergerichteten Holzhütten untergebracht und am Lagerfeuer bei gebratenem Ochsen und etlichen Kapaunen wieder zu Kräften gekommen ist, diskutieren Joseph und Lacy über die Lage. Man stehe am Anfang einer neuen Zeit, einer neuen Epoche, stellen sie fest. Landwirtschaft und Bauernstand hätten einen großen Bedeutungszuwachs erfahren. Sie seien die Speerspitze gegen die Geisel des Hungers, der nach jeder schlechten Ernte über das Land hereinbreche, so wie der Novemberregen den Winter bringe. Die Zollschranken täten das Übrige. Es müssten einfach mehr Siedler ins Land, es bräuchte verbesserte Anbaumethoden, bessere Straßen, Entwässerung!

»Und Bildung«, sagt Joseph.

Lacy blickt den Kaiser lange an. Der um fast zwanzig Jahre ältere Hofkriegsratspräsident schließt seinen Monarchen für immer in sein Herz. Wie ernsthaft er die Verhältnisse aufnimmt! Und wie wahrhaftig sein Bemühen um die einfachen Menschen doch ist!

Lacy würde bis zu Josephs Tod und trotz so mancher Zerwürfnisse an der Seite des Monarchen bleiben, sein Freund werden, manchmal sein einziger und immer sein treuester. Die Banat-Reise und die gemeinsamen Erlebnisse, all die Szenen, all die Bilder sollten die beiden zusammenschweißen und Josephs Blick auf sein Reich prägen. Seinem Bericht über das Banat sollten sie eine eigentümliche Dringlichkeit verleihen. *Ich habe selbst die Dörfer schier alle durchritten und in selben die nämlichen recht tollsinnigen Fehler betrachtet, die teils von ihrer Lage und Größe, teils von ihrer innerlichen Einrichtung herrührten. Nie sind 900 000 Gulden schlechter, unnützer und ungeschickter verwendet worden, als bei diesem Impopulationsgeschäft, da um diesen Wert sehr wenig Menschen schlechte Dörfer, schier unbrauchbare Häuser verschafft, die Kultur nicht befördert, die Wälder ausgehauen und endlich die Nationalisten* [die einheimischen Raizen und Wallachen] *von Haus und Hof vertrieben, degoutiert und verdrossen gemacht worden seind.*[24]

Temesvár – Verdorben durch den Wasserschub

Endlich, am 13. Mai, einen Monat nach ihrer Abreise aus Wien, erreichen sie die Provinzhauptstadt Temesvár, eine gut ausgebaute, regelmäßig erweiterte und selbst in der Nacht mit Öllampen erhellte Kleinstadt. Zuerst scheint selbst der Kaiser angenehm überrascht. Hier hat Florimond de Mercy, der erste Statthalter des Banats, gute Arbeit geleistet. In Temesvár residieren der katholische Bischof des Banats, das militärische Oberkommando und der Festungskommandant, die Banater Landesadministration mit ihren zahlreichen bürgerlichen

Beamten, der Obergerichtshof, die Post- und Lotto-Direktion, das Dreißigstamt, also die Maut- und Zollstation, sowie diverse Orden. Verschiedene Schulanstalten, Fabriken und Geschäfte sind über die Stadt verstreut, zu deren Bürger auch zahlreiche wohlhabende Handwerker zählen. Kurzum, nach der wochenlangen Reise durch rückständige und ländliche Gegenden ist man in die Zivilisation zurückgekehrt.

Joseph, Lacy, ja, alle Mitglieder der Reisegesellschaft atmen auf und genießen den bescheidenen Luxus; sie baden und schlafen in normalen Betten. Bald spricht sich herum, dass der inkognito Reisende der Kaiser höchstpersönlich sei, und wieder finden sich jeden Morgen Schlangen mit Bittstellern vor Josephs Quartier ein. Die Vormittage verbringt er damit, jeden einzeln zu empfangen, drei Worte mit ihm zu wechseln, während Lacy und Colloredo dafür sorgen, dass die Schreiben in den schon berühmten Postsack gelangen. Anschließend finden Besichtigungen und Unterredungen statt, alles wird einer genauen Bestandsaufnahme unterzogen. Doch nachdem der erste gute Anschein verflogen ist, stellt sich der Eindruck von Filz und Intrige wieder ein, den Joseph und seine Begleiter an so vielen Orten des Landes als Grund allen Übels ausgemacht haben.

Eines Abends will der Kaiser wie so oft durch die Straßen streifen. Man hat ihn vor Banditen und Vagabunden gewarnt, die den Abschaum der hiesigen Gesellschaft bilden. Diese Leute seien eine Plage und einzig und allein der Abschiebepolitik Maria Theresias zu verdanken.

Zwischen 1744 und 1768 waren stets im Frühjahr und im Herbst je ein Transport mit Landstreichern, Wilderern, Schmugglern, aufsässigen Bauern und Prostituierten aus den Kernländern der Monarchie in die Peripherie erfolgt, insgesamt über 3000 Personen. Der Temesvárer Wasserschub, der die Menschen mit Schiffen donauabwärts bis ins Banat brachte, war eine Umsiedlungsmaßnahme, präventiv und willkürlich gegen alle unliebsamen Elemente eingesetzt. Allem voran waren der streng katholischen Regentin alle liederlichen Weibspersonen ein Dorn im Auge. All die Unglücklichen hatte man im Banat auf freien Fuß gesetzt, ohne ihnen irgendeine Unterstützung für einen Neuanfang zu gewähren. Und so blieben Schmuggler Schmuggler, Bettler Bettler und Prostituierte Prostituierte, nur dass sie, dem ehernen Gesetz des Abstiegs folgend, auf der Leiter des Elends immer weiter nach unten fielen. Hübsche Mädchen wurden von raizischen Unterhändlern aufgegriffen, die einen lukrativen Mädchenhandel mit der Türkei unterhielten. Wer konnte, floh zurück nach Wien, nur um dort abermals aufgegriffen und mit dem nächsten Schub zurück ins Banat gebracht zu werden. Manche hatten auf diese Weise den Wasserschub vier- bis fünfmal durchgemacht, und über die Hälfte dieser Elenden hatte diese unsagbar grausame Politik nicht überlebt.

Hysterisches Lachen ist aus einer kleinen Gasse zu hören, ein Weib mit halb entblößten Brüsten, zerzausten Haaren und zerschlissenen Kleidern nähert sich dem Kaiser. Sie könnte zwanzig oder auch vierzig Jahre alt sein, sie ist so heruntergekommen, dass man ihr Alter unmöglich einzuschätzen vermag. Sie streckt die pestschwarzen Hände nach Joseph aus. Der Kaiser zuckt, er weicht ein wenig zurück, aber nicht weit genug, um dem Gestank, der die Elende umgibt, zu entgehen. Nur wenige Schritte hinter der schrecklich aussehenden Gestalt weint ein anderes Weib, eine Mutter, um ihre Tochter, die ihr, wie sie klagt, die Raizen weggeschnappt haben.

»Majestät! Geben Sie acht«, sagt Lacy und zieht den Kaiser aus der Gasse hinaus auf die erleuchtete Promenade von Temesvár.

»Der Wasserschub, nicht wahr?« Joseph schüttelt den Kopf. »Was für eine sinnlose Maßnahme!« Dann wendet er sich ab. Er schämt sich, für seine Mutter, sein Reich, dessen menschenverachtende Politik ihn manchmal in den Irrsinn treibt.[25]

Semlin – Kontumazstationen gegen die Pest behindern den Handel

Nach vier Tagen in Temesvár und weiteren vier in Peterwardein, wo Joseph die Festung, eine der größten in Europa und die wichtigste des Habsburgerreichs am Balkan, inspizierte, ging die Reise zurück nach Wien.

Die Grenzregion hatte jedoch nicht nur Festungsbauten für die militärische Abwehr zu bieten, sondern den seit 1765 existierenden geschlossenen Cordon sanitaire zur Abhaltung der Pest. 4000 Grenzer waren dafür nötig, meist waren es zur äußersten Aufopferung bereite Slawen, die aus dem Osmanischen Reich geflohen waren und nun als freie, von Grundobrigkeit und Zivilverwaltung unabhängige Bauern ihren Grenzdienst versahen. Einen schweren Dienst, wie der Kaiser auf seiner abschließenden Besichtigungstour in Semlin bemerkte. Die Grenzer leben *sehr armselig. Sie müssen ihr Brot und Lebensmittel selbst mitnehmen, haben pure Erdhütten, sind schuldig, beständig ihre Posten zu halten, alle herausfahrenden türkischen Schiffe, so beständig auf unserem Ufer gezogen werden, zu begleiten, und stündlich auch noch zu patrouillieren, sie können sich dahero das ganze Monat nicht ausziehen, bekommen nicht einmal Liegestroh.*[26] Zwischen Belgrad und Semlin, an der Hauptverkehrsroute zwischen Konstantinopel und Wien gelegen, befand sich die wichtigste Kontumazstation des südöstlichen Habsburgerreichs.

Nachdem die Reisegesellschaft ein Boot bestiegen und von der Donau aus auf Belgrad geblickt hat, treffen Joseph und seine Leute am 23. Mai in dieser Quarantänestation ein. Joseph hat sieben Pest-Quarantäne- oder eben Kontumazstationen besichtigt, *in Semlin aber, wo just der starkeste Handel ist, fand ich auch die größten Unordnungen, und es wird just da am allerschlechtesten gehalten.*[27]

»Was für ein Durcheinander«, bemerkt der Kaiser. »Wozu gibt es die Quarantäne, wenn die Kontumazierenden trotzdem mit jedermann reden können?«

Und dabei war – in der Theorie – alles gut durchdacht. Die Händler hatten mit ihren Tieren und Wägen durch ein Tor in die Kontumazstation einzutreten. Anschließend wurden sie nach Pestmerkmalen untersucht, ohne dass der Arzt oder einer der Beamten die Handeltreibenden oder ihre Tiere auch nur berührten. Dann mussten sie zwischen zweiundvierzig und vierundachtzig Tagen in Quarantäne, bevor sie die Kontumazstation durch das andere Tor wieder verlassen durften.

Während die kaiserliche Delegation durch die Anlage spaziert, sehen sie Ballen mit Waren, zum Räuchern aufgestapelt und der Luft und Sonne ausgesetzt. Es dauert Stunden, bis die Beamten die Post, die nur mit der Zange angefasst und ebenfalls durch Rauch und Sonne behandelt wird, durch die Quarantäne geschleust haben.

Der Cordon sanitaire war ein mühseliges Unterfangen, und er behinderte den Handel, der auf dieser Straße bis in den Orient und zur Seidenstraße führte. Doch solange südlich der Grenze immer wieder die Pest wütete, gab es keine Alternative dazu.

Wien – Ein Triumph der Empirie

Der Staatsrat ist bereits vollzählig versammelt, als Joseph als Letzter erscheint. Seine Mutter hat soeben neben Kaunitz Platz genommen, nun müssen sich alle außer der Königin wieder erheben, um ihn, den Kaiser, gebührend zu begrüßen. Er versucht mit einer beschwichtigenden Geste anzudeuten, dass derlei Ehrerbietung nicht nötig sei, der Arbeit und ihrer praxisbezogenen Effizienz sei Vorrang einzuräumen.

Am 10. Juni war Joseph samt seiner Reisegesellschaft nach siebenundfünfzig Tagen wieder wohlbehalten in Wien angekommen, und er, der sich keine Erholung gegönnt hatte, hatte in Windeseile die Relation über das Banat diktiert. Ein luzides Werk, das seine Wirkung nicht verfehlen sollte. Chaotische, ja, traumatische Erfahrungen durchzogen seinen Bericht und bestärkten Joseph in seiner Überzeugung, es sei seine ureigene Aufgabe, aus diesem so schreiend bunten Flickenteppich, der sich Habsburgerreich nannte, einen modernen Staat zu machen. Denn, wie er im Banat gesehen hatte, war *jeder Schritt fehlerhaft, ja eine jede Verordnung fruchtlos*, wenn die Grundsätze nicht stimmten.[28] Was das Banat betreffe, seien die zuständigen Stellen in Wien ahnungslos. Depeschen würden zwischen Wien und Temesvár hin und her geschickt, es brauche Monate, währenddessen alles vor Ort stillstehe. Wenn dann der Befehl aus Wien eintreffe, sei die Situation nicht mehr dieselbe, und alles gehe wieder von vorne los. Kein Wunder, dass man im Banat nach der Devise handle, Wien sei sowieso weit weg.

Als die Sitzung beginnt, liegt auch schon das Votum von Staatskanzler Kaunitz vor, der Josephs Relation mit Begeisterung gelesen hat. Ein glänzendes, die Früchte von Josephs Reise zutiefst würdigendes Votum, ein grenzenloses Lob für den jungen Monarchen. *Es ist keine Schmeichelei, sondern ein wahrhafter Trieb meiner innerlichen Empfindung, dass ich die banatische und slavonische Reiserelation des Kaisers bewundere. Eine von verschiedenen Gliedern zusammengesetzte Kommission würde niemalen in so kurzer Zeit das Ganze in seinem Zusammenhang und in seinen Teilen so gründlich übersehen haben, das Gute vom Fehlerhaften unterscheiden, solide Verbesserungsvorschläge an Hand gegeben.*[29] Auch Maria Theresia kann nicht umhin einzuräumen, dass die Relation durch nichts verbessert werden könne und ihr Mitregent damit der Arbeit der Kommission enorm genützt habe.[30] *Als Mutter und als Königin habe hieran einen besonderen Trost.*[31]

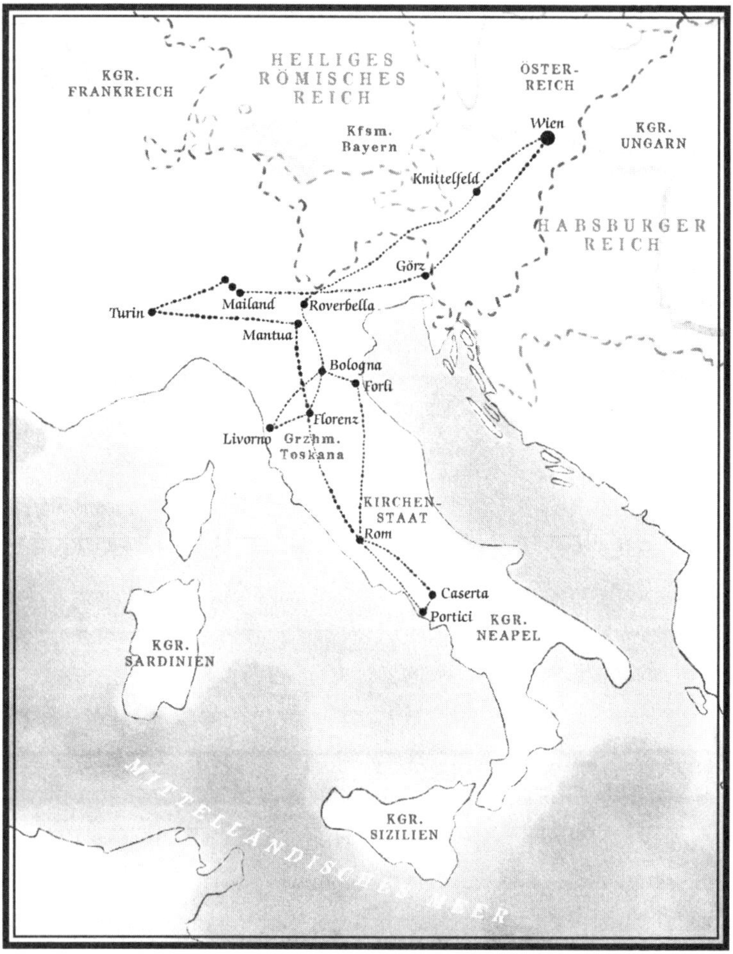

Wien ~ Knittelfeld ~ Roverbella ~ Bologna ~ **Forlì** ~ **Rom**
Portici ~ **Caserta** ~ **Rom** ~ Viterbo ~ **Florenz** ~ **Livorno** ~ **Bologna**
Florenz ~ **Mantua** ~ Turin ~ Como ~ **Mailand** ~ Görz ~ Wien

1769 Italien

Ein Mark Aurel der Aufklärung

Rom, fünf Uhr früh. Im offenen Wagen und bei strömendem Regen sind sie durch die Porta Flaminia in die Ewige Stadt eingefahren. Außer dem Geklapper der Hufe und dem Rumpeln der Kutschenräder hört man nichts, nur Kirchenglocken, die in der Stadt die Uhrzeit verkünden. Dicke Tropfen rinnen Joseph über das Gesicht, als er den Blick nach oben richtet, um die Spitze des Obelisken auf der Piazza del Popolo im Morgengrau zu erspähen. Gleich würden sie, flankiert von den beiden Kirchen Santa Maria dei Miracoli und Santa Maria in Montesanto, in die Via del Corso, die alte römische Via Flaminia einbiegen, um dann hinauf zur Spanischen Treppe und dahinter auf den Pincio-Hügel zur Villa Medici zu gelangen.

Unzählige Pilger und Romreisende waren seit der Antike durch dieses Stadttor nach Rom, dem Zentrum der Christenheit, gelangt. Zur Zeit Josephs II. und Goethes, dessen Italienreise nur wenige Jahre später in der Ewigen Stadt ihren Höhepunkt finden würde, war Rom noch vollständig von dicken Mauern umgeben. Trotz des spärlichen Lichts sieht Joseph, dass alles in Wirklichkeit noch viel beeindruckender ist als den Ansichten des Vedutenstechers Giuseppe Vasi zufolge, dessen zehnbändiges Werk über Rom er zur Vorbereitung der Reise studiert hat. Die Wiener Beamten haben ihm noch einen Bericht über das Papsttum und eine endlos lange Liste von ausländischen und italienischen Zelebritäten – eine Art Who's who, das man ihm stets unterbreitete – mitgegeben. Und er selbst hat sich eine

Übersicht über die Sehenswürdigkeiten Italiens – antike Bauwerke, Statuen, Gärten, Kunstwerke und Institute der sozialen Wohlfahrt – zusammengestellt. Auch die klassische Architektur und Bildhauerkunst hat es ihm angetan. All das interessiert ihn viel mehr als der Papst und die römische Aristokratie, von der bekannt ist, wie dekadent, intrigant und luxusverwöhnt sie ist.[1]

Soeben kommen sie an der Fontana della Barcaccia – dem Barkassen-Brunnen – vorbei, den Pietro Bernini, der Vater des großen Architekten Giovanni Lorenzo, einst für Papst Urban VIII. geschaffen hat. 1598 ließ, so weiß Joseph, ein schlimmes Hochwasser den Tiber über die Ufer treten und ein kleines Boot hier oben auf der Piazza di Spagna stranden. So die mit dem Brunnen verbundene Legende. Was für eine Stadt! Schon so lange hat er sich nach Rom und Italien gesehnt. Nun ist er endlich da!

»Habe ich übertrieben?«, fragt Dietrichstein, der wie im Jahr zuvor zu Josephs Reisegesellschaft zählt. Der Oberststallmeister ist mit dem Kaiser vorausgeritten, während der Rest noch an einer Poststation, eine Tagesreise von Rom entfernt, auf Pferde wartet. »Wenn Majestät mir den Kommentar erlauben, Rom bietet einen ungleich angenehmeren Anblick als Temesvár.«

»Mein lieber Freund welch ungerechter Vergleich! Dafür ist Temesvár unser!«

Joseph ist bester Laune. Sie hatten nur vierzehn Tage und einige durchfahrene Nächte aus Wien, wo sie am 2. März aufgebrochen waren, hierher gebraucht. Schneller schafften es nur die berittenen Kuriere, doch die hatten bessere Pferde, nicht solche Ackergäule, wie man sie der Reisegesellschaft des Grafen von Falkenstein angedeihen hatte lassen. Eine Strecke hatte er auf so einem schweren Kaltblüter zurückgelegt, als Postillion getarnt, dann war er wieder zu Fuß gegangen, so sehr nervte ihn das schneckenhafte Tempo der Ochsen, die man schließlich gegen die Ackergäule getauscht hatte, als die Reise durch die schon zum Kirchenstaat gehörende Romagna führte. Die schnellere und besser ausgebaute Strecke durch die Toskana hatte man rechts liegen gelassen, weil man fürchtete, auf dieser von Kardinälen und Fremden äußerst frequentierten Straße keine frischen Pferde zu bekommen.[2] Es war ja nicht so, dass es im 18. Jahrhundert keinen Verkehr gab. Neben den Kutschen der Noblen, den berittenen Kurieren und dahinpreschenden Militärs waren die Pferdekarren der Händler unterwegs und allerlei Fußvolk, von Vagabunden und Spielleuten angefangen, bis zu Mönchen, die Handschriften für die Klosterbibliothek beschaffen oder die Ländereien ihrer Abteien verwalten wollten.

In Forlì – Joseph, ein Jesuitenzögling?

Wieder war die Reisegesellschaft die eines einfachen, nicht zu sonderlichem Reichtum oder Macht gelangten Grafen von Falkenstein. Dietrichstein und Colloredo gehörten dazu (auch der General war im Jahr zuvor mit ins Banat gereist), zwei Köche und wie bei der Krönungsreise nach Frankfurt war diesmal auch der Chirurg Giovanni Alessandro Brambilla dabei. Lacy hatte Brambilla nach dem Siebenjährigen Krieg nach Wien gebracht, und Joseph hatte ihn bald nach seiner Krönung zum römisch-deutschen König zum Leibchirurgen ernannt. Kein Kaplan! Im Kirchenstaat würde man schließlich genügend geistliche Würdenträger antreffen.

Als sie an der Poststation von Forlì an den östlichen Ausläufern des Apennin angekommen waren – Joseph wie gesagt zu Fuß, seine gelben Beinkleider und sogar der braune Rock waren von der matschigen Straße verdreckt –, wurde er von einem Durchreisenden, der sich als Graf Papini zu erkennen gab, für einen Jesuitenzögling gehalten.[3]

»Lei siete stato educato al Theresianum – Ihr wurdet im Theresianum erzogen?«, fragte dieser ganz stolz auf seine Kenntnisse über die Casa de Austria – das Haus Habsburg – und die von den Jesuiten geleitete Ritterakademie.

»No, caro amico, a casa«, antwortete Joseph lakonisch, aber der Wahrheit entsprechend. »Nein, mein Freund, zu Hause.« Dabei blickte er den Grafen Papini mit jener entwaffnenden Offenheit an, die jegliches Nachfragen verbot. Es amüsierte ihn, zu sehen, wie die Neugier des Grafen dessen Blut in Wallungen versetzte. Aber einfach so nach dem Namen zu fragen geziemte sich nicht, und Joseph spielte den jugendlichen Edelmann, ohne mehr von sich zu verraten. Stattdessen machte er sich einen Spaß daraus, die Jesuiten zu verteidigen.

»Die Jesuiten«, hob er an. »Werden sie nicht zu Unrecht aller möglicher Untaten beschuldigt?«

Die Gesellschaft Jesu war in den 1760er-Jahren zum alles beherrschenden Thema der aufgeklärten Kreise Europas geworden. Man sah in dem papstnahen Orden eine Verkörperung all dessen, was man sich im Lichte der Vernunft zu bekämpfen vorgenommen hatte. Prunkverliebten Barockkatholizismus, sinnesfrohe Wallfahrten und abergläubische Heiligenverehrung. Außerdem galt der Orden den weltlichen Herrschern als zu mächtig, sie unterstellten ihm zwielichtige Geldgeschäfte und konspirativen Einfluss auf die Politik.

Der Graf räusperte sich und versuchte das Thema zu wechseln, es verwirrte ihn, hinter dem jungen, fortschrittlichen Mann einen Jesuitenfreud zu entdecken. Doch Joseph ließ nicht locker.

»Seht doch, welch gute Lehrer sie sind. Und wie einflussreich bei Hofe!«

»Aber … mein Herr, ich verstehe nicht. Die Könige von Portugal, ja selbst die von Spanien …«

»Sie werden ihren Irrtum bald einsehen.«

Als Joseph auf dem Weg nach Rom war, hatten die Vorwürfe gegen die Jesuiten und die damit verbundenen Verschwörungstheorien ihren Höhepunkt erreicht. Die Könige von Portugal, Frankreich und Spanien hatten die Jesuiten ausgewiesen, und die Frage, wie man zum Dauerbrenner Jesuiten stand, war geradezu zu einem Prüfstein dafür geworden, ob man auf der Seite der Aufklärer oder der Ewiggestrigen stand. Und natürlich stand Joseph in Wahrheit *nicht* auf der Seite des einflussreichen Ordens, der zu allem Überfluss im Haus Habsburg – welch interessantes Instrument der Kontrolle – auch noch seit Generationen die Beichtväter stellte.

Wieder räusperte sich der Graf und nutzte die Gesprächspause, um erfolgreich von den Jesuiten zu den Frauen überzugehen. Das war unverfänglich, lebensleicht, südländisch verlockend. Sie seien schöner und begehrenswerter als die Frauen des Nordens. Doch, so betonte Papini zum Abschluss väterlich pedantisch, vor den römischen Frauen möge sich der junge Mann hüten. *Mein Sohn, du bist ein gut aussehender und wohlhabender junger Mann. Nimm dich vor den Römerinnen in Acht, sie sind raffiniert und könnten dir schaden.*[4]

Ach, er hätte nichts gegen ein paar schöne Römerinnen einzuwenden, denkt Joseph, als sie durch die verlassenen, noch dunklen Straßen Roms in die Allee zur Villa Medici einbiegen. Bisher hat er aber nur ein paar in schmutzige Fetzen gehüllte Weibspersonen gesehen, die im morgendlichen Regen schnell den Schutz trockener Eingänge und Stadttore aufsuchten. Sie erinnern ihn an die anstrengenden Diskussionen im Staatsrat über den Temesvárer Wasserschub und daran, wie sehr ihn das Veto seiner Mutter geschmerzt hat, insbesondere weil sie sich ursprünglich so begeistert von all seinen Reformvorschlägen gezeigt hatte. Doch in dieser Angelegenheit war sie stur geblieben.

Aber warum nur? Kaunitz, auch Staatsrat Felix von Borié, der sich mit den Banat-Sachen hinreichend auskannte, alle waren sofort auf seiner Seite gewesen, als er sein leidenschaftliches Plädoyer für die gänzliche und sofortige Abschaffung des Schubs vorgetragen hatte.

Dabei ist er sich so sicher: Das System ist widersinnig und widerspricht jeglichem aufgeklärten Geist. Es verstößt gegen die Prinzipien von Recht und Ordnung, hat keinerlei präventiven Charakter, ist unmenschlich und eine wahre Katastrophe für die Ansiedlungspolitik. Es ist reine Sklaverei, nicht unähnlich der im Osmanischen Reich. *So bald als sie* [die Schubleute] *in Temeswar angekommen seynd, wird durch den Trommelschlag der ganzen Stadt ihre Ankunft angemeldet und kann eine jede Frau oder Mannsperson hinausgehen, sie alle ansehen und aus allen sich eine auswählen … Diejenigen, welche nicht gleich zu Temeswar ausgewählt werden, werden auf Leiterwägen gesetzt und unter Bewachung einiger Husaren in die unterschiedlichen Distrikte verschicket.*[5] In seiner Relation hatte er emphatisch Partei für die Ärmsten ergriffen und mit einer klarsichtigen Darstellung diese unmenschliche Form des Strafvollzugs für beendet erklärt. Die letzte Abschiebung war dann auch im Oktober 1768, also vor einem halben Jahr, über die Bühne gegangen.

Nur, so überlegt Joseph weiter, wie würde es in Zukunft werden, wenn er schon in einer solch unstrittigen Sache mit seiner Mutter nicht übereinstimmte? Wie würde es mit weitaus komplizierteren Reformen sein? Mit der Kirchenreform zum Beispiel? Schon klar, Maria Theresia hatte – von Kaunitz dazu verleitet – das Machtgerangel mit Papst Clemens XIII. in der Lombardei gewonnen und den Einfluss der Kurie aus dem zu Habsburg gehörenden Territorium zum Teil verdrängt. Dabei war es vor allem darum gegangen, die kirchliche Bücherzensur in die Obhut des Staates zu überführen und damit die Kontrolle über Wissen und Erziehung ein Stück weit der Macht der Kirche zu entwenden. Auch deshalb, aufgrund des Verhältnisses zum Papst, reist er, Joseph, ja nach Italien. Papst Clemens XIII. war vor Kurzem gestorben, und das Konklave tagte bereits. Wer nun von Kardinälen nach dem Willen Gottes zum Nachfolger Petri ernannt werden würde, war in Anbetracht der aufgeheizten Stimmung zum Politikum geworden.

Er und seine Mutter waren sich, was ihre Politik betraf, tatsächlich in den meisten Dingen uneinig. Den ganzen Januar hindurch hatte er sich einen zermürbenden Kampf mit Maria Theresia über die gemeinsame Unterschrift der Staatsratsbeschlüsse geliefert. Er hatte es sattgehabt, stets einen Schein der Einigkeit aufrechtzuerhalten, wo es in Wirklichkeit nur Kontroversen, nur Meinungsverschiedenheiten und Streit gab. Seine Mutter hatte entgegnet, dass sie die doppelte Unterschrift nun schon seit achtundzwanzig Jahren praktiziere – auch sein Vater sei schließlich Mitregent gewesen, nur hätte er ihr kaum je Schwierigkeiten bereitet. Nun hatte sie ihm geschrieben, dass ihr die doppelte Unterschrift ein Herzensanliegen sei, sie an die zärtliche Liebe zu ihrem Gemahl erinnere und dass doch auch er, ihr geliebter Sohn, sich seines Vaters würdig erweisen solle und sich deshalb ihrem Willen letztendlich nicht verschließen könne. In diesem Stil ging es dahin. Immer wieder hatte Maria Theresia die für sie typischen Leidensformeln eingestreut: *Nur Gott weiß, wie sehr ich leide*, und betont – auch das kannte er nun schon zur Genüge –, dass sie alles allein für ihn und das Land tue. *Die Früchte meiner Arbeit zu ernten, kann ich selbst ja gar nicht mehr hoffen; ich tue das alles also nur für Euch.*[6] Es war zum Verzweifeln. Niemand anderer vermochte die Klaviatur der Gefühle zwischen Mutterliebe und Herrschaftsverantwortung so virtuos zu bedienen wie sie, und so instrumentalisierte sie ihre Umgebung, allen voran ihre Kinder, mit der ihr eigenen Macht. Er hatte schließlich nachgegeben, er hatte unterschrieben und ein kleines Kürzel hinter seine Unterschrift gesetzt, das – eine mehr als hilflose Geste – Uneinigkeit demonstrieren sollte. Jetzt, hier in Rom, so nimmt er sich vor, wird er in seinen Briefen als der brave Sohn auftreten und ihr auch sonst keinen Anlass bieten, ihm die Nerven zu rauben oder gar zu beschämen. Mit *ich küsse Eure Hände* und ähnlich ehrerbietenden Formeln will er daher seine Briefe stets beenden.

In der Villa Medici – Evviva l'imperatore

Den ersten Tag verbringt Joseph in der Villa Medici bei seinem Bruder Leopold, dem das prächtige Anwesen auf dem Pincio als Großherzog der Toskana zugefallen war. Einst hatte Galileo Galilei in dem 1576 von Kardinal Ferdinando de' Medici gekauften Haus die erste Zeit seines Hausarrests verbracht. Es war der Beginn der jahrelangen Überwachung, die bis ans Lebensende des berühmten Astronomen und Mathematikers andauern sollten, und das nur, weil er, ein gläubiger Katholik, die Kirche vor dem Irrtum des geozentrischen Weltbilds zu bewahren versuchte.

»Ein schönes Gefängnis«, spielt Joseph auf Galileo an. Er hat sich den ganzen Vormittag ausgeruht, nun will er Pläne für die Tage in Rom schmieden und mit seinem Bruder ins Gespräch kommen.

»Mich erinnert es zu sehr an meine Vorgänger«, antwortet Leopold. »Ich lasse alle Kunstwerke nach Florenz transportieren, in die Uffizien.« Sein Bruder gibt sich aufgeklärt. »Dort gibt es die schönste Kunstsammlung in Europa!«

Die Brüder tasten vorsichtig Befindlichkeiten und Sensibilitäten ab, ohne ihre Masken als routinierte Persönlichkeiten der Öffentlichkeit abzulegen. Man hat sich ja jahrelang nicht gesehen.

Dass sich hinter dem Grafen Falkenstein bloß ein einfacher Reisender auf seiner Grand Tour verbarg, glaubte in Rom längst niemand mehr. Das Inkognito hatte Joseph immerhin davor bewahrt, mit 300 Kutschen unterwegs sein zu müssen. Doch schon vor seiner Ankunft hatten Kuriere die Nachricht verbreitet, der Kaiser höchstpersönlich sei im Anmarsch. Die im Konklave versammelten Kardinäle hatten sich daraufhin beeilt, Vorkehrungen für dieses seit dem 15. Jahrhundert nicht mehr dagewesene Ereignis zu treffen. Für sie, deren Machtzentrum gerade vakant war, handelte es sich bei dem Besuch um einen unangenehmen Zwischenfall, sie fürchteten, dass das weltliche

Oberhaupt der Christenheit sich in die Suche nach dem geistlichen Oberhaupt einmischen könnte. Doch was sollten sie tun? Ihn ausladen? Ignorieren? Nicht einmal eine Protestnote wäre statthaft, hatte man das Ganze ja als übergroßen Beweis kaiserlicher Gunst anzusehen.

Also schickte man zwölf päpstliche Reiter, dreißig Schweizergardisten und einen Trupp rot berockter Soldaten zur Begrüßung des hohen Gastes in die Villa Medici.[7] Damit verbreitete sich auch beim einfachen Volk die Kunde, dass der Kaiser in Rom sei. Da half es nichts, dass Franz Xaver Graf von Orsini-Rosenberg, der mit Leopold in Rom weilende toskanische Obersthofmeister, verbreiten ließ, Joseph II. sei in Wien geblieben, während die in der heiligen Stadt angekommene Persönlichkeit inkognito zu bleiben wünsche. Man lachte über die plumpe Verschleierungstaktik des Ministers, die nichts kaschierte, sondern alles bestätigte.

Der Tod Papst Clemens XIII. am 2. Februar war von den katholischen Herrschern Europas mit großer Erleichterung aufgenommen worden. Der Jesuitenfreund und Aufklärungsgegner aus der venezianischen Adelsfamilie Rezzonico hatte es sich mit allen verscherzt, insbesondere mit den Bourbonen, die nicht müde wurden, gegen die Jesuiten zu wettern. Den Herzog von Parma hatte er wegen dessen Maßnahmen zur Beschränkung der päpstlichen Macht sogar exkommuniziert, sodann waren dessen bourbonische Verwandte in Frankreich und Neapel zur Vergeltung aufmarschiert und hatten Avignon und Benevento besetzt. Schließlich hatte Maria Theresia mit knapper Not verhindern können, dass ihr zukünftiger Schwiegersohn, Ferdinand von Bourbon-Parma, gegen den Kirchenstaat zu Felde zog.[8] Machtspiele waren beliebt, und sie hielten die Elite Europas auf Trab. Die Lage im Kirchenstaat war seither angespannt und verlangte politisches Fingerspitzengefühl.

»Hat Albani etwas erreichen können?«, fragt Joseph seinen Bruder, der mit dem österreichischen Botschafter beim Heiligen Stuhl, Kardinal Alessandro Albani, unter Einhaltung aller Regeln der Konspiration einen Besuch der Habsburger im Konklave plant.

»Albani ist nichts wichtiger als Eure Sympathie.« Leopold lächelt ironisch. Der Kardinal steht auf der Abschussliste von Staatskanzler Kaunitz. Vom Garten der Villa klingen Evviva-Rufe durch das offene Fenster in die Villa.

»Ihr müsst sie begrüßen!« Leopold schiebt den Vorhang ein wenig zur Seite und blickt vorsichtig nach draußen. Es sind einige hundert Menschen versammelt. »Die Römer würden es Euch nicht verzeihen. Und – guardi – was für eine Chance!«

Die Brüder sprachen Französisch, Deutsch und Italienisch. Je länger Josephs Italienreise dauerte, desto mehr redete er Italienisch und schrieb in dieser wunderbar melodischen Sprache, die er selbstverständlich gelernt hatte, schließlich gehörte die Lombardei zu Habsburg. Und die Sprachen Europas – besser gesagt die üblichen Hof- und Gelehrtensprachen – zu beherrschen, war eine Selbstverständlichkeit, nicht nur für einen Monarchen. Joseph beherrschte jedoch weder Ungarisch noch Rumänisch, die Vorzüge der Mehrsprachigkeit konnte er daher in den südöstlichen Landesteilen des Habsburgerreichs nicht zur Anwendung bringen.

»Nun gut, Euer Wunsch ist mir Befehl, caro fratello mio.« Auf nichts und niemanden hat sich Joseph so gefreut wie auf Leopold, den er seit dessen Hochzeit in Innsbruck nicht wiedergesehen hat. Er ist seit jeher, gleich welche Rivalitäten es zwischen ihnen gab – und gibt es die unter Geschwistern nicht häufig? –, sein Lieblingsbruder. Leopold ist der Einzige in der langen Geschwisterreihe, dem er sich ebenbürtig fühlt, zu dem er vollstes Vertrauen hat, selbst wenn sein Bruder diese unbedingte Zuneigung in der Vergangenheit nur selten erwiderte. Er ist derjenige, mit dem er in der Kindheit gespielt, als

Jugendlicher gefochten und mit dem er sich dann, als sie beide nicht nur Männer, sondern Monarchen mit jeweils eigener Regierungsverantwortung waren, zerstritten hatte – unsäglich zerstritten. Doch im Augenblick zählen nur das Wiedersehen und die tosende Menge vor dem Balkon.

Joseph macht einen Schritt hinaus. Außer seiner Perücke hat er nur den grünen Rock des Chevau-léger-Regiments angelegt, keine Orden.

»Evviva, evviva! Er lebe hoch! L'imperatore evviva!«

Joseph hebt die Arme, der Jubel wird stärker, als er mit seiner Rechten ein leichtes Winken andeutet. Jetzt fliegen ihm Kusshände zu, und die Evviva-Rufe werden noch lauter, noch stürmischer.[9]

»Un nuovo Marco Aurelio! Ein jugendlicher Held! Ein neuer Mark Aurel! Was für ein Herrscher!«

Anders als öffentliche Ehren, die Joseph oft als leere Rituale empfand, waren ihm volkstümliche Kundgebungen wie diese lieb. Das war es, was er suchte: die authentische Stimme des Volkes. Und anders als bei der Krönung in Frankfurt bestimmte in Rom er selbst, wie ihn das Volk zu sehen bekam und was er mit seinem Erscheinungsbild auszudrücken beabsichtigte.

Der Anschein, ein moderner Mark Aurel habe die Bühne Europas betreten, verbreitete sich dann auch wie ein Lauffeuer. In Rom gab es Zeitungsschreiber, Schriftgelehrte und Künstler, also des Schreibens und Lesens kundige Menschen, zur Genüge. Sie alle trugen die Botschaft vom aufgeklärten Monarchen in die Welt hinaus.[10]

Auch am nächsten Tag, als Joseph und Leopold eine Besichtigungstour durch Rom unternehmen, haben die Menschen nur das Spektakel vom anonym reisenden Kaiser im Kopf. Wo wird er vorbeifahren, wo zu sehen sein? Diejenigen, die den jungen Monarchen auf dem Balkon der Villa Medici erlebt haben, beschreiben den anderen sein Gesicht, seine Kleidung, seine Gesten. Sie schwärmen von seinen blitzblauen Augen, die sie aufgrund der Entfernung nur vom Hörensagen kennen können, und seine mildtätige Güte, mit der er ihre Evviva-Rufe entgegengenommen habe. Er sei, da sind sich alle einig, ein Herrscher für das Volk, fast einer zum Anfassen. Das spüren sie, irgendetwas geht von dem jungen Monarchen aus, das die Menschen in Ekstase versetzt. Und so gleicht die ganze Stadt einem summenden Bienenstock, man befragt Kutscher und Dienstboten, lauscht den Stadtstreichern und Händlern, die die Wege durch die Gassen am besten kennen, diskutiert und kombiniert mögliche Besichtigungsrouten und prahlt mit erfundenen oder aufgeschnappten Details über den hohen Besuch in der heiligen Stadt. Rom ist in Hochstimmung.

»L'imperatore! L'imperatore! Venite tutti!«

Wie eine Woge schwappt es durch die Gassen, während die Kutsche mit den Brüdern von der Fontana di Trevi zum Petersdom fährt. Dort besteigen Joseph und Leopold die Kuppel und bewundern die Reiterstatuen Karls des Großen und Kaiser Konstantins in der Vorhalle der Kathedrale, anschließend geht es zurück zur Piazza Navona.

Überall drängen sich die Schaulustigen, man strömt herbei wie zu einem großen Jahrmarkt. Handwerker und Kaufläute, Nachtwächter und Dienstboten, Wäscherinnen und Marketenderinnen. Marktfrauen winken ihm zu und reichen Körbe mit Brot und getrockneten Fischen. Bauern gießen Wein aus Fässern in Krüge, während ein Händler schnell einen silbernen Becher für den edlen Gast aus seinem Geschäft holt. Und Mädchen – tatsächlich sind einige Schönheiten darunter – werfen Frühlingsblumen über ihn, den Kaiser, wie einen bunten Regen aus Farben und Düften. Er ist das Stadtgespräch, für das als Attraktion ebenfalls taugliche Konklave mit seinen heiligen und streng geheimen Ritualen begeistert sich niemand mehr.

Joseph indes muss sich dafür interessieren, auch wenn er schon vor Antritt seiner italienischen Reise mehrfach zu verstehen gegeben hatte, dass es ihm herzlich egal sei, wer der nächste Papst werde,

Hauptsache, er verstünde seine Sache richtig. Was er unter »richtig« verstand, würde er den versammelten Kardinälen im Konklave schon noch erklären, vorerst aber verfolgt er mit zunehmender Belustigung die Inszenierung, die sich der greise, auf Habsburgs Wohlwollen versessene Albani ausgedacht hat, um Joseph und seinen Bruder ins Konklave zu schleusen.

Es ist Nachmittag. Joseph lässt den Tag im Garten der Villa ausklingen, einzig vom geschäftigen Frühlingsgezwitscher der Vögel unterhalten. Da kommt Kaplan Buccella angerannt. Er verneigt sich schwitzend und ehrerbietig und berichtet, dass sich der im Konklave eingeschlossene Albani vor Sehnsucht verzehre und gesagt habe, er werde sich aus dem Fenster stürzen, wenn der Kaiser ihn nicht bald in Empfang nehme.

»Buttarsi dalla finestra!«, wiederholt Buccella und setzt dazu ein verzweifeltes Gesicht auf.[11]

Joseph tut erschrocken und dankt dem Kaplan für seinen zu Herzen gehenden Bericht, der natürlich (das ist ihm bewusst) vor allem Albanis Reputation zu dienen hat. Man werde sich beeilen.

Das Konklave – Joseph und der Wind der Veränderung

Am nächsten Tag, es ist der 17. März 1769, findet das historisch einzigartige Zusammentreffen zwischen dem Kaiser des Heiligen Römischen Reichs und den im Konklave versammelten Kardinälen statt. Auf Albanis Anweisung hin betritt Joseph just in dem Augenblick die für die Außenwelt verschlossenen Räume, in dem die Klausur ohnehin für den verspätet aus Ferrara eingetroffenen Kardinal Spinola geöffnet werden muss. Albani, strahlend vor Freude und gleichzeitig zu Tränen gerührt – eine Mischung der Gefühle, die er bis zum Ende des ehrwürdigen Besuchs beibehalten wird, ob aus Kalkül oder echter Emotionalität, ist kaum auszumachen –, begrüßt den Kaiser, während der Wiener Nuntius Serbelloni ihn einlädt, über die Schwelle in die Klausur zu schreiten, um Fresken der Sala Regia, von der man in die Sixtinische Kapelle gelangt, besser sehen zu können. Mit dem kleinen Trick ist der Kaiser im Konklave, Serbelloni und Albani nehmen ihn in ihre Mitte, und die Choreografie nimmt ihren Lauf.

Als Joseph seinen Degen ablegen will, meint einer der Kardinäle, kirchenpolitisch spitzfindig, er möge gerade an dieser Stätte seinen Degen behalten, da er ihn als *defensor ecclesiae*, als Verteidiger der Kirche doch zum Schutze derselben und des Heiligen Stuhls brauche.

Joseph nickt, ohne durchblicken zu lassen, wie er über das Verhältnis zwischen Kirche und Staat denkt. Man durchwandert die Sixtinische Kapelle, in der es leider schon zu dunkel ist, um Michelangelos Fresken zu bewundern. Dann, nach einer kleinen Andacht, stets von mehreren Kardinälen begleitet und von sechs Wachsfackelträgern in flackerndes Licht getaucht, äußert Joseph den Wunsch, auch die Zellen der für die Dauer des Konklaves eingeschlossenen Kirchengranden zu besichtigen.

»Gehen wir vorsichtig mit den Lichtern um, damit die Wände nicht Feuer fangen«, sagt er beim Betreten der kleinen, mit Leinwand von der nächsten Zelle abgetrennten Behausung Alessandro Albanis.[12]

Hier, wo nicht alle anderen Kardinäle zusehen können, umarmt der greise Kirchenmann den jungen Kaiser – noch immer oder schon wieder zu Tränen gerührt. »Il mio figlio, il mio figlio«, murmelt er ohne Unterlass und fügt, nicht ohne unablässig seine Hand zum Segen zu erheben, hinzu, dass er nun zum Sterben glücklich sei.

»Nicht doch, verehrte Eminenz!«

»Eure Majestät sehen, wie bedrängt und bescheiden wir hier wohnen. Es ist ein Martyrium.«

»Viel größer sind die Unbequemlichkeiten des Krieges, denn hier läuft man Gefahr, das Leben zu verlieren; das Konklave hingegen eröffnet die Aussicht, Papst zu werden.«[13]

»Die letzte Wahl hat sechs Monate gedauert!«, klagt Albani weiter, während sie seine Zelle verlassen und sich wieder der Prozession Richtung Sala Regia anschließen.

Die Kardinäle verfallen nun in eine lebhafte Diskussion mit dem Italienisch sprechenden Kaiser. Joseph hat sie mit der Schlagfertigkeit seiner Antworten, seinem Humor und seiner Lebensleichtigkeit angesteckt. Als er das Gespräch auf die Lebensführung im Konklave lenkt und Albani abermals mit leidender Miene das klösterliche und bescheidene Dasein der armen Kardinäle hervorkehrt, meint Joseph listig: *»Geistige Hirten sollten ein solches Leben immer führen. Oder habe ich das Evangelium unseres Herrn falsch verstanden?«*[14]

Er blickt in die Runde der wohlbeleibten Kirchenfürsten und runzelt über ihre fadenscheinigen Bemühungen, frommer zu wirken als sie sind, die Stirn. Selbstverständlich ist den geistlichen Würdenträgern klar, was ihnen der junge Monarch mit seinen scharfsinnigen und wohlgesetzten Worten sagen will. Alle Anwesenden sind sich um den unterschwelligen Machtkampf zwischen weltlicher und geistlicher Herrschaft, der das 18. Jahrhundert prägt wie sonst nur die Abschaffung der Leibeigenschaft und Folter, bewusst.

Natürlich, das muss man ergänzen, wird Joseph die Macht der Reichskirche und der geistlichen Kurfürsten, deren Unterstützung er braucht, bei seinen Reformüberlegungen stets unangetastet lassen. Für den eigentlichen Machtkampf erhalten er wie alle anderen reformfreudigen Geister der Epoche philosophische Rückendeckung, ob durch Voltaire oder die Naturrechtler, die zwischen der weltlichen Herrschaft über den Körper der Menschen und der kirchlichen Herrschaft über deren Seelen unterscheiden. Auf den Punkt gebracht, bedeutet das, dass sich die Kirche auf ihr Kerngeschäft, die Seelsorge und das Jenseits, beschränken solle.

Ganz in diesem Sinne stellt Joseph zum Abschluss seines Besuchs im Konklave klar, wie er sich das Verhältnis von Kirche und Staat vorstelle und welche Art der Kirche er zu unterstützen gewillt sei. Wenn die weltlichen Interessen des Heiligen Stuhls bedroht seien, habe der Papst kein Recht zu verlangen, dass die anderen Fürsten sich für ihn einsetzen. Sobald aber die Rechte der Kirche angetastet würden, werde es sich jeder katholische Souverän, so auch er, als *defensor ecclesiae* als Ehre anrechnen, zu ihrer Verteidigung sein Schwert zu ziehen.

»Einst konnten Päpste auf die bloße Ankündigung eines Kreuzzuges hin ein Heer von hunderttausend Streitern in Bewegung setzen.« Joseph macht wohlüberlegt eine Kunstpause, dann fährt er fort: *»Wenn eine solche Aufforderung heute erginge, würde nicht ein Mann auf dem Kampfplatze erscheinen.«*[15]

Unmissverständlicher konnte man den Machtverlust der Kirche in weltlichen Dingen kaum formulieren. Und es wirkte nach. Auch noch nach Tagen und Wochen – das Konklave tagte diesmal zwar keine sechs Monate, aber immerhin drei – grübelten die Kardinäle über diesen obersten Herrscher der Christenheit nach. Dass er begabt und einst bedeutend werden würde, darüber waren sie sich einig, doch allmählich wurden die Stimmen derer lauter, die, wie Kardinal Torrigiani, Bevollmächtigter der Jesuiten, konservativ dachten. Der Kaiser, so meinte Torrigiani, sei von den modernen Ideen der Aufklärung eingenommen, nur allzu sehr eingenommen. Man müsse versuchen, auf ihn einzuwirken und ihm die Prinzipien von kirchlicher Disziplin und Religion nahezubringen, die er offenbar nicht richtig verstanden habe. Doch dann, nach 185 Wahldurchgängen, stand Kardinal Lorenzo Ganganelli als Papst Clemens XIV. fest, und damit hatte die antijesuitische, den Bourbonen wohlgesinnte Fraktion gewonnen. Der neue Papst, der zwar kein Neuerer war, aber doch ein moderater und umgänglicher Kirchenfürst werden würde, beugte sich schließlich der weltlichen Macht. Er hob 1773 den Jesuitenorden auf. Joseph aber, der die Kirchenreform während seiner gesamten Regierungszeit vorantreiben würde, sollte nicht mehr auf Papstkurs zu bringen sein. Der Nachfolger von Clemens XIV., Pius VI., sollte sich im Jahr 1782 sogar nach Wien begeben, um den Kaiser zu »bekehren« – ohne Erfolg.

Der Vesuv, Neapel und ein Schwager der besonderen Art

Am 29. März verlässt Joseph Rom. Wieder verwandelt sich der Kaiser in den Grafen von Falkenstein mit seiner bescheidenen Reisegesellschaft. In nur einer Tagesreise erreicht man den Palazzo Reale di Portici bei Neapel.[16] Dort soll Joseph auf Geheiß Maria Theresias seine Schwester Maria Carolina aufsuchen und herausfinden, wie sich ihre seit Kurzem mit Ferdinand IV., dem König von Neapel und Sizilien, vermählte zweitjüngste Tochter zurechtfindet.

»Mein Bruder, endlich! Seid Ihr gut gereist?« Maria Carolina kommt eilenden Schrittes durch die langen, mit prächtigen Antiken vollgestellten Flure des Schlosses auf Joseph zu.

»Meine geliebte Schwester!« Die Geschwister umarmen einander. »Ihr lebt zwischen den Kostbarkeiten des Herculaneum!«

»Ja, es gibt sogar ein Museum voller antiker Mosaike, Papyri, Statuen. Neapel ist der Nabel der antiken Welt!«

»Oh, wie sehr hoffe ich, Pompeji und all die anderen Stätten zu besuchen, die meinen Geist seit Kindertagen beschäftigen.« Joseph gerät ins Schwärmen, während er Arm in Arm mit seiner Schwester durch den weitläufigen Park der reizenden Schlossanlage am Fuße des Vesuvs schlendert. Gott sei Dank, er hat zehn Tage Zeit für die Sehenswürdigkeiten des Königreichs und muss keinerlei administrative Aufgaben bewältigen.

Die italienische Halbinsel war jahrhundertelang Hauptkampfplatz zwischen den Habsburgern und den Bourbonen gewesen, bis die spanische Linie des französischen Herrscherhauses wichtige Teile Italiens unter ihren Einfluss brachte. Das *Renversement des alliances*, die berühmte diplomatische Kehrtwendung Habsburgs nach dem Österreichischen Erbfolgekrieg hin zu einer Aussöhnung mit dem verfeindeten Frankreich, hatte eine umtriebige Heiratspolitik zwischen Habsburgern und Bourbonen zur Folge. Maria Theresia brachte es bei zehn Kindern, die das Erwachsenenalter erreichten, auf fünf Habsburg-Bourbon-Hochzeiten. In Italien schloss man gleich zwei wichtige Bündnisse, mit dem Herzogtum Parma und dem Königreich Neapel-Sizilien, das schon allein wegen seiner Größe und seiner bis zu den Normannen und Staufern zurückreichenden Bedeutung das weitaus wichtigere war.

Joseph war beim Grafen Kaunitz, dem Sohn des Staatskanzlers und seiner Frau Leopoldine, untergebracht. Ernst Christoph von Kaunitz fungierte seit 1764 als österreichischer Botschafter in Neapel und hatte, wie Graf Rosenberg in Florenz und später Florimond de Mercy-Argenteau in Paris die Aufgabe, Maria Theresia ungeschminkte und wahrheitsgetreue Berichte über alles zu schicken – über die große und kleine Politik, aber auch den Tratsch, die Intrigen, die in Ungnade gefallenen Minister und natürlich über die alles beherrschende Frage, ob die an den jeweiligen Hof verheiratete Tochter schwanger sei. Das war ja das Ziel aller Heiratspolitik, Territorien, die man nicht erobern konnte (oder wollte) durch dynastisch untermauerte Bündnisse in die eigene Einflusssphäre zu überführen. Dafür musste man Ohren in ganz Europa postieren. Aus Portici beispielsweise wurden die Berichte von vertrauten Personen eigenhändig bis Rom gebracht und dann den Kurieren Maria Theresias übergeben. Die normale Post wäre unzuverlässig gewesen, Briefe wurden notorisch geöffnet – und alle Welt las mit.

Schon Leopold, der seine Schwester Maria Carolina nach Neapel gebracht hatte und gemeinsam mit seiner Gemahlin María Ludovica – sie war eine Schwester Ferdinands – ihr die erste Zeit der Ehe hätte erleichtern sollen, war schlicht geschockt gewesen über das, was er am hiesigen Königshof hatte miterleben müssen. Auch Joseph würde nichts Günstigeres herausfinden, und er wollte es auch nicht. Sollte seine Mutter nur von Gewissensbissen geplagt werden! Sie hatte schließlich diese Heirat mit aller Härte durchgesetzt. Und sie wusste, was sie dabei von der erst fünfzehnjährigen Maria Carolina verlangte. Vor der Hochzeit hatte sie an ihre enge Vertraute und ehemalige Hofdame, Sophie Enzenberg, geschrieben, die Verlobte sei jene Tochter, *die mir unter allen meinen Töchtern am meisten ähnelt. Ich zittere oft vor Angst für sie, weil ich keine Hilfe und keinen Rat* [weiß …] *Sie ist noch leichtsinnig wie ein Kind.*[17]

Nach einem Jahr Ehe war Josephs Schwester das nun nicht mehr. Vielmehr hatte sie einen Leidensweg der Ernüchterung hinter sich, einen, der ihre Tränen ein für alle Mal versiegen, ihre Willensstärke hingegen hatte wachsen lassen.

»Nein, in guter Hoffnung bin ich noch nicht.« Ein Anflug von Röte huscht über Maria Carolinas hübsches Gesicht. Sie sind eine Weile durch den englischen Park der weitläufigen Anlage spaziert, dann im großen Bogen, vorbei am Zoo mit seinen exotischen Tieren, wieder zurück zum Schloss gegangen. Nun führt Maria Carolina den Bruder in die kleine Kapelle, in der sie schon so oft Trost und Kraft gefunden hatte.

»Wenn mein Glaube mir nicht gesagt hätte, denk an Gott, hätte ich mich umgebracht.«[18]

Joseph beobachtet Maria Carolina genau. Ihre Gesichtszüge haben nichts Kindliches mehr an sich, auch der Schalk, den er an dieser elf Jahre jüngeren Schwester so geliebt hatte, ist aus ihren Augen verschwunden. Stattdessen hat sie eine kerzengerade, fast starre Haltung angenommen, und ihr Mund drückt die Willenskraft eines Menschen aus, der schwere Demütigungen erlitten, aber auch überwunden hat.

Als von draußen das Lachen des Königs und seiner Entourage in das Innere der Kapelle dringt, strafft Maria Carolina ihren Rücken nur noch mehr, während ihre Hand, die auf der mit Samt überzogenen Gebetsbank ruht, leicht zu zittern anfängt. Joseph legt die seine beruhigend auf die seiner Schwester, sie blicken einander an. Joseph, der gerade einmal achtundzwanzig ist, kann die Not Maria Carolinas ermessen, auch wenn sein eigener Kummer anderer Natur ist. Er hatte sein Glück in seiner ersten Ehe gefunden, ungewöhnlich für eine Zeit, die mit Glück alles andere verbindet als die Ehe. Sein Unglück ist Isabellas Tod, während Maria Carolinas Martyrium darin besteht, Ferdinand geheiratet zu haben. Wie schlimm der Anfang gewesen war, weiß Joseph aus Erzählungen seines Bruders Leopold.

Als seine Schwester in Caserta angekommen war, hatte das unerfahrene Mädchen gefürchtet, dass ihr Gemahl sie nicht lieben würde. Doch das sollte sich alsbald als das kleinere Problem herausstellen. Bei ihrer ersten Begegnung, der Trauung, hatte sich Ferdinand zwar schweigsam, verlegen und unsicher verhalten. Aber dann, in der Hochzeitsnacht, hatte er Maria Carolina vergewaltigt. Und in der Früh war er jagen gegangen. Der Schock saß bei Maria Carolina daraufhin so tief, dass die Ehe der beiden vier Jahre lang kinderlos bleiben sollte. Dann, schließlich war dies der eigentliche Sinn königlicher Ehen, sollte sie ihm insgesamt achtzehn Söhne und Töchter gebären. Als sie mit dem achten Kind schwanger war, würde sie ihrem Bruder Leopold schreiben, dass ihr Ehemann sie erneut vergewaltigt habe. Sexuelle Übergriffe innerhalb der Ehe waren im 18. Jahrhundert wie auch ein Jahrhundert danach noch kein Delikt, erst sehr langsam sollte sich durch die Aufklärung auch im Verhältnis von Frauen und Männern ein anderes Denken durchsetzen.

»Spiel mit uns, spiel mit uns«, krakeelt Ferdinand, als Joseph mit seiner Schwester vom Park in die große Eingangshalle des Schlosses tritt.

Der König war schon mit acht Jahren auf den Thron gekommen, Bernardo Tanucci, der bis zu seiner Volljährigkeit die Regentschaft ausübte, hatte die Erziehung des Thronerben vernachlässigt und – welch genialer Schachzug zum eigenen Machterhalt – den jungen Mann ermutigt, sich den luxuriösen Zerstreuungen hinzugeben, die jeder königliche Hof in so mannigfaltiger und verführerischer Weise darbot. So war aus Ferdinand ebenjener moralisch unstete König geworden, den Tanucci sich erträumt hatte. Der Herrscher über Neapel und Sizilien, Besitzer zweier atemberaubender Palastanlagen, mehrerer Kunstsammlungen, Porzellanmanufakturen und riesiger Ländereien war ein unerzogenes, frivoles Kind. Er machte sich einen Spaß daraus, seinen Hofstaat im Galopp durch die Räume des Schlosses zu jagen, den Kammerfräuleins in den Hintern zu zwicken, den Kammerherrn Fußtritte auszuteilen, um sich alsbald auf eine der Dienerinnen zu schmeißen und sich mit ihr auf dem Boden zu wälzen.

Jetzt trällert er einige Anzüglichkeiten, springt auf und zerrt schließlich seine Gemahlin, die neben ihrem Bruder Haltung zu bewahren versucht, rabiat an sich.

»Wenn du mir keine Kinderlein schenkst … tralala, tralala!« Schließlich lässt er sich ermattet und glücklich neben einem seiner Jagdhunde auf einem kostbaren Sofa nieder, das ganz augenscheinlich vor allem von seinen Lieblingstieren genutzt wird.

Joseph nimmt sich vor, seiner Mutter detailliert Bericht zu erstatten, ihr nichts zu verheimlichen, nicht mal die unappetitlichen Details –

etwa, dass der König öffentlich und vor den Augen seines Gefolges die Hosen herunterlässt, sich auf seinen Leibstuhl setzt und anschließend seine Hervorbringungen analysiert.[19] *Sein Benehmen ist roh und grotesk*, schreibt er dann auch. *Vernünftige Konversation ist mit ihm nicht zu machen. Jede Lektüre ist ihm verhasst. Er hat weder Moral noch Religion, glaubt an Gespenster. Er fürchtet die Hölle nicht und findet nichts dabei, Mätressen zu haben.*[20]

Indes sollte Maria Carolinas politischer Einfluss wachsen. 1776 wurde auf ihr Bestreben hin Tanucci zum Rücktritt gezwungen, und sie selbst nahm seinen Platz im Kronrat ein. Gemeinsam mit dem von ihr geförderten Marineminister John Acton, mit dem man ihr eine Affäre nachsagte, würde fortan sie, die Königin, die Regierungsgeschäfte von Neapel und Sizilien dominieren.

Joseph hingegen wirkt während seines Aufenthalts im Königreich auf alle Anwesenden makellos. Leopoldine Kaunitz schreibt an ihre Schwester Eleonore Liechtenstein nach Wien (beide sind geborene Prinzessinnen von Oettingen-Spielberg): *Der Kaiser benimmt sich herrlich, hört alles an, und alles, was er sagt und tut, ist am rechten Ort … Er hatte ein langes Gespräch mit mir, seitdem kann ich Gott nicht genug danken, dass er uns einen Fürsten gegeben hat, wie Joseph ist.*[21]

So oft er kann, flieht Joseph den königlichen Hof und begibt sich auf Besichtigungstouren. Er besucht Capri, besteigt den Vesuv und steht am Rand des Kraters, wie so viele Reisende vor ihm, die die Grand Tour hierhergebracht hat. Dort bestaunt er das gewaltige Naturschauspiel, das mit einer einzigen gewaltigen Eruption das gesamte Leben Pompejis zerstörte. Auch nach Pompeji führt ihn seine Neugier, gemeinsam mit dem Königspaar und den Gastgebern Kaunitz besichtigt er die Ruinen, insbesondere die Überreste eines römischen Hauses, das später nach ihm benannt wird.[22] Und auch nach Caserta reist der Kaiser für einen Tag, um den riesigen, im Bau befindlichen

Palazzo Reale zu inspizieren. Das italienische Versailles liegt fünfzig Kilometer außerhalb Neapels Richtung Norden und sollte zu einer der größten Palastanlagen Europas werden. 1752 hatte der Vater des jetzigen Königs mit seiner Errichtung begonnen, doch die Arbeiten waren noch längst nicht abgeschlossen.

Auch im südlichen Italien sind die Menschen vom volksnahen und sich stets unprätentiös gebenden Kaiser begeistert. Doch bei niemand anderem hinterlässt er einen nachhaltigeren Eindruck als bei Leopoldine Kaunitz, die noch im Februar 1770 über ihn schwärmt und ihre dem Wiener Hoftratsch ausgesetzte Schwester mit der vielleicht besten Beschreibung des umstrittenen Monarchen zurechtweist: *Man kennt ihn in Wien nicht, aber ich habe ihn kennengelernt und habe den besten Eindruck davon. Ich habe in ihm einen leutseligen, menschlichen, wahrhaftigen und ehrlichen Mann gefunden, und vergebens suchte ich die harten Züge, die man mir von seinem Charakter erzählte. Er ist freundlich für seine Leute, viel mehr als wir, und das nicht zum Schein, sondern aus gutem Herzen … Unsere großen Herrn und Adeligen werden im Allgemeinen nicht so regiert werden, als sie es wünschen, aber er wird die Gerechtigkeit erheben und ein Vater der Armen, nicht der Müßiggänger sein; er wird das allgemeine Wohl voranstellen und von den anderen das Gleiche verlangen … Ich habe viel über den Charakter des Kaisers nachgedacht; nicht ein Gott oder ein Engel wird uns beherrschen, sondern ein Mensch, und als solcher wird er alle guten Eigenschaften eines guten Regenten haben.*[23]

Florenz – Nähe und Distanz der Brüder

»Maestro, es ist Euch hervorragend geglückt«, ruft Joseph aus, als er auf seiner Rückreise von Neapel in Rom Station macht, um das fertige Doppelporträt des Malers Pompeo Batoni in Augenschein zu nehmen. Sechs Tage lang hatten er und sein Bruder Batoni Modell gestanden – in dessen Atelier. Joseph hatte darauf gedrungen, dass es für den Künstler weitaus angenehmer sei, wenn er und Leopold es auf sich nähmen, mit ihrer Kutsche zu Batoni zu fahren, als ihn jeden Tag mit all seinen Malerutensilien in die Villa Medici zu bitten. Außerdem hatte er wissen wollen, wie es im Atelier des damals schon berühmten Malers zugeht und wie es sich als Künstlerexistenz in Rom lebt.

Pompeo Batoni hatte sich mit Porträts von Romreisenden einen Namen gemacht, indem er berühmte Denkmäler und typische Details aus der Grand Tour so in Szene setzte, dass man die Bildung der Porträtierten und ihren edlen Stand schon auf den ersten Blick erfassen konnte.[24] Auf diese Weise hatte er schon über hundert programmatische Werke geschaffen. Das Bild des Kaisers und seines Bruders zeigt Joseph in seiner dunkelgrünen Uniform, lässig an eine antike Statue der Göttin Roma gelehnt, im Hintergrund der Petersdom und die Engelsburg. Joseph – welch geschickt kalkulierte Geste – reicht seinem Bruder Leopold, in weißer Uniform und an den linken Bildrand verbannt, die Hand. Schon die Visite in Rom der beiden Brüder war gefeiert worden wie heute nur die Tourneen von Rockstars und Fußballern. Nun waren die zwei Habsburger auch noch als führende aufgeklärte Herrscher Europas ikonografisch verewigt. Gut aussehende und moderne Männer in Uniform statt barocker Hoftracht. Batoni musste sofort Kopien des Gemäldes anfertigen, eines davon für Maria Theresia, der die demonstrierte Einigkeit, ja, Freundschaft ihrer Söhne ein Herzensanliegen war.

Batoni wischt sich den Schweiß von der Stirn und bedankt sich für das Kompliment. »Grazie Sua Maestà per il complimento.«

Die Last dieses überaus komplizierten Auftrags fällt mit einem Mal von seinen Schultern. Nicht nur hatte er die endlos langen Instruktionen aus Wien und der Toskana zu den Porträtierten, ihrer Stellung und der intendierten Aussage des Gemäldes zu berücksichtigen versucht. Nachdem die beiden Herrscher aus Rom abgereist waren – Leopold zurück nach Florenz, Joseph nach Neapel –, hatte sich seine Werkstatt auch noch in eine vielfach frequentierte Sehenswürdigkeit verwandelt. Die Reihen der Besucher und Schaulustigen rissen nicht mehr ab, man wollte der Entstehung dieses bedeutenden Werks beiwohnen, um auf der nächsten Festlichkeit davon erzählen zu können. All die Neugierigen spürten instinktiv, dass dies eines der bedeutendsten Werke ihrer Epoche werden würde, nicht nur wegen der Porträtierten, sondern wegen seiner Symbolik: Unmissverständlich wurde hier ein modernes, aufgeklärtes Herrschaftsverständnis transportiert.

Als Joseph seinen Weg nach Florenz fortsetzte, dachte er wieder und wieder an dieses Porträt, das die Beziehung zu Leopold so zeigte, wie er sie sich wünschte – freundschaftlich, liebevoll und offenherzig. Warum konnte es nicht mehr so sein? Sie schrieben einander wöchentlich Briefe, nicht bloß aus Pragmatismus, also weil die Korrespondenz ihnen als Informationsquelle und dynastische Netzwerkpolitik unerlässlich erschien. Leopold war in der Thronfolge der Nächste, falls Joseph, dem nur eine Tochter aus seiner Ehe mit Isabella geblieben war, Maria Theresia, keinen männlichen Nachfolger zeugen, aber vor Leopold sterben sollte.[25] Doch für Joseph war der Kontakt zu seinem Bruder stets mehr gewesen als pure Staatsräson.

Schon am 26. September 1765 hatte er seinen Brief an Leopold mit den Worten beschlossen: *Ich umarme dich mit meinem ganzen Herzen und bitte dich, davon überzeugt zu sein, dass ich dich, auch wenn du hundert Meilen entfernt bist, liebe und dich über die Maßen schätze.*[26] Just in dieser Epistel hatte er dem Bruder von einigen Papieren berichtet, die er im Testament des verstorbenen Vaters und Kaisers gefunden hatte und die er, da sie ihn, Leopold, betrafen, gleich der Mutter weitergegeben hätte.

Das Ende des Siebenjährigen Krieges war gerade einmal zwei

Jahre her, als Franz Stephan gestorben und Joseph zum Kaiser und Mitregenten ernannt worden war. Es war eine schwierige Zeit, die Staatsschulden beliefen sich auf die astronomische Summe von 300 Millionen Gulden. Sofort, wie er dem Bruder damals schrieb, hatte er, Joseph, die Anzahl der Pferde in den Hofstallungen von 1200 auf 820 verringert, doch das war nicht mehr als ein Tropfen auf den heißen Stein.

Dann fand Joseph das Testament seines Vaters. Er hatte einen Schrank geöffnet und nach einigem Suchen war er auf eine rote Brieftasche mit dem letzten Willen Franz Stephans gestoßen.[27] Abgesehen von der Toskana, die er noch zu seinen Lebzeiten Leopold überschrieben hatte, bestimmte das Testament ihn, Joseph, zum Alleinerben. Die Toskana war fortan ein eigener Staat, von der auf Leopold zurückgehenden Nebenlinie der Habsburger, der sogenannten Sekundogenitur, regiert. Joseph erbte ein nicht zu unterschätzendes Vermögen von achtzehn Millionen Gulden, welche in mehreren Kassen geführt und verwaltet wurden. Was für eine Summe! Abzüglich eines Betrags von 5,8 Millionen Gulden, mit dem er einen Familienversorgungsfonds einrichten wollte, damit die vielen Kinder Maria Theresias und alle Nachkommen späterer Herrscher dem Staat nicht zur Last fielen, vermachte der Kaiser den Rest seines privaten Erbes dem Staat. Es war wie eine auf sich selbst bezogene Vermögenssteuer. Dadurch, so Josephs Kalkül, würde er die Zinsen für die Staatsschulden von sechs auf vier Prozent drücken und große Einsparungen bewirken können. Auch zwölf Kameralherrschaften, Güter also, die direkt dem Hof gehörten, schenkte er dem Staat. Sein ganz persönlicher finanzieller Beitrag war so beträchtlich, dass die Monarchie – natürlich trug auch Josephs Sparpolitik dazu bei – 1775 schuldenfrei war. Wenn man bedenkt, dass ein Grund für die Französische Revolution die Überschuldung des Staates war, kann man Josephs Handeln nicht hoch genug schätzen.

Zwei von den gut zwölf Millionen Gulden, die der Kaiser dem Staat überlassen wollte, hatte Franz Stephan in der Toskana angelegt. In einem Brief vom 9. Oktober 1765 klagte Joseph sie bei Leopold ein: *Ich kann ihm* [dem Staat] *den Nutzen nicht vorenthalten, der nicht mehr mir gehört, aber ich schäme mich aus Liebe zu Euch, lieber Bruder, und deshalb schlage ich vor, dass Ihr mir die Ersparnisse schickt, die in der Kasse sind. Aber gleichzeitig möchte ich, dass Ihr, indem Ihr der Monarchie durch diese Aufbesserung dient, ein Einkommen aus diesem Kapital von vier Prozent genießt, und zwar ein Leben lang.*[28]

Maria Theresia hatte im Streit der Brüder zu vermitteln versucht und sich schließlich auf Josephs Seite geschlagen. Leopold, der das Geld ebenfalls nötig gebraucht hätte – er wollte es für Hilfsprojekte nach der überstandenen Hungersnot und zur Trockenlegung der Sümpfe in der Maremma benutzen –, zog den Kürzeren. Diesen Streit würde Leopold seinem Bruder bis zu dessen frühen Tod übelnehmen. Und Joseph ahnte wohl, wie sehr ihre Beziehung dadurch in Mitleidenschaft gezogen wurde – doch was sollte er tun? Er würde den vertrauten Ton in seinen Briefen an Leopold beibehalten und hoffen, dass die Zeit heilt, was er zu heilen nicht imstande war.

Vielleicht, so überlegt er, als er im Palazzo Pitti eintrifft, ist der Augenblick der Versöhnung jetzt gekommen?

Die Tage in Florenz, bei Leopold und seiner Familie, beginnen fröhlich und unbeschwert, der Palazzo ist erfüllt vom Kinderlachen der beiden Erstgeborenen, Marie Therese und Franz. Franz ist ein aufgeweckter kleiner Junge, den Joseph sogleich zum Thronerben bestimmt, er weiß schließlich, dass er nicht mehr heiraten will und dass ihn keine Macht der Erde dazu zwingen kann. So verbringt er einige ruhige Tage in der beeindruckenden Renaissancemetropole und im Landhaus des Großherzogs, in der Villa La Petraia, wo er mit großem Interesse den Bauern auf den umliegenden Gütern bei der Feldarbeit zusieht und die Pächter in allerlei Diskussionen über die

Verbesserung der Anbaumethoden und die Reformen seines Bruders verwickelt.

»Uns geht es gut«, hört er wiederholt von den Bauern, die alle von dem Bewusstsein erfüllt zu sein scheinen, dass es ein Glück ist, in der Toskana sein Dasein zu fristen. Und das nicht bloß wegen der angenehmen klimatischen Verhältnisse.

»Der Boden ist fruchtbar, und Gott schenkt uns Regen und Sonne, auf dass wir reiche Ernte haben.«

»Ihr seid wohl gesegnete Leute«, pflichtet der Kaiser bei.

»Gesegnet sei unser Herrscher, il Granduca Leopoldo!«

»Er ist ein weiser Mann.«

Joseph nickt anerkennend, die Bauern wissen ja nicht, dass er sein Bruder ist. »E le sue riforme?«, fragt er beiläufig.

Und auch jetzt strahlen die Bauern. Die Abgaben seien nicht allzu hoch, und sogar eine »Heirathsbeisteuer« werde ihnen gewährt. »Wo gibt es das schon, Geld, um einen eigenen Hausstand zu gründen!«[29]

Das ist wahrlich visionär. Joseph nimmt sich vor, eine ähnlich soziale Politik auch in seinen Ländern umzusetzen.

Dann reisen Joseph und Leopold nach Livorno. Im neuen Vorstadtviertel San Jacopo d'Aquaviva herrscht reges Treiben, als ihre Kutsche in die Hauptstraße einbiegt.

»Das ist das Beste, was unser Vater mir hinterlassen hat«, sagt Leopold. Voller Stolz lässt er seinen Blick über die Magazine für die Kaufleute und die modernen Unterkünfte für die Fischer schweifen. »200 Familien sind hier untergekommen. Schau nur, wie gut alles gestaltet ist!«

Joseph bewundert und lobt, wo er kann. Bisher hatte er das Hafenprojekt seines verstorbenen Vaters nur durch die Gedenkmedaille gekannt, die Franz Stephan auf der Vorderseite als Großherzog darstellt und auf der Rückseite den Hafen von Livorno zeigt. Auch

Lazarette, ein Waisenhaus und eine nautische Schule hatte der Vater gegründet, insgesamt war der Hafen von Livorno damit zum Vorbild für den Ausbau von Triest geworden, wo kurze Zeit später ebenfalls mit der Errichtung von Lazaretten, Magazinen und Wohnungen der Handel angekurbelt werden sollte.[30]

Leopold, so geht es Joseph durch den Kopf, hat Glück, hatte doch schon Franz Stephan in der Toskana die wichtigsten Reformen für einen Musterstaat der Aufklärung vorgenommen. Die Reform des Justizwesens, der Steuern, der Verwaltung und die Hebung des Handels und der Landwirtschaft.

»Natürlich bleibt noch eine Menge zu tun, dies ist nur der Anfang.« Leopold sieht die Dinge naturgemäß anders. Die Toskana sei durch die hohen Abgaben für Franz Stephans Hofhaltung und Maria Theresias Kriege verarmt, die Hungersnot eine logische Folge, der Ackerbau rückständig und die Sümpfe in der Maremma noch immer nicht trockengelegt. Alle aus Lothringen stammenden Siedler, die einst mit Franz Stephan in die Toskana gekommen waren, seien von den ungesunden Verhältnissen längst hinweggerafft worden.[31] Er werde jedoch mit Umsicht, Schritt für Schritt, präzise, aber ohne Hast darangehen, aus der Toskana einen prosperierenden und wohl verwalteten Staat zu machen.

Die Brüder waren beide den Prinzipien der Aufklärung verpflichtet, also der religiösen Toleranz, der Bauernbefreiung, der Abschaffung von Zensur und Todesstrafe, um nur einige Beispiele zu nennen, jedoch mit einem großen Unterschied. Während Joseph, um dieses Ziel zu erreichen, auf den Ausbau seines Beamtenstaats setzte, glaubte Leopold an die Ausweitung ständischer Selbstverwaltung – und ab den späten 1770er-Jahren an eine konstitutionelle Monarchie. Seinen der amerikanischen Unabhängigkeitserklärung nachempfundenen Verfassungsentwurf wird er jedoch gegen die Proteste seines Bruders nicht durchsetzen können.

Bologna – Wachsanatomiemodelle im Dienste der Aufklärung

Von Florenz aus unternimmt Joseph diverse Ausflüge, nach Parma, Pisa, Livorno und auch nach Bologna. Dort ist er wie vom Donner gerührt, als er am 9. Mai das Atelier von Anna Morandi im Zentrum der Stadt betritt.[32] So etwas hat er noch nie gesehen. Auch Brambilla, der in Padua studiert hat und mittlerweile Mitglied der Akademie der Wissenschaften von Bologna ist, kommt aus dem Staunen nicht mehr heraus. Die ganze Werkstatt der Bildhauerin ist mit anatomischen Wachsmodellen übersät. Hier ein Skelett mit detailliert ausgearbeiteten Muskeln, dort ein Torso voller Nerven und Adern. Ein vergrößertes Ohr, liebevoll nachgebildet und akkurat bis in die Ohrmuschel. Ein überdimensionales Auge, von feinen roten Linien durchzogen. Das Wachsmodell einer Frau mit aufgeklappter Bauchhöhle, die inneren Organe freigelegt, so präzise, wie man es sonst nur bei einer Leichensektion erleben kann.

Die Anatomie hatte im Zeitalter der Aufklärung einen beispiellosen Aufschwung erlebt, die Arbeit der Chirurgen an Leichen war zunehmend populär, doch ähnelte sie dem Schlächterhandwerk. Der Gestank rief zudem beim studentischen Publikum Ekel und Übelkeit hervor, sodass im Sommer das Sezieren meist verboten war. Dagegen wirkten Wachsmodelle wie eingefrorene Augenblicke des Lebendigen, ja, sie strahlten so etwas wie die eingekapselte Schönheit des Lebens selbst aus. Anna Morandi war bereits berühmt, als Joseph und Brambilla sie in ihrem Atelier besuchten, sie hatte gemeinsam mit ihrem Mann eine Werkstatt gegründet und sich mit Uterus-Modellen zur Ausbildung von Hebammen einen Namen gemacht. Dann war ihr Mann verstorben, und die Mutter von acht Kindern musste schauen, wie sie zurechtkam. Ihr Ruf als hervorragende Anatomin, sie lehrte sogar an der Universität, brachte ihr Angebote von ausländischen

Universitäten und Akademien ein, sogar die Zarin, Katharina die Große, versuchte sie an ihren Hof zu locken. Papst Benedikt XIV. jedoch wollte die Künstlerin und Wissenschaftlerin behalten, und so verschaffte er ihr ein jährliches Gehalt auf Lebenszeit.

»Es ist ein langer Arbeitsprozess«, erklärt Anna Morandi. Zuerst würden Tonmodelle von Leichenteilen geformt. Für ein Ganzkörpermodell benötige man 200 Leichen. Davon würden dann Negativschablonen aus Gips angefertigt, die von den Anatomen und Künstlern sorgfältig überarbeitet und korrigiert werden, bis sie auf das kleinste Detail dem Vorbild der sezierten Leichen glichen. Dann komme ihre eigene Handwerkskunst an die Reihe. Als Wachsmodelleurin müsse sie die Gipsform mit Seife oder Öl einstreichen, damit sich die Poren schließen. Sie verwende ausschließlich das Wachs wilder, kleinrussischer Bienen, das besonders kälte- und hitzeresistent sei.[33] Dann gelte es, dem Wachs während des Erhitzens Öl, Schweinefett und Kiefernharz sowie verschiedene Farbpigmente beizufügen und es in die Form zu gießen. Habe man präzise gearbeitet, lasse sich das erkaltete Wachsmodell leicht aus dem Gips lösen, anschließend werde es poliert, bemalt, ehe die zuvor eigens modellierten Gefäße und Sehnen eingesetzt werden. Schließlich wird alles miteinander verschweißt. »Als Letztes setzt man die Glasaugen ein«, beendet Morandi ihren Vortrag.

Der Kaiser und sein Chirurg hören atemlos zu. Kein Geräusch ist zu vernehmen, außer dem einer Maus, die durch das Atelier huscht, als Morandi eine der Gipsformen zur besseren Anschaulichkeit aus dem Regal nimmt. Jetzt sitzt das kleine Tier in einer Ecke der Werkstatt und knabbert an irgendwelchen Wachsresten.

»Papst Benedikt XIV. hat ihre großartige Arbeit gefördert«, raunt Brambilla dem Kaiser auf Deutsch zu.

»Mein Taufpate«, antwortet Joseph erfreut, während er sich der letzten Nachrichten entsinnt. Das Konklave hatte soeben einen neuen Papst gewählt, Clemens XIV., bürgerlich Lorenzo Gangarelli – ein Mann aus bescheidenen Verhältnissen, sein Bruder war Schreiner und sein Neffe spielte in Wirtshäusern mit der Violine auf. Er würde, so Josephs Überlegungen, dem römischen Adel missfallen und die Jesuiten gehörig unter Druck zu setzen wissen.[34]

»Eure Majestät«, unterbricht Brambilla Josephs Gedanken, »wäre es nicht ein großer Gewinn für Wien, wenn wir solch vollendete Abbildungen der Natur unser Eigen nennen?«

»Wenn Ihr wisst, wie sie die Reise unbeschadet über die Alpen überleben«, antwortet Joseph und wendet sich wieder Anna Morandi zu, über deren Gesicht die Röte der Aufregung hinweghuscht. Ähnlich spielen die pastellenen Farben auf der Haut ihrer Figuren im Licht, das durch das Fenster der Werkstatt ins Innere bricht.

»Majestät, es wäre eine übergroße Ehre«, sagt sie schließlich mit unsicherer Stimme.

Tatsächlich gingen die Wachsmodelle Joseph und Brambilla nicht mehr aus dem Sinn, doch es sollte noch zehn Jahre dauern, bis der Kaiser – allerdings in der Werkstatt von Paolo Mascagni in Florenz – über tausend Wachsmodelle in Auftrag geben und sechs Jahre später in Wien empfangen würde. Davor musste die gesamte medizinische Ausbildung reformiert und eine chirurgisch medizinische Lehranstalt, das Josephinum, erbaut werden. Und für die Wachsmodelle mussten Vitrinen aus Rosenholz und mundgeblasenem Glas sowie Kissen aus Atlasseide hergerichtet werden. Tatsächlich überstanden die Wachsmodelle – teilweise in Einzelteile zerlegt und in Matratzen verpackt – ohne Schaden den Transport auf Maultieren über die Alpen nach Wien.[35]

Florenz – Auch die Pockenimpfung ist Teil der neuen Medizin

Am 21. Mai kehrte Joseph für etliche Tage noch einmal nach Florenz zurück, weil sich Leopold einer Pockenimpfung unterziehen und er den Bruder bei diesem neuesten – und noch keineswegs ausgereiften – medizinischen Experiment nicht allein lassen wollte.

Im 18. Jahrhundert starb jährlich fast eine halbe Million Menschen an den Folgen der Pocken. Das Virus, das sich durch Tröpfcheninfektion und kontaminierten Staub verbreitete, profitierte vom Wachstum der Städte: *Die Sterblichkeit der Menschen nimmt umso mehr zu, je größer deren Zusammenrottung ist, und das dadurch verursachte Sitten-Verderbniß hat den größten Antheil daran; die Krankheiten der Menschen werden durch nahes Beysammenwohnen derselben unterhalten und leichter fortgepflanzet; und jede Seuche ist umso tödlicher, je häufiger die Städte in einem Land sind.*[36]

Die Pocken waren aber nicht nur eine Krankheit der Städte, sie waren gewissermaßen eine »demokratische Krankheit«. Durch Dienstboten, Hauslehrer und Mätressen kamen auch Fürsten und Könige mit dem normalen Volk in Berührung und steckten sich an. Viren kennen keine Standesgrenzen. Maria Theresia, die drei ihrer Kinder durch die furchtbare Seuche verloren und sich selbst 1767 damit infiziert hatte, ließ 1768 alle verbliebenen Kinder impfen. Doch damals steckte die Pockenimpfung noch im reinen Versuchsstadium. In Wien hatte man einen Gärtnersohn mit den gefährlichen Viren infiziert, um ihn als Lebendimpfstoff für die kaiserlichen Nachkommen, aber auch für achtzig andere Kinder vorzuhalten, die im Impfhaus am Rennweg in den Genuss einer Immunisierung kamen. Der Mann erhielt 100 Gulden Rente für seine Dienste, immerhin eine beträchtliche Summe. Dennoch sollten die Pocken ihren ganzen Schrecken erst im 19. Jahrhundert verlieren.

Joseph – und wir können nicht umhin, auch diese Seite an ihm zu schätzen – regelte alles, saß an Leopolds Bett, beruhigte seine

Gemahlin María Ludovica und die Kinderschar. *Ich blieb bis ein Uhr bei ihm. Schließlich bat er die Ärzte so sehr um Laudanum* [Opiumtinktur], *dass sie ihm, um seine Phantasie zu heilen, einige Tropfen in ein Glas Wasser gaben. Ich schickte alle seine Sekretäre und Diener weg und überredete ihn, Ruhe zu geben. In der Tat gelang es ihm, und er schlief um ein Uhr ein und bis nach neun Uhr durch, ohne auch nur einmal aufzuwachen.*[37] Damit hatte Leopold das Schlimmste überstanden, und die Impfung würde fortan ihre schützende Wirkung entfalten. Ja, Joseph liebte diesen Bruder, und nichts würde das zu ändern vermögen. Am Bett von Leopold erinnerte er sich daran, wie er voller Verzweiflung dem Sterben seiner geliebten Isabella hatte zusehen müssen. Tag und Nacht war er nicht von ihrer Seite gewichen, hatte ihr in Essigwasser getränkte Lappen auf die Stirn gelegt, sie zugedeckt, je nachdem, was der Schüttelfrost verlangte. Er gab ihr zu trinken, stützte ihren Kopf ab, und hin und wieder lehnte er seine traurige Stirn an die Isabellas – egal wie krank sie war, er wusste, dass er sich nicht anstecken würde, er hatte die Pocken als kleines Kind überlebt. Welch grausamer Gott hatte sich das baldige Ende dieser Liebesbeziehung ausgedacht? Und dann der nicht nachlassende Schmerz! *Alles habe ich verloren, meine angebetete Gattin; der Gegenstand meiner ganzen Zärtlichkeit, meine einzige Freundin, ist nicht mehr*, hatte Joseph kurz nach dem Tod an seinen Schwiegervater geschrieben.[38]

Mantua und Mailand – Ein zivilisierter, ein moderner Staat

Am 28. Mai schließlich kam der endgültige Abschied von Leopold und seiner Familie, denn Joseph musste weiter nach Mantua und Mailand reisen. Nur zu gern hätte er noch länger mit seinem Bruder über die aufgeklärten Prinzipien, über den modernen Staat, ein neues Herrschaftsverständnis diskutiert, über die Ähnlichkeiten, aber auch die vielen und gravierenden Unterschiede zwischen der kleinen

Toskana und dem großen Habsburgerreich, das zu reformieren eine umso größere und schwierigere Aufgabe darstellte. Er hatte für Leopold eigens eine Denkschrift über den Zustand der Monarchie verfasst, ein Memorandum, das er ausführlich mit ihm hatte besprechen wollen. Er brauchte jemanden, der so dachte wie er selbst, aber ihm näherstand als all die Berater, die Hofchargen, die Beamten. Denn das, was er, Joseph, am meisten fürchtete, war der Zerfall der Monarchie und ihr Rückstand. Darum stellte er beharrlich, manchmal bis zur Starrköpfigkeit bei allen Reformüberlegungen die Idee des Gesamtstaats in den Mittelpunkt (oftmals auf Kosten der historisch gewachsenen kulturellen Vielfalt der einzelnen Regionen). Sie war seine Therapie gegen die Unterschiede, die seine vielen Länder auseinanderzutreiben die Macht hatten. *Alle Teile müssen so zu einem Zweck arbeiten und durch Einen dazu geleitet werden, dass weder Vorliebe noch Eigenliebe einen vorwiegen machen, sondern alle Länder, alle Departements, alle Personen, alle Stände ohne Ausnahme zu einem allgemeinen Besten mitwirken und angehalten werden.*[39] Gerade sein Aufenthalt in der Toskana und nun in der Lombardei bestätigten ihn in der Richtigkeit seines Denkens und Tuns: Die italienischen Provinzen waren einfach ungleich fortschrittlicher.

Während die Toskana als habsburgische Sekundogenitur nur im weitesten Sinne zu Österreich gehörte, war die Lombardei seit dem Frieden von Aachen tatsächlich habsburgisches Territorium, ja, sie unterstand sogar direkt der Regierung in Wien, genauer gesagt dem Staatskanzler, Fürst Kaunitz. Joseph war, als er lombardischen Boden betrat, also gewissermaßen zu Hause angekommen. Von dort schrieb er seiner Mutter: *Meine Arbeit beginnt hier, und ich werde sie mit Freude tun, wenn ich etwas Gutes beitragen kann, aber ich warne Sie im Voraus durch das Wenige, das ich bisher gesehen habe, dass man hier Angst und Zurückhaltung zeigt und es Mühe kosten wird, die Wahrheit zu erfahren.*[40] Kaunitz hatte eifrig versucht, die Lombardei nach den Prinzipien der Aufklärung zu reformieren, aber Wien war weit weg, und wie immer sah die Lage vor Ort anders aus. Deshalb war Joseph ja angereist.

Verglichen mit dem Banat, aber auch den meisten anderen Teilen der Monarchie, war die Lombardei in einer Verfassung, von der die restlichen Länder nur träumen konnten. Hier lebten über eine Million Menschen in wirtschaftlicher und kultureller Prosperität, also fast schon auf einer höheren Stufe der Zivilisation. Schon deshalb, weil das Land dicht besiedelt und urbanisiert war. Im 18. Jahrhundert stellte Bevölkerungsdichte die wichtigste Voraussetzung für Reformen dar. Denn ohne Menschen keine wirtschaftliche Entwicklung, ohne wirtschaftliche Entwicklung kein Wohlstand und ohne Wohlstand weder Bildung noch wissenschaftliche Erkenntnisse im Lichte der Vernunft. Eine möglichst große, fleißige und wohlhabende Bevölkerung wurde deshalb als die solideste Grundlage für die Macht des Staates angesehen.

In Mantua empfängt Graf Firmian, bevollmächtigter Minister der Lombardei, die Reisegesellschaft des Grafen von Falkenstein. Es ist der 29. Mai, doch Joseph hat keine Augen für den Frühling, der die Bäume am Ufer der vier Seen, an denen die Renaissancestadt liegt, in lichtes Grün getaucht hat.[41] Sofort verlangt er in die Verwaltungsgeschäfte eingeführt zu werden, seine Zeit sei schließlich begrenzt.

Mit seinem feinen Gespür für mögliche Missstände registriert der Kaiser alles, und durch die über 800 Bittschriften, die er in den wenigen Tagen erhält, verfestigt sich sein Eindruck, dass vieles in der Verwaltung ungerecht und von erschreckender Härte ist. Nicht wenige klagen über die Brutalität der Generalpächter. Dabei geht es um die Überlassung sämtlicher Steuereinnahmen und Binnenzölle an private Unternehmer, ebenjene Generalpächter, die dann ihr lukratives Geschäft auf dem Rücken der Steuerzahler, insbesondere der Bauern, machen. Sein Bruder Leopold hat das System in der Toskana bereits abgeschafft, nun wird er das Seine dazu beitragen, dass es auch in der Lombardei aufgehoben und in die Eigenregie des Staats überführt wird. Andererseits gedeihen Handel und Gewerbe, Kunst und Geisteswesen in diesem so fortschrittlichen Teil des Habsburgerreichs außerordentlich gut – auch deshalb, weil Kaunitz und Maria Theresia die einheimische Elite politisch-ökonomischer Gelehrter und Reformer in die Verwaltung des Landes einbezogen, eine Art Selbstverwaltung zugelassen haben.

Am 23. Juni trifft Joseph in Mailand ein, wo ihn der Herzog von Modena, Statthalter der Lombardei, erwartet. Francesco III. d'Este gehört gewissermaßen zur Familie. Ferdinand, Josephs zweitjüngster Bruder, wird dessen Enkeltochter Maria Beatrix, die Alleinerbin des Herzogtums, heiraten. Der Herzog hat jedoch nur noch repräsentative Bedeutung, insofern betrachtet Joseph das Zusammentreffen mit ihm als pure Zeitverschwendung.

»Mein lieber Graf«, sagt der Kaiser verärgert zu Firmian, »Sie wissen doch, dass ich nichts auf repräsentative Honoratioren gebe, die realiter keinen Einfluss auf die Staatsgeschäfte haben.« Und während er im Stillen denkt, dass es schließlich genüge, Firmian zu ertragen (zu allem Überfluss hat er auch noch in dessen Haus Quartier bezogen), fügt er laut hinzu: »Seine Enkeltochter und Braut meines Bruders sehe ich hingegen gern.«[42]

Maria Beatrix, mit der Joseph des Öfteren am Abend einen Spaziergang auf dem Wall der Stadt unternimmt oder die Oper besucht, ist denn auch eine weitaus angenehmere Erscheinung als ihr Großvater.

»Sie schmeicheln mir allzu sehr, Prinzessin!« Fast entspinnt sich so etwas wie eine Zuneigung der beiden, die über reine Höflichkeit hinauszugehen beginnt.

»O nein, Majestät, schon lange war mein eintöniges Leben nicht mehr so durch freudige Erlebnisse durchbrochen wie jetzt durch

Eure Anwesenheit«, konterte Maria Beatrix in einer Mischung aus Wahrhaftigkeit und artigem Geplänkel.

Er, Joseph, sei, wie er später seiner Mutter schreiben wird, zwar angetan von der Intelligenz und der guten Erziehung der jungen Prinzessin, aber gleichzeitig sei er auch froh, dass sie für Ferdinand bestimmt sei, denn sie sei weder anziehend noch hübsch. Und so genießt er einfach, mit dieser angenehmen Begleitung einen Einblick in die elitäre Gesellschaft der Stadt zu erhalten, schließlich bilden die Patrizier und Adeligen Mailands damals ein Zentrum der italienischen Aufklärung.

»Da drüben in der Loge ist Graf Verri. Haben Eure Majestät ihn schon kennengelernt?«, fragt Maria Beatrix bei einem ihrer nächsten gemeinsamen Opernbesuche und nickt dem Grafen zu.

»Ja, er wirkt in der Stadtverwaltung.« Joseph macht ebenfalls eine freundliche Geste, man würde sich nach der Aufführung noch sehen.

Um die Brüder Pietro und Alessandro Verri, so weiß er, versammeln sich die Intellektuellen der Stadt. Von 1764 bis 1766 hatten sie die Zeitschrift *Il Caffè* herausgebracht, die schnell zum wichtigsten Organ der italienischen Kultur aufgestiegen war. Alle angesagten Debatten der Zeit fanden sich in den Artikeln wieder, von denen die meisten Pietro selbst verfasst hatte; er brillierte als Philosoph, Ökonom, Historiker und Schriftsteller. Selbst Cesare Beccaria, der Reformer des Strafrechts, hatte Beiträge in der Zeitschrift geschrieben, und mit den französischen Aufklärern d'Holbach, Diderot, d'Alembert und Voltaire stand man im regen Austausch.

»Eure Majestät bereichern unseren Zirkel«, lobt Pietro Verri, nachdem man zusammen die Oper verlassen hat und in der Kutsche sitzt. Verri, der ein offenes Haus führt, hat alles von Rang und Namen zum Diner gebeten.

»Ist es wahr, Eure Majestät, was Ihr anlässlich der Öffnung des Wiener Praters im Hinblick auf das Volk gesagt habt?« Ein Gast hat die Frage an den Kaiser gestellt, ohne viel Umschweife, ohne strenge Regeln der Etikette. Jetzt blickt alles auf und hört zu.

»Kommt darauf an, was man Euch darüber berichtet hat.«

»Einige Aristokraten sollen sich darüber alteriert haben, dass sie dort in Hinkunft mit dem gemeinen Volk spazieren gehen müssen. Eure Majestät soll sie daraufhin mit den Worten gemaßregelt haben, dass Euch selbst, würdet Ihr mit Euresgleichen spazieren gehen wollen, nur die Kapuzinergruft bleibe.«

»Se non è vero è ben trovato!« Joseph lacht. Es stimmt, er hatte den Prater für das Wiener Volk öffnen lassen, doch diese Anekdote hatten sich die schlagfertigen Wiener ausgedacht und ihm das Bonmot mit der Kapuzinergruft in den Mund gelegt.

Hier, inmitten der Mailänder Aufklärer, macht die Geschichte allerdings noch viel größeren Sinn, werden in diesen Kreisen doch ständig Fragen von Gleichheit und Toleranz, Bürgerrechten und Herrschaftsverständnis, der Natur des Menschen und dem Wesen der Dinge verhandelt.

Wieder erhält Joseph Bittschriften, insgesamt sind es in Mailand an die 5000. Auch nach der Messe, die Joseph täglich in der Parochialkirche San Bartolomeo besucht, kommen Menschen, die von dem hohen Herrn gehört haben, zu ihm.

»Sua cara Maestà, ein Fluch hat sich unserer Familie bemächtigt. Drei Kinder sind ihm zum Opfer gefallen, und das, obwohl wir Messen lesen haben lassen und stetig zur seligen Jungfrau beten.«

»Bei uns ist die Ernte verdorben, wir sind nach Sant'Eustorgio gepilgert, aber unser Flehen wurde nicht erhört, und das, obwohl wir den Reliquiensarkophag auf Knien umrundet haben.«[43]

»Uns hat San Carlo schon erhört, er hat unser Kind vom Krankenbett wieder aufstehen lassen. Welch große Gnade, il piccolo arbeitet schon wieder.«[44]

»Wie alt ist er?«, fragt Joseph.

»Er sollte in die Schule gehen.«

Es war schwierig. So wenig von dem, was in den Gelehrtenkreisen gedacht und geschrieben wurde, ja, selbst von dem, was er, Joseph, von seinen Lehrern erfahren hatte, kam beim einfachen Volk an. Es war und blieb fromm, abergläubisch und ungebildet. Immer nur ging es darum, die Heiligen milde zu stimmen, Unheil abzuwenden, Schicksalsschläge zu mäßigen – mit halb magischen, halb christlichen Praktiken.[45] Nicht jedoch um den Austritt aus der selbst verschuldeten Unmündigkeit, wie es Immanuel Kant 1784 formulieren sollte, nicht um unabhängiges Denken, nicht um Toleranz. Selbst bei der für ein besseres Leben so essenziellen Bildung waren die Menschen oft skeptisch. Lieber wollten sie ihre Kinder als Arbeitskräfte für den kurzfristigen Mehrwert einsetzen, als dass sie durch Lesen und Schreiben in höhere Berufe aufstiegen. Die »Entzauberung der Welt« – auch die religiöse Toleranz war diesem neuen Denken zu verdanken – löste beim einfachen Volk meist nur Angst und Schrecken aus.[46]

Anderntags trafen Pietro Verri und Joseph wieder in der Stadtverwaltung zusammen. Zuerst ging es um Handelsfragen, insbesondere um die Aufhebung der Zollschranken gegen den Getreideexport – dafür machte sich Joseph stark –, anschließend um Steuerfragen, dann um den Zustand der Fabriken; in der Lombardei wurden Seiden, Leinen- und Baumwollstoffe hergestellt. Doch so wohlhabend und entwickelt das Land auch war, dem Kaiser fiel die große Menge von Bettlern und Vagabunden auf, und er fragte, ja, insistierte, was man hierzulande zur Unterbringung und Erziehung der Waisen leiste. *Es scheint,* analysierte Verri dann auch sehr treffend, *dass es ihm eher darum geht, eine große Anzahl von Menschen glücklich zu machen, als begrenzten Wohlstand für wenige zu fördern. Alle seine Reden atmen Güte, Wohltätigkeit und paternalistische Fürsorge für das Volk.*[47] Verris Sympathie für den Kaiser sollte allerdings durch Josephs zunehmende Bestrebungen, die Selbstverwaltung der Lombardei einzuschränken und in die Wiener Zentrale zu überführen, in den Jahren der Alleinregentschaft Josephs arg in Mitleidenschaft gezogen werden.

Mitte Juli, später als ursprünglich geplant, reiste der Kaiser schließlich aus Mailand ab. Seit dem dritten März war er nun in Italien unterwegs. Allmählich schien ihm sein Fernbleiben von Wien, dem Hof, der Regierung doch etwas lang. Auf schnellstem Wege ging es deshalb via Görz nach Hause, so schnell wie es Pferde, Reiter und Kutscher vermochten – an den jeweiligen Nachtstationen standen die neue Pferde immer schon zum Einsatz bereit. Wieder in Wien, würde der Graf Falkenstein nahezu sofort zu seiner nächsten Reise aufbrechen.

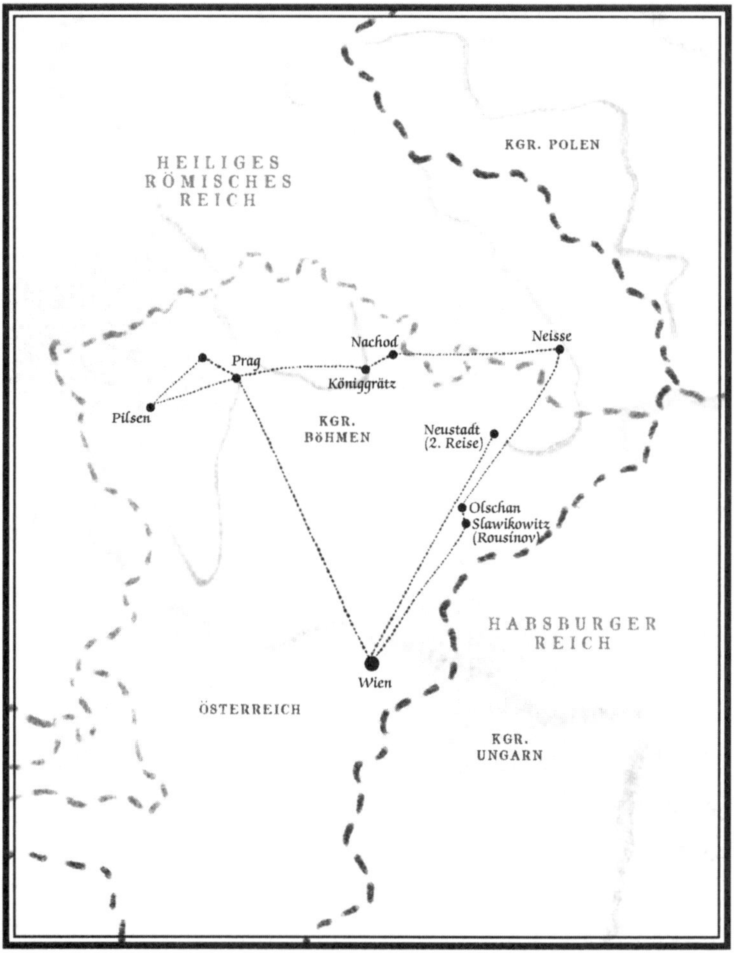

Wien ~ **Olschan/Olšany** ~ **Neisse** ~ Nachod ~ **Königgrätz** ~ Prag
Kornhaus ~ Pilsen ~ Prag ~ Wien
2. Reise zu Friedrich II.: **Neustadt** 1770 Gegenbesuch

1769 Neisse

Das erste Gipfeltreffen aufgeklärter Herrscher

Endlich! Endlich würde er Friedrich kennenlernen! So lange schon geistert der Preußenkönig durch seine Gedanken, seine Gefühle, ja, durch jede Faser seines Wesens, dass der Wunsch, ihm eines Tages von Angesicht zu Angesicht gegenüberzustehen, fast zu einer Art Obsession geworden war. Oft schon hatte er sich eine Zusammenkunft mit ihm ausgemalt, sie beide, im Nebel der Kanonen aufeinander zureitend, oder aber in endlos lange Gespräche verwickelt, zwanglos, irgendwo im Niemandsland, ohne Gefolge, nur von Friedrichs Windhunden gestört, die hinaus ins Freie drängen, weshalb er und der Preußenkönig sich alsbald erheben, nicht enden wollende Pappelalleen entlangschreiten und ins weite Land blicken, fruchtbares Land, das erst flach wie Preußen, dann wieder hügelig wie Böhmen oder Mähren aussieht. In seiner Fantasie ist Friedrich alterslos, seine Gesichtszüge sind fein, intelligent, die Augen wie auf dem 1746 entstandenen Porträt seines Hofmalers Antoine Pesne willensstark, sehnsuchtsvoll, aber auch ein wenig verletzt. Joseph ist dieses Bild sehr vertraut, vor allem die Augen hatten ihn nicht mehr losgelassen, bei seiner Betrachtung hatte er eine innere Verwandtschaft, eine Nähe zu Friedrichs Wesen gefühlt, die er nicht besser zu beschreiben vermochte als durch dieses sein merkwürdiges Hingezogensein.[1]

Und jetzt, im Sommer 1769, in nur wenigen Tagen, würde er seine Träume mit der Wirklichkeit vergleichen können. Es würde sich herausstellen, ob er sich Friedrich zu Recht als Vorbild genommen hatte oder nicht. Der Brief mit der Nachricht, dass das Treffen nun stattfinden sollte – den ersten Anlauf vor drei Jahren hatten Kaunitz und Maria Theresia schlussendlich verhindert –, war ihm schon in Mantua überreicht worden.

Der Staatskanzler hatte nach anfänglichem Zögern in der Zusammenkunft sogar ein wichtiges Mittel der Außenpolitik gesehen und alles von langer Hand geplant. Maria Theresia hatte sich gefügt, schließlich verlieh die aktuelle außenpolitische Lage dem Gipfeltreffen der beiden aufgeklärten Herrscher eine gewisse Dringlichkeit. Seit die russische Zarin Katharina die Große ihren ehemaligen Liebhaber Stanisław Poniatowski 1764 als polnischen König in Warschau installiert und ihren Einfluss dadurch bis nach Europa ausgeweitet hatte, war das Mächtegleichgewicht ins Wanken geraten. Die Türken hatten die Situation in Polen – es war zwischen den katholischen Adeligen und den von Russland protegierten orthodoxen und protestantischen Bevölkerungsteilen zum Bürgerkrieg gekommen – ausgenutzt, um den Russen den Krieg zu erklären, was wiederum Österreich und Preußen nicht kalt lassen konnte. Friedrich war zwar mit Katharina verbündet, aber an einem allzu mächtigen Russland hatte selbst er kein Interesse. Deshalb versuchte er den Gebietshunger der Zarin vom Osmanischen Reich weg und auf Polen zu lenken. Und dazu gebar er die – in seinen Augen glänzende – Idee, Polen unter den drei Mächten Preußen, Russland und Österreich aufzuteilen. Den jungen Kaiser galt es nun dafür zu gewinnen, also ihn, Joseph.[2]

Wie würde die Öffentlichkeit reagieren? Das Treffen zwischen dem Kaiser und dem König war in mehrerlei Hinsicht ungewöhnlich. Friedrich war Maria Theresias Erzfeind, und normalerweise standen sich Monarchen eher am Schlachtfeld gegenüber, als dass sie miteinander dinierten. Dafür hatte die alles beherrschende Etikette einfach nichts vorgesehen. Auf wessen Territorium? Nach welcher Choreografie? Der Kaiser stand im Rang über Friedrich, aber wo um Gottes willen stand der Graf Falkenstein?

Joseph hatte kaum Zeit gefunden, sich von den Strapazen seiner Italienreise zu erholen und in die alltäglichen Routinen der Wiener Politik zurückzukehren. Er würde, wie er es sich inzwischen zur Gewohnheit gemacht hatte, von der Kutsche aus regieren. Das bedeutete, dass berittene Kuriere die Post zu den Nachtstationen zu bringen und Josephs Korrespondenz mitzunehmen hatten. Bei aller streng eingehaltenen Bescheidenheit, die längst zu einem Markenzeichen seiner Reisen geworden war, an der Kommunikationslogistik durfte auch dieses Mal nicht gespart werden, dieses Mal sogar noch weniger als sonst, nicht nur der außenpolitischen Brisanz wegen, sondern auch weil die Lage in den böhmischen Ländern, durch die Joseph reisen würde, wegen der zunehmenden Verelendung wachsender Teile der Bevölkerung angespannt war.

Zu seinem üblichen Gefolge gesellten sich wie schon bei der Banat-Reise sein Schwager Albert von Sachsen-Teschen und Moritz Graf von Lacy. Zu Lacy, dem Joseph soeben das Amt des Hofkriegsratspräsidenten übertragen hatte, fühlte der Kaiser eine große Zuneigung. Seit geraumer Zeit arbeiteten sie Hand in Hand an der Heeresreform, und trotz des fast sechzehnjährigen Altersunterschieds dachten sie ähnlich – das bedeutete in jenen Jahren vor allem: anders als Staatskanzler Kaunitz. Außerdem würde der in Sankt Petersburg geborene Lacy einen vortrefflichen Gesprächspartner für Friedrich abgeben, war er doch im letzten Krieg, dem Siebenjährigen, einer der mutigsten und strategisch kühnsten Militärs der habsburgischen Armeen gewesen, einer, der es vom einfachen Oberst bis zum General-Feldzeugmeister, also bis fast an die Spitze des Heeres gebracht hatte.

Am 18. August reist man wie gewohnt frühmorgens aus Wien ab. Mit einigen Unterbrechungen will Joseph eine Woche später im schlesischen Neisse eintreffen. Die Stadt an der österreichisch-preußischen Grenze war schon im 14. Jahrhundert der böhmischen Krone zugeschlagen worden, erst 1742, in den Schlesischen Kriegen, hatten die Österreicher die Stadt an Friedrich den Großen verloren. Ein symbolisch höchst aufgeladener Ort also.

Noch öfter als sonst tauscht Joseph auf der Reise seinen Platz in der Kutsche mit dem Sattel. Reiten entspannt ihn, es vermittelt ihm das Gefühl, die Zügel der bevorstehenden Ereignisse in den Händen zu halten. Er gibt seinem Pferd die Sporen, freut sich über kleinere Galoppaden, Pirouetten, chevalereske Manöver. Körperlich würde er sich – schon wegen seiner Jugend – Friedrich überlegen fühlen, ansonsten ist er angespannt wie vor den Prüfungen, die er in der Zeit seiner Erziehung zum König und Kaiser alle drei Monate vor seinen Eltern, Lehrern und irgendwelchen Höflingen absolvieren hatte müssen. Vor allem sein Lehrer, Christian August Beck, der wie sein soeben verstorbener Mentor Johann Christoph von Bartenstein protestantischer Konvertit war, hatte ihn nicht nur in der Naturrechtslehre des Aufklärers Samuel von Pufendorf unterwiesen, sondern schon früh mit Friedrichs *Antimachiavel* in Berührung gebracht. Friedrichs moralisch jugendliche Ideen zur Staatskunst hatte kein geringerer als Voltaire 1740 publiziert. Die Idee, dass nicht Machtgier und Skrupellosigkeit, sondern Menschlichkeit, Gerechtigkeit und Vernunft einen Fürsten charakterisieren sollten – wie konnten derlei Überlegungen den jungen, ernsthaft suchenden Thronfolger nicht berühren?[3]

Joseph ruft sich all seine Erinnerungen an Friedrich ins Gedächtnis, das würde ihm bei den Unterredungen nützen, nicht nur, um sein Gegenüber einschätzen zu können, sondern auch, um sich seiner eigenen Ziele besser bewusst zu sein. Zum einen ist da sein sehnlichster Wunsch, den König persönlich kennenzulernen, andererseits hat er eine lange Liste an außenpolitischen Themen in der Tasche, die es mit möglichst günstigem Verlauf für die eigene Politik abzuarbeiten gilt. Kaunitz hat dafür eigens detaillierte, um nicht zu sagen langatmige Instruktionen verfasst. Als ob ihm die österreichischen Positionen nicht bekannt wären. Nur: Die einmalige Chance, mit diesem Großen der europäischen Politik zusammenzutreffen, will er nicht nur für Verhandlungen missbrauchen, er will sich wirklich auf ihn einlassen, Gemeinsamkeiten entdecken und, wenn möglich, den Menschen hinter der Fassade des Herrschers hervorlocken. Und dazu würde es nötig sein, auch über all die Reformen zu sprechen, sei es die des Heeres, der Verwaltung und Justiz, seien es Änderungen in Handels- und Wirtschaftsfragen oder die alles andere an Bedeutung überstrahlenden Reformen in der Landwirtschaft. Denn haben nicht sämtliche Staaten in Europa mit denselben Schwierigkeiten zu kämpfen? Und müssen sie nicht alle umfassende Reformprogramme in die Wege leiten, wenn sie von den zukünftigen Ereignissen nicht überrollt werden wollen? Er ist, wie so manche weitblickenden Menschen der Zeit überzeugt, dass revolutionäre Eruptionen früher oder später bevorstehen.[4]

Slawikowitz – Den Bauernstand adeln

An einem ersten Abend dieser sommerlich milden Reisetage singen Nachtigallen, die sich in den Bäumen des aufgeschlagenen Lagers zu ihrem Flug in den Süden versammelt haben. Joseph liebt diese Vögel mehr als alle anderen. Später, als er nicht nur den Wiener Prater, sondern auch den Augarten der Öffentlichkeit übergeben wird, lässt er dort Nachtigallen aussetzen und ihren Abschuss unter Strafe stellen. Jetzt lauscht er ihren eindringlichen Melodien und lässt sich von ihnen in seinen Gedanken davontragen. Wie nur wird die Begrüßung mit

Friedrich verlaufen, fragt er sich zum wiederholten Mal. Werden sie beide hoch zu Ross, in Uniform und mit ihrem jeweiligen Gefolge aufeinandertreffen? Das wäre ohne Zweifel die Variante, die am wenigsten Probleme aufwerfen würde, schließlich würde sie einer Begegnung auf dem Schlachtfeld ähneln.

Dass die beiden Männer sich persönlich begegnen sollten, war im 18. Jahrhundert unter Monarchen eine seltene Ausnahme. In der Regel erschwerten gravierende Rang- und Zeremonialprobleme eine solche Zusammenkunft.[5] Auch deshalb reiste Joseph abermals inkognito durch die Lande. Nur: Was sollten er und Friedrich tun? Einfach wie zwei Bürger aufeinander zugehen? Wer würde dann zuerst die Hand zum Gruße ausstrecken? Wer das erste Wort ergreifen? Und wer würde huldvoll abwarten und damit seine höhere Stellung demonstrieren? *Diese Prinzen wollten sich unbedingt treffen*, hatte Maria Theresia über das gescheiterte Kennenlernen im Jahr 1766 nicht ohne Schadenfreude an Sophie Enzenberg geschrieben. *Aber ohne jedes Zeremoniell und ohne jede Etikette und Vorbereitung. Deshalb wussten sie nicht, wer als Erster sprechen oder den anderen einladen sollte, und so haben sie ihre Unterkünfte verlassen, aber einander verfehlt, obwohl sie sich ein Treffen so sehr gewünscht hatten. Wie viele politische Spekulationen wird man darüber anstellen, aber was ich Ihnen berichte, ist der einzig wahre Grund. Das Sprichwort bestätigt sich: »Der Mensch denkt und Gott lenkt.«*[6]

Nun hatte schon 1766 weniger Gott als vielmehr Maria Theresia selbst und dieses Mal vor allem Kaunitz gelenkt, aber wie die Begrüßung ohne einen Schaden für das Ansehen dieser beiden mächtigen Herrscher Europas über die Bühne gehen sollte, konnte selbst Joseph nicht im Detail beantworten. Schade, dass er keinen der Hofmaler aus Meytens' Atelier mitgenommen hatte, das Aufeinandertreffen würde in jedem Fall aufsehenerregend werden.[7] Doch er hatte zu spät daran gedacht, zu übereilt war der Aufbruch aus Wien vonstattengegangen.

Nun konnte man nur abwarten. In jedem Fall würde das *Wienerische Diarium,* eines der wichtigsten Periodika in ganz Europa, darüber berichten.[8]

»Hey, zügelt die Pferde!«, ruft einer der Kutscher, als sie am nächsten Tag am Dorf Slawikowitz vorbeifahren. »Das Rad!«[9]

Und schon sackt die Kutsche in den Sand der Straße, die Achse bricht, und das Rad saust den Abhang hinunter. Nur mit Mühe können die erschrockenen Pferde davon abgehalten werden, sich loszureißen und davonzugaloppieren.

»Ho, ho, brav!«, versuchen die herbeigeeilten Knechte die Tiere zu beruhigen, während ein Bauer vom nahen Feld herbeigeeilt kommt, um zu helfen.

Joseph steigt vom Pferd. Der Unfall, auch wenn man stets auf derartige Ereignisse vorbereitet ist, reißt ihn aus seinen Gedanken. Er blickt um sich, sieht unregelmäßig geschnittene Felder, manche davon liegen brach, auf anderen wiegen sich Getreideähren im Sommerwind, dazwischen satte Wiesen, durch die sich ein Fluss schlängelt. Weiden stehen am Ufer und malen ein silbrig-grünes Band in die Landschaft. Gegen den Horizont erheben sich die sanften Hügel des Drahaner Berglands. Die Markgrafschaft Mähren! Was für ein fruchtbares, für die Landwirtschaft geeignetes Land, denkt Joseph, während sich der Bauer nähert. Es kommt zur berühmtesten Szene mit dem volksnahen Kaiser, der Szene mit dem Pflug. Später wird man Joseph deswegen Denkmäler errichten, andere werden es als klug inszenierten Propagandacoup betrachten. Doch jetzt, an diesem Sommertag zählt nur der Augenblick, einzig das Selbstexperiment, die menschliche Begegnung.

Der Bauer verbeugt sich mehrmals vor dem hohen Herrn, während Joseph ihn mustert.

»Ist das dort drüben dein Knecht?«, fragt unerkannt der Kaiser. »Ja,

Euer Hochwohlgeboren, das ist mein braver Knecht Jan«, antwortet der Bauer.

»Bringe mich zu ihm, ich möchte den Pflug ausprobieren.« Etwas verunsichert blickt der Mann in die Runde, er versteht nicht, wozu sich der edle Herr schmutzig machen will. Doch weil gleich mehrere der anwesenden Herrschaften ihm zunicken, verbeugt er sich noch ein paarmal und führt seinen Gast auf seinen Rausnitzer Feld genannten Acker.

Joseph nimmt den Pflug in beide Hände und zieht zwei Furchen, während Jan Kartoš das Pferd am Zügel führt. Dann bedankt er sich und gibt dem einigermaßen verblüfften Knecht zum Abschied einen Dukaten. Währenddessen haben die Kutscher mithilfe des Bauern Trnka den Achsbruch der Kutsche repariert und dem guten Mann zugeflüstert, dass es sich beim pflügenden Edelmann um niemand Geringeren als den Kaiser selbst handle.

»Jessas, Maria und Joseph«, hebt der Bauer an und verfällt alsdann in einen Schwall unverständlicher böhmischer Worte, wobei er, der so umsichtig und versiert bei der Reparatur geholfen hat, nunmehr verwirrt dasteht und auf den vom Feld zurückkehrenden Kaiser starrt. Dann will er sich vor ihm zu Boden werfen, doch Joseph, der schon geahnt hat, dass sein Inkognito aufgehoben wurde, verwehrt ihm diese unterwürfige Geste.

»Děkuju moc!« Nun bedankt sich der Kaiser auch noch gut gelaunt bei seinem Untertanen. Das übersteigt alles, was sich Andres Trnka in seinen kühnsten Träumen ausmalen kann. Er weiß nicht, ob er lachen, weinen, sich in den Staub werfen oder dem Kaiser zum Abschied um den Hals fallen soll. Doch als er in das entwaffnend freundliche Gesicht des jungen Monarchen blickt, nimmt er allen Mut zusammen und ergreift, nicht ohne sich abermals zu verbeugen, die ausgestreckte Hand Josephs. Dann läuft er mit der unglaublichen Botschaft zuerst zu seinem Knecht und anschließend, samt Pferd und Pflug – es war ein Tag an dem gefeiert, nicht gepflügt werden musste – nach Hause zu seiner Frau. Er ist im siebenten Himmel. Welchem Geringen ist je so etwas Wundervolles, so etwas Großes, ja, Großartiges widerfahren? Nur ihm, dem Bauern Trnka aus dem Dorf Slawikowitz. Er würde sich und seine Frau malen lassen, in ihren schönsten Kleidern, und dann würde er damit die Kunde vom pflügenden Kaiser verbreiten und allen, die den Pflug – er würde ihn wie eine Reliquie achtsam und an einem würdigen Ort verwahren – zu sehen wünschen, diesen Beweis der kaiserlichen Huld zeigen, freilich gegen ein kleines Entgelt, das war nicht zu viel verlangt, und jeder würde es gern entrichten.

»Zu wessen Herrschaft gehört ihr?«, fragt der Kaiser, nun in der wieder flott gemachten Kutsche sitzend, zum Fenster hinaus. Er hat sich neben Lacy niedergelassen, man ist im schnellen Trab angefahren, und schon bald haben sie den Bauern eingeholt, der mit seinem Knecht und dem Pferd und dem Pflug nach Hause marschiert.

»Euer kaiserliche Gnaden, wir sind Leibeigene des durchlauchtigsten Fürsten von Liechtenstein«, antwortet Trnka.

Joseph winkt dem Bauern noch ein letztes Mal zu und wendet sich dann an seinen Reisegefährten Lacy. »Ich nehme wohl richtig an, dass die Konskription der Seelen auch diesen Bauern erfassen wird?«

»Und seinen Grundherren in gleicher Weise!«, wirft Lacy ein.

»So ist es recht. Gezählt wird ohne Unterschied des Standes, der Religion oder der Volkszugehörigkeit.«

Man hatte Jahre um die neue Volkszählung gerungen, dann die Details ein ganzes Jahr im Staatsrat debattiert und schließlich am 10. März 1770 die »allgemeine Seelen- und Zugviehbeschreibung sowie die Nummerierung aller Häuser in den Habsburgischen Ländern mit Ausnahme der italienischen und belgischen Provinzen, Tirols und Ungarns« beschlossen.[10] Die Seelenkonskription sollte ein völlig neues System militärischer Rekrutierung ermöglichen, wogegen Kaunitz zu wettern nicht müde wurde. Die als »Kriegspartei« verschrienen Anhänger Lacys und des Kaisers wollten, ganz dem preußischen Muster folgend, auf der Grundlage von Kantonen alle wehrfähigen männlichen Untertanen erfassen. Die daraus rekrutierten Soldaten sollten eine Grundausbildung erhalten, ansonsten aber »beurlaubt« weiter in der Landwirtschaft und in den Manufakturen arbeiten und nur zu jährlichen Übungen eingezogen werden. So würde man einerseits ein gut organisiertes Heer aufbauen können und andererseits die dringend benötigten Arbeitskräfte nicht verlieren. Kaunitz hielt das System für inhuman, meinte, es würde die Gesellschaft militarisieren und die Eigenheiten der habsburgischen Länder untergraben, deren Heere bisher vor allem nach ständischen Traditionen aufgestellt worden waren.

Doch dieses alte System war mitnichten humaner, dafür aber um ein Vielfaches ineffizienter. Das alte Heer samt zusätzlicher Landrekrutenstellung hatte im Siebenjährigen Krieg kläglich versagt. Die anfallsartig zusammengewürfelten, schlecht ausgebildeten und notdürftig ausgerüsteten Bauern – die Landesherrn schickten verständlicherweise nicht ihre besten Untertanen, sondern versuchten Landstreicher und Kleinkriminelle loszuwerden – waren den professionellen preußischen Truppen nicht gewachsen. Denn schon unter dem Soldatenkönig Friedrich Wilhelm I. spielte das stehende Heer eine wichtige Rolle. Überdies deckten die ausgehobenen Truppen nie den Bedarf. Im Siebenjährigen Krieg war die durchschnittliche Heeresgröße von 200 000 Mann nur durch zusätzliche Zwangsrekrutierungen zu erreichen gewesen, doch diese brutale Menschenhatz war dem Volk seit den Zeiten des Dreißigjährigen Krieges in tiefster und schrecklichster Erinnerung. In seinem Memorandum *Si vis pacem, para bellum (Wenn du den Frieden willst, bereite den Krieg)* hatte Joseph darum detailliert dargelegt, dass sich die Stärke des Militärs, entgegen dem Standardargument von Kaunitz, nicht am Zustand der Staatsfinanzen, sondern am

Grad der Bedrohung von außen ermessen solle.[11] Dass sich Landmann und Soldat aneinander gewöhnen sollten, indem auch die Soldaten in normalen städtischen oder dörflichen Quartieren lebten und eben, da sie den Großteil des Jahres beurlaubt wären, am normalen Arbeitsleben teilhätten. Ein militärisches Dienstethos würde so in die Gesellschaft einziehen und für mehr Leistung und Disziplin sorgen, weil der *Soldat* zum *citoyen* und der *paysan* zum *Soldat* werden würde. *Wir wollten, dass der Staat wissen sollte, wie viel er im Nothfall sowohl zu seiner Beschützung alß zur Cultivierung der Erden streitbare und arbeitsame Hände habe*, fasste Joseph seine Bestrebungen zusammen.[12]

Als Grundlage des neuen Rekrutierungssystems – und vieler weiterer Reformen – musste eine Zählung von Seelen und Häusern durchgeführt werden, die diesen Namen auch verdiente. Schließlich war das alte System, bei dem die Grundherren ihre Untergebenen und die Pfarrer ihre Schäfchen bezifferten, so ungenau wie korrupt. Jeder trachtete danach, die Anzahl seiner Seelen auf dem Papier gering zu halten, nicht etwa, um weniger Steuern einzutreiben, aber um weniger Steuern abliefern zu müssen. Außerdem konnte ein Landesherr im Kriegsfall auf diese Weise mehr leibeigene Bauern auf seinen Gütern halten. Doch damit war jetzt Schluss. Lacy hatte dem Staatsrat vorgeschlagen, dass man das Militär zur Zählung der Untertanen ausschicken solle, die Soldaten würden ohne eigene Interessen, dafür einigermaßen gebildet und durch Schreiber und Beamte ergänzt, endlich valide Zahlen liefern. Das war eine Revolution! Eine unmittelbare Umsetzung aufgeklärter Prinzipien, nicht nur, weil Empirie, Statistik und Zahlen von den Aufklärern wie ein goldenes Kalb verehrt und als Wunderwerkzeug angesehen wurden, sondern weil man damit auch der Idee der Gleichheit vor dem Recht – kein Haus, kein Schloss, kein Knecht und kein Fürst sollte ausgelassen werden – nachkommen wollte.

»Überall werden schwarze Nummern – also N1, N2, N3 und so weiter – auf den Hausmauern stehen«, sagt Lacy fast stolz und sichtlich überzeugt, dass sein Vorhaben gelingen werde.[13]

»Was für ein Sieg über die Traditionalisten, die Stände und den Schlendrian«, erwidert Joseph zustimmend.

Der revolutionäre Charakter dieser Seelenkonskription – heute würde man sie wohl disruptiv nennen – wird schließlich der Ausgangspunkt für eine ganze Reihe von Reformen sein. Ohne sie und die 1763 begonnene kartografische Aufnahme der Länder[14] schien eine effiziente Verwaltung und ein einheitlicher Staat gar nicht mehr denkbar.

Olschan – Erinnerungen an den Krieg

Sie nehmen für vier Tage in Olschan, einem kleinen Ort im Drahaner Bergland, Quartier, das zur liechtensteinischen Herrschaft Posorschitz gehört. Dort gibt es ein Feldlager, das noch im Siebenjährigen Krieg wichtiger Standort der Truppen gewesen war, jetzt aber nur wenigen Soldaten als Unterkunft dient. Joseph fühlt sich hier wohl. Er ist nicht nur seit seiner Kindheit allem Militärischen zugetan, Maria Theresia hatte ihm auch gleich zu Anfang ihrer gemeinsamen Regentschaft und nach dem plötzlichen Tod des Feldmarschalls Leopold Graf von Daun alle militärischen Fragen übertragen. *Er wird mehr mit ihm* [dem Heer] *zu tun und zu leben haben als ich. Er kann also selbst jeden Chef auswählen, den er will. Wenn er mich zu Rate zieht, sehe ich nur Lacy*, schrieb sie damals an ihren Vertrauten, den Grafen Silva-Tarouca.[15] In diesem seltenen Fall waren Joseph und seine Mutter einer Meinung gewesen. Lacy wurde somit Hofkriegsratspräsident und folglich höchster Beamter für alle Militärangelegenheiten.

Josephs Liebe zum Militär, das war nicht schwierig zu verstehen, entsprang auch der Tatsache, dass er sich in diesem Bereich ungehinderter entfalten konnte als in den anderen Departements der Politik, doch dass er das Militärische für das *einzige Wichtige für den Staat,* hielt, wie sein Bruder Leopold einmal missgünstig anmerkte, wurde seinen umfassenden Reformbestrebungen bei Weitem nicht gerecht. Zudem war das Militär im ausgehenden 18. Jahrhundert von geradezu überlebensgroßer Wichtigkeit.

Als Joseph 1741 das Licht der Welt erblickte, stand Österreich im Krieg. Friedrich II. war, kurz nachdem er und Maria Theresia auf den Thron gekommen waren, mitten im Winter 1740 überfallsartig und entgegen allen Gepflogenheiten in Schlesien einmarschiert und hatte damit die Schlesischen Kriege vom Zaun gebrochen. Einer der überraschendsten und schockierendsten Schachzüge frühneuzeitlicher Geschichte.[16] Als dann Joseph mit sechs Jahren sein eigenes Regiment bekam, war das zum Österreichischen Erbfolgekrieg ausgeweitete europäische Kräftemessen immer noch nicht vorüber und Schlesien weiterhin in der Hand der Preußen. Das hart umkämpfte, mit begehrten Reichtümern gesegnete Land blieb auch im Siebenjährigen Krieg, der nach acht Jahren des Friedens über Europa und die Welt hereinbrach, verloren. Und Friedrich, der diesen Krieg ebenfalls begonnen, aber nicht allein verschuldet hatte, blieb dadurch Maria Theresias Erzfeind.

Joseph war nun kein Kind mehr, vielmehr 1756, zu Beginn des Siebenjährigen Krieges, ein jugendlicher Heißsporn von fünfzehn Jahren, der die Schlachten auf einer Generalstabskarte nachspielte, jede Nachricht über deren Verlauf förmlich körperlich miterlebte und sich genaue Kenntnisse von den verschiedenen Kriegsschauplätzen verschaffte. Mit seinem Wissen verblüffte er ausländische Gesandte. Geografie war eines seiner Lieblingsfächer, Landkarten seine ganze Leidenschaft. 1763, als auch dieser Krieg endete, war er ein junger Mann. Und ein Jahr nach dem Frieden von Hubertusburg, der die Grenzen Österreichs, Preußens und Sachsens wieder dort zog, wo sie vor dem Krieg gewesen waren – nur dass Österreich in sechs Kriegsjahren eine halbe Million Gefallene zu beklagen und Preußen noch mehr Menschen auf dem Schlachtfeld geopfert hatte –, sollte Joseph zum römischen König gewählt und noch ein Jahr später als römisch-deutscher Kaiser und Mitregent seiner Mutter Regierungsverantwortung übernommen haben. Sowohl in den langen Kriegs- als auch den kurzen Friedenszeiten war Friedrich der Große als genialer Heerführer, als aufgeklärtester Monarch Europas, als der *roi philosophe* in Josephs Leben präsent gewesen wie kein anderer. Trotz aller Aggressionen gegen Österreich war er zu einer Art Paradigma, Richtschnur, Spiegel für Josephs eigenes Handeln geworden. Im 18. Jahrhundert führte die Gegnerschaft im Krieg nicht unbedingt dazu, dem Gegner keinen Respekt zu zollen.

Neisse – Eine Umarmung durchbricht die Etikette

Am 24. August gegen Mitternacht fahren die Kutschen des Grafen Falkenstein in das kleine Städtchen Neisse ein. Man nimmt im ersten Gasthof der Stadt Quartier. Dann, am anderen Morgen, findet das große Treffen statt. *Ich kam direkt im Quartier des Königs an*, wird Joseph später in seinem euphorischen Brief an die Mutter schreiben, *wo es viele Offiziere gab. Er kam einige Schritte die Treppe herunter, ich umarmte ihn ebenso wie Prinz Heinrich und den Kronprinzen von Preußen.*[17] Es war geschafft, sie waren aufeinander zugegangen und hatten sich, ganz unkompliziert und so wie bloß unter Verwandten zulässig, einfach umarmt. Keine Etikette! Keine Komplikationen! Einfach zwei Menschen!

»Eure kaiserliche Majestät, mein Bruder, kommen direkt aus Rom?«, hebt Friedrich an.[18]

»Aus Mailand, der Aufenthalt in Rom ist schon eine Weile her«, stellt Joseph richtig.

»Wie ich Euch beneide! Rom! Die Antike! Die römischen Feldherren, Mark Aurel …« Friedrich gerät sofort ins Schwärmen. Er brilliert schon in diesen ersten Minuten, gibt sich wortgewaltig, weltgewandt, gebildet. Wahrlich ein *roi philosophe*.

Joseph verfällt ihm sofort. Endlich hat er einen Gesprächspartner gefunden, der seiner Neugier, seiner Ungeduld, seiner andauernden Wissbegierde standhält und ihn mit seiner Lebendigkeit trotz des großen Altersunterschieds – Friedrich ist bereits siebenundfünfzig und damit fünf Jahre älter als seine Mutter – fast noch übertrifft. *Ich fragte ihn über alle Arten von Dingen aus*, gesteht er Maria Theresia, und dass sie mindestens sechzehn Stunden am Tag miteinander gesprochen hätten.[19]

Friedrichs anfänglicher Blick auf Joseph war von Vorurteilen verstellt, die er dem preußischen Gesandten Graf Podewils zu verdanken hatte. Dieser hatte Ende der 1740er-Jahre einen detaillierten und wenig schmeichelhaften Bericht über den damals sechsjährigen Thronfolger verfasst, ihn als starrsinnig und stumpf beschrieben. Er würde sich beispielsweise lieber einsperren lassen, als um Verzeihung zu bitten. Zum Lernen habe er wenig Lust. Es würde ein mühseliges Unterfangen werden, ihm auch nur die wichtigsten Dinge beizubringen.

Auch Kinder werden einmal erwachsen, dachte Friedrich, der sich einem wachen, wissbegierigen und charmanten Kaiser gegenübersah. Podewils hatte als Begründung die übertriebene Zärtlichkeit von Josephs Eltern angeführt und den Schluss daraus gezogen, so würde kein großer Herrscher aus ihm werden.[20] Doch so konnte nur argumentieren, wer Friedrichs Erziehung als pädagogisch zielführend erachtete. Sie war das glatte Gegenteil von Josephs – nach den Maßstäben der damaligen Fürstenerziehung – glücklicher Kindheit und Jugend. Friedrichs Vater, der Soldatenkönig, hatte seinen Sohn systematisch verprügelt und, was für Friedrich noch viel schwerer wog, ihn, seinen Thronfolger, immer wieder öffentlich bloßgestellt, ihn gedemütigt und seinen angeblich durch die Mutter verzärtelten Charakter zu brechen versucht.

Nicht wegen, sondern trotz (was Podewils ganz offensichtlich verwechselte) dieser brutalen Erziehung wurde aus Friedrich ein willensstarker, aber auch eisenharter König. Seitdem er nach seinem Fluchtversuch mit Hans Hermann von Katte in der Festung Küstrin interniert worden war (und sogar die Hinrichtung seines Freundes hatte miterleben müssen), nahm er sich vor, fortan den folgsamen Sohn zu mimen. Er hatte seinem Vater keine Angriffsfläche mehr geboten und sich auf Schloss Rheinsberg jung, wenn auch nur zum Schein, vermählt, sein Intellektuellenleben geführt, mit Voltaire korrespondiert, den *Antimachiavel* geschrieben und den bekanntesten Aufklärer der Zeit sogar zu sich gelockt. Und dann war der Soldatenkönig gestorben, und Friedrich lebte auf, entfaltete seine Talente und das Wissen, das er in seinen höchst widersprüchlichen Lehrjahren gesammelt hatte, um zu einem der bedeutendsten Monarchen seiner Epoche zu werden.

Nach der wohl kalkulierten, sofort in die Welt hinausposaunten Begrüßungsszene der beiden Monarchen war man gemeinsam die Treppe des bischöflichen Palais' (Friedrichs Quartier) hinaufgegangen, und Friedrich hatte seinen Gast zu einem Gespräch unter vier Augen in einen der Salons gebeten. *Nachdem er mich zuerst seiner aufrichtigen und festen Verbindung versichert hat, setzte er sich und trat mit mir in ein Gespräch ein, bei dem ich Punkt für Punkt auf meine Instruktionen einging.*[21]

Also erstens, dass Österreich keinerlei Ansprüche auf Schlesien mehr erheben würde. Darauf, dazu braucht es nicht viel Vorstellungskraft, hatte Friedrich befriedigt geschwiegen.

Dass man in Wien zweitens die russische Dominanz in Polen mit Sorge betrachte. Eine vage Geste Friedrichs, schließlich war sein Bündnis mit Katharina der Großen, das 1764 geschlossen worden war und in Kürze zur Erneuerung anstand, die zentrale Säule seiner Außenpolitik. Doch nun ja, die Sorge habe auch ihn erfasst, deshalb wolle er ja mit dem jungen Kaiser verhandeln.

Dass es ihm als Kaiser und Mitregent seiner Mutter drittens darum gehe, den Frieden zu erhalten. Wer wollte da nicht freudig zustimmen. Beide Länder leckten noch immer ihre Wunden, die der Siebenjährige Krieg geschlagen hatte. Friedrich gab mittlerweile den vollendeten Pazifisten, im November desselben Jahres würde er seufzend an Voltaire schreiben: *Ich möchte nichts weiter, als dass Europa Frieden hat und jedermann zufrieden ist.*[22]

Das Thema der bayerischen Erbfolge und eine mögliche Rückeroberung Belgrads erwähnte Joseph nicht.[23] Er konnte den Blick auf die Stadt vom Ufer der Donau aus nicht vergessen, als er vor einem Jahr auf seiner Banat-Reise an der Grenze zum Osmanischen Reich gestanden hatte. Wer weiß, vielleicht würde sich einmal die Möglichkeit bieten, die Türken ganz aus Europa zu vertreiben. Und die bayerische Frage? Die sollte ihn noch viele Jahre beschäftigen, ja, zum eigentlichen Kern seiner Außenpolitik avancieren. Auch dafür also war die Zeit noch nicht reif.

Nach dieser ersten Unterredung begibt man sich in größerer Runde zum Mittagessen, das nahezu drei Stunden dauert und bei dem der König die Fastenspeisen, die er, weil Freitag ist, dem katholischen Kaiser zuliebe hat auftischen lassen, kostet. Er wolle, wie er etwas maliziös anmerkt, ausprobieren, wie man vermittels seines Magens zu größerem Seelenheil käme.

»Mein Freund, Ihr frevelt …«, sagt Joseph gespielt empört, während Friedrich mit ironischem Zug um den Mund sich vom gespickten Kapaun servieren lässt.

»Hochkirch, mein lieber Lacy«, hebt Friedrich daraufhin an, indem er sich von Joseph weg- und dessen Hofkriegspräsident zuwendet.[24] »Ihr wart der strategische Kopf hinter dem Angriff, bin ich richtig informiert?«[25]

»Eure königliche Majestät.« Lacy versucht den österreichischen Sieg herunterzuspielen. Aber es stimme schon! Von ihm, Lacy, stamme die Taktik für die unter dem Oberbefehl Feldmarschall Dauns stehende Schlacht bei Hochkirch am 14. Oktober 1758.

Die Schlacht war das zweite von den Österreichern gewonnene Gefecht des Siebenjährigen Krieges. Friedrich hatte sein Lager entgegen allen Warnungen direkt zwischen dem der Österreicher und dem Magazindepot Görlitz, also riskant nahe am Feind, aufgeschlagen. Er rechnete nicht damit, dass »die dicke Exzellenz«, wie Daun abschätzig genannt wurde, einen Überraschungsangriff auf ihn und seine Truppen wagen würde. Außerdem war ein von den Österreichern gewendeter preußischer Spion im Lager bei Friedrich erschienen, um genau dies zu bekräftigen.[26] Doch Lacy hatte sich mit einem großen Teil der Truppe bei Nacht und Nebel davongestohlen, um im Morgengrauen in Sternformation Friedrichs Truppen anzugreifen und vernichtend zu schlagen.

»Der eigentliche Fehler, lieber Freund«, so Friedrich weiter, »war, dass Ihr Eure Offensive gegen mich nie entschlossen zu Ende bringen hattet wollen. Ihr hättet mich«, setzt er leise, aber bestimmt hinzu, »vernichten können.«

Lacy weiß genau, welche Chance nach der Schlacht bei Hochkirch und insbesondere nach dem Sieg bei Kunersdorf verspielt worden war. Doch er verneint höflich. Der König sei noch immer der größte Feldherr weit und breit, das hätte die für Preußen vernichtende Niederlage bei Kunersdorf bewiesen, aus der sich der König in kürzester Zeit zu retten vermocht hatte.

Friedrich wehrt ab und lässt seine Gedanken schweifen. Kunersdorf war schließlich sein Fanal gewesen, aus der zutiefst schrecklich empfundenen Katastrophe heraus hat er damals ausgerufen: *Alles ist verloren. Adieu für immer.* Doch am Ende, nach dem Wunder von Brandenburg, wie Friedrich es nennt – in Wirklichkeit hatten sich die Österreicher einfach nur nicht entschließen können, ihn zu jagen –, und dem Austritt der Russen aus dem Krieg, hatte er sich tatsächlich wacker geschlagen, sein Territorium gerettet und sich als nie mehr zu unterschätzende Größe im europäischen Konzert der Mächtigen etabliert. Jetzt geht ein kaum merkliches Lächeln über sein von den Strapazen des Krieges früh gealtertes Gesicht.

»Zaudern ist meine Sache nicht. Mein Schutzschild ist die Standhaftigkeit.«[27]

»Sire, in Eurem *Antimachiavel* verteidigt Ihr den Präventivkrieg, ja, Ihr bezeichnet ihn sogar als Pflicht, wenn er den Interessen des Volkes entspricht«, hebt nun der Kaiser an. »Aber war ein Präventivkrieg im Fall von Schlesien wirklich zu rechtfertigen?«

»Ach, mein *Antimachiavel*!«, ruft der König abschätzig aus. *»Ich schreibe, um mich zu bilden und um mich zu unterhalten; das genügt mir. Andere Leute haben das veröffentlicht.«*[28]

»Voltaire!«

»Leset, mein lieber Bruder, lieber meine Geschichte Brandenburgs.«

Mit der Anrede »Bruder« betont Friedrich die Gleichrangigkeit zwischen zwei souveränen Fürsten oder doch wenigstens die geringen Rangunterschiede, schließlich kann Friedrich bei allem freundschaftlichen Verzicht auf Etikette und Zeremoniell nicht umhin anzuerkennen, dass der Kaiser, wenn auch jugendlich, so doch über dem König steht.

»Ist nicht die Geschichte die Schule der Fürsten?«, schlussfolgert ohne die Antwort seines Gegenübers abzuwarten der König. Fast sein ganzes Leben lang hat er an diversen historischen Darstellungen seines Landes und seiner Regierungszeit gearbeitet und mehrere Bücher herausgebracht. Seine historischen Abhandlungen würden sich als ungleich bedeutender erweisen als seine philosophischen Werke.[29]

»Indem die Geschichte über die Toten ihr Urteil spricht, richtet sie auch die Lebenden. Die Schande, die sie den Schlüsselfiguren in der Vergangenheit anhängt, vermittelt den Lebenden eine Lehre der Tugend.«[30]

Alle hören gespannt zu. Friedrichs ausgeprägtes historisches Interesse ist ungewöhnlich, und Joseph, zu dessen Lieblingsfächern neben

Geografie Geschichte zählte, kann seinem Gegenüber nur zustimmen. Wieder haben sie eine Gemeinsamkeit gefunden.

»Mein Bruder, Ihr habt ein großes und vor allem ein altes Reich geerbt«, sagt der König zum Abschluss des Mittagessens. *»Selbst die Insekten hat man mit einer mehrbändigen Studie gewürdigt, nur mein Haus nicht. Ich musste die staatliche Existenz Preußens also erst in der Geschichte verankern.«*[31]

Welch ein Feuerwerk aufgeklärter Geistesgegenwart

Nach dieser Tour d'Horizon voll geistigem Esprit und entwaffnender Offenheit begleitete Friedrich den Kaiser in sein Quartier, das alte Gasthaus, nur um sich dort abermals mit ihm hinzusetzen und weitere drei Stunden zu reden. Er schien Vertrauen zu dem jungen, aufmerksamen Fürsten gefasst zu haben. *Er hat mir erzählt*, schrieb Joseph in einem langen Bericht an Maria Theresia, *wie er sich bemühe, jene Gegenden, die durch den Krieg von Menschen entblößt worden, neu zu bevölkern, wie er sich bemühe, den Handel blühend zu gestalten, wie er tatsächlich in Schlesien eine »Gesellschaft« (société) wolle und aus seinen eigenen Mitteln Geld hergebe, damit der Adel die im letzten Kriege contrahierten Schulden bezahlen könne, wie er, diese Arrangements zu fördern, in den Landen herumreise.*

So sind sie bei den Reformen angekommen, Josephs Lieblingsthema. Welche Reform, will der Kaiser wissen, wäre nach Ansicht des Königs die wichtigste für einen aufgeklärten Monarchen?

»Das ist schwierig«, sagt Friedrich abwägend, auf jeden Fall liege ihm die Justizreform sehr am Herzen, weshalb er gleich zu Beginn seiner Amtszeit die Folter abgeschafft habe. Nach allen Schikanen, die der Preußenkönig in seiner Kindheit erlitten hatte und die mit Foltermethoden einiges gemein hatten, wusste er nur allzu gut, wie grausam und oft unwirksam Folter als Mittel der Wahrheitsfindung war. *Lieber sollten zwanzig Schuldige freigesprochen, als ein Unschuldiger geopfert werden*, wurde darum zur Maxime seiner Justizreform.

»Abschaffung der Zensur … Toleranz … Ihr kennt das alles zu Genüge, Sire. Was sollte ich Euch nur an Ratschlägen erteilen?«, versucht sich der König bescheiden zu geben.

Joseph lässt nicht locker, zu wichtig erscheinen ihm die friderizianischen Reformen, zu drängend die Probleme der Zeit. Vor allem der Dreiklang Schulreform, Landwirtschaft und Bauernbefreiung. Friedrich hat unzählige Schulen bauen lassen, vor allem auf dem Land, damit das Volk Lesen und Schreiben lernen und so dem Staat besser dienen kann. Und dann natürlich die Reformen in der Landwirtschaft.

»Die Kartoffel …«, versucht Joseph von Neuem.

Friedrich schüttelt den Kopf. »Dass eine derart sinnvolle Maßnahme so viel Überzeugung nötig hat!«

Tatsächlich hatte der Preußenkönig den ersten Kartoffelbefehl schon 1746 erlassen, ohne dass sich die Feldfrucht durchgesetzt hätte, die nun wirklich das Potenzial barg, den Hunger zu beenden. Nach dem Siebenjährigen Krieg musste der Befehl erneuert werden, und Friedrich war selbst durch das Land gepilgert, um für diese seine Idee zu werben.

»Und wie haltet Ihr es, Sire, mit der Leibeigenschaft?«, will Joseph noch wissen.

Die Befreiung der Bauern vom harten Los der Leibeigenschaft, von Frondienst und grundherrschaftlicher Willkür war ein weiterer Topos aufgeklärter Politik, der markanteste vielleicht, denn die traditionell feudal, also herrschaftlich organisierte Landwirtschaft, bei der die Bauern in unterschiedlich starkem Ausmaß von ihrem Gutsherrn abhängig waren, war zunehmend anachronistisch geworden. Die Epoche der frei verfügbaren Lohnarbeit in einer kapitalistischen Marktwirtschaft warf ihren Schatten voraus. Doch der Grad der Abhängigkeit der Bauern war in Europa, ja, selbst im Habsburgerreich höchst verschieden. So gab es in den Alpentälern mehrheitlich freie Bauern, während es in Böhmen, Ungarn oder Preußen hingegen den adeligen Landeigentümern gelungen war, die bäuerliche Bevölkerung in die sogenannte zweite Leibeigenschaft zu zwingen.

»Hat nicht bereits Voltaire gesagt«, ergänzt Joseph, »dass ein glücklicher Staat derjenige sei, in dem der Adel sich in den Dienst des Staates stellt?«[32]

Was die Leibeigenschaft betraf, so kreisten Josephs Vorstellungen um eine Entmachtung des grundbesitzenden Adels, denn er war der festen Überzeugung, dass nur aus befreiten Bauern tüchtige Untertanen würden, dass nur der, der sein eigenes Feld bestellt, Interesse an höheren Erträgen haben könne. Davon waren die tonangebenden Physiokraten überzeugt, die in der Landwirtschaft die wichtigste, wenn nicht einzige Grundlage allen Reichtums sahen.

»Sire haben Voltaire gelesen«, bemerkt Friedrich und versucht vom Thema Leibeigenschaft abzulenken. Er hatte so viel darüber nachgedacht. Die Unterwerfung des Landadels unter die Zentralgewalt des Königs, ein epochaler Prozess, hatte schon sein Großvater ausgefochten. Er musste *bien au contraire* nun den Adel stärken, denn seine Offiziere stammten im Unterschied zu denen der Österreicher fast ausschließlich aus der Aristokratie. Außerdem waren die preußischen Junker durch die Kriege derart verarmt, dass viele ihre Ländereien verkaufen mussten. Friedrichs Wertschätzung für den Adel und sein Respekt für dessen besonderen Status als den Staat stützende Gesellschaftsgruppe war darum trotz seiner aufgeklärten Überzeugung zu einem entscheidenden Kennzeichen seiner Herrschaft geworden.

»Die Leibeigenschaft abzuschaffen ist brandgefährlich. Ich habe es versucht«, fügt er doch noch abwägend hinzu.

»Das würde mich nicht schrecken, schließlich muss die Macht des Adels gebrochen werden, das zähle ich zu meinen größten Aufgaben«, erklärt Joseph.

Friedrich nickt nachdenklich und verfällt in ein längeres Schweigen. Im Prinzip ist auch er ein energischer Gegner der Leibeigenschaft, doch er hat nun einmal die Erfahrung gemacht – das war unmittelbar nach dem Siebenjährigen Krieg in Pommern –, welche Sprengkraft in der Abschaffung dieser jahrhundertealten Herrschafts- und Eigentumsrechte liegt. Seither ist er überzeugt, dass dadurch das ganze Sozialsystem bis in seinen Grundfesten erschüttert werden würde.

»Man kann gegen die Elite nicht regieren«, sagt zum Abschluss ein sehr ernst gewordener Friedrich, so als hätte er in die Zukunft geblickt, die großen tumultartigen Umbrüche gesehen, die die Epoche dieser beiden aufgeklärten Herrscher beenden würde. »Wäre ich bloß Philosoph und nicht auch König, sähe die Sache anders aus.«[33]

»Genauso wenig sollte man gegen das Volk regieren«, antwortet Joseph.

Man konnte nicht umhin, in den unterschiedlichen Positionen auch den Generationsabstand zu spüren. Im Endeffekt würden sie beide Recht behalten. Noch in Josephs Regierungszeit würde es zu Revolten sowohl gegen die herrschende Elite als auch von der Elite gegen den Kaiser kommen.

Neustadt – Der Gegenbesuch nur ein Jahr später

Während Joseph auf seinem Rückweg nach Wien im böhmischen Königgrätz den Manövern seiner eigenen Truppen beiwohnte, ging er noch einmal alle Einzelheiten des Treffens mit Friedrich durch. Man war einander nähergekommen. Und man hatte sich auf einen Neutralitätspakt England und Frankreich gegenüber geeinigt, also darauf, dass man, falls die beiden Überseemächte wie im Siebenjährigen Krieg wieder gegeneinander zu Felde zögen, nicht eingreifen würde. Auch hatte man über die Gefährlichkeit Russlands und den Ehrgeiz der Zarin gesprochen und – sehr allgemein – die unterschiedlichen Standpunkte zu Polen ausgetauscht. Außerdem hatte man ganz generell den Frieden beschworen. Eigentlich ein gutes Ergebnis. In einem Brief an

Maria Theresia erinnerte sich Joseph an die Parade, die Friedrich ihm zu Ehren zum Abschluss abhalten hatte lassen. *Um sieben Uhr stieg ich aufs Pferd, um den König zu finden. Er war schon ausgegangen. Ich folgte ihm, und er führte uns zuerst zur Kavallerie, dann zur Entfaltung der Infanterie.*[34] Joseph hatte nicht ohne Neid auf Friedrichs Truppen geblickt. So geordnet, solche Formationen, so viel Disziplin!

Über die morgendliche Wiese bei Königgrätz schallen die Befehle. Die Attacke! Das Donnern vieler Pferdehufe, der herrliche Klang der Kavallerie! Die Farben der Uniformen! Die im Wind flatternden Fahnen der Regimenter! In Friedenszeiten sind Manöver etwas Erhebendes, denkt Joseph.

Bei all seinem Interesse für Militärfragen hatte er noch nie in einer echten Schlacht gestanden, noch nie hatte er gehört, wie das Pfeifen und Trommeln wirkte, wenn es nicht einer Übung, sondern einem wirklichen Angriff vorausging und die Angst übertünchen sollte, die in den Gliedern aller steckte. Wenn die Husaren mit ihren Degen nach vorn preschten, todesmutig auch sie. Vor allem aber der Kampf Mann gegen Mann, der so viel Willen, so viel Tapferkeit, so viel Ergebenheit verlangte. Von alldem hatte ihm Lacy erzählt, als sie einander kennengelernt hatten, damals, während des Siebenjährigen Krieges, als er noch ein Knabe war. Damals hatte Lacy auch berichtet, wie oft die einfachen Soldaten auf beiden Seiten desertierten und dass man die Mannschaften zeitweise nur durch drakonische Prügelstrafen zusammenzuhalten vermochte. Für sie war der Gewinn, sich gegen einen Feind zu werfen, der meist gar nicht der ihre war, nicht ersichtlich. Und Friedrich war, das war gemeinhin bekannt, im Umgang mit unwilligen, desertierenden Soldaten wenig zimperlich. Wie gut, dass sie sich nun auf Frieden verständigt hatten, so musste man über all die Schrecknisse nicht weiter nachsinnen.

Ich glaube, dass er den Frieden erhalten will, aber nicht aus Liebe, sondern weil er sieht, dass er den Krieg nicht mehr mit Vorteil führen kann, notierte Joseph an Maria Theresia, und immer wieder beteuerte er: *Dieser Mann ist ein Genie. Er spricht bemerkenswert gut, doch jeder Satz verbirgt eine List.*[35]

Auch Friedrich schien angetan, er lobte den lebhaften Geist, das liebenswürdige, gewinnende Wesen des Kaisers und anerkannte, dass er *einen guten Sinn für das Militär besaß*. Andererseits schrieb Friedrich vertraulich einem seiner Minister, der junge Kaiser sei von Ehrgeiz zerfressen, wenn er seine Alleinregierung antreten werde, werde *Europa in Flammen stehen.*[36] Derjenige, der die beiden »friedliebenden«, im Zweifelsfall jedoch zu jeglichem Kriegsakt bereiten Machtpolitiker am besten einschätzte, war indes Josephs Schwager Albert von Sachsen-Teschen, der beim Treffen in Neisse anwesend war: *Nach vielen Umarmungen und Versicherungen der Freundschaft haben sie sich bei sich gesagt, es ist durchaus möglich, dass wir einander doch noch beim Kragen fassen.*[37]

Immerhin: Friedrich behielt seine Sympathie dem aufgeklärten Habsburger gegenüber noch eine Weile lang bei, man wollte sich erneut treffen, um die Bande der geknüpften Freundschaft auf Zeit zu erneuern, schließlich stand die Welt nicht still. Ein neuerlicher Russisch-Türkischer Krieg, die ungelöste Polenfrage, all das waren Chancen und Gefahren für die europäische Machtpolitik. Und so notierte Friedrich vor Antritt seines Gegenbesuchs im mährischen Städtchen Neustadt im August 1770 an Voltaire: *Ich breche nach Schlesien auf und werde mit dem Kaiser zusammentreffen, der mich in sein mährisches Feldlager eingeladen hat, und zwar nicht, um uns wie vorzeiten zu schlagen, sondern auf dass wir als gute Nachbarn leben. Dieser Fürst ist liebenswert und wahrhaft verdienstvoll. Er schätzt Ihre Werke und liest darin, sooft er kann; er ist nicht im Geringsten abergläubisch. Er ist somit ein Kaiser, wie wir ihn in ganz Deutschland seit Langem nicht hatten.*[38]

»Wie wir ihn in ganz Deutschland seit Langem nicht hatten!« Das waren Worte! Aus dem Mund des großen Rivalen, Maria Theresias Widersacher, ja, Erzfeind!

Nach einigen Tagen intensiver Verhandlungen, die vor allem Kaunitz mit dem König führte (welche Überheblichkeit, die Ergebnisse waren um nichts besser als im Jahr zuvor, als der Kaiser selbst mit dem König rang!), gingen die Manöver wie im Jahr zuvor in Koniggrätz los. Dieses Mal, das verlangte die Logik des Gegenbesuchs, versuchten die österreichischen Truppen den König mit ihren exakt eingeübten Formationen, ihren blitzenden Waffen, ihren Uniformen und elegant ausgeführten Attacken, mit ihrem ganzen Kriegsballett zu beeindrucken. Und Friedrich, der zur besonderen Ehre der Österreicher mit seinem Gefolge in weißen österreichischen Uniformen erschienen war, lobte höflich, vielleicht auch aufrichtig, was er sah. Von den ungarischen Grenadieren sagte er sogar, *sie glichen den Söhnen des Mars.*[39]

Doch dann, am zweiten Manövertag, ging ein geradezu infernalisches Unwetter über dem Lager nieder. Der Sturm verwüstete die Zelte, wirbelte die Unterstände der Pferde, ihr Stroh, sogar Küchenkessel durcheinander. Die Brücke über die March stürzte ein, und die Wege verwandelten sich in Schlammpisten. Das Wetter wütete so verheerend, dass die Manöver abgebrochen und die hohen Herrschaften durchnässt nach Neustadt befördert werden mussten. Friedrich den Großen hatte es derart schlimm erwischt – man hatte ihn nicht mit der nötigen Garderobe für derlei Unbill ausgestattet –, dass er mehrere Stunden in seinen Mantel gehüllt vor einem Küchenfeuer zubringen hatte müssen, um keinen gesundheitlichen Schaden davonzutragen.[40] Dann reiste er samt Gefolge nach Sanssouci ab.

Mitte August kam es für gewöhnlich zu Wettereinbrüchen, aber so heftig, so desaströs? Und dazu die Gerüchte! In Prag, so wurde hinter vorgehaltener Hand gemunkelt, schnellten seit Monaten die Brotpreise in die Höhe, es gebe nicht genug Getreide, und die ersten Menschen würden hungern. Schon seit vergangenem Sommer waren Berichte über die besorgniserregende Lage beim Kaiser eingetroffen, jetzt versuchten er und sein Gefolge Näheres zu erfahren, allen voran schienen die Bauern ob der extremen Wetterverhältnisse nervös zu sein. Für sie ging es nicht darum, ob eine Hungersnot kommt, sie fragten sich bloß, wann es wieder so weit wäre.[41]

»Das Wetter hält uns zum Narren, Eure kaiserliche Majestät«, beklagte sich einer der Bauern, den man am Weg von Neustadt nach Prag befragte. Das fügte sich gut ins Bild der klimatischen Extreme: Der verregnete kühle Sommer 1769 hatte die Ernte verzögert und das Getreide auf den Feldern auswachsen lassen. Der Wein, den die Trauben des Herbstes ergaben, war sauer und unbekömmlich geworden. Auch der Winter war unbeständig, regnerisch und viel zu nass gewesen. Die Felder und Wiesen hatten noch im Februar 1770 unter Wasser gestanden, der Großteil der Wintersaat war daraufhin auf den Äckern verfault. Während aber die normalerweise kalten Monate insgesamt zu warm waren, war der Frost des Jahres 1770 zu spät eingetroffen. In Prag war noch Ende April Schnee gefallen. Eine kurze Schönwetterperiode hatte die Getreideaussaat zumindest ermöglicht, nur um von der einsetzenden Dürre auf halbem Wege wieder beendet zu werden. Der schließlich einsetzende Regen hatte die Ernte vielfach zerstört. Schon im Juli hatte es Überschwemmungen in Mähren gegeben, und dann trat wegen des Unwetters am 5. August bei Mährisch Neustadt die March über die Ufer und hatte die österreichischen Manöver buchstäblich ins Wasser fallen lassen.[42] Das waren schlimme, beängstigende Vorzeichen!

Was, wenn sich die Gerüchte über den Hunger bewahrheiteten? Was, wenn es auch diesen Herbst und Winter so nass bleiben würde? Nur die Grundherren und geistlichen Würdenträger hatten Reserven für Zeiten der Not, ansonsten kam der Hunger in schicksalshaften Wellen über das Land und seine Menschen. Diejenigen – und das waren die meisten –, die von der Hand in den Mund lebten, die nie mehr als das Nötigste erwirtschafteten, die Tag für Tag um ihre nackte Existenz kämpften, wurden stets mit aller Härte getroffen.

Ach, seufzt Joseph, dessen Blick aus der Kutsche in die Natur schweift. Was für ein schönes Land! Die sanften Hügel, die mäandernden Flussläufe, an deren Ufern Weiden und Pappeln stehen. Wiesen und kleine Dörfer, Pferdefuhrwerke und Bauersleute, die das vom Unwetter nass gewordene Heu wieder ausbreiten in der Hoffnung, dass kein Regen sie mehr zum Narren halten wird.

Als hätte es nicht schon genug Bitternis gegeben! Josephs Gedanken wandern von den Sorgen der Bauern zu einem ganz persönlichen Schicksalsschlag. Es war am 23. Januar gewesen, als seine Tochter Maria Theresia dem pneumonischen Fieber erlegen war. Die Ärzte hatten sie nicht retten können, keiner von all jenen, die er herbeigerufen hatte. Kein Priester, kein Flehen zum Himmel, keine Fürsprache, keine Gebete hatten geholfen, nicht mal die der Kaiserin-Königin, der Großmutter seines engelhaften Töchterchens, konnten die Lungenentzündung stoppen. Am Ende hatte er sich selbst um sie gekümmert. Sie hatte jegliche andere Pflege verweigert, nur er, ihr Vater, hatte ihr Heilmittel verabreichen und ihr etwas zu trinken einflößen können. Ganze drei Wochen hatte er deshalb neben seinen Regierungsgeschäften Dienst am Krankenbett getan. *Ich habe aufgehört, Vater zu sein, das ist mehr, als ich zu ertragen vermag. Trotz meiner Ergebung kann ich mich nicht abhalten, jeden Augenblick zu sagen und zu denken: Gott gib mir meine Tochter wieder, gib sie mir zurück! Ich höre ihre Stimme, sehe sie vor mir …*, schrieb er in tiefer Verzweiflung.[43]

Jetzt, nachdem auch dieser geliebte Mensch ihm genommen worden war, blieb er gänzlich allein. Nie mehr würde er, heimgekehrt von seinen Reisen, die Treppen zu den Gemächern seiner Tochter hinaufeilen und die Marquise d'Herzelle beknien, dass sie ihn, trotz später Stunde, doch noch an Maria Theresias Bett ließ. Er hatte die ehemalige Kinderfrau seiner Schwester Maria Elisabeth aus den Niederlanden zurück nach Wien geholt, weil er sie für eine der wenigen fähigen Erzieherinnen hielt und seine Tochter als Halbwaise einer besonderen

Aufmerksamkeit bedurfte. Nie mehr würde er von der Marquise in schnellem Rapport erfahren, wie es seiner Tochter während seiner Abwesenheit ergangen sei, was sie alles gelernt habe und ob sie seinen kleinen Engel glücklich und zufrieden wisse.

Wie ihm das Herz aufgegangen war! Alle Sehnsucht, alles Warten, alle Herausforderungen und alle Arbeit, die die Reisen mit sich brachten, waren im Wiedersehen mit seiner kleinen Tochter vergessen. Die Stunden mit ihr brachten Erholung, waren Freude und reines Wonnesein. Sie, die ihrer Mutter immer ähnlicher wurde, hatte ihrem Vater ein Gefühl doppelten Glücks gegeben. Ihr und durch sie auch ihrer verstorbenen Mutter hatte er so nahe sein können. Welch kostbare Augenblicke, das hatte er stets gedacht, während er ihre Puppen bewunderte und ihre Schreibkünste lobte. Manchmal hatte er ihr kleine Geschenke mitgebracht, aus fernen Reichsgegenden, Dinge, mit denen die dortigen Kinder spielten. Er hatte sie auf die Knie genommen, weil sie reiten lernen wollte. Ihren Kammerfräuleins hatte dieses Spiel regelmäßig die Schamesröte ins Gesicht getrieben, weil er sie nicht im Damensitz, sondern wie einen Soldaten reiten ließ, während die Marquise, wenn sie der Szene teilhaftig wurde, kopfschüttelnd herbeigeeilt war, um dem Treiben ein Ende zu bereiten. Die Kleine hingegen hatte immer ein Gejauchze ausgestoßen, »nochamal, nochamal, mon père«, und wenn sie nicht mehr reiten durfte, hatte sie genau wissen wollen, wie die Wälder seien, durch die er geritten war, ob er Hexen und Feen gesehen habe und ob alles sehr gefährlich gewesen sei.

»Nein, mein Engel, nie … nie war es gefährlich«, hatte er sie stets beschwichtigt. »Dein Vater wird immer zu dir nach Hause zurückkommen, immer.«

Und jetzt? Er würde nach Hause kommen, doch es würde ihm kein Zuhause mehr sein. Eine bittere Zeit kündigte sich an.

Wien ~ **Brünn** ~ **Kunowitz** ~ Olmütz ~ Troppau ~ **Sternberg**
Brünn ~ **Iglau** ~ **Czaslau** ~ **Pardubitz** ~ Königgrätz ~ **Trautenau**
Hohenelbe ~ Starkenbach ~ Semile ~ Hirschberg ~ **Leitmeritz**
Comotau ~ **Saatz** ~ Rakonitz ~ Zbirow ~ Pilsen ~ Klattau
Pisek ~ **Prag** ~ Budweis ~ Linz ~ Steyr ~ St. Pölten ~ Wien

1771 Böhmen und Mähren

Hungersnot und Leibeigenschaft

Böhmen ist beinahe zugrunde gegangen, Hunger verwüstet das Land und wird es in diesem Winter noch mehr verwüsten … Niemand weiß, was zu tun ist … Durch Intrigen ist alles ins Stocken geraten, und die Folge davon ist, dass die Bürger verhungern. Hier hast du das düstere Bild: Ich bin dreißig Jahre alt, von Vaterlandsliebe und dem Willen zum Handeln erfüllt, und doch muss ich das alles nicht nur mit ansehen, sondern zu meinem Unglück gelte ich sogar als Mitschuldiger, obwohl ich unschuldig bin.[1] Joseph schreibt mitten in der Nacht verzweifelt an seinen Bruder Leopold. Es ist der 19. September 1771. Er kann nicht schlafen. In Böhmen hat die Hungersnot ihren Höhepunkt erreicht. In Prag grassiert Typhus, das gastrische Fieber, und die Leichen von verhungerten Vagabunden pflastern die Landstraßen des Königreichs.

Ich muss nach Böhmen, schießt es Joseph durch den Kopf. Jäh springt er von seinem Schreibtisch auf. Voller Unruhe wandert er in seinem Gemach auf und ab, die Gedanken an die katastrophale Lage in seinem Königreich lassen ihn nicht mehr los. Er kann doch nicht in der Wiener Hofburg herumsitzen und dem himmelschreiend ineffizienten Treiben der Ämter und Hofstellen, der Untätigkeit und den Intrigen der Beamten zusehen und sich deren Ausreden anhören.

Nichts wird ihn aufhalten. Schon gar nicht *Votre Majesté*! Auch wenn seine Mutter dieses Mal mit ihren Klagen recht hat. Es ist gefährlich, um nicht zu sagen halsbrecherisch, jetzt nach Böhmen zu fahren. Er ist schließlich der Kaiser! Wenn ihm etwas zustößt? Aber … er fürchtet weder Krankheit noch Aufstände. So wie stets wird er inkognito unterwegs sein, möglichst bescheiden, möglichst einfach, möglichst schnell, und diesmal wird sich niemand daran stoßen können, dass er die Etikette nicht einhält, schließlich herrscht Chaos. Und die Menschen werden ihn trotz seiner Anonymität erkennen. Aber auch das ist gut so. Er will ein Zeichen setzen, er will den Notleidenden seines Reichs zeigen, dass ihm, dem Kaiser und Mitregenten, ihre Situation mitnichten egal ist. Jeder, der seinen wahren Namen nennt, wird ihm Bittschriften überreichen können, er selbst wird die Menschen in ihren armseligen Hütten aufsuchen und den Sterbenden Trost spenden. So und nicht anders.

»Geh, lauf und weck Brambilla. Er soll sofort in die Hofburg kommen«, befiehlt er dem herbeigerufenen Kammerdiener. Der Chirurg würde auf dieser Reise notwendiger sein als alle anderen Begleiter.

Der Kammerdiener nickt und entfernt sich. Er wird einen Hofkutscher finden und nach dem Doktor schicken müssen, nicht ganz einfach mitten in der Nacht, doch er ist ein guter Kammerdiener und einer, der seinem Herrn gern dient, gleich, auf welch ungewöhnliche Gedanken dieser kommt – und das sind bei ihm nicht so wenige.

Joseph beruhigt sich ein wenig. Die Wartezeit bis zum Eintreffen seines Leibchirurgen verbringt er erneut an seinem Schreibtisch. Zum wiederholten Mal liest er sich durch den Stapel von Berichten, versucht, sich ein Bild von der Lage zu machen. Und anhand einer Landkarte studiert er mögliche Reiserouten.

Am 1. Oktober könnten sie bereits in Brünn sein, dann sollten sie in den Norden fahren, dorthin, wo die Zustände besonders schlimm seien, wie der böhmische Beamte Freiherr Karl Kressel von Gualtenberg in seinem letzten Bericht darlegt. Danach in den Süden, speziell nach Iglau, denn auch von dort sind nur Schreckensnachrichten zu hören. Anschließend müssten sie nach Pilsen und in den Südwesten des Königreichs reisen, zuletzt nach Prag. Überall würden sie die

Bezirkshauptleute, Güterdirektoren und, wo es sinnvoll erscheint, auch die Grundherren befragen, vor allem aber jeden einfachen Bauern anhören, der ihnen begegnet. In Prag würden sie mehrere Tage zubringen, dort, so heißt es, sterben die Menschen wie die Fliegen, und dort laufen aber auch alle administrativen Fäden zusammen.

Lieber Graf Hatzfeld! Joseph schrieb einige Tage später ein eiliges Handbillett an den neuen Leiter der böhmischen und österreichischen Hofkanzlei. Carl Friedrich Hatzfeldt hatte soeben Rudolph Chotek als obersten Beamten der Verwaltung des Königreichs Böhmen und der österreichischen Erblande ersetzt. Auch der achtzigjährige Oberstburggraf von Prag und Gouverneur von Böhmen, Philipp Kolowrat, war wegen Trägheit und Verschleppung abberufen und gegen Karl Egon zu Fürstenberg ausgetauscht worden. Sie alle, sowohl die abberufenen als auch die neu ernannten Beamten, gehörten dem Hochadel an. Als feudale Großgrundbesitzer fungierten sie noch immer wie ein Staat im Staat. In Böhmen und noch mehr in Ungarn schränkte ihre Machtfülle sogar die Souveränität des Monarchen erheblich ein. Ein wichtiger Grund, warum Joseph II. zeit seines Lebens Vorbehalte gegen den Adel hegte. Andererseits konnte, was die Verwaltung betraf, kein anderer Stand die alten Aristokraten ersetzen. Sie waren trotz der allmählich in die Staatsämter vorrückenden Bürger die einzig Kompetenten, die Einzigen mit einer für solche Ämter ausreichenden Bildung. Paradoxerweise sollte es gerade im böhmischen Hochadel, dem reichsten Stand der Monarchie, viele Anhänger Josephs und seiner Reformen geben, zum Beispiel Karl Egon zu Fürstenberg, der in der großen Hungerkrise zu einer wichtigen Stütze des Kaisers werden sollte.

Da ich gedenke, übermorgen von hier nach Mähren und Böhmen abzureisen, so Joseph weiter an Hatzfeldt, *so will ich, dass Sie mir erstens: alle Kreisstationen samt den Namen der Kreishauptleute anzeigen. Zweitens: Was das*

Contributionale [allgemein alle Abgaben], *die Schuldensteuer, der Viehaufschlag, Fleischkreutzer, Tranksteuer jährlichen in diesen beyden Ländern austragen. Drittens: wie viel Ansässige gerechnet werden? Und was ein jeder zu besitzen hat?* Darüber hinaus sollte Hatzfeldt auch noch Kopien aller wegen der ausgebrochenen Hungersnot ergangenen Befehle schicken sowie die böhmischen Verwaltungsstellen, *das Gubernium,* [Landesbehörde der Kronländer] *die Kreishauptleute ehestens verständigen lassen, dass sie sich gefasst halten, mir über den wirklichen, und noch mehr zukünftigen Nothstand, wie auch Mittel dafür alle Auskunft zu geben.*[2]

Während Joseph fieberhaft die letzten Reisevorbereitungen trifft, erinnert er sich, wie ihm nach seinem Zusammentreffen mit Friedrich II. in Neustadt zumute gewesen war, als nach dem gewaltigen Unwetter in Prag die ersten Anzeichen einer heraufziehenden Hungersnot sichtbar wurden. Doch erst jetzt, ein Jahr danach, beginnt er zu ahnen, dass sich daraus die größte Krise der Monarchie entwickeln kann.[3]

»Es tut mir leid, kann Euer hochwohlgeborenem Herrn nicht besser zu Diensten sein«, hatte der Bäckermeister in seinem klangvollen Böhmisch-Deutsch gesagt. Dann hatte er einen Laib Brot aus dem Regal genommen und Joseph überreicht. »Zwanzigeinhalb Lot! Mehr Mehl gibt es nicht.« Der Bäcker hatte entschuldigend dreingeschaut, normalerweise, so erklärte er weiter, habe ein Brot einundzwanzig Lot, dieses hier sei also eine Schrumpfversion.

Joseph hatte gewünscht, dass man ihn in eine Bäckerei bringe, damit er eigenhändig und zum angeschriebenen Preis einen Laib Brot kaufen und zu seiner Mutter nach Wien schicken konnte. Die Situation in Prag war beunruhigend gewesen, schon damals stiegen Tag für Tag die Getreidepreise; Mehl gab es kaum noch. Ein symbolträchtigeres Alarmzeichen als einen Laib Brot gab es nicht.

»Drei Kreuzer, Euer Herr untertänigster Diener, drei Kreuzer, wenn es belieben. Ich muss für das Mehl, wenn es überhaupt eines gibt, viermal so viel hinlegen als sonst.«[4]

»Schon gut«, hatte Joseph gesagt und eine Handbewegung zu seinem Adjutanten gemacht, der dem Bäcker das Geld aushändigte. Dann hatten sie sich verabschiedet. Sie befanden sich auf der Kleinseite, der Kampa-Insel mit ihren Handwerksbetrieben, Kramläden und den Mühlen am Čertovka-Bach. Von hier aus stiegen sie die Treppen hinauf zur Karlsbrücke. Würden sie rechts mit der Kutsche über die Brücke fahren, wären sie ins jüdische Ghetto gekommen, das nach der Vertreibung der Juden 1744 durch Maria Theresia und deren Rückkehr kurze Zeit später langsam wieder zum Leben erwacht war. Dort und in der angrenzenden Altstadt war das Leben rauer, ärmlicher, gefährlicher. Auf der Kleinseite war die Stadt hingegen geordnet und gepflegt, an die kleinen Läden und Handwerksstuben schlossen die Paläste der böhmischen Adeligen an. Sie alle, die im Dreißigjährigen Krieg auf der Seite des Kaisers und nicht auf der der unterlegenen Protestanten gestanden hatten, waren für ihre Loyalität fürstlich entschädigt worden und hatten sich in den Jahren danach die prächtigsten Barockpalais errichtet. Die Lobkowitz', Nostitz', Waldsteins, Liechtensteins und wie sie alle hießen residierten unter dem Hradschin, der Prager Burg, die Schönborns, Schwarzenbergs und Czernins oben, neben und hinter der weltgrößten Burganlage, die einst Herrschaftssitz der böhmischen Könige und mehrerer Kaiser gewesen war.[5] Erst Maria Theresia hatte die Burg zu barocker Pracht umgebaut. Seit jeher hatte sie als administratives Zentrum und Sitz des Burghauptmanns gedient.

Ein Laib Brot, Symbol für das Wohlergehen der Menschen. Jeder einzelne Laib wurde mit einem Kreuz gesegnet, ob vom Bäcker oder den Bäuerinnen. *Unser täglich Brot gib uns heute,* hatte im 18. Jahrhundert noch eine ganz andere Bedeutung als im 19. und 20. Jahrhundert, nicht nur die Angst vor den existenzbedrohenden Hungersnöten klang darin mit, sondern auch die immense Abhängigkeit der Menschen vom Getreide. Erst durch Hungerkatastrophen wie die in Böhmen 1771/1772 sollten die Menschen ihre Ernährungsgewohnheiten allmählich umstellen. Sie begannen Kartoffeln für sich selbst und nicht nur als Futtermittel für die Tiere anzubauen, sie verbesserten die landwirtschaftlichen Methoden und schufen ein lückenloses System aus Vorratsspeichern. Und doch, die reformbedürftige Landwirtschaft war nicht der entscheidende Grund für den wiederkehrenden Hunger, es war die bittere Armut des überwiegenden Teils der Bevölkerung.

Fast ihr gesamtes Einkommen mussten die Unterschichten für Nahrungsmittel aufwenden. Verdoppelten sich die Getreide- und Brotpreise, ob durch Missernten oder durch Wucher (das eine bedingte das andere) – traf es schnell die gesamte handwerklich arbeitende Bevölkerung. Die Tagelöhner, Saisonarbeiter und kleinen Handwerker, die Maurer, Zimmerleute, Brunnenmacher und Tischler hungerten als Erste, dann jene Bauern, die nicht genug Land bestellten, um von der eigenen Subsistenz leben zu können (das waren fast alle). In der Folge zog die bittere Not immer größere Kreise und schwemmte ständig mehr und mehr Menschen durch Dörfer und Städte, die sich mit Betteln durchschlugen. Zuerst starben die Vagabunden und die Ärmsten der Armen, danach die Kinder, dann brachen – auch das war ein wiederkehrendes Element der neuzeitlichen Sozialstruktur – Hunger- und Bauernrevolten aus. Die Not war ein Revolutionsstifter.

Schon 1767 waren in Österreich-Schlesien Aufstände ausgebrochen. Damals hatte Maria Theresia eine Untersuchungskommission in die Gegend geschickt, um Missstände aufzudecken. Vor allem die Robote, also die Frondienste, die die leibeigenen Bauern ihren Gutsherren leisten mussten, waren die Ursache für ihren Unmut. *Da die Robotdienste ganz willkürlich verteilt werden, leben die Bauern ein wirkliches Sklavendasein. Sie werden aufsässig oder stumpf und bearbeiten den ihnen anvertrauten Boden schlecht,* urteilte die Kommission, deren Bericht schließlich im Juni 1769 im Staatsrat verlesen wurde. Weiter hieß es: *Von Kindheit an zwingt man sie zum Roboten … Widerspenstige Bauern werden ans Eisen geschlossen, man setzt sie dabei auf einen zugespitzten Bock, der tief ins Fleisch einschneidet … Der Leibeigene, der zur Arbeit zu spät kommt, sei es auch nur um eine halbe Stunde, wird halb zu Tode geprügelt. Viele fliehen nach Preußen, um diesem Schreckensregiment zu entgehen.*[6] Staatsrat Egid Valentin von Borié hatte damals ausgerufen, dass das Schicksal der Leibeigenen in Böhmen und Schlesien ja noch viel schrecklicher sei als das der Ungarn, deren himmelschreiendes Leid allen bekannt sei. Doch jetzt hatten sich die Preise in Böhmen verdrei-, ja, vervierfacht! Es war also nur eine Frage der Zeit, bis aus dem Hunger wieder soziale Unruhen wachsen würden.

Brünn – Bitterste Armut und sagenhafter Reichtum

Am 1. Oktober 1771 war die kleine Reisegesellschaft in Brünn, der Hauptstadt von Mähren, angekommen. Berichterstatter erschienen im Stundentakt, jeden Abend diktierte Joseph seinem Sekretär gewissenhaft, was er auf seinen Ausfahrten in die Umgebung gehört und erlebt hatte. Ernst Kaunitz, der älteste Sohn des Staatskanzlers, war von Neapel, wo Joseph bei ihm und seiner Frau gewohnt hatte, als Landeshauptmann nach Mähren versetzt worden. Jetzt, auf der Reise durch Böhmen, lernte Joseph den Grafen und sein Engagement, seinen lebendigen Geist, seine unbürokratischen Ideen wertzuschätzen. Auch er sollte einer seiner wichtigsten Mitstreiter und Vertrauten werden.

3. Oktober Kunowitz. Nach der Messe bei den Franziskanern war man, wie Josephs Reisejournal vermerkt, ins dortige Militärspital gegangen, wo über hundert Kranke lagen. *Einige mit Fäulnisfieber*, damit bezeichnete man damals jede Art von Fieber. Danach hatte man die

Gutsverwalter der Herrschaften Liechtenstein und Salm mit ihren Klagen über die völligen Missernten gehört. Auch der *Viehumfall*, so nannte man das Sterben der Tiere, sei sehr stark, und durch Überschwemmungen fehle es an Heu. Nur Obst und Kukuruz (Mais) habe man geerntet. Die Beamten dieser Herrschaften befürchteten, dass dieser Winter und das nächste Frühjahr noch schwieriger zu überstehen sein würde.[7]

»Nein, nein, verhehlt mir nichts«, sagte der Kaiser, als er mit einigen Bauern der Herrschaft Liechtenstein zu Lundenburg sprach. Sie hatten ihren Herrn gelobt, weil er ihnen erlaubt hatte, in seinen Wäldern Eicheln zu sammeln, um daraus Brot zu backen.

»Nicht überall ist die Herrschaft so großzügig«, bemerkte einer der Bauern nach einigem Hin und Her verlegen. Doch anschwärzen wollte er niemanden. Es bedurfte, wie Joseph noch hinreichend erleben würde, viel Mut, um die Wahrheit zu sagen oder gar Beschwerden zu äußern.

Eicheln sammeln! Dabei war nicht das Sammeln das Privileg, sondern dass die Leibeigenen des Fürsten Liechtenstein die gesammelten Eicheln behalten durften. Normalerweise mussten sie sie abgeben, genauso wie die Pilze. Dafür durften sie das grundherrschaftliche Wasser trinken und eben den Wald betreten, in dem sie Pilze, Eicheln und andere Dinge für die Herrschaft suchen mussten.[8] Alles war Eigentum des Grundherrn, sogar sie selbst und ihre Nachkommen.

Der derzeitige Fürst Liechtenstein war einer der reichsten und mächtigsten Großgrundbesitzer der Monarchie. Allein in Mähren besaß er seit dem Ende des Dreißigjährigen Krieges gemeinsam mit den Dietrichsteins – mit denen er selbstverständlich verwandt war – fast die Hälfte des Bodens. Ende des 18. Jahrhunderts waren die Besitzungen der Liechtensteins größer denn je. Die Familie nannte an die 180 000 Hektar Land mit Dutzenden Schlössern und Städten, nahezu 700 Dörfern und über einer halben Million Untertanen ihr Eigen.[9] Die Untertanen, so sie nicht als freie Bürger und Handwerker in den Städten lebten, waren Leibeigene, wobei sie per Gesetz Erbuntertanen genannt wurden. Das klang besser als in Russland, wo Leibeigene – im Gegensatz zu ihren österreichischen Leidensgenossen – einfach verkauft werden konnten. Im Königreich Böhmen, Schlesien oder Ungarn blieben sie an die Scholle gebunden. So wie der Boden an ihnen haftete, so hafteten sie auch an ihm. Das bedeutete aber auch, dass sie ohne Erlaubnis des Grundherrn, auf dessen Boden sie lebten, so gut wie gar nichts tun durften, schon gar nicht wegziehen, heiraten oder gar einen anderen Beruf ergreifen. Aus Sicht der Großgrundbesitzer war das höchst sinnvoll und hatte sich als soziales System deshalb parallel zum Wachstum der Güter und dem Reichtum der Aristokratie seit dem Ende des Mittelalters herausgebildet. Wie sollte der Herrenstand, der noch zahlreichen politischen Ämtern und Verpflichtungen – ob auf seinen Latifundien oder am Wiener Hof – nachzukommen hatte, sonst seine Felder bestellen?

Auch Fürst Josef Wenzel von Liechtenstein war ein prominenter Mann. Als General hatte er sich bleibende Verdienste um die Erneuerung der Artillerie erworben, noch größere Meriten jedoch als Diplomat in Berlin und Paris, wo er sich nach der in Frankreich vorherrschenden Mode vier der teuersten Kutschen hatte anfertigen lassen, schließlich schuldete er dies seinem Rang nicht nur als einer der bedeutenden Adeligen Österreichs, sondern auch als Fürst des Römisch-Deutschen Reichs mit fast uneingeschränkter Landeshoheit. Das hatte dazu geführt, dass Maria Theresia ihm 1760 die Ehre angedeihen hatte lassen, Josephs Gemahlin Isabella von Bourbon-Parma mit seinem goldenen Prunkwagen nach Wien zur Hochzeit zu bringen. Die mit hinreißenden Gemälden verzierte Kutsche war jedoch derart kostbar, dass sie in Matratzen verpackt nach Parma gekarrt, dort nur für die standesgemäße Vorfahrt zusammengebaut, dann wieder auseinandergeschraubt und erst vor den Toren Wiens mit der Braut auf die Straße gesetzt worden war.[10] Dass all dies, der Luxus, aber auch die militärischen Verpflichtungen und vielfältigen Verantwortungen Geld, um nicht zu sagen Unsummen verschlang, war kein Geheimnis. Vielmehr war jemand desto mächtiger und wichtiger, je mehr Geld auszugeben er in der Lage war. Und dafür, auch das schien nur allzu folgerichtig, musste man über große, möglichst ertragreiche Latifundien verfügen. So war nun einmal das soziale System, auf dessen untersten Stufen die Leibeigenen standen. Der Fürst war inzwischen betagt und sein Neffe im Begriff, das Erbe über Ländereien, Erbuntertanen und politische Ämter anzutreten, wiewohl er nicht im Mindesten je an die Bedeutung seines Onkels heranreichen würde.

Iglau – Heerscharen von Bettlern

»Euer Majestät untertänigster Diener!«, ruft Freiherr von Werner so hocherfreut aus, dass man fast glaubt, der Kreishauptmann von Iglau wolle etwas verbergen. Doch das Gegenteil ist der Fall. Werner ist nur erleichtert, dass sein aufrichtiger und drastischer Bericht vom Februar im Wiener Staatsrat offenbar wohlwollend aufgenommen wurde. Denn nun ist der Kaiser selbst gekommen, zu ihm, in seine kleine Stadt, gelegen am Zusammenfluss der Flüsse Kleiner Igel und Igel, unmittelbar an der Grenze von Mähren und Böhmen.

Es ist der 8. Oktober 1771, ein hoffnungsfroher Tag, wenn auch die mittelalterlichen Bürgerhäuser und die Stadtmauer ob der großen Not noch bedrückender und ärmlicher wirken als sonst.

»Überall fehlt es an Saatgut. Auch die Herrschaften haben keine Vorräte mehr«, fährt Werner ernstlich bestürzt fort. »Und die Untertanen müssen ihr Hab und Gut versetzen, um ihre Steuern bezahlen zu können.«

»Lieber Herr von Werner, ich habe Euren Bericht auf das Genaueste studiert«, entgegnet Joseph mit zuvorkommender Liebenswürdigkeit.[11]

Werners Bericht war ein einziger Hilfeschrei. Nicht nur auf dem Land, auch in Städten wie Iglau waren die Verhältnisse zum Verzweifeln. Zehn Lot Brot kosteten drei Kreuzer (doppelt so viel wie das Brot, das Joseph im Sommer 1770 in Prag erstanden hatte). Die Stadt sei völlig verarmt, hatte der Kreishauptmann geschrieben. Er könne das Haus nicht mehr verlassen, ohne dass ihn sechs bis zehn weinende und schreiende Menschen mit erhobenen Armen um ein Almosen bitten würden. Werner hatte seinen Darlegungen an den Grafen Kaunitz neunzehn Laib Brot und zwölf Berichte von Herrschaftsbeamten und Bürgermeistern beigelegt, die Kaunitz weiter an die Hofkanzlei in Wien geschickt hatte.

»Das Brot hat einen großen Eindruck in Wien hinterlassen. Es wird ja immer kleiner!«, sagt Joseph.

»Und die Katastrophe«, fügt Werner leise seufzend hinzu, »ist noch lange nicht abgewendet.«

Die Gründe für die Misere, das wussten beide Männer, waren vielfältig. Der letzte Krieg mit Preußen, die hohen Steuern und Abgaben, das Darniederliegen der Leinenspinnereien und letztendlich die Missernten. Aber auch die allgemeine Armut taten ihr Übriges, die fehlende Bildung und das Robot-System, das auf den Bauern lastete. Doch wo nur sollte man beginnen, wo mit den Reformen ansetzen? Joseph würde diese Frage bis zu seinem Tod 1790 beschäftigen. Beharrlich und mit zunehmender Radikalität würde er sich für ein egalitäres, auf einer allgemeinen Grundsteuer basierendes Abgabensystem einsetzen, das die Bauern befreien und die Grundherren entmachten würde. So weit würde in seiner Epoche niemand gehen, und so weit würden ihm am Ende auch die wenigsten folgen wollen.

Doch zurück zu den Anfängen, denn zuerst galt es – und dafür war die Hungersnot in Böhmen eine geradezu exemplarische Katastrophe –, die Zusammenhänge zu verstehen.

Überall zeigte sich dem Kaiser das gleiche Bild: schlechte Ernten,

Viehumfall, Überschwemmungen. Überteuertes Getreide, das die Untertanen gegen vorgestrecktes Geld kaufen mussten, obwohl die Grundherren wussten, dass die Bauern den Kredit nie und nimmer würden zurückzahlen können. Brot, das kleiner und kleiner, dazu teurer und teurer wurde. Märkte, auf denen nur noch wenige verschrumpelte Waren feilgeboten wurden. Überall schlecht genährte Menschen, auf dem Land wie in den Städten. Fälle von Typhus, Vergiftungen, Fäulnisfieber. In die Höhe schnellende Sterberaten.

Not soll im ganzen Gebirge und in der Collalto'schen Herrschaft, wie mir der Wirtschaftsbeamte sagt, sehr groß gewesen seyn, sodass die Leute Brot von Hetschepetz [Hagebutten] *gegessen haben, welches ihnen an der Gesundheit schadete*, diktierte Joseph am Abend seinem Sekretär. Es verursache, wie man ihm erklärt hatte, Krämpfe. Doch noch schlimmer stand es um diejenigen, die aus lauter Verzweiflung Gras, manchmal in ein wenig Milch eingeweicht, essen mussten. Viele, so berichtete man dem Kaiser, wären daran schon gestorben. *In Sternberg und Hof im Gebirge ist die Teuerung noch viel größer, da wirklich der Metzen Korn auf 5 Florin* [Gulden] *zu stehen kommt … Es steht auch noch viel Hafer im Felde, so noch ganz grün ist; und auf den Feldern ist noch wenig Winterfrucht angebaut, wie auch selbe schlecht bebaut sind.*[12]

Pardubitz – Von übertriebener Robot und anderen Insulten

Der Kaiser war mit seinen Begleitern in der Nähe der Kreisstadt Pardubitz in das kleine Dorf Kotoschitz gekommen. Schon von Weitem erblickten sie eine Ansammlung von Menschen am Hauptplatz. Sie waren in Lumpen gekleidet, manche halb nackt, und das, obwohl der Oktober kalt und feucht war. Man schickte zwei Offiziere voraus, um die Lage zu prüfen, schließlich musste man ständig mit Aufständen rechnen. Doch die beiden Reiter kehrten bald mit einer Entwarnung zurück, dies seien keine Aufständischen, vielmehr habe sich das gesamte Dorf eingefunden, um den Kaiser zu sehen und ihm seine Not zu klagen.

»Ein Wetterschlag, Eure kaiserliche Majestät, ein großer, unheilbringender Wetterschlag! Da war nichts zu machen. Wir konnten keine Gerste aussähen«, sagt der Dorfschmied und rauft sich die Haare, nachdem Joseph von seinem Pferd gestiegen ist und sich die Menschen vor ihm, dem Kaiser, tief verneigt haben.[13] Sogar die Herrschaft sei derart hart getroffen, dass sie dem Dorf nicht habe helfen können, fügt der Mann getreu hinzu. »Wir haben kaum noch zu essen«, schließt er tapfer seinen Bericht, während einige Kinder auf den Armen ihrer Mütter zu weinen anfangen.

Da holt Brambilla seinen Arztkoffer aus der Kutsche und beginnt auf freier Flur Kinder und Alte zu behandeln. Er hat einige Kräutertinkturen für die Magenkranken und Salben für Verletzungen und Geschwüre. Einem Knecht renkt er schnell den Arm ein, er hat sich beim Zugrobot (Frondienst mit Ochsen- oder Pferdegespann) mit einer Fuhre Holz verhoben. Einem zweiten verarztet er eine schwelende Wunde, in der sich schon der Wundbrand auszubreiten begonnen hat. Allein gegen den Hunger der Kinder hat auch er kein Mittel, ein wenig Zuckersirup[14] träufelt er auf ein Löffelchen, aber die Linderung ist natürlich nicht von Dauer. Die Tatsache jedoch, dass sich der kaiserliche Chirurg höchstpersönlich der kleinen Leute annimmt, bewirkt Wunder.

»Und wie verhält es sich mit der Robot?«, fragt der Kaiser, dem nicht entgangen ist, dass Brambilla den Knecht nach der Ursache für sein Gebrechen gefragt hat.[15]

Im Juli waren Joseph endlich die politischen Anmerkungen der Seelenkonskription unterbreitet worden, er hatte dort geradezu flächendeckende Beschwerden über all die unentgeltlich zu entrichtenden Frondienste gelesen, die den Bauern durch das System der Leibeigenschaft auferlegt waren. Sie verhinderten, dass sich der Bauernstand entwickelte, dass er seine eigenen Felder bebaute, dass er seine Kinder gut ernähren konnte.

Die Dorfbewohner schauen den Kaiser mit bedrückten, von der vielen Not leer gewordenen Augen an. Manch ein altes, krummes Männlein verdrückt ein paar Tränen, andere treten verlegen von einem Bein auf das andere. Irgendwo hört man ein paar Ziegen meckern und weitere Kinder weinen. Der Wind frischt auf, und auf den nackten Armen zeigt sich Gänsehaut, weil die Menschen nicht genug zum Anziehen haben. Erst nach einiger Zeit fassen die Beladenen Vertrauen und erzählen und bejammern, bis die Sonne hinter dem Horizont verschwindet. Die vielen Schläge. Und dass sie schon ihre kleinen Kinder zur Arbeit heranziehen müssten, weil sie zu arm sind, Knechte zu unterhalten, die ihnen Lasten abnehmen. Dass, wenn ihnen ihr gutes Pferd bei der Zugrobot verende (auch die Pferde wurden stets über Gebühr belastet und *schon vor dem 2jährigen Alter angespannt*[16]), die Herrschaft ihnen nur einen Ackergaul entschädige. Außerdem müssten sie die besten Pferde der Herrschaft für die Jagd überlassen, und darüber hinaus hätten sie unter mannigfaltigen Wildschäden zu leiden. Und dann, wenn die Erntezeit anbreche, würden sie meist täglich bis zu zwölf Stunden auf den Feldern ihrer Grundherren roboten, während auf ihren eigenen Feldern das Korn zu Boden falle und austreibe oder vom Unwetter umgeworfen werde.

Zum Abschluss lässt Joseph, dessen Aufmerksamkeit nicht nachgelassen hat, unter den Leibeigenen von Kotoschitz Geld verteilen. Was sollte er sonst tun? Wenigstens eine kleine Linderung der Not, wenigstens eine mildtätige Geste wollte er den Menschen, die er besuchte, nicht verwehren, dazu hatte er schließlich bei der Abreise in Wien seine Taschen mit Bargeld gefüllt. Denn das Übel an der Wurzel zu packen würde Zeit brauchen, viel Zeit.

In Czaslau, durch das die kaiserliche Reisegesellschaft auf dem Weg nach Kotoschitz gefahren war, gab es, was in Böhmen selten genug vorkam, einige freie Bauern. Obwohl auch sie unter der Hungersnot litten, hatten sie gesünder, stolzer und glücklicher gewirkt. Trotz aller Armut waren sie nicht in Lumpen gekleidet, und gleich den Bauern in Oberösterreich und Tirol waren ihre Felder gut bestellt, ihre Hütten ordentlich, und sie versuchten, Vorräte für Notzeiten anzulegen. So sollte der Bauernstand sein, fleißig, voller Vaterlandsliebe und produktiv, überlegt Joseph. Die Bauern von Czaslau waren ganz anders als jene Geschundenen in Kotoschitz. Für sie lohnte es sich nicht, eine Leistung zu erbringen, die ihnen hinterher ohnedies wieder weggenommen wurde.

Zum Abschied bedanken sich die Dorfbewohner voll Überschwang, wieder vollführen sie tiefe, bis zum Boden reichende Verneigungen, während der Kaiser und sein Gefolge von dannen ziehen. Dass sie sich an allerhöchster Stelle ihre Leiden, all ihre *Bedruckungen* von der Seele hatten reden können, lässt ihre gebeugten Rücken aufrechter, ihre müden Augen plötzlich lebendig werden. Ein Hauch von Freiheit weht durch das Dorf, verbunden ist er mit in die Höhe schnellenden Erwartungen an den jungen, charismatischen Herrscher.

Schon 1738, unter Josephs Großvater Karl VI., war ein sogenanntes Robot-Patent erlassen worden in der Hoffnung, die unentgeltlichen Frondienste der Bauern auf ein erträgliches Maß – darunter verstand man drei Tage Robot in der Woche – einzuschränken. Doch es war zahnlos geblieben, denn es sah weder Sanktionen noch gesetzliche Neuregelungen vor, genauso wie die Robot-Patente davor, die ebenfalls bloß – und ebenfalls vergebens – an das Gewissen und die christliche Pflicht der Grundherren appelliert hatten. So würde es immer weitergehen, wenn es nicht gelänge, dem Staat die zentrale Gewalt über *alle* Untertanen zu überantworten – und zwar von Rechts wegen mit faktischer Wirkung. Doch das würde bedeuten, sich mit dem mächtigsten und bedeutendsten Stand der Monarchie, den weltlichen und geistlichen Grundherren anzulegen, den Klöstern, Stiften und der Aristokratie, dieser glanzvollen, altehrwürdigen Gesellschaftsschicht. Und das würde, auch dafür bot die Reise Josephs II. durch Böhmen genügend Anschauungsmaterial, keine Kleinigkeit werden. Viele von den adligen Familien waren älter und vor allem reicher als die Habsburger, und sie waren das Rückgrat des Staates.[17]

Im Europa des 18. Jahrhunderts lebten etwa 80 Prozent (im Habsburgerreich 85 Prozent) der Bevölkerung auf dem Land und von diesem Land, nur dass es ihnen oft nicht selber gehörte.[18] Während es in den deutschsprachigen Erblanden, in Oberösterreich, Steiermark und Kärnten, nur eine abgeschwächte Form der Leibeigenschaft gab, die sogenannte gemäßigte Untertänigkeit, und in Tirol sogar im Landtag vertretene Bauern, dominierte im östlichen Teil der Monarchie, in Böhmen, aber auch in Ungarn und Galizien, eine Art von Leibeigenschaft, von der schon der französische Aufklärer und Staatstheoretiker Charles de Montesquieu meinte, sie sei die Fortsetzung der antiken Sklaverei. Je weiter im Osten, desto weniger Städte gab es, und desto alternativloser war das Leben der Leibeigenen. In Russland beispielsweise musste man Wochen reisen, um in die nächste Stadt zu gelangen – aus der Leibeigenschaft fliehen konnte so gut wie niemand. In Ungarn und Galizien war die geografische Situation ähnlich.

Doch das System der Leibeigenschaft war keine Einbahnstraße, auch die Grundherren hatten ihren Untertanen gegenüber Pflichten, frei nach dem mittelalterlichen Grundsatz »Treue und Gehorsam gegen Schutz und Schirm«. Das bedeutete, dass sie arme und hilfsbedürftige Untertanen unterstützen, für Waisen und Kranke sorgen, Ärzte und Medikamente bezahlen und ihren Bauern beispielsweise erlauben mussten, unentgeltlich Holz aus ihren Wäldern zu holen. Die Feudalwirtschaft beruhte gewissermaßen auf Gegenseitigkeit, die sich jedoch im 18. Jahrhundert zunehmend zuungunsten der Untertanen verschoben hatte. Der Luxus der Höfe und die Kriege kosteten viel Geld, das von den Gutsherren, die erst seit Kurzem Steuern zahlten, im Wesentlichen noch immer von den Untertanen einkassiert werden musste. So stiegen Druck, Ausbeutung, Willkür. Drei Robot-Tage pro Woche waren üblich, fünf bis sieben aber durchaus normal. Man unterschied zwischen Spann- oder Zugrobot (dafür musste der Leibeigene Zugtiere, also Pferde und Ochsen, vorhalten, um für seinen Herrn anspannen zu können) und Fuß- oder Handrobot, worunter die einfache Handarbeit verstanden wurde. Und als sei dies nicht schon genug, gab es darüber hinaus noch unzählige Kontrahierungszwänge, etwa den Mühlenzwang (dieser besagte, dass der Leibeigene sein Getreide nur in einer von der Herrschaft bestimmten Mühle mahlen lassen durfte) oder den Schankzwang (der ihm gebot, einzig Bier aus dem herrschaftlichen Brauhaus zu trinken). Es existierte auch ein Gesindezwang: Kinder von Leibeigenen hatten für eine bestimmte Zeit als Hausbedienstete bei der Herrschaft zu arbeiten. Das Getreidemonopol lag ebenfalls beim Grundherrn und bestimmte, dass der Leibeigene allein an seine Herrschaft Getreide veräußern und dortselbst Saatgut einkaufen durfte.

Natürlich gab es im 18. Jahrhundert Adelige, die sich fürsorglich um die ihnen anvertrauten Bauern sorgten und sich später an die Spitze der Josephinischen Sozialreformen stellen würden. Andere nutzten im Verbund mit ihren Güterdirektoren und Herrschaftsbeamten (diese und ihre Willkür wurden am meisten gefürchtet) jedoch das System zur Unterdrückung der Schwächeren aus. Kein Wunder, dass die Bauernbefreiung, die sich aufgeklärte Herrscher wie Friedrich II. und Joseph II. an den Hut geheftet hatten, ein höchst komplexer Prozess und ein mühseliges, über 150 Jahre andauerndes Ringen um Macht und materielle Vorteile werden würde.

Hohenelbe – Vom Leben an der Grenze

Am 12. Oktober trifft des Kaisers Reisegesellschaft in Trautenau ein, einer Kleinstadt mit über 2000 Häusern an den Ausläufern des nordböhmischen Riesengebirges. Die Mitfahrenden besichtigen den Wochenmarkt, danach besucht Joseph die Heilige Messe. Am nächsten Tag fahren sie weiter zur nahe gelegenen Herrschaft Hohenelbe, die dem Grafen Czernin-Morzin gehört. Der Weg führt sie durch eine schöne, wenn auch sehr raue Mittelgebirgslandschaft, deren höchste Erhebung die im Grundbesitz des Grafen befindliche Schneekoppe ist. Die Straße schlängelt sich durch Hügel und Wälder, sie ist schlecht befestigt, sodass sie bei schwerem Regen unpassierbar wird. Entlang der Strecke sieht man nur wenige Äcker, auf denen noch immer grüner Hafer steht, der wenig Anlass zur Hoffnung bietet, jemals geerntet zu werden.

In Maschendorf und in Hohenelbe sind wirklich laut Attestaten von Geistlichen und Obrigkeit, viele Bettler Hungers gestorben.[19] Fast nirgendwo im Königreich ist die Not so groß wie hier in der gebirgigen Region an der Grenze zum preußischen Teil von Schlesien. Einerseits leiden die Bergregionen in besonderer Weise unter den Witterungsverhältnissen, andererseits wirken sich die Handelsbeschränkungen, die wegen der Hungersnot erlassen worden waren, an der Grenze besonders negativ aus.

Joseph kommt mit seiner Gefolgschaft durch mehrere Dörfer, meistens hat sich schnell herumgesprochen, dass der Kaiser inkognito im Land unterwegs ist, sodass die Straßen, kaum haben die Kutschen Josephs die ersten Häuser eines Dorfs erreicht, von Bettlern gesäumt sind, eine in Lumpen gekleidete *elende Menge Menschen, welche ganz erblasset, ermattet, und ausgezehrt, die Hände um Hülfe ausstrecken.*[20]

In Hohenelbe haben sich die Förster des Grafen Czernin-Morzin, der Dechant und alle Geistlichen zusammengefunden, um dem Kaiser Rede und Antwort zu stehen. Sie bestätigen, dass bereits viele Leute durch Hunger oder diverse Krankheiten gestorben seien.

»Nächstes Jahr befürchten wir noch Schlimmeres«, klagt einer der Forstbeamten, und der Dechant stimmt ihm verzweifelt zu. »Alle Vorräte sind aufgebraucht.«

»Das Getreide im ganzen Land ist fehlgeschlagen«, verteidigt sich der Gutsverwalter des Grafen. »Es gibt keines, das ich verteilen könnte, und den Hafer, den Eure Majestät auf den Feldern stehen haben sehen, wird bald der Frost holen.«

Anderntags fährt der Kaiser mit seinen Leuten noch tiefer ins Riesengebirge hinein. Die malerisch gelegene Burg Starkenbach hatte einst Albrecht von Wallenstein, dem großen Feldmarschall des Dreißigjährigen Krieges, gehört. Wieder führt Joseph Gespräche mit den lokalen Beamten. Auch der Richter von Starkenbach, der ansonsten als Fuhrmann im Gebirge arbeitet, ist erschienen.

»Das größte Problem ist das Ausfuhrverbot«, sagt er, und alle nicken. »Hätten wir nicht den Hauptmann Kressel gehabt, wären noch mehr verhungert.«

Der Kaiser weiß, wovon die Rede ist. Gleich nachdem er von seinem Treffen mit Friedrich dem Großen nach Wien zurückgekehrt war, hatte die Regierung ein Getreideausfuhrverbot für Böhmen erlassen und kurze Zeit später auf die gesamte Monarchie ausgedehnt. Da auch in den angrenzenden Ländern Bayern und Sachsen wegen der Witterungsverhältnisse die Ernten ausgefallen waren, wollte man verhindern, dass die Gutsbesitzer und Händler Getreide ins Ausland verkauften und damit die Preise in die Höhe trieben. Das Ausfuhrverbot war jedoch schwer durchzusetzen, weil der Handel über die Grenze mehr als lukrativ war. Selbst die als Exempel statuierten Todesstrafen gegen Schmuggler nutzten wenig. Im Februar 1771 war deshalb eine mit weitreichenden Befugnissen ausgestattete Kommission unter Freiherrn Franz Kressel nach Böhmen entsandt worden. Kressel, seit Neuestem Kanzler der böhmischen und österreichischen Hofkanzlei, sollte von Gut zu Gut fahren, Scheunen und

Vorratskammern durchsuchen und unerlaubt einbehaltenes Getreide konfiszieren. Die beschlagnahmten Nahrungsmittel sollte er an Bedürftige verteilen und die Verursacher von Wucher und Schmuggel bestrafen. Doch je mehr der Freiherr sah, desto überzeugter war er davon, dass weniger das fehlende Getreide an der Not der Menschen schuld sei, als vielmehr ihr akuter Geldmangel. Vorräte waren vorhanden, *wenn nur der Landmann Geld zum Kaufen hätte.*[21]

So dachte auch der Grundherr von Hohenelbe, Graf Czernin-Morzin, der seine Untertanen in die Lage setzen wollte, sich selbst zu helfen. Um ihre Not zu lindern, überließ er ihnen ein großes Stück Wald im Riebenzahler Revier für zwölf Kreuzer den Klafter Holz. Nach dem Transport über die Schneekoppe nach Schlesien hätten sie den Klafter Holz für einen Gulden und 15 Kreuzer verkaufen und somit einen beträchtlichen Gewinn machen können. Doch durch ein Missverständnis erhielten sie keine Ausfuhrbewilligung, und das Holz blieb liegen. Die Almosen der Herrschaft allein konnten die Not im äußerst kinderreichen Riesengebirge nicht beseitigen.

Als Freiherr Franz Kressel nach Hohenelbe kam und von der Sache erfuhr, entschloss er sich, die Ausfuhr eigenverantwortlich zu gestatten. Die Bauern tätigten hocherfreut das lukrative Holzgeschäft, und Kressel erstattete den Majestäten in Wien Bericht, nicht ohne um Gnade für sein eigenmächtiges Vorgehen zu bitten: *Ungeachtet aller dieser Beweggründe wäre … bey Überschreitung eines Auftrags die Strafe unvermeidlich, voll aber einer Ahndung mich durch diese Handlung denen großmuthigen Herzen und mild reichen Denkensart meiner Monarchen genähert zu haben, lebe der allerhöchsten Gnade und allergnädigsten Vergebung.*[22] Eilkuriere waren mit diesem Schreiben in höchster Geschwindigkeit nach Wien geritten, wo Maria Theresia noch am 27. März nachträglich die Ausfuhrgenehmigung erteilte und Kressel ihre *allerhöchste Zufriedenheit* ausgesprochen hatte.

Leitmeritz – Was für ein reich gesegnetes Land, was für ein Verfall

Am 15. Oktober traf die kaiserliche Delegation in der Stadt Leitmeritz ein. Was für ein Unterschied zum Riesengebirge! Das Land um die Ortschaft war fruchtbarer, lieblicher. Schon von alters her gedieh hier sogar Wein. Durch die Elbe, an deren Ufern Leitmeritz entstanden war, gab es regen und vielfältigen Handel. Seit dem Ausfuhrverbot für Getreide exportierten die Menschen Holz ins nahe gelegene Sachsen. Außerdem machten sie Geschäfte mit Glas und Spiegeln aus der Gegend um die Herrschaft Birgstein, mit Schleiferware von der Hohen Leippa und Leutten, mit gebleichtem Garn aus Schönlinde. Leinwand (Leinen) wurde bis nach Dänemark, Schweden, Spanien, Portugal und ins Osmanische Reich verkauft. Oft zogen die Händler für vier, fünf Jahre in ferne Länder und ließen ihre Familien zurück. Doch durch die Hungersnot hatte auch der Handel gelitten, und die Überschwemmungen der Elbe hatten zusätzlichen Schaden angerichtet, aber alles in allem ging es den Menschen in diesem Teil Böhmens wesentlich besser als im Riesengebirge.[23]

Die Länder der böhmischen Krone gehörten mit ihren Bergwerksregionen im Norden und ersten Ansätzen einer proto-, also vorindustriellen Entwicklung im Böhmischen Becken und seinem regen Handel schon damals zu den reichsten und wohlhabendsten Regionen Österreichs. Die hier ansässigen Grundherren hatten für gewöhnlich zehnmal so große Grundherrschaften wie die Adeligen in den deutschsprachigen Erblanden, allein die ungarischen Magnaten und die Großgrundbesitzer Galiziens konnten mit ihnen mithalten. Die wirtschaftliche Entwicklung hatte im 17. Jahrhundert durch den Dreißigjährigen Krieg und seine Verheerungen nur einen beispiellosen Niedergang erlitten, im 18. Jahrhundert hatte sie sich allmählich erholt, sodass Böhmen unter Maria Theresia und Joseph II. 40 Prozent des Steueraufkommens der Monarchie einbrachte.[24]

Wie wichtig der Handel für den Reichtum Böhmens (und damit auch für den Kampf gegen Hungersnöte) war, konnte Joseph auf seiner Weiterfahrt durch Südböhmen im kleinen Städtchen Pisek überprüfen, als er dort mit einem gewissen Kommerzienrat von Bock zusammentraf. Dieser stellte dem Kaiser wortreich alle Vorteile eines wohlbilanzierten, nach den inneren Kräften und nachbarlichen Umständen angemessenen Handels dar. Er lobte den Erfolg der Manufakturen in Böhmen und machte sich für den Plan stark, deren Waren in Zukunft über Triest statt über Hamburg zu verschiffen. Auch der Handel und das Gewerbe würden durch die Hungersnot in Mitleidenschaft gezogen. Er habe schon von Glasbläsern erfahren, die nach Ungarn und sogar ins Osmanische Reich emigriert seien. Die Weber und Spinner seien zwar fleißig, doch erzielten sie nun weniger Profit, da die Menschen ob der großen Not Kleider flickten und solange trügen, bis sie ihnen in Fetzen vom Leibe hingen. Aber die Städte des Landes seien reich, und ihr Vermögen könne zur Unterstützung von Gewerbe und Handel eingesetzt werden.

Der Kaiser nickte nachdenklich, bevor er zu sprechen anfing. Nach all den Wehklagen, denen er sein Ohr geliehen, nach all der Not, die er gesehen hatte, glaube er nicht, dass sich die Katastrophe allein durch einen prosperierenden Handel abwenden lasse. Wenn der Hunger weitergehe, wenn die Webstühle stillstünden, würde die Spirale der Not nicht aufzuhalten sein.[25]

Saatz – Graf Wallis hält den Rekord an Unmenschlichkeit

Die Stadt Saatz sieht seit ihrer Feuersbrunst noch sehr wenig bebaut aus. Die Untertanen der Stadt beschweren sich wider die schweren Zinsungen.[26] Ganz besonders die Untertanen des Grafen Stephan von Wallis hätten zu klagen, heißt es im Reisejournal, da sie fünf Tage der Woche mit Zugrobot beladen seien. Auch gebe es an dreizehn von vierzehn Tagen fünfzig bis siebzig Stockhiebe in Anwesenheit des Grafen, der nicht davor zurückschrecke, selbst alte Menschen zu schlagen.

»Ist das wahr?«, fragt der Kaiser die kleine Abordnung der Untertanen des Grafen, die mit ihren Bitten zu ihm gekommen sind.

Sie nicken bloß, als wäre ihnen vor lauter Verzweiflung die Stimme weggeblieben. Joseph ist entsetzt und lässt den zuständigen Kreishauptmann zu sich rufen, um die »Angelegenheit Wallis« einer Untersuchungskommission zu übergeben. Er hat schon so viel Schlimmes über die Leibeigenschaft, vor allem über die Willkür der Gutsbeamten gehört, aber solche Grausamkeit ist ihm bisher noch nicht untergekommen. Dann erinnert er sich an den Bericht der Seelenkonskription über den Saatzer Kreis, über die Armut der Menschen im Gebirge: *Man kann in die Stuben dieser Ortschaften kaum vor Gestanke gehen. Es müssen hieraus besonders zu Winterszeiten Krankheiten entstehen, weil auch nur kleine Fenster angebracht sind, welche wenig oder gar nicht eröffnet werden können. Es gibt auch obrigkeitliche Häuser, welche Pänschken genannt werden. In diesen wohnen viele Dröscher* [Arbeiter, die Korn dreschen] *und Taglöhner beisammen. Sie sind nicht nur sehr unrein, sondern werden wegen Mangel an Holz auch gar niemahlen beheizt. Sie sind also sehr feucht; es veranlasset solches bei den Kindern viel Ungesundheit, Ausschlag und Geschwulsten.*[27] Und nun auch noch dieser Graf!

Die Klagen gingen immer weiter, egal wo Joseph erschien. Der Kaiser ließ alles gewissenhaft notieren, aber manchmal schienen ihm die Missstände so uferlos, dass ihn Zweifel überfielen, wie aus all den gesammelten Informationen, all den erhobenen Daten, all den Einzelschicksalen eine vernünftige Politik und umfassende Reformen entwickelt werden könnten. Er sandte Kuriere nach Wien und zu Karl Egon zu Fürstenberg nach Prag, er setzte Untersuchungskommissionen ein und betonte, dass die Verantwortlichen zur Rechenschaft gezogen werden müssten. Und kaum dachte er, dass er den einen Missstand im Griff hatte, taten sich neue Katastrophen auf. Josephs

Engagement war grenzenlos, seine Beharrlichkeit, seine flächendeckende Genauigkeit und all der Druck, den er auf die Verwaltung ausübte, bewiesen einmal mehr, wie ernsthaft und unermüdlich er die Not der Menschen zu lindern wünschte. In Wien wusste er seine Mutter in jenen Monaten an seiner Seite, nie funktionierte ihre Koregentschaft besser, nie arbeiteten sie derart harmonisch Hand in Hand, nie waren sie sich einiger.[28] *Wenn ich an Böhmen, an Mähren denke, alles ist katastrophal*, schrieb die Kaiserin an Sophie Enzenberg. *Der Kaiser macht derzeit dort eine Reise, ohne meine Sorgen wegen der großen Krankheiten ernst zu nehmen, aber er kann sich kaum genug über die Armut, die dort herrscht, ausdrücken und findet wenig oder keine Mittel, um dagegen zu kämpfen.*[29]

Prag – Ein Asyl für die Sterbenden

Endlich langte ich in Prag an, ohne dass man es schier wusste, und wurde allein vom Fürst von Fürstenberg und Feldzeugmeister Wied empfangen, mit denen ich auch einige Sachen verabredete und besonders dem Fürst von Fürstenberg auftrug, morgen Nachmittag um fünf Uhr mit 4 oder 5 Gubernialräten, welche er nach seiner Willkür auswählen könne, bey mir zu Festsetzung der Maßnahmen zusammenzukommen[30]. Am 24. Oktober waren Joseph und seine Reisegesellschaft in Prag eingetroffen. Endlich. Der Kaiser hatte so viel gesehen, so viel wahrgenommen, so viele Erkenntnisse über die Verhältnisse gesammelt, er würde nun alles zu einem konzisen Bild zusammenfügen und ein Bündel von Sofortmaßnahmen erarbeiten. Er würde nicht ruhen, bis sich die Situation in Böhmen verbesserte.

Schon am nächsten Tag begann er seinen Sekretären seine Relation, seinen großen Bericht über die Hungersnot in Böhmen und die allgemeinen Missstände im Königreich zu diktieren. Es wurden daraus Tage und Nächte, nur unterbrochen von einigen Besichtigungen in der Stadt, den unausweichlichen Audienzen und kurzen Spaziergängen im Garten der Prager Burg.

Euer Majestät ihre Stellen und Minister, wie auch Räte werden alle Fehler auf die Hofstellen, jene endlichen auf den Staatsrat [schieben], fasste Joseph die Missstände und die fehlenden Verantwortlichkeiten in der Verwaltung zusammen. *Dieser* [der Staatsrat] *entschuldiget sich auf die Hofstellen, und in diesen Wirbel und Unsinn leidet der einzige Bauersmann und ehrliche Bürger, welcher von allen Intrigen keinen Vorteil hat, und immer mehr gedrückt und gequälet wird, da die Staatsbedürfnisse dadurch steigen, und sein Grundherr zu seinem üppigen Leben, und zu Erhaltung auch öfter gekaufter Vorteile, seine Einkünfte nicht durch Industrial-Einführung, aber durch Plagen und Neckereyen zu vermehren trachtet.* Seite für Seite füllte sich, dabei ging Joseph mit den Verhältnissen hart ins Gericht und entwarf hierauf ein Bild all jener Reformen, die er daher für nötig erachtete, um abschließend an Maria Theresia zu appellieren: *Wollte Gott, dass ich eine angenehmere Schilderung und Vorbildung machen könnte; allein was hilft es, sich illusorische Gedanken zu machen; Eure Majestät wollen die Wahrheit wissen, und ich sehe sie so ein.*[31]

Die akute Not jedoch verlangte Sofortmaßnahmen. Bis zum Sommer 1772 würde eine Viertelmillion Menschen, also zehn Prozent der Bevölkerung, gestorben sein! Für all jene würden die Reformen zu spät kommen, und für all jene, die jetzt hungerten, brauchte es, sehr einfach, Nahrungsmittellieferungen im großen Stil. Und die würde Joseph, sobald er wieder in Wien war, zu organisieren wissen.

Am 9. November, nach dem Besuch der Messe und den üblichen Audienzen, begibt sich der Kaiser in das neue Armenhaus. Fast 500 Personen befinden sich dort, Männer, Frauen und Kinder, krank und vom Elend gezeichnet. *Die Versorgung ist sehr schlecht*, stellt der Kaiser fest. *Gesunde und Kranke sind miteinander vermengt, sie liegen sehr dicht aneinander auf wenig Stroh, und ohne die mindesten Bettgarnituren … es wäre notwendig, dass wenigstens ein paar hundert von den Gesündesten an einen anderen Ort übersetzet würden, um aus diesem Haus ein wahres Krankenhaus zu machen.*[32] Brambilla, der mit dem Kaiser in das Armenhaus gegangen ist, beobachtet seinen Dienstherrn genau. So jemanden kennt er nicht. So einen Herrscher gibt es nicht noch einmal. Wie er von Bett zu Bett geht, die Szenen größten Elends auf sich wirken lässt, weder vor Gestank noch Pestilenz zurückschreckt.

Der Leibarzt hatte im Vorfeld bereits die schlimmsten Missstände beseitigt. Als er zum ersten Mal an diese Stätte des Elends kam, fand er Männer, Weiber und Kinder durch Krankheit und Hunger erschöpft mit dem Tode ringend vor oder, schon erlöst, durcheinander auf der Erde liegen.[33] Er teilte sie, so gut es ging auf, jene mit dem Verdacht auf Fleckfieber wurden in einen eigens für sie vorgesehenen Saal untergebracht, schließlich waren sie ansteckend. Dann brauchte Brambilla Militärbetten und Arzneien, der Kaiser stellte ihm sofort 2000 Gulden zur Verfügung, und der Erzbischof von Prag ließ 4000 Gulden anweisen, damit der Arzt auch die Menschen in ihren Häusern besuchen konnte, die zu entkräftet waren, um ins neue Spital zu gelangen. Jeden Abend musste der Chirurg des Kaisers die Kleider wechseln, da er den Gestank nicht loswurde, den er bei der Behandlung der Menschen angenommen hatte.

Und jetzt ist der Kaiser an Ort und Stelle. *Und glauben Sie, meine Herrn*, würde Brambilla sich viele Jahre später in seiner Totenrede für Joseph II. erinnern, *dass es mir gelungen wäre, den Monarchen von dieser Jammerstätte entfernt zu halten? Nein, er wollte mit eigenen Augen sehen.*[34]

»Eure Majestät, ich habe durchlüften und ausräuchern lassen«, erklärt Brambilla mit verzweifeltem Blick. »Aber Eure Majestät möge vergeben, es stinkt immer noch entsetzlich. Es sind die Wunden und das Fäulnisfieber.«

»Schon gut, ich habe ja auch keinen Ballsaal erwartet. Führet mich nun auch in die Säle mit den Sterbenden.«

Keiner der Begleiter des Kaisers hatte den Mut, diese Krankenzimmer aufzusuchen, nur Joseph ließ sich nicht abschrecken, er ging von Bett zu Bett und spendete den Elenden Trost.[35]

Wien – Nur gigantische Hilfsmaßnahmen helfen noch

Am 17. November traf Joseph wieder in Wien ein. Schon fünfzehn Tage zuvor hatte der Staatsrat alle Vorschläge gebilligt, die der Kaiser in seiner vorab nach Wien gesandten Relation vorgeschlagen hatte. Und am 19. November, nach nur zwei Tagen der Ruhe, rief Joseph die außerordentliche Kommission für die Hungergebiete zu sich, um über *Getreide-Anstalten* zu sprechen. Der Staat, so erklärte er, müsse den gesamten Jahresbedarf Böhmens an Getreide in Ungarn aufkaufen, nach Böhmen liefern und sodann verteilen – dies würde dem Staat vier Millionen Gulden kosten. Auch 1772 würde wahrscheinlich noch Getreide aufgekauft werden müssen. Die Situation sei einfach zu elend.

Joseph sollte im Frühjahr 1772 wieder Millionen Gulden aus seiner eigenen Tasche nach Böhmen schicken, und Karl Egon zu Fürstenberg, der Oberstburggraf, würde es ihm nachtun. Die Art, wie sein Kaiser mit der Not seines Landes umgegangen ist, musste ihn tief beeindruckt haben.[36] Zusätzlich flossen bedeutende Summen für die vielen Kranken nach Böhmen, und Maria Theresia, die alles umstandslos bewilligte, steuerte sogar eigenhändig ein Rezept bei, dass Abhilfe bei allerlei Gebrechen versprach.

Dann endlich, im Herbst 1772, war das Schlimmste vorüber. Die Hilfslieferungen hatten die gröbste Not gelindert, und die neue Ernte war ertragreich, sodass sich die Getreidespeicher langsam wieder füllten.

Seine Majestät, der Kaiser, ist zurück. Er ist der erste Souverän, der seine Arbeit ordentlich macht, hatte Hofrat Karl von Zinzendorf, einer jener Beamten, die den Monarchen normalerweise heftig kritisierten, ausgerufen, als Joseph nach seiner Reise in die Hungergebiete Böhmens und Mährens zurückgekehrt war.[37] Als Präsident der Neuen Hofrechenkammer sollte Zinzendorf dreizehn Jahre später unter Josephs Alleinregentschaft zum Vorsitzenden der Kommission für die Robot-Aufhebung werden. Joseph hatte schon in Böhmen geahnt, dass die Beendigung der Leibeigenschaft eine Aufgabe für Titanen werden würde.

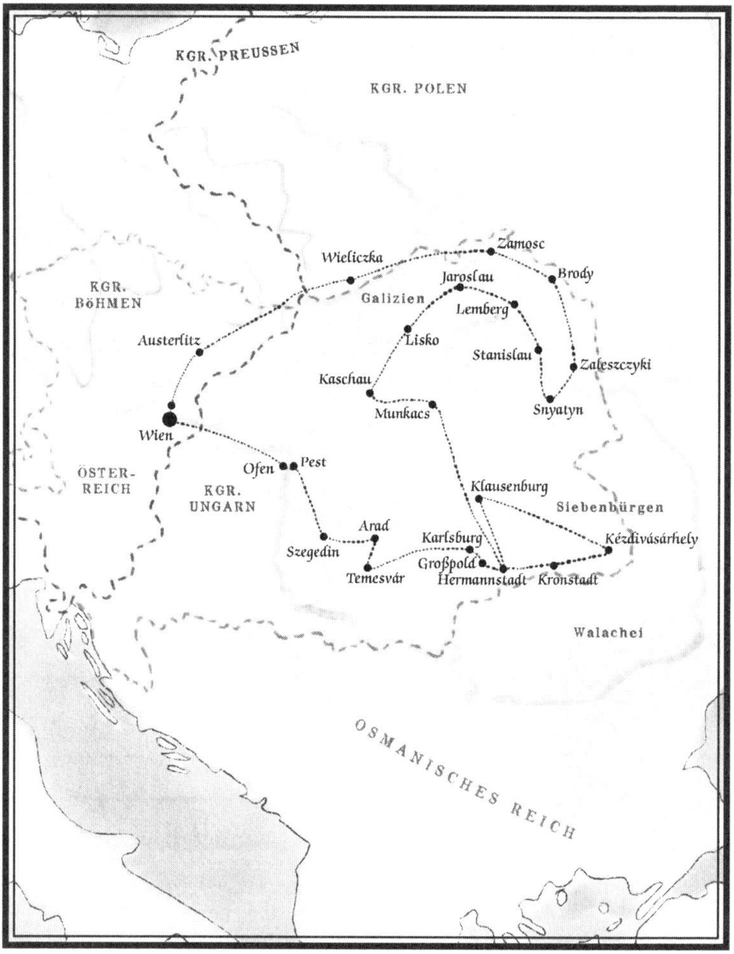

Wien ~ **Ofen** ~ **Pest** ~ Szegedin ~ Arad ~ Temesvár
Karlsburg/Weißenburg ~ **Großpold** ~ **Hermannsstadt** ~ Kronstadt
Kézdivásárhely ~ Klausenburg ~ Hermannstadt ~ Munkacs
Kaschau ~ **Lisko/Lesko** ~ **Jaroslau/Jarosław** ~ **Lemberg** ~ Stanislau
Snyatyn ~ **Zaleszczyki** ~ **Brody** ~ **Zamosc** ~ **Wieliczka**
Austerlitz ~ Stammersdorf ~ Wien

1773 Siebenbürgen und Galizien

Immer fremder, immer schwieriger

Es war ein Raubzug. Klar, gegen alle Regeln internationaler Politik. Sogar die des 18. Jahrhunderts, wie nicht wenige meinten. Der englische Schriftsteller und Intellektuelle Horace Walpole etwa nannte die Architekten der Teilung Polens schon damals den *unverschämtesten Verein von Räubern, den es je gegeben hat.*[1] Es war ein Präzedenzfall, der Schule machen würde. Und es war ein Kapitel der Außenpolitik, das Joseph II. zu verantworten hatte, nicht seine Mutter.

Am 5. August 1772 unterzeichneten die Vertreter der Großmächte Russland, Preußen und Österreich in Sankt Petersburg die Teilung Polens. Maria Theresia, der die Vertragsakte von Eilkurieren aus Petersburg kaum drei Wochen später zugestellt wurde, signierte das ihr aufgezwungene Machwerk jedoch nur unter Tränen. *Diese schreckliche Teilung Polens kostet mich zehn Jahre meines Lebens*, schrieb sie an ihren Sohn Ferdinand nach Mailand. Nur ihre Furcht, in einen Krieg mit Russland und Preußen hineingezogen zu werden, der Hunger und die große Sterblichkeit in ihren Ländern hätten sie zu dem unseligen Schritt bewogen. *Ihr werdet sehen, wie unglücklich sich diese ganze Affäre entwickeln wird.*[2]

Indes, die unmittelbare Folge der Teilung war ein beträchtlicher Gebietsgewinn für das Haus Österreich. Mit Galizien und dem südlichen Teil Kleinpolens war damit ein Territorium größer und an Menschen reicher als das Königreich Böhmen zum bestehenden habsburgischen Länderkonglomerat hinzugekommen. War das nicht ein Erfolg? Sagte nicht schon Montesquieu, der Geist der Monarchie sei der Krieg und die Gebietserweiterung ihr Ziel? Dabei hatte die Teilung nicht einmal einen Krieg vonnöten gehabt. Zugegebenermaßen würden alle Beteiligten einräumen müssen, dass die Zeiten an sich genügend kriegerisch waren und außer der pazifistisch gewordenen Regentin in Wien niemand etwas gegen Kriege hatte. Nur sollten diese sich, wenn irgend möglich, lohnen.

Nun, neun Monate später, sitzt Joseph in der über die ungarische Tiefebene rumpelnden Kutsche. Er reist inkognito, wie immer, also ohne Pomp und repräsentatives Brimborium. Er befindet sich auf dem Weg nach Siebenbürgen und – was zu diesem Zeitpunkt weder seine Mutter noch der wesentliche Teil des Staatsapparats wissen dürfen – nach Galizien. Schließlich will er die hinzugewonnenen Provinzen selbst in Augenschein nehmen und herausfinden, ob sich die Akquisition einst rechnen wird oder nicht. In einigen Stunden wird der Tag anbrechen und die kleine Reisegesellschaft in Ofen eintreffen. Doch noch ist es Nacht, eine stürmische, mondhelle und kalte Nacht.[3]

Der Kaiser bekommt kein Auge zu. Sollte er Gewissensbisse haben? Er wusste, was die Welt dachte. Noch Ende des Jahres hatte er den englischen Gesandten Lord Stormont zu sich gebeten, um ihm die Teilung Polens zu erklären sowie ihn dafür zu gewinnen, dass er, Joseph, weder schändlich noch prinzipienlos, sondern nur aus absoluter Notwendigkeit gehandelt habe.[4] Aber hatte er das wirklich? War er nicht in diese angebliche Notwendigkeit hineingezwungen worden? Friedrich der Große und die Zarin waren die eigentlichen Architekten der Teilung – nur, wie sollte er, der doch auch zu den Großen gehörte, sich da raushalten?

Partager le gâteau, wie man die Teilung Polens, auf die im selben Jahrhundert noch zwei weitere folgen sollten, gerne nannte – den Kuchen zerteilen –, war zum beliebten außenpolitischen Schachspiel geworden. Und da dieses Spiel zu den kompliziertesten machtpolitischen Rochaden des 18. Jahrhunderts gehört, sei es nochmals erklärt: Seit die russische Zarin Katharina II. ihren verflossenen Liebhaber Stanisław Poniatowski 1764 zum König von Polen gemacht hatte, war das europäische Mächtegleichgewicht erschüttert. Dem vorangegangen war die innenpolitische Schwäche der polnischen Adelsrepublik, die sich lieber in Grabenkämpfen selbst zerfleischte, als eine gute Figur im Konzert der Mächtigen zu spielen. Katharina schlug sich auf die Seite des protestantischen und des orthodoxen Bevölkerungsteils, während Poniatowski – wenig dankbar für Katharinas Gunst – die Gegner Russlands, den katholischen Adel, unterstützte und auf die Hilfe der Österreicher und Franzosen setzte. Als Katharinas Armee daraufhin in Warschau einmarschierte, führte dies zum offenen Widerstand der polnischen Kleinadeligen, der Konföderation von Bar, und dies wiederum zum Bauernaufstand der weißrussischen und ruthenischen (ukrainischen) Bevölkerung Ostpolens. Doch die geopolitische Gemengelage wurde bekanntlich erst so richtig explosiv, als das Osmanische Reich, welches an den Süden Polens grenzte, die Situation ausnutzte und Russland 1768 den Krieg erklärte.

Friedrich II. – auch er war selbstverständlich Teil der machtpolitischen Rochade, und wie stets spielte er in der Liga der Sieger – war zwar mit Katharina ein Zweckbündnis eingegangen, doch allmählich fürchtete er die immer offener zutage tretende Macht seiner neuen Freundin aus Sankt Petersburg. Deshalb hatte er sich 1769 auf das berühmte Treffen mit Joseph II. in Neisse eingelassen, obwohl die Habsburger seine Erzfeinde waren und bleiben würden. Selbst die glänzend inszenierte Freundlichkeit, mit der er auf Joseph zugegangen war, konnte darüber nicht hinwegtäuschen, und tatsächlich war man sich in außenpolitischen Fragen auch nicht nähergekommen. Dann und wann fiel das Wort »Russland« – wie Wölfe auf der Jagd beobachtete in diesen Momenten einer den anderen, mehr nicht.

Auch beim zweiten Treffen 1770 im böhmischen Neustadt hatte es außenpolitisch wieder keine Einigung gegeben. Es hatte auch nicht geholfen, dass Kaunitz die Verhandlungsführung an sich gerissen und Joseph damit gedemütigt hatte. Kaunitz hatte sein *ceterum censeo* – den Eintritt Österreichs auf der Seite der Osmanen gegen Russland – ins Spiel gebracht, doch zu diesem Hasardeurspiel waren weder Maria Theresia noch Joseph bereit gewesen. Dann war, kurz vor dem Ende des Treffens, ein Kurier des Kaymakam von Konstantinopel, des stellvertretenden Gouverneurs, mit einem Brief in Neustadt eingetroffen, in dem der Großwesir – der vom Herrscher eingesetzte Regierungschef und somit zweite Mann im Staate, der Kaymakam war dessen Vertreter – Preußen und Österreich um Vermittlung im Krieg gegen Russland bat. Das versprach ein lukratives Geschäft zu werden und den geheimen Plänen um Polen auf die Sprünge zu helfen.

Joseph nahm in seiner Eigenschaft als militärischer Oberbefehlshaber der Monarchie einige Kreise der zu Polen gehörenden Zipser Gespanschaft (so nannte man hier die Verwaltungseinheiten) in Besitz, während Friedrich die in Moskau ausgebrochene Pest zum Anlass nahm, Westpolen zu besetzen und durch einen Kordon von der russischen Einflusssphäre abzusperren. Außerdem schickte er seinen Bruder Heinrich zu Sondierungen nach Sankt Petersburg. Katharina, so konnte der erstaunte Heinrich bald in Erfahrung bringen, hatte gar nichts gegen die Teilungspläne, sie lachte bloß, und Vizekriegsminister Graf Tschernyschow fragte den Prinzen, ob es nicht das Beste für alle sei, wenn sie sich jeweils das ihre Stück von Polen nehmen würden.[5] Damit war der Raub in der Luft, auch wenn es noch knappe zwei Jahre brauchen sollte, bis sich alle auf ein gemeinsames Vertragswerk geeinigt hatten. Ein Drittel der polnischen Bevölkerung und ein Viertel des Territoriums wechselten bei diesem Länderschacher Herrscher und Einflusssphäre.

Maria Theresia hatte weder Krieg noch Teilung gewollt. Wieder und wieder denkt Joseph an die Auseinandersetzungen mit seiner Mutter zurück. Hatte *Votre Majesté* denn vergessen, dass die vermeintliche Schwäche der Monarchie, damals, als sie 1740 den Thron bestieg, zum Österreichischen Erbfolgekrieg geführt und der Untergang des Habsburgerreichs nur verhindert hatte werden können, weil die Ungarn ihr mit kampffähigen Truppen und einem beträchtlichen Beitrag zur Kriegskasse zur Seite gestanden hatten? Nur in allerletzter Minute hatte die junge Regentin damals ihre Macht behaupten können.

Schwäche, so schlussfolgert Joseph, nun doch von den wärmenden Strahlen der aufgehenden Sonne in einen Halbschlaf versetzt, rentiert sich einfach nicht.

Ofen – Audienzen in der Kutsche

»Ho, ho!«, hört er seinen Kutscher rufen, der offensichtlich die Pferde zügelt und zum Stehen bringen will.

Sind wir angekommen, fragt sich Joseph, während er sich den Schlaf aus den Augen reibt. Er hört Stimmen. Einige sprechen Ungarisch, andere Deutsch, dazwischen Wortfetzen, Französisch und frühneuzeitliches Latein. Es herrscht das aufgeregte Durcheinander, das überall dort entsteht, wo er mit seiner Reisegesellschaft eintrifft. Er hat schlecht geträumt. Davon, dass seine Kutschen in den Weiten Galiziens im Schlamm stecken geblieben sind. Davon, dass weit und breit keine Menschenseele auszumachen war, während ihre Vorräte zur Neige gingen. Davon, dass er und Graf Nostitz schließlich auf ihren Pferden davongaloppierten, um Hilfe zu holen, dabei jedoch tiefer in die Wälder und undurchdringlichen Sümpfe gerieten, bis die Pferde im Morast verreckten und sie selbst, vom dichten Gestrüpp blutig gekratzt, zu Fuß weiterwandern mussten. Sie gerieten in eine immer undurchsichtigere und fremdere Welt, bald waren sie ohne jegliches Ziel, preisgegeben einer ihnen nicht mehr erinnerlichen Mission.

Joseph atmet tief ein. Als ob ihn seine geheimen Wünsche irgendwie beunruhigen würden. Dabei ist doch das Gegenteil der Fall, denkt er, während er die letzten Reste seines Albs am Rande der Nacht abschüttelt.

Tok tok, sein Kammerdiener klopft an den Wagenschlag und öffnet ihn. Zwei ungarische Verwaltungsbeamte stehen fröstelnd vor ihm und warten auf ein Zeichen, um in die Kutsche steigen zu dürfen. In ihr verbeugen sie sich ehrerbietig und durch den wenigen Platz gegeneinanderstoßend, während die Kutsche mit einem Ruck wieder anfährt und die beiden Beamten stolpernd in die Sitzpolster auf der dem Kaiser gegenüberliegenden Seite befördert. Joseph muss sich abwenden, um sie nicht mit seinem Lachen zu inkommodieren – er kennt das Spektakel schon. Er selbst hatte diese Art der Audienzen ins Leben gerufen und seither immer wieder praktiziert. Es sparte Zeit, wenn er Verwaltungsbeamte – in diesem konkreten Fall die Obergespane aus den Komitaten (Verwaltungsdistrikten) Gran und Komorn – zu sich in die Kutsche bat, anstatt sie in ihren Kanzleien aufzusuchen.

Bis Ofen werden die zwei Männer nun mitfahren, eine gute Stunde Zeit wird er für ihrer beider Angelegenheiten erübrigen. Das sollte reichen, überlegt der Kaiser ein wenig reserviert. Die ungarischen Angelegenheiten waren ein stetes Ärgernis, das größte Hindernis bei der Schaffung eines einheitlichen modernen Staates. Und doch, das ungarische Königreich verfügte über eine Fläche, die in etwa der Größe aller anderen Erbländer zusammen entsprach, und so war das Land, auch wenn Handel und Gewerbe gegenüber den anderen Regionen hinterherhinkten, von größter Bedeutung für die Monarchie.

»Den Bauern fehlt es an Saatgut«, klagt der eine Beamte, während der andere, ihm beipflichtend, nickt.

»Aber«, versichert er, »man sei der Sache hinterhergegangen, sodass dennoch mehrheitlich alles angebaut sei.«[6] Beide blicken stolz, während Joseph in ihren Zügen zu lesen versucht. Was wollen sie ihm damit sagen? Er traut ihnen nicht. Steckten sie doch allesamt mit den Magnaten unter einer Decke. Diese Angehörigen des ungarischen Hochadels klammerten sich wie sonst keine Elite des Reichs an ihre Privilegien. Aber es ist zu früh am Morgen für bohrende Fragen, und ohnehin würden die Lamenti noch den ganzen Tag weitergehen, schließlich stand am Nachmittag in Pest noch der Empfang der Abgesandten der königlichen Tafel, also der ständischen Vertretung des Landes, auf dem Programm.

»Allein die Teuerungen …«, fängt nun wieder der Obergespan aus Gran an. Gran oder Esztergom, wie die Stadt auf Ungarisch, der Sprache der unteren Schichten, genannt wurde, war Sitz des Erzbischofs und Primas von Ungarn. Das Komitat war eines der ältesten und seine Hauptstadt über Jahrhunderte Sitz der ungarischen Herrscher gewesen. Eine stolze Stadt, 1543 von Suleiman dem Prächtigen erobert und erst im Frieden von Karlowitz 1699 samt dem übrigen Zentralungarn erstmals unter die Oberherrschaft der Habsburger gekommen. Nach der osmanischen Eroberung wurde Pressburg Sitz des Erzbischofs von Esztergom und Hauptstadt des Königreichs Ungarn. Die dort verwahrte Stephanskrone – im Jahr 1000 wurde der erste christliche König Ungarns, der heilige Stephan, damit gekrönt – verkörperte die Souveränität und den ganzen Stolz der Ungarn. Sie war gewissermaßen das Herzstück des ungarischen Ständesystems und seiner unumschränkten Adelsmacht. Wer sie aufs Haupt gesetzt bekam, leistete damit auch den Eid auf die Goldene Bulle von Ungarn, jenen Gesetzestext, der seit dem 13. Jahrhundert die Rechte der ungarischen Adligen und ihres Landes festschrieb.

Während die beiden Obergespane dem Kaiser ausufernde und mit den Wappen ihrer Gespanschaft versiegelte Berichte aushändigen –

verfasst in Latein, das hier sowie in Siebenbürgen die Amtssprache bildete –, neigt sich die Audienz ihrem Ende zu. Die Kutschen haben Ofen erreicht, und die Beamten verabschieden sich.

Joseph blättert in ihren Berichten. Wenn er nur endlich allein regieren würde, dann würde er eine einheitliche Amtssprache in seinen Ländern einführen, vor allem aber dieses verdammte Latein abschaffen. Was für ein Unsinn, denkt er voller Missmut, eine Nation in einer Sprache zu regieren, die nur noch von den Gelehrten gesprochen wird, sonst aber tot ist.[7] Er liest weiter. Alles sowieso nur Küchenlatein, nicht die Sprache des heiligen Thomas von Aquin. Er selbst konnte sich ebenso gut in Latein ausdrücken wie in Deutsch, Französisch, Italienisch oder Tschechisch (hingegen sprach er bekanntlich weder Ungarisch noch Rumänisch, die Sprache der Unterschichten). Das war es nicht. Es ging, wie immer, um sein oberstes Ziel, um die Einheit des Staates. Und – in diesem speziellen Fall – auch darum, durch die Abschaffung der lateinischen Amtssprache, die kein Bauer, kein Geselle und nicht einmal die Handwerker verstanden, den Vorrechten der Stände ein Ende zu setzen.

Während Joseph Pläne zu einer allgemeinen Sprachreform schmiedet, sind die Kutschen von Ofen über die Brücke nach Pest gelangt, wo er in seinem Quartier, dem Gasthof zum Weißen Wolf, ein bescheidenes Mittagsmahl einnimmt, einige Seiten diktiert und sodann die Würdenträger der königlichen Tafel – eine repräsentable Versammlung der Landeselite – zur Audienz empfängt, *mit welchen ich mich auch über lauter juristische Fragen unterhielt.*[8]

Maria Theresia hatte, durch den Erbfolgekrieg in die Knie gezwungen, 1741 den ungarischen Landtag einberufen und sich in Pressburg zum König von Ungarn krönen lassen – wohlgemerkt zum König, denn eine Königin sahen die ungarischen Statuten nicht vor. Erst nach fünf Monaten erbitterter Verhandlungen zwischen der Monarchin und den ungarischen Ständen – oder anders ausgedrückt: in neunzig Sitzungen – hatte Maria Theresia ein Landesaufgebot von 100 000 Soldaten zugestanden bekommen. Im Gegenzug hatte sie den Ständen aber fast alle der ihr abverlangten Privilegien zugesichert. Die theatralische Szene war schon bald von niemand Geringerem als Voltaire zum verklärenden Mythos hochgeschrieben worden. *Nachdem sie die Stände des Reichs in Pressburg versammelt hatte, erschien sie vor ihnen mit ihrem erstgeborenen Sohn, fast noch ein Säugling, auf dem Arm und sprach auf Lateinisch zu ihnen …*[9]

»*Verlassen von meinen Freunden, überfallen von meinen nächsten Verwandten*«, deklamiert Joseph, »*habe ich keine andere Zuflucht als eure Treue, euren Mut und meine eigene Standfestigkeit.*« Der Kaiser lacht. Er kann die Stelle in Voltaires Werk über Ludwig XV. auswendig aufsagen.

Er und sein Kämmerer Friedrich Moritz von Nostitz vertreten sich die Füße im Freien, die Audienz mit den Magnaten war lange und mühsam gewesen.

»*Und damit*«, trägt Joseph weiter vor, »*hatte sie die Palatine derart gerührt, dass sie ihre Säbel zogen und ›Moriamur pro rege nostro Maria Theresia‹ riefen! Lasset uns sterben für unseren König!*« Und so weiter und so fort. Was für eine Szene![10]

Nostitz nickt. Auch er kennt die Quelle. »Voltaire ist wahrlich ein Meister«, sagt er.

Beiden war bekannt, wie sehr sich dieses erste fiktive Bild von seiner Majestät und dem Thronfolger schon bald im Bewusstsein der Untertanen festgesetzt hatte. Es hatte nicht lange gedauert und niemand konnte sich mehr daran erinnern, dass der listige Vielschreiber und Aufklärer die Pointe mit dem kleinen Joseph auf dem Arm Maria Theresias einfach hinzuerfunden hatte. Voltaire wusste schließlich, was gute Dramaturgie war und wie er sein Publikum erreichte.

Als Kind hatte Joseph die Ungarn verehrt, sie für mutige Märchenhelden auf prachtvollen Pferden gehalten. Oft war er bei Hof in ungarischer Tracht aufgetreten, und sein Ajo, sein Erzieher Fürst Batthyány, erzählte ihm eindrucksvolle und spannende Geschichten vom heiligen Stephan. Doch als er etwas von Politik und der inneren Verfasstheit der Monarchie zu verstehen begann – sein Lehrer Johann Christoph von Bartenstein hatte eigenhändig vierzehn Bände für die historische Erziehung des Kronprinzen verfasst, während Christian August Beck Josephs kritisches Auge in puncto Recht und Verfassung geschult hatte –, wurde ihm klar, welche Probleme die Sonderstellung der Ungarn für das Staatsganze brachte. Das wusste selbst seine Mutter, nur musste sie den Ungarn Zeit ihres Lebens dankbar sein. Nach dem turbulenten Krönungslandtag berief sie allerdings nur zwei weitere Landtage ein, der letzte, 1764, endete im offenen Eklat. Auch danach hatten die Ungarn keine der Reformen seiner Mutter mitgemacht. Der Adel blieb steuerfrei, was nicht nur ungerecht, sondern für die wirtschaftliche Entwicklung des Landes negativ war. Die Leibeigenen fristeten ein noch viel elenderes Dasein als in Böhmen. Und selbst das neue Rekrutierungssystem hatte in Ungarn nicht gegriffen, denn die Stände lehnten die Seelenkonskription ab – die Adeligen fanden es nicht standesgemäß, genauso wie ihr Vieh und ihre Leibeigenen abgezählt zu werden.

»Die Macht der Magnaten ist ein Skandalon«, bemerkt Joseph zu Nostitz. Sollte er einmal allein regieren, würde er alles ändern. Er würde eine Volkszählung durchführen, koste es, was es wolle, denn ohne Fakten gab es keine sinnvollen Reformen. Und dann würde er sukzessive alle Neuerungen auch auf Ungarn ausdehnen.

Sie werden von den Aufständen und Tumulten in Ungarn gehört haben, hatte Maria Theresia schon 1766 – Joseph war gerade ein Jahr als Mitregent an ihrer Seite – an ihre Freundin Sophie Enzenberg geschrieben, *das sind die Folgen der Grausamkeiten von diesen Magnaten, die die armen Leute so quälen. Sie werden es nicht glauben, aber der verstorbene Primas, der Fürst Batthyány, und alle Esterházys sind Meister der Unterdrückung des Volkes.*[11] Bei allem guten Willen, den er, Joseph, den Ungarn gegenüber zu zeigen versuchte – er bereiste das Land oft und hielt regelmäßig Manöver ab –, würde seine Geduld mit den unabänderlichen ungarischen Verhältnissen im Laufe seiner Regentschaft an ihr Ende kommen. Nach Maria Theresias Tod würde er ihnen nicht nur systematisch alle Reformen aufzwingen, die sie bislang abgelehnt hatten, er würde sich auch weigern, zur Krönung in Pressburg zu erscheinen. *Der König mit dem Hut*, wie er in seiner Zeit als Alleinregent darum genannt werden würde, sollte 1784 auch noch die Stephanskrone von Pressburg nach Wien überführen. Eine beispiellose Provokation, für die Ungarn nichts anderes als blanker Raub.

Die Krone war ein heiliger Gegenstand, der ungarische Adel betrachtete sie wie einen Ehering, der das ständische Ungarn mit dem König verband, doch nur sie, die Adeligen, waren es, die über den Ring verfügten. Und Wien war für sie lediglich die Hauptstadt eines fremden, wenn auch verbündeten Landes. Als der geschlossene Wagen mit der schweren, eisenbeschlagenen Kiste, in der sich die Krone befand, am 15. April 1784 die Krönungsstadt Pressburg verließ, war das Entsetzen der Menschen groß. Sie standen in Trauerkleidung vor dem Schloss Spalier, und nur wenige Jahre später, kurz vor Josephs Tod, würde sich ihr Zorn in einem derart mächtigen Aufstand entladen, dass der Kaiser seine Reformen zurücknehmen musste.

»Irgendwann«, so sagt Joseph müde zu Graf Nostitz, »werde ich hart durchgreifen.«

Anschließend gehen sie zu Bett, es ist noch früh, doch sie haben einen beschwerlichen Reisetag vor sich. Um vier Uhr morgens sollten die Kutschen Pest verlassen.

Großpold – Deportationen ans Ende der Welt

In größter Hast war Josephs Reisegesellschaft – diesmal hatte er neben Nostitz nur seinen zweiten Kämmerer Joseph Graf von Siskowitz und General Karl Clemens Pellegrini mitgenommen – nach Süden, durch das Banat und dann Richtung Osten durch die westrumänischen Karpaten gereist. Schon zwei Wochen nach der Abfahrt aus Wien hatte man die Grenze Siebenbürgens erreicht. Das war, wenn man bedenkt, dass Joseph auch in Temesvár eine ganze Reihe von Audienzen abgehalten hatte, ein rasantes Reisetempo. Doch es war ihnen gar nichts anderes übrig geblieben als derart zu eilen, Siebenbürgen war genauso weit entfernt von Wien im Osten wie Frankreich im Westen, eine enorme Wegstrecke also. Im Süden grenzte das Großfürstentum an das Osmanische Reich, dessen Vasallenstaat es zur Zeit der Osmanischen Herrschaft über Ungarn gewesen war. Im Frieden von Karlowitz an Habsburg gekommen, beanspruchte Ungarn das historisch zum ungarischen Königreich gehörende Land, doch in Wien hatte man sich – eine der wenigen Forderungen Ungarns, denen Karl VI. und Maria Theresia nicht nachgegeben hatten – erfolgreich dagegen gewehrt. Seither wurde das Fürstentum Siebenbürgen direkt aus Wien durch die siebenbürgische Hofkanzlei verwaltet.

Pass überquert, Fahrweg in Siebenbürgen, kann sowohl mit Pferden als auch Wägen passieret werden, heißt der freudige Eintrag im Reisejournal vom 21. Mai.[12] Der Kaiser war nun in der historischen Region des dakischen Königreichs angelangt, und sogleich hatte er ein Dorf besichtigt, ein Überbleibsel der antiken, dakischen Hauptstadt Sarmizegetusa, daneben noch ein weiteres Zeugnis der antiken Geschichte Siebenbürgens, eine römische Schanze. Kaiser Trajan hatte um 100 nach Christus das Dakerreich erobert und zur römischen Provinz Dacia erklärt. Das Gold und Silber der Karpaten war berühmt und weckte über die Jahrhunderte hinweg Begehren. Im 18. Jahrhundert befand sich das größte Goldbergwerk des Landes im kleinen Bergwerksdorf Nagyág, einer wilden Gegend, die Joseph mit seinen Reisegefährten nur zu Pferde erreichte. Ein Achtel der Erträge würden direkt nach Wien zur Kaiserin geschickt, verkündete voller Stolz der Bergwerksleiter dem Kaiser, was Joseph mit deutlicher Befriedigung zur Kenntnis nahm.

Die nächsten drei Tage ging es – zum Teil fünfzehn Stunden im Sattel – durch das gebirgige Land der südwestlichen Karpaten. Sie kamen an Quarantänestationen vorbei, besichtigten Schulen, in denen die Kinder Deutsch lernten, hörten sich die Klagen der Bauern über die übermäßige und harte Robot an und trafen schließlich in Weißenburg ein, der ehemaligen Hauptstadt des osmanischen Vasallenstaats Siebenbürgen. Sie war durch den Sieg der kaiserlichen Truppen über die Osmanen in der zweiten Hälfte des 17. Jahrhunderts zu Österreich gekommen. Im Auftrag des Prinzen Eugen bauten die Österreicher die zerstörte Festung wieder auf und nannten sie – nach Josephs Großvater Karl VI. – Karlsburg. Gleichzeitig verlegten sie das administrative Zentrum des Landes nach Hermannstadt.

In dem inneren Raum der Festung ist so die Residenz des Bischofs, hielt der Kaiser akribisch in seinem Reisejournal fest, *die Domkirche, wo verschiedene Grabmäler der Nationalfürsten zu sehen sind …*[13] Auch eine Münzpräge befinde sich auf der Festung und ein Trinitarierkloster. *Das einzige im Land.* Im Ort Karlsburg lebten Deutsche, Ungarn, Walachen und fünfunddreißig jüdische Familien, die sonst nirgends im Land geduldet wurden.

Im Grunde waren weder Walachen noch Juden in den Städten gern gesehen. Erstere stellten zwar die Mehrheit der Bevölkerung, als leibeigene Bauern der ungarischen Großgrundbesitzer waren sie jedoch vollkommen rechtlos. Und anders als in Galizien genossen Letztere, die Juden, in Siebenbürgen keine besonderen Vergünstigungen, weshalb es bis zum Ende des 18. Jahrhunderts hier nur wenige jüdische

Händler gab. Hingegen waren schon seit dem Mittelalter deutsche Siedler als Bauern und Handwerker nach Siebenbürgen eingewandert. Als Siebenbürger Sachsen genossen sie größere Privilegien als deutschen Siedlern in Osteuropa jemals gewährt wurde. Die Sonderrechte galten auf dem sogenannten Königsboden, den sie zuerst besiedelt hatten, und wurden ihnen in den folgenden Jahrhunderten immer wieder urkundlich bestätigt. So entstand in Städten wie Hermannstadt, Kronstadt, Klausenburg oder Schäßburg eine eigene Kultur unter der Autonomieverwaltung der Nationsuniversität, ein seltsamer Name, der die Gesamtheit des Volkes beziehungsweise der Siebenbürger Sachsen bezeichnet, nicht etwa eine Universität im landläufigen Sinne.

In Siebenbürgen hatte es keine Gegenreformation gegeben, es herrschte Glaubensfreiheit, und so wurden in das Land, das weit genug weg im östlichsten Winkel des Habsburgerreichs lag, unter Karl VI. und Maria Theresia Protestanten aus Österreich deportiert. Wenn man noch die Szekler hinzuzählt, eine ungarische Volksgruppe, die als Grenzer im Mittelalter im Osten des Landes angesiedelt worden war, hatte Siebenbürgen eine einzigartige und in ihrer sozialen Zusammensetzung mehr als komplizierte Bevölkerungsstruktur.

Kurz vor Hermannstadt, in den Ortschaften Großpold und Kleinpold, trifft der Kaiser am 28. Mai auf die ersten Transmigranten, so nannte man beschönigend die Deportierten. Die von Großpold und Kleinpold waren Protestanten aus Oberösterreich und Kärnten, sie waren im Jahr 1753 hierher umgesiedelt worden, weil sie, trotz aller Bemühungen im Zuge der Rekatholisierung unbekehrbare Ketzer geblieben waren, ja, den Irrglauben sogar im Geheimen weiterpraktiziert hatten. Der streng katholischen Maria Theresia waren diese Krypto-, also Geheimprotestanten von jeher ein Dorn im Auge. Sie hatte zwar eingesehen, dass sie in Böhmen und Ungarn den Protestantismus nicht ausrotten würde können, doch die Hoffnung, dass sich wenigstens in den deutschen Erblanden der rechte katholische Glaube lückenlos durchsetzen ließe, hatte sie nicht aufgegeben. Aber die Alpentäler zwischen Oberösterreich, Steiermark, Kärnten und dem Salzkammergut waren unzugängliche, vom Rest der Welt abgeschnittene Regionen, in denen viele Menschen ihre Lutherbibeln behalten und dezidiert protestantisch bleiben wollten. Viele kannten sich theologisch erstaunlich gut aus, etliche konnten sogar Lesen und Schreiben, der Glaube der Reformation war ihnen zum Herzensanliegen geworden. Nicht Unwissenheit hatte also den Glaubensabfall, wie Maria Theresia es nannte, bewirkt, und so gab es nach ihrer Logik nur einen Ausweg: die Aussiedlung, mithin die *räudigen unheilbaren Schaf von der gesunden Herde* abzusondern.[14] Allein in den 1750er-Jahren wurden 3000 Kryptoprotestanten nach Ungarn und Siebenbürgen deportiert, darunter auch jene in Groß- und Kleinpold, die der Kaiser nun auf seiner Reise besuchte.

»Euer Majestät gehorsamster Diener«, begrüßt ihn der Dorfvorsteher im weichen, melancholischen Deutsch der Kärntner, während sich die versammelten Bauern auf den Boden werfen und Joseph die Hände zu küssen versuchen.

»Nicht doch, steht auf und erzählt!« Das muss der junge Monarch nicht zweimal sagen, wie Sturzbäche bricht es aus den Menschen hervor, sie berichten von ihrem Schicksal wie Schiffbrüchige, die sich noch knapp an Land retten hatten können und selbst erstaunt darüber sind, dass ihr bescheidenes Leben so reich an Abenteuern und Schrecknissen ist. Die Transmigranten konnten sich, als sie die Heimat verließen, weder von ihren erweiterten Familien verabschieden, noch wurden ihnen die Transportkosten erstattet. Alles war einfach zu schnell und zu rücksichtslos vonstattengegangen. Bei den langen Märschen bis in den äußersten Südosten der Monarchie waren nicht wenige gestorben, und waren sie erst einmal an ihrem Bestimmungsort angekommen, so erwartete sie das harte Los der Siedler und Grenzer. Etwa die Hälfte aller nach Siebenbürgen Deportierten starb oder verschwand spurlos, und nur einer begrenzten Anzahl gelang es, in der Fremde eine neue Existenz aufzubauen.[15]

»Unser Geld, Majestät! Seit Jahren warten wir nun schon darauf, obwohl Eure Majestät, die Kaiserin, es uns versprochen hat«, klagen die Großpolder einhellig. Es ging um ihr in Kärnten und Oberösterreich zurückgelassenes Vermögen. Man hatte ihnen zwar versprochen, sie zu entschädigen, doch passiert war all die Jahre seit ihrer erzwungenen Auswanderung nichts.

Der Kaiser nickt und lässt den Missstand notieren. Er spricht mit allen, lobt hier den schönen Ort mit den gut gebauten Häusern, spendet dort Trost, wo die Menschen vor Heimweh fast sterben wollen und sich nach nichts anderem sehnen, als zurück in ihre alte Heimat zu gehen.[16]

Der Kaiser war auf die teils erschütternden Berichte vorbereitet gewesen. Seit einem Jahr ging es bei Hof um die Stadler Protestanten, eine der letzten Gruppen von Abtrünnigen, die Maria Theresia außer Landes wissen wollte. Im April 1772 war eine Abordnung aus Stadl in der Obersteiermark nach Wien gekommen, um durch die Vermittlung eines am Hof tätigen protestantischen Agenten namens Joseph Mathola an höchster Stelle die Erlaubnis zum freien *exercitium religionis* zu erlangen. Dies hatte zur Folge, dass die Bewohner von Stadl einer strengen Untersuchung unterzogen wurden. Der Bericht darüber war im März 1773 – also kurz vor Josephs Abreise – der Hofkanzlei vorgelegt worden. Es folgten Umerziehungsversuche, Missionierung, Strafen und schließlich, im April 1774, die Abschiebung von 162 Menschen. Und das, obwohl Joseph aus seiner Kritik am System der Transmigration keinen Hehl machen wird, sobald er von seiner Reise nach Siebenbürgen und Galizien zurückgekehrt war.

Nicht nur hatte er das Schicksal dieser Menschen kennengelernt, er glaubte ganz grundsätzlich, so wie die Aufklärer seiner Zeit, dass das Gewissen sich keinem Zwang füge. Schon 1765, zu Beginn der Mitregentschaft, hatte er in einer Denkschrift seine Gedanken dazu festgehalten. Jede erzwungene Konversion sei wertlos, hatte er notiert. Seit dieser Zeit hatte er den Toleranzgedanken klar vor Augen. Der Staat habe nicht in den Seelen der Untertanen zu kramen, dies solle er Gott überlassen und sich stattdessen um deren Talente und deren Geschäftstüchtigkeit kümmern.[17]

Den Kampf um die Stadler würde er verlieren, dafür aber am 7. November 1774 der Hofkanzlei den Befehl erteilen, die »Transplantationen«, wie man die Deportationen auch bezeichnete, einzustellen. Der Streit mit seiner Mutter war vorprogrammiert und sollte bis zu deren Tod anhalten. 1775 lieferten sie einander einen Krieg der Briefe, denn die Bauernrevolten in Böhmen waren nicht nur Ausdruck des anhaltenden wirtschaftlichen Elends, sondern sie hatten auch in religiösen Fragen Sprengkraft, drohten die Protestanten in Böhmen und Mähren doch mit der Auswanderung nach Preußen.[18] Der Streit gipfelte in einem Schreiben Maria Theresias am Weihnachtsabend 1775, in dem sie Joseph Gleichgültigkeit gegenüber Gott und Kirche vorwarf, wenn er die Einführung der Religionsfreiheit in den Erblanden auch nur ins Auge fasse. Sie bete zu Gott, dass er diese gotteslästerliche, eines katholischen Herrschers unwürdige Idee aus seinem Kopf vertreiben und auch alle anderen gefährlichen Pläne, die er hege, die Abschaffung der Feudalrechte, die Pressefreiheit und dergleichen, in seinem Herzen ausrotten möge.[19]

Daraufhin bot Joseph seinen Rücktritt an. Wie immer löste das nur eine Flut weiterer Briefe aus, bis er am Ende blieb. Hinter seinem Rücken schob die Monarchin 1776 zum letzten Mal Protestanten nach Siebenbürgen ab, und 1777, als der Protestantenaufstand in Mähren ausbrach, griff sie mit drakonischer Härte durch. *Sie haben wieder eine*

Maßnahme getroffen, die ich als schädlich missbillige, denn ich weiß, sie muss zwangsläufig neue Wirren hervorrufen, schrieb er seiner Mutter fassungslos.[20] Doch der Toleranzgedanke war schließlich kein Spleen eines radikalen Denkers, sondern – selbst wenn Joseph ein Vorreiter war – ein Gebot der Epoche. Und so sollten die unterschiedlichen Toleranzpatente, die Joseph ab 1781 für alle Protestanten und 1782 für die Juden in seinen Ländern erließ, eine gewaltige kulturelle Veränderung in Gang setzen.

Hermannstadt – Nur die Walachen haben keinerlei Rechte

Am 28. Mai war man in Hermannstadt eingetroffen, wo Joseph für einige Tage bleiben und sich ein erstes Bild von den Zuständen machen wollte. Das Gymnasium, in dem evangelische und katholische Schüler gleichermaßen und unentgeltlich unterrichtet wurden, gewann sein Lob. So auch das Spital für katholische und evangelische Greise, nicht minder das Waisenhaus der Stadt. Die gelebte Toleranz Siebenbürgens hinterließ einen bleibenden Eindruck beim Kaiser.

In der Frühe lese ich bis ½ 9 Uhr, hernach ging ich zu den Jesuiten, so die Pfarrkirche hier sind, in den Gottesdienst … aber die Musik abscheulich.[21] Danach begibt sich Joseph in sein Quartier und hält Audienzen für Militärbeamte und die Mitglieder des Guberniums, der Verwaltungsbehörde des Großfürstentums Siebenbürgens. Am Abend nimmt Joseph ausnahmsweise Einladungen in die Gesellschaft an, zum Beispiel beim Fürsten Bethlen, bei dem stets alle edlen Damen und Offiziere versammelt sind und sich beim Glücksspiel vergnügen. Parfümierte Perücken und die Mode längst verflossener Jahre, Provinzglanz und das Bemühen, möglichst kosmopolitisch zu wirken geben dem Ganzen etwas Bemühtes, auch wenn die Speisen überbordend und die Weine erlesen sind. An Geld schließlich mangelt es dem Fürsten nicht.

Die ungarische Magnatenfamilie Bethlen war eine der ersten Adelsfamilien Siebenbürgens, ihr berühmtester Vertreter, Gábor Bethlen, war im 17. Jahrhundert Fürst von Siebenbürgen geworden und hatte im Dreißigjährigen Krieg als Protestant gegen die Habsburger gekämpft und ganz Oberungarn erobert.

Joseph kann, allein um die Struktur des Landes besser zu verstehen, solche Abendeinladungen nicht ausschlagen. Doch er geht schon um halb neun in sein Quartier, Gesellschaften in Adelshäusern sind ihm endlos mühsam. Die Gespräche über die Jagd und die schönen Töchter sind immer die gleichen, und das blasierte Selbstwertgefühl der Anwesenden – egal wo in seinen Ländern er zu Gast ist – nervt ihn über alle Maßen. Da diktiert er lieber seinem Sekretär ein paar Zeilen über die Verwaltungsbeamten in die Feder, die er bereits kennengelernt hat.

»Nehmt Papier und Tinte mit, es ist noch nicht spät und meine Erlebnisse sind noch frisch«, sagt er, nachdem er den guten Mann in seinem Zimmer ausfindig gemacht hat.

»Euer Majestät untertänigster Diener, sofort, ich komme sofort.«

Und dann geht es los, wenige werden verschont von Josephs genauer Beobachtungsgabe, seinem kritischen Verstand und seinem sarkastischen Humor. Über Gubernialrat Graf Haller befindet er beispielsweise, er sei einer dieser Männer, von denen man nie gewusst hätte, dass sie *den Erdboden beschweret, wenn er nicht des Grafen Grasalkovics Tochter, die so eine hübsche und artige Frau ist, geehelicht* hätte. Graf Teleki sei ein *abgeschworerner Feind aller Neuigkeiten*, immerhin sei Graf Kornis katholisch, und er habe *Talent und sehr viel Redlichkeit*, doch allein Farkas Bánffy sei ein Mann, *der Kenntnis von den Geschäften, deren Leitung, wie auch die Mäßigung seiner selbst besitzt.*[22]

Die Mehrheit der oberen Beamten Siebenbürgens entstammte dem ungarischen Adel, der fast ausnahmslos die Großgrundbesitzer stellte. Die Siebenbürger Sachsen bildeten das städtische Bürgertum, auch wenn es einige unter ihnen in den Adelsstand gebracht hatten. Mit den Szeklern bildeten die drei Volksgruppen die drei Stände des Großfürstentums. Nur die Walachen, die, so würde es der Kaiser in seiner achtzigseitigen Relation über Siebenbürgen später betonen, doch unzweifelhaft die älteste Bevölkerung von Siebenbürgen und die große Masse des ländlichen Volkes bildeten, seien völlig rechtlos und würden von allen, Ungarn wie Sachsen, derart gequält, dass ihr Los noch bemitleidenswerter sei als das der böhmischen Leibeigenen.

Am 3. Juni besucht der Kaiser den Gubernator von Siebenbürgen, Samuel von Brukenthal, auf seinem Landgut in Freck außerhalb von Hermannstadt.

»So viele Klagen, lieber Brukenthal«, sagt Joseph kurz nach der Begrüßung zu seinem Gastgeber. Es ist ein herrlicher Sommertag, und der Baron hat, außer sich vor Freude über den Besuch seiner Majestät, im luftigen Gartensaal seines prächtigen, fast mediterranen Anwesens für ein mehrgängiges Menü decken lassen.

Brukenthal war schon in den frühen 1750er-Jahren als Beauftragter der Sächsischen Nationsuniversität an den Hof Maria Theresias gekommen, daher kannte er Joseph seit dessen Kindheit. Schon sein Vater, Königsrichter in Leschkirch, hatte es in den Adelsstand geschafft, der Sohn trotz seines Protestantismus, seiner freimütig aufgeklärten Geisteshaltung und der Tatsache, dass er auch noch Freimaurer war, unter der katholischen Herrscherin Karriere gemacht. 1765 hatte er die Leitung der siebenbürgischen Hofkanzlei in Wien übernommen, und nun pendelte er regelmäßig nach Hermannstadt und in sein soeben fertiggestelltes Rokokoschloss in Freck.

»Sie sagen es, Eure Majestät.« Bei Brukenthal läuft Joseph offene Türen ein, der hohe Beamte war wegen seiner Reformfreudigkeit bei allen im Land verhasst, beim ungarischen Adel, den sächsischen Städtern, beim katholischen Bischof und den Generälen.

»*Sagte nicht schon Ihre Majestät, in Siebenbürgen bräuchte man einen Despoten und statt des Zepters die Knute?*«[23] Mit diesen Worten zieht Brukenthal den Bericht eines seiner Beamten aus der Tasche und überreicht das Dokument dem Kaiser. Joseph überfliegt die Seiten rasch. … *jeglicher Untertan wird angehalten seyn, wöchentlich seinem Grundherrn vier Tage hindurch mit der Handrobot, drei Tage hingegen mit seinem Zugvieh zu dienen* … Und ein anderer Beamter schreibt, *der Leibeigene ist ein Sklav seines Herrn. Er hat keine Ressource, er muss nach Willkür viel oder wenig dienen, wann, wie und wo der Herr will … Dieses Land, ich machte mir ein Gewissen daraus, wenn ich es nicht anzeigete, erforderte mehr als kein anderes eine Urbarialregulation* [Verzeichnis über Besitzrechte einer Grundherrschaft und zu erbringende Leistungen der Leibeigenen], *einen oder mehrere ehrliche Kommissarien, wozu ich vor die Komitate und Sekler Stühle wohl Sachsen wünschte.*[24]

Joseph schüttelt den Kopf. »Was, mein lieber Brukenthal, gedenken Sie zu unternehmen?«

»Ohne die Abschaffung der Leibeigenschaft wird sich nicht viel ändern lassen«, meint achselzuckend der oberste Beamte Siebenbürgens und fügt, indem er dem sehr viel jüngeren Monarchen seine Hand auf den Arm legt, fast väterlich hinzu: »Ich weiß, dass Eure Majestät die nötige Durchsetzungskraft besitzen, Großes zu vollbringen. Ich kenne Eure Majestät schließlich seit Kindertagen.«

Kézdivásárhely – Die Entscheidung

Die Inspektionsreise des Kaisers nahm ihren Verlauf – in einem großen Bogen über Kronstadt (wo sogar Türken lebten) immer weiter Richtung Osten, um dann entlang der Grenze, die von den östlichen Karpaten gebildet wurde, Richtung Norden zu führen. Unterwegs warteten Bittsteller auf den Kaiser, wie auf all seinen Reisen hatte es sich wie ein Lauffeuer herumgesprochen, dass sich hinter dem Graf

Falkenstein in Wirklichkeit der Kaiser verbarg. Und so strömten die Menschen jedwedes Alters von überallher zusammen, Männer und Frauen, an der Hand kleine Kinder. Sie fielen vor ihrem Herrscher auf die Knie und hielten ihm, der ihnen wie ein wundersamer Retter aus der Not vorkam, die ängstlich gehüteten Bittschriften hin. »Steht auf« oder »Scula, Scula«, rief er ihnen auf Deutsch und Rumänisch zu, dann nahm er persönlich ihre kostbaren Dokumente in die Hand, um sie, nachdem er mithilfe eines Dolmetschers einige Worte mit jedem gewechselt hatte, in den Postsack zu legen.[25]

Wie schon im Banat oder in Böhmen prägte sich ein einzigartiges Bild der Hoffnung in das Bewusstsein der Ärmsten, für immer würde es in ihren Herzen einen Funken entzünden, sie darin bestärken, dass sie ihre Kinder nicht umsonst zu Fleiß und Arbeit erzögen, dass spätestens sie es einmal besser haben sollten. *Die Leute sind verrückt nach ihm; nie haben sie einen Kaiser gesehen, und so freundlich und populär; aber was sie am meisten überrascht, einen so sparsamen, der keine Bankette abhält; das scheint ihnen unglaublich*, schrieb Maria Theresia am 10. Juni an ihren Sohn Ferdinand nach Mailand.[26]

Die Grenze zum Fürstentum Moldau, so erfährt man aus Josephs Reisejournal, sei gebirgig und rau. Hier dominieren Armenier den Handel über die Gebirgspässe, und die Grenzdörfer werden überwiegend von Szeklern bewohnt. Der Kaiser erkundet die Gegend zumeist im Sattel. Unermüdlich. Alles will er sehen! Russische Kaufleute, die einen regen Pelzhandel betreiben. Grenzer, die gelangweilt ihren Dienst versehen. Orthodoxe Kirchen, die ihn in ihrer Schönheit staunen lassen. Fruchtbares Land, wo Getreide und Flachs angebaut, Vieh- und Bienenzucht betrieben wird. Später, aus Klausenburg, wird Joseph an seinen Freund Moritz Lacy schreiben, dass er die Aufgabe eines Herkules übernommen habe. *Ich lerne, sehe, informiere mich und mache Notizen … ich werde die Härte nie bereuen oder die Jahre, die ich gespendet habe, um mich zu instruieren und nützliche Informationen zu sammeln, auch wenn die Zukunft ungewiss ist und ich dabei das, was die Welt Vergnügungen nennt, vermisse.*[27]

Am 12. Juni dann fasst sich der Kaiser ein Herz, lange hatte er darüber nachgedacht, wie er seinen Entschluss, die Reise doch bis Galizien auszudehnen, seiner Mutter näherbringen sollte. Jetzt, in Kézdivásárhely, einem größeren Marktflecken mit schönen Offiziersquartieren, greift er, nachdem er den wöchentlich eintreffenden Kurier aus Wien empfangen hat, endlich zur Feder.

»Votre Majesté, ma très-chère mère«, beginnt er. Wie schwer es ihm auch ankomme, fährt er fort, sich von ihr und all dem, was man Annehmlichkeiten des Lebens nenne, entfernt zu sehen, so vermöge er dennoch nicht den Wunsch zu unterdrücken, Galizien zu bereisen, wo er durch seine Inspizierung ihr und dem Staate wahre Dienste leisten zu können glaube. Er opfere sich einzig und allein für das Staatswohl, wenn er, auf den Besuch des Lagers (in Ungarn fanden Truppenübungen statt) verzichtend, sich durch die Marmarosch direkt nah Pokutien im Südosten von Galizien begebe und eine Tour durch diese neuen Länder mache. Eure Majestät werde zu beurteilen wissen, was ihrem Dienste fromme, er, der Kaiser kenne nichts als diesen. Käme es auf sein Vergnügen an, so würde er sicherlich lieber ins Lager, insbesondere aber nach Wien zurückkehren. Er würde, so fügt er dem Brief am Ende hinzu, auf ihre Befehle warten.[28]

Doch bis ihre Antwort – die Eilkuriere hatten es in nur acht Tagen bis nach Schönbrunn geschafft – gegen Ende Juni wieder bei ihm eintraf, hatte er bereits alle Vorkehrungen für die Reise in das ihm völlig unbekannte Land getroffen. Er hatte Kuriere nach Lemberg entsandt und bereits am Tag seines Schreibens an Maria Theresia – was sollte es auch, musste er denn als Mitregent immer ihre Entscheidung abwarten? – ein Handbillett an den Präsidenten des Hofkriegsrats General Lacy verfasst, der sich aus Wien um die Marschroute und die Nachtstationen in Galizien kümmern sollte. *Ich werde über Caschau, Wirowa und so weiter, wie es die hierneben folgende Tags Lista zeiget, in Galizien eintreffen. Die ferners beygebogene Lista zeiget Ihnen, was ich in einer jeden Nacht-Station an Victualien* [Lebensmittel] *und zu weiterer Fortkommung an Pferden brauche … Der General Hadik soll mich nur in Lemberg, wohin ich mich ohndiess schier grad verfügen werde, erwarten.*[29] Die Sache war also längst beschlossen.

Die berühmt gewordene Antwort erreichte den Kaiser, als er auf seiner großen Rundreise über Klausenburg wieder in Hermannstadt eingetroffen war. *Meine Ruhe und gute Laune sollten nicht lange dauern … Ich kann diese furchtbare Reise so wenig wie die andern, die Sie so sehr ermüden, mit Ihren Augen ansehen; Sie füllen damit Ihre schönen Tage aus, berauben mich der paar Augenblicke, die mir übrig bleiben, und erfüllen sie mit Bitternis. Helfen Sie mir lieber, die Provinzen, die Sie durchreist haben und die unter unserer Obhut sind, besser in Ordnung zu bringen.*[30]

Der Brief erzürnte Joseph. Als ob er nichts Nützliches hier tue! Als ob diese Reisen sein Privatvergnügen wären! Als ob er nicht auch noch aus der Postkutsche alle wichtigen Staatsratsbeschlüsse verfolge, kommentiere und per Kurier nach Wien sende! Er brauchte sich von ihr kein schlechtes Gewissen einreden zu lassen. Er hatte so viel gesehen, so viele Bittschriften – 15 000 zählte er dieses Mal – eingesammelt, mit so vielen Verwaltungsbeamten, guten wie schlechten, geredet. Er war dabei, seinen achtzigseitigen Bericht über Siebenbürgen zu verfassen und nach Wien zu übermitteln. *Es ist nicht möglich, dass Ihr trotz Eures Scharfsinns und Eifers bei diesen Reisen von zwei und drei Monaten alles beobachten und die richtigen Schlüsse daraus ziehen könnt.*[31] Warum diese Missgunst? Waren all seine Beobachtungen, all die Daten und Fakten, all die durch seine Anwesenheit beglaubigten Missstände nichts? Wie sollte sich etwas ändern, wenn nicht diejenigen, die für diese Änderungen zuständig waren, sich vor Ort ein genaues Bild machten? *Weder die Zarin noch der König von Preußen sind schon dort gewesen.* Eben, aber er würde dort sein, und zwar schon in wenigen Tagen, in Lemberg, vor Ort, ein gewaltiger Vorteil! Gottlob hatte seine Mutter Kaunitz zurate gezogen, und dieser hatte die Reise nach Galizien befürwortet. *Ich lege sein Schreiben bei.*[32]

»Grâce à Dieu!« Joseph schlug mit der Faust auf seinen Schreibtisch. Nun musste er nur noch die Relation zu Ende bringen. Er fühle sich wie ein Gefangener, konstatierte er in seinem nächsten Brief an Lacy, seit fünf Tagen schon sitze er in seinem bescheidenen Quartier und diktiere, schreibe, lese, was die Fragebögen, die er an alle Beamten hatte verteilen lassen, an Details beinhalten, während er weiterhin von walachischen Bauern belagert werde, die Petitionen abgeben wollen.[33] *Das Herz blutet, um selbst zu hören und die Ungerechtigkeit zu beobachten – in der Tat die Unmöglichkeit, einigen armen Menschen Gerechtigkeit widerfahren zu lassen … Das Ziel der Regierung sollte es sein, allen treuen Untertanen, welcher Rasse oder Religion auch immer, gleiche Rechte vor dem Gesetz und gleiche Chancen zu gewähren.*[34]

Tatsächlich sollte sich auch in den kommenden Jahren am Los der siebenbürgischen Bauern nichts ändern. Nur die Hoffnung lebte in ihnen fort, und dort wuchs sie und wuchs, bis sie sich 1784 im größten Bauernaufstand vor der Französischen Revolution entladen sollte. Vasile Ursu Nicola, genannt Horea, ein ehemals leibeigener Bauer, hatte mit zwei Mitstreitern den Aufstand vom Zaun gebrochen, indem er fälschlicherweise behauptete, die Bauern sollten sich mit dem Einverständnis Josephs II. bewaffnen und gegen die ungarischen Grundherren zu Felde ziehen. In kaum drei Wochen dehnte sich die Erhebung auf mehrere Komitate aus, nur das Gebiet der Siebenbürger Sachsen und Szekler wurde verschont. Schlösser wurden niedergebrannt, Felder verwüstet und Adelige gezwungen, ihr Land unter den Bauern aufzuteilen. Am 17. November 1784 gab der Kaiser schließlich dem Gouverneur von Siebenbürgen, Samuel von Brukenthal, die Erlaubnis, standrechtlich gegen die Bauern vorzugehen und die Rebellion endgültig niederzuschlagen. Rund tausend

Todesopfer waren zu beklagen, darunter 150 Adelige. Dutzende Dörfer und über hundert Gutshöfe wurden zerstört. Die drei Hauptverantwortlichen wurden zu Tode verurteilt, ansonsten fielen die Strafen milde aus. Die Wut der Bauern verwandelte sich binnen kürzester Zeit in einen Flächenbrand, ein Ereignis, das in ganz Europa für Aufsehen und Beunruhigung sorgte. Joseph setzte umgehend eine Kommission zur Untersuchung der Ursachen der Auflehnung ein, und die Beamten kamen einhellig zum Schluss, dass die Härte der Grundherren und die verzweifelte Lage der Bauern für die Ausschreitungen verantwortlich waren. Also wurde am 22. August 1785 die Leibeigenschaft in Siebenbürgen aufgehoben und den rumänischen Bauern Freizügigkeit gewährt, es wurden staatlich gestützte rumänische Schulen ins Leben gerufen und ein orthodoxes Priesterseminar erlaubt. Josephs Gegner, insbesondere die ungarischen Grundbesitzer, waren der Ansicht, der Kaiser selbst sei für den Aufstand verantwortlich, er habe 1773 und dann wieder 1783, auf seiner nächsten Reise durch Siebenbürgen, den Bauern unnötig große Hoffnungen auf Veränderungen gemacht.

Galizien – Was für eine unermessliche Aufgabe

Nun also Galizien! In Kaschau erwartete General Laudon Joseph und seine Reisegesellschaft. Der General war einer der erfolgreichsten Militärs des Habsburgerreichs, er hatte im Siebenjährigen Krieg neben Lacy und Daun gekämpft und sollte 1789, mit zweiundsiebzig Jahren, im Krieg gegen die Türken Belgrad erobern. Am 27. Juli ritt man bei Wirowa durch gebirgiges Land über die Grenze. *Das Wasser Oslowa so anfangs in diesen Tälern laufet, muss man sehr oft passieren, welches diesen Weg besonders bey großen Ergießungen* [Hochwasser] *schier impracticable macht.* Auch der Fluss San bei Lisko müsse durchfahren werden, obwohl er hier schon sehr tief sei.[35]

Die Reise versprach anstrengender zu werden als alle Reisen davor, noch schlechter schienen die Straßen, noch öfter würde der Kaiser auf Landreitpferde umsteigen müssen, weil es weit und breit keine befahrbaren Wege mehr gab. Noch karger würden die Quartiere sein, in Galizien hatte er meist die Wahl zwischen leeren Schlössern und jüdischen Wirtshäusern. Und noch öfter als sonst würden sie nicht wissen, ob das vorgesetzte Essen sie nicht krank machen würde.

Er habe einen Diener nur dafür anstellen müssen, dass er die Fliegen verscheucht, schrieb Joseph an die fünf Fürstinnen.[36] Diese Crème der Wiener Gesellschaft war dem oft einsamen Monarchen in den Jahren nach dem Tod seiner über alles geliebten Tochter Maria Theresia zum Familienersatz geworden. Weilte er in der Hofburg, so begab er sich mindestens einen Abend in der Woche in den Salon der Damen, die dann ihr Whist-Spiel unterbrachen, um mit ihm und den beiden einzigen anderen Männern, die im Salon zugelassen waren, Hofkriegsratspräsident Graf Lacy und Oberstkämmerer Graf Rosenberg (die Ehegatten der Fürstinnen waren selbstverständlich unerwünscht), zu diskutieren. Der Kaiser, den sie »le Noble« nannten, war stets der Mittelpunkt, während die Fürstin Clary als Älteste der Runde den »Sekretär«, also gewissermaßen den Organisator gab, und die Fürstinnen Kinsky, Liechtenstein und Kaunitz – Letztere kannte Joseph aus Neapel und Brünn – den Kreis zum Kreis machten. Doch die Fürstin Liechtenstein, Eleonore, Schwester von Leopoldine Kaunitz, hatte sich in das Herz des Kaisers eingeschrieben. Sie war, nach Isabella, seine zweite große Liebe.

Vor zwei Jahren waren sie einander auf dem Hofball nähergekommen, dabei kannte Joseph die Prinzessin, seitdem sie fünfzehnjährig am Wiener Hof vorgestellt worden war. Er hatte ihr in der Folge seine Gunst erwiesen, öfter fuhr er nur deshalb im Augarten spazieren, weil das die Chance erhöhte, ihr zu begegnen. Dann konnte er sie in seine Kutsche bitten und ein Stück des Weges gemeinsam mit ihr zurückzulegen. Sie war nicht nur schön, sondern auch gebildet und von scharfem Verstand. In Diskussionen hielt sie oft gegen ihn, was ihm gefiel. Nicht nur ihrer Scheu vor den Usancen des Hoflebens wegen dünkte es ihm, als wären sie seelenverwandt, er fühlte sich ihr, die mit ihren zarten, anmutigen Gesichtszügen und ihrer fast schwebenden Eleganz so sehr seiner Isabella ähnelte, ganz und gar zugetan.

Ach, wie soll er sich nur auf die Edelmänner in polnischer Tracht und auf ihre nach der französischen Mode herausgeputzten Frauen konzentrieren, die in Lisko zu seiner Begrüßung aufmarschiert sind. Mit einem Mal hat ihn seine Sehnsucht aus dem Hier und Jetzt gerissen. Warum nur hat er Eleonore am Ende verloren?

»Dico vobis, ich sage euch«, beginnt der Kaiser seine kurze Rede in Latein, denn die Edelmänner verstehen ihren neuen Herrscher am besten in dieser Sprache, die auch in Galizien und Polen die der Ämter und Verwaltungen ist.[37] Dann erklärt er ihnen mit der gebotenen Freundlichkeit, dass er als ihr neuer Herrscher alles daransetzen werde, zum Wohle des Landes und seiner Menschen zu handeln. Gleichzeitig flüchten seine Gedanken wieder zu Eleonore. Hatte er sie zu sehr bedrängt? Ihr zu schnell seine Ambitionen offenbart, als sie in Dornbach bei Moritz Lacy allein spazieren gingen, damals im Sommer vor einem Jahr, unter den üppig blühenden Rosen im Belvedere-Garten? Er hatte zu ihr gesagt: *»Ich betrachte Sie wie meine Frau. Ich habe dieses Gefühl für Sie, man ist nicht verliebt in seine Frau, aber ich habe Interesse auf alles, was auf Sie Bezug hat.«*[38]

Ach, das war so ungeschickt, natürlich war er verliebt, sogar mehr, er liebte Eleonore. Doch sie schreckte unversehens zurück und sagte, sie sei sehr geschmeichelt von seiner Achtung und seinem Vertrauen, aber sie verstehe die *Metaphysik* seiner Gefühle nicht.

Eine artige Absage, eine, die sich die missverständlichen Worte des Kaisers zunutze machte, um sich seinen Gefühlen nicht öffnen zu müssen. Was Joseph nicht bedachte, war, wie sehr Eleonore unter der Eifersucht ihres Gemahls schon bei ihrer Affäre mit dem irischen General O'Donnell zu leiden gehabt hatte und dass sie damals gelernt hatte, ihre *Neigung zu bezwingen … Ich kann in dieser Unruhe und Furcht nicht fortleben*, wie sie ihrer Schwester damals geschrieben hatte.[39] Doch wer sich einmal zu kontrollieren gelernt hat, läuft nicht mehr so leicht Gefahr, sich das Leben, zu dem er sich nun einmal durchgerungen hat, wieder durcheinanderbringen zu lassen. Und so wurde aus der Möglichkeit einer großen Liebe eine lebenslange Freundschaft. Sie blieben einander zugetan, sahen sich regelmäßig, schrieben sich – mal häufiger, mal seltener –, er ihr oft kleine Mitteilungen über alles, was ihn bewegte, sie ihm ihre klaren, oft konträren Ansichten.

Josephs Ansprache wird von den Edelleuten in Lisko mit verhaltenem Applaus honoriert, dann kredenzt man ihm ein bescheidenes Mahl. Am Nachmittag besucht er das Mehlmagazin, lässt sich die Backöfen zeigen und durchwandert die Stadt. Bevor er sein müdes Haupt auf sein karges Lager bettet, notiert er noch Folgendes in sein Reisejournal. *Zu bemerken ist, dass schon in diesem kleinen Stadtel eine … große Anzahl Juden ist, dass der Inspector des Grafen Osulinsky, dem es gehört, versichert, dass der Grundherr nicht einen Gulden von einem Juden Nutzen ziehet … es gibt auch 2 und 3, die sogar bis Leipzig und Preßlau auf die Messe fahren und allerhand Seidenwaren bringen.*[40]

29. Juli. Ankunft in Jaroslau, einer großen Stadt am Ufer des San, der, wie der Kaiser jedoch gleich bemerkt, sehr schmutzig ist. Die Häuser der Ortschaft *sind lauter hölzerne Gebäude … mit Schindeln werden sie gedeckt, was für die Feuersgefahr sehr bedenklich ist.*[41]

Offenbar hatte man aus der Geschichte nichts gelernt, denn schon 1625 hatte ein Großbrand weite Teile der Stadt zerstört, 300 Menschen waren ums Leben gekommen, und der damalige große Reichtum des Handelszentrums war fast zur Gänze vernichtet worden.

Gleich nach seinem Erscheinen hatte Joseph Audienzen abgehalten, für den Nachmittag war der Besuch des in einem jüdischen Haus untergebrachten Spitals geplant. Doch davor ging es in das Schloss des Fürsten Czartoryski, dem die Stadt gehörte, zum Mittagessen.[42] Die Atmosphäre war, wenn man einen allgemein höflichen Umgangston, wie er unter den Oberschichten des 18. Jahrhunderts üblich war, einmal beiseitelässt, zurückhaltend, um nicht zu sagen frostig. Eine ältere Gräfin schmeichelte dem Kaiser unaufhörlich, aber so durchsichtig, dass er ihre Absicht am Abend belustigt in seinem Reisejournal festhielt. Sie habe *allerhand Sachen als eine bekannte intrigante Frau ausspühren wollen, worinnen sie sich aber sehr betrogen fand.*[43] Der Fürst hingegen gab den zurückhaltenden Beobachter.

Die Czartoryskis gehörten neben den Potockis, den Lubomirskis, den Poniatowskis, den Zamoyskis und einigen anderen illustren Familien zum polnischen Hochadel. Fürst Adam Kazimierz Czartoryski war 1763 als Kandidat für den polnischen Thron vorgesehen gewesen, doch hatte er sich gegen den von der Zarin favorisierten Stanisław Poniatowski nicht durchsetzen können, unter dem Polen soeben geteilt worden war. Der Fürst, dessen Güter zu einem guten Teil im nun bei Österreich befindlichen Galizien lagen, würde sich mit den neuen Verhältnissen arrangieren, in österreichische Dienste treten, später von Joseph zum Feldmarschall ernannt werden, das Prädikat »Durchlaucht« erhalten und damit auch in Österreich zu einer prominenten Figur aufsteigen. Die österreichische Machtübernahme sollte zu einer völligen Neuordnung des polnischen Adels führen. Der Fürst wusste das, doch er gehörte zu jenen Magnaten, die so wohlhabend und einflussreich waren, dass sie nie verlieren, sondern immer nur gewinnen konnten.

»Vous êtes plus jeune que moi … mais rappelez-vous, la Pologne est vraiment différente … aber erinnert euch, Polen ist anders«, warnt der Fürst seinen neuen Herrscher, so als wäre er höchstens ein gleichberechtigter Magnat im Parlament der polnischen Adelsrepublik, nicht Kaiser des Römisch-Deutschen Reichs. Man sprach, wie im polnischen Hochadel üblich, elegantestes Französisch, man pflegte einen französischen Lebensstil, wobei sich das Ehepaar Czartoryski weniger am rückwärtsgewandten Versailles als vielmehr am Geist der französischen Aufklärung orientierte – gewiss nur so weit, wie die moderne Haltung sie weder Privilegien noch Einfluss kostete. Sie waren gerade aus Paris zurückgekehrt, wo sie – keine Frage – auch den üblichen Gelehrten begegnet waren.

»Voltaire admire Sa Majesté«, fügt Isabella, Kasimirs Gemahlin, schnell hinzu, um das mehrfach stockende Gespräch mit dem Hinweis auf Voltaires Bewunderung für den Kaiser – sie war allgemein bekannt – etwas aufzulockern. Joseph nickt ihr zu. Was für eine Schönheit, sie erinnert ihn an Eleonore und an seine Isabella. Stets der gleiche Frauentyp, hochgewachsene Stirn, bebende Nasenflügel, willensstarker Mund.

»Merci, Księżna«, sagt Joseph gewandt. Das polnische Wort für »Fürstin« war einfach, glich es doch wie so manches Wort dieser slawischen Sprache dem Tschechischen, das Joseph beherrschte.

Man muss bedenken, dass Galizien – den historischen Namen führten erst die Habsburger wieder ein – durch die Teilung Polens seine gesamte Verwaltung verlor. Die Österreicher sahen sich also einem riesigen Gebiet gegenüber, das keine funktionierende Regierung, keine Behörden, keine allgemeingültigen Gesetze mehr hatte, denn es gehörte nun ja nicht mehr zu Polen, das auf einen Kern seines ehemaligen Territoriums zusammengeschrumpft war. Und das bei einer Gesellschaft, der der Begriff »Verwaltung« ohnehin fremd war – wie die Österreicher bald maliziös feststellten –, und deren allmächtiger Adel der einzige und allein entscheidende Faktor im Land war.

Zusätzlich zu den Magnaten gab es eine unübersehbare Anzahl kleinadeliger Familien, eigentlich Adelsverbände, die Szlachta, die allermeisten von ihnen entstammten der mittelalterlichen Kriegerkaste: Sie trugen keine Titel und waren arm wie Kirchenmäuse. Die Ärmsten von ihnen verdingten sich gar als sogenannter Robotadel bei ihren großgrundbesitzenden »Brüdern«, den Fürsten und Grafen. Nur bei der Königswahl oder anderen parlamentarischen Entscheidungen durften sie einen Adelsrock anziehen, den Säbel schultern und mit gleicher Stimme wie die Magnaten wählen oder – worin sich die ganze Schwäche der Adelsrepublik manifestierte – ihr *liberum veto* ausüben. Mit diesem Vetorecht konnte ein einzelner Angehöriger des Adels Beschlüsse und Regierungen kippen.

Der polnische Adel war seit dem Mittelalter von Steuern befreit, das half vor allem dem Hochadel, Reichtum und Wohlstand zu mehren. Einzig er und die Kirche besaßen Grund und Boden, Dörfer und Städte – sogenannte Privatstädte. Die Bauern waren gänzlich rechtlos, und die verarmte christliche Bürgerschaft der Städte war marginalisiert. Und dann gab es noch die Juden, die nirgendwo in größerer Zahl ansässig waren, da Polen ihnen gegenüber toleranter war als alle anderen christlichen Länder Europas, mit Ausnahme der Republik der Niederlande.

Voltaire! Der Name des französischen Aufklärers und die Stimme der Fürstin klingen bei Joseph noch nach, als er am Nachmittag wieder Audienzen gibt. Offiziere, Kaufleute erscheinen, und ein Manufakturbesitzer namens Litschy gewinnt mit seinen Ideen zur Verbesserung der Webereien des Kaisers Aufmerksamkeit. Doch das Gefühl, in einem gänzlich fremden Land gelandet zu sein, weit entfernt von allem, was er kannte, erfüllt Joseph mit einer Mischung aus Neugier und Überforderung. Nur die aristokratische Welt mit ihren überregionalen Zusammenhängen, ihrer selbstverständlichen Eleganz, ihrem bis in jede Zelle eingedrungenen

Habitus war ihm vertraut. Doch dann Voltaire, den man am Wiener Hof nicht laut erwähnen durfte! Wie nur passte all dies zusammen?

Lemberg – Der Kaiser will die Abkehr von den polnischen Verhältnissen

»Und außer dem Appellationsgericht, lieber Graf Pergen, ist Ihnen noch nichts geglückt?«, fragt Joseph gereizt, kurz nachdem sie in Lemberg eingetroffen waren und beim Apotheker der Stadt Quartier bezogen hatten. Dort empfängt der Kaiser den zum Gouverneur von Galizien ernannten Grafen Johann Anton von Pergen.

Der spätere Leiter der Polizeihofstelle (womit er nicht nur für die öffentliche Sicherheit von Wien, sondern ebenso für die Zensur und das Spitzelwesen zuständig werden sollte) war von Staatskanzler Kaunitz sogleich nach Übernahme Galiziens zur Erforschung der lokalen Verhältnisse, zur Landesvermessung und zur Seelenkonskription ins Land geschickt worden. Der Kaiser und der Staatskanzler hatten zwar bei der Aushandlung des Teilungsplans Hand in Hand gearbeitet, nun aber war man sich in die Haare gekommen. Denn Kaunitz wollte die Verwaltungsgeschäfte der neu besetzten Landesteile zumindest für eine Übergangsfrist von zwei Jahren in den Händen seiner Staatskanzlei wissen, schließlich regierte er auch die Lombardei und die Österreichischen Niederlande von Wien aus, während Joseph im Sinne des Staatsganzen und der von ihm intendierten Verwaltungsreform die Geschäfte in die Hand einer eigens zu schaffenden galizischen Hofkanzlei legen wollte. Pergen war also unverschuldet in einen Machtkampf geraten, der nicht der seine war, und Joseph hatte den Gouverneur schon deshalb, weil Kaunitz ihn beauftragt hatte, vorauseilend für alles schuldig befunden, was nicht – oder einfach auch noch nicht – funktionierte.

»Eure Majestät werden gütigst einsehen, dass die Dinge nur deswegen langsam voranschreiten, weil es Behutsamkeit braucht und die Vielheit der Gegenstände einfach unermesslich sind«, holt der Beschuldigte zu seiner Verteidigung aus.[44]

Joseph macht eine wegwerfende Kopfbewegung. »Ja, ja, nur warum so langsam?«

Der Kaiser wollte eine absolute Abkehr von den alten polnischen Verhältnissen, also eine neue Einteilung in fünf bis sieben Verwaltungskreise, ein neues Steuer- und Zollsystem, eine Neuordnung des Salzwesens – die reichen Salzbergwerke von Wieliczka waren ein wesentlicher Grund, warum Kaunitz und er so lange um den Teilungsvertrag gerungen hatten – sowie eine saftige Beschneidung aller ihn schier wahnsinnig machenden Vorrechte des Adels. Kurzum, er wollte alles ändern – und alles möglichst sofort.

»Und außerdem wünsche ich mir ein rasches Ablegen der polnischen Kleidung. Dieser Kontusz … so heißt er doch? So kann ja kein neuer Nationalgeist entstehen.«

Die traditionelle Männerbekleidung des polnischen Adels war ein fast bodenlanger Mantel, meist mit geschlitzten Ärmeln. Statt des Gürtels wurde eine bis zu vier Meter lange und fast einen halben Meter breite Schärpe aus kostbar bestickter Seide getragen, im Winter kamen noch ein Mantel und eine Pelzmütze dazu. Vor allem die Kleidung der Männer wirkte reichlich orientalisch, so wie aus einem alten Märchen.

Pergen versucht, ruhig zu bleiben. Als ob derartige Details vorrangig seien, die zudem als provozierende Maßnahmen verstanden und die ohnehin reservierte Bevölkerung nur antihabsburgischer machen würden.

»Wenn Eure Majestät nach Ihrer großen Rundreise durch das Land immer noch so denken, will ich meinen Rücktritt anbieten.«

Pergen ist ins Schwitzen geraten und ganz rot im Gesicht geworden, er fühlt sich ungerecht beschuldigt. Dabei wollen sie doch beide, er und der Kaiser, das Gleiche: sich das neue Land zu eigen und es zu einem glitzernden Edelstein im Verbund der Länder der Monarchie machen. Aber, so denkt der um einiges ältere Pergen, soll der Kaiser doch erst einmal bis Brody reisen, die realen Verhältnisse in diesem großen, rückständigen Land werden ihn schon belehren.

Anderntags war der wöchentliche Kurier aus Wien angekommen, den Joseph am darauffolgenden Tag mit den erledigten Akten und einem Brief an seine Mutter wieder zurückschicken wollte. Aber zuerst gaben sich die Honoratioren der Stadt die Türklinke im Haus des Apothekers in die Hand. So gab es weitere Gespräche mit Pergen und General Hadik, der dem unglücklichen Pergen als Gouverneur Galiziens alsbald nachfolgen sollte. Danach erteilte der Kaiser dem katholischen und dem armenischen Erzbischof sowie etlichen Offizieren Audienzen. Wenn es in diesem Land eine weitere Gruppe gab, die zu viel Macht besaß, dann war es, auch das bemerkte Joseph rasch, die hohe Geistlichkeit. Im Grunde waren all die Bischöfe und Priester, so sie der katholischen Konfession angehörten, ohnehin bloß in Kirchengewänder gewickelte Adelige, die weder zu Askese noch grübelnder Gelehrsamkeit neigten.

Im Anschluss daran las der Kaiser die Post aus Wien und begab sich zur Abendgesellschaft bei General Hadik, wo ihm die Damen der Lemberger Gesellschaft und ihre Kavaliere vorgestellt wurden. *Dann noch zu Graf Nostitz und dann nach Hause*, um schnell den Brief an Ihre Majestät zu beginnen. *Très chère mère. Le courrier m'a apporté votre chère lettre, pour laquelle je Lui rends de très humbles grâces.* Er war erleichtert, Maria Theresias Brief klang versöhnlich, und er brauchte jetzt wirklich keinen weiteren Streit. Er hoffte einzig und allein in ihr, seiner Mutter und Mitregentin, ein offenes Ohr für all das zu finden, was er zu tun gedachte. Hier würde eine unermessliche Arbeit auf ihn warten, schrieb er ihr. Neben großer Verwirrung in allen öffentlichen Angelegenheiten herrsche überall ein erschreckender Parteigeist, fügte er hinzu, doch seine schreibende Hand versagte ihren Dienst, seine Augen fielen bei jedem Buchstaben zu, mehrmals war er um ein Haar mit dem Kopf auf das Briefpapier gekippt. Er musste zu Bett gehen. Am Morgen würde er den Brief vollenden, dann wollte er ihr noch schreiben, wie sehr ihn die Armut des Volkes bestürze. *Der Bauer ist elend dran, er hat nichts Menschliches außer seinem Gesicht und besitzt nur das nackte Leben. Die Kleinbürger sind ebenfalls arm … Die adeligen Damen dagegen scheinen geradewegs aus Paris zu kommen, sie sprechen Französisch, kleiden sich nach der neuesten Mode und ein wenig wie Schauspielerinnen, ihre Gesichter sind mit Schminke bedeckt.*[45]

In den letzten beiden Tagen vor der Abreise besichtig Joseph Lemberg. *Die Stadt ist klein und hat nur zwei Tore, das Krakauer und das Holitzer Tor. Das Pflaster in der Stadt besteht aus lauter großen Steinen und ist völlig zerfahren.* Der Kaiser lässt sich einige Kavalleriepferde zeigen, die trotz doppelter Futterration sehr mager sind. Er sieht die vielen Klöster der Stadt und fühlt sich darin bestätigt, dass sie zu viel Reichtum anhäuften, denn ihre Gebäude sind riesig und werden zum Teil auch noch ausgebaut. Den Abend verbringt er bei Gräfin Moszyńska, wo die stets gleiche Lemberger Gesellschaft versammelt ist. *Eine von diesen Damen sang einige Duette mit einem gewissen Kapellmeister Pascua, ziemlich mittelmäßig: darnach ging ich nach Haus, diktierte mein Journal und ging schlafen.*[46]

Bevor Joseph schließlich am 6. August zu seiner Rundreise durch das Land aufbricht, übergibt er Pergen noch einen umfangreichen Katalog mit 154 Punkten und weiteren achtundvierzig Fragen für die Militärverwaltung.

»Bis ich zurück bin, möchte ich dies alles erledigt wissen, lieber Graf. Und, ach ja, vergessen Sie die Kreise und die Kleidung nicht.«[47]

Sbrutsch – Im äußersten Osten soll die Grenze verlaufen

Schon bald musste Joseph erkennen, dass er Pergen unrecht getan hatte (auch wenn er seinen Entschluss, ihn zu ersetzen, nicht rückgängig machen würde). Doch die »Vielheit der Gegenstände«, wie Pergen sich ausgedrückt hatte, überwältigte nun selbst ihn. Allein die verschiedenen Volksstämme, die in dem neu eroberten Land lebten! Polen, Ruthenen, Deutsche, Armenier, Juden, Moldauer, Ungarn, Zigeuner, Lipowaner und so weiter. In keinem seiner Länder gab es so etwas. Das Gleiche war mit der Religion! Da gab es römisch-katholische Polen, griechisch-katholische Ruthenen, auch einige Protestanten, vor allem aber Juden, sie stellten die drittgrößte Religionsgruppe noch vor den Protestanten dar. Die römisch-katholischen Polen dominierten den westlichen, die Ruthenen dagegen den östlichen Landesteil, Juden und Armenier beherrschten – was nicht weiter verwunderlich war – den Handel, wobei sich die armenischen Händler auf Araberpferde, Orientteppiche und Perlen spezialisiert hatten. Mit den 200 000 Juden Galiziens sollte eine Volksgruppe in die Monarchie kommen, für die Maria Theresia nur *horreur et dégout – Angst und Abscheu*[48] empfand. Joseph stellte sich nicht ohne Schadenfreude den Gesichtsausdruck seiner Mutter vor, wenn sie seine Berichte darüber lesen würde.

Aber auch die verschiedensten geografischen Landschaften sollte Joseph auf seiner Rundreise durchmessen. Zuerst fuhren er und seine Gefährten nach Süden, nach Stanislau und weiter bis Snyatyn, in das Gebiet des historischen Pokutien, dabei würden sie ganz nah an die Waldkarpaten und das Bergvolk der Huzulen herankommen. Sodann reiste man gegen Osten und entlang der noch nicht final feststehenden Grenze zum Russischen Reich nach Norden, wo sich das Land der Podolischen Platte flach und fruchtbar bis nach Odessa erstreckte. Am 17. August schließlich würde die Reisegesellschaft in Brody eintreffen, dort zwei Tage verweilen, um dann mit einem ob der besseren Straßen ungleich höheren Reisetempo im nördlichen Bogen via

Zamość durch das polnische Flachland bis nach Wieliczka und Krakau zu reisen (die Stadt selbst sollte erst bei der dritten Teilung Polens 1795 Österreich zugeschlagen werden). Am 13. September wollte man wieder in Wien sein.

Nichts sollte Josephs Wahrnehmungsgabe entgehen, und doch, das Land in seiner Gesamtheit zu erfassen, schien dieses Mal um einiges schwieriger als sonst. Schon unmittelbar nachdem sie Lemberg verlassen hatten, traf er jüdische Händler, die Geschäftsbeziehungen bis nach Danzig unterhielten. Sie *beschwerten sich sehr, dass sie selben* [den Handel] *nicht mehr treiben konnten, weilen sie statt einer einfachen, eine dreyfache Maut entrichten müssen.*[49] Nämlich ihm, dem Kaiser, dann in Warschau dem König von Polen, und wenn sie in Danzig gelandet seien, auch noch dem König von Preußen. Stanisław Poniatowski hatte durch die Teilung ein Drittel seines Landes und über die Hälfte seiner Bevölkerung eingebüßt, dennoch hatte er umfangreiche und ebenso radikale Reformen in Angriff genommen, die in den Folgejahren den Widerstand der polnischen Magnaten auslösen und letztlich 1793 zur zweiten Teilung Polens führen würden, bei der das polnische Territorium und seine Bevölkerung abermals halbiert wurden.

»Eure allerdurchlauchtigste, großmächtigste Majestät, die Teilung schadet dem Handel!« Sorgenfalten durchzogen das Gesicht des alten Händlers, dem man ansah, dass er ein Leben lang gewohnt war, große Hindernisse zu überwinden, um seinem beschwerlichen Beruf nachzugehen. Die Jüngeren in der Delegation verbeugten sich ehrfürchtig und versuchten in der Miene des Monarchen zu lesen. Sie wussten ja noch nicht, was für ein Herrscher Joseph war, und sie hatten gelernt, auf der Hut zu sein. Schließlich unterbreiteten sie dem Kaiser ihre Bitte, etwas zu unternehmen, denn ansonsten werde ihnen ihre Lebensgrundlage abhandenkommen.

Am 9. August erreichte die Reisegesellschaft Snyatyn, ein malerisch am linken Ufer des Pruth gelegenes historisches Städtchen. Der Pruth zweigt hier nach Süden ab, um nahezu tausend Kilometer später, kurz vor dem Schwarzen Meer, in die Donau zu münden. *Das Land ist unvergleichlich schön, auch der Boden ziemlich gut, die Fruchtung* [Bestellung der Felder] *aber ist heuer nach aller Aussage ziemlich misslungen*, notierte der Kaiser in sein Reisejournal. Er hatte angefangen, sich in seine neue Eroberung zu verlieben.[50] Nein, so erklärte er, vom Saulus zum Paulus gewendet, seinen Reisegefährten, es dürfe nicht darum gehen, möglichst viel aus Galizien für die Gesamtmonarchie herauszuholen, sondern darum, dieses fruchtbare, in all seinen Eigenheiten so wertvolle Land zu einem stolzen Königreich zu entwickeln. Und ja, das verlangte, dass die Kontributionen moderat bemessen blieben, dass der Handel weiter florierte und dass die Adeligen ihre Loyalität dem Hause Habsburg bekundeten. All dies hatte auch schon Pergen vorgeschlagen, aber so war es eben, man musste schon selber alles in Augenschein nehmen, um die Verhältnisse richtig zu begreifen. Deshalb hatte er sich ja auch dieser beschwerlichen Reise unterzogen.

Am Pruth lagen einige Kontumazstationen, die der Kaiser am nächsten Tag besuchte. Sie sollten sicherstellen, dass die Pest aus dem unter osmanischer Herrschaft stehenden Fürstentum Moldau fernblieb. Doch alle, jüdische sowohl als auch christliche Händler, baten den Kaiser, die Quarantäne aufzuheben, da in Moldau jeder gesund sei und die langwierige Prozedur bei der Einfuhr der Waren nur den Handel noch mehr erschwere. Am Fluss beobachtete der Kaiser Bauern, die in Strohhütten lebten und die Grenze bewachten. *Sehr beschwersam, besonders da die Leute diese* [Wacht] *in der Robot tun müssen, und davon nicht nur keine Bezahlung, sondern nicht einmal Brotportionen bekommen*, heißt es im Reisejournal.[51]

Am 11. August überquerte die Reisegesellschaft vor Zaleszczyki den Dnister auf einer Plätte, um in die Stadt zu gelangen, die der Fürstenfamilie Poniatowski gehörte. Der Vater von König Stanisław hatte um 1750 Tuchweber aus Schlesien in seine Stadt gelockt, die alsbald in Zaleszczyki die erste evangelisch-lutherische Gemeinde gründeten. Der Ort, vermerkt Josephs Reisejournal, sei groß und sauber.

»Euer Majestät gnädigster Diener, erlauben Eure Majestät mir anzumerken …«, hob ein gewisser Obrist Lechere in slawisch angehauchtem Deutsch an. Er verwaltete den Ort für die Poniatowskis und genoss das Vertrauen des polnischen Königs. Während der Führung durch die Stadt merkte der Obrist an, dass der König im fernen Warschau zu bedauern sei.

Joseph nickte, es war kein Geheimnis. Stanisław Poniatowski hatte zwischen den verschiedenen Adelsfraktionen und den Großmächten wenig Spielraum, und seine seit Beginn unsichere Machtbasis wankte. Lechere brachte den Kaiser in ein Magazin der schlesischen Tuchweber. Überall das feine »Klick, klack, klick, klack« der Trittwebstühle, der Singsang der durch das Webfach schießenden Schiffchen. Konzentrierte Gesichter und flinke Hände. Es war ein Vorgeschmack auf die industrielle Revolution: die Maschinisierung menschlicher Arbeitskraft, die eine empfindliche Änderung des Berufsgefüges mit sich bringen sollte.

Zaleszczyki war zwar durch die Türken stark ausgeplündert und von Krieg und Pest gezeichnet, doch der Tuchhandel mit Preußen florierte. Der Direktor des Magazins bat den Kaiser während eines Spaziergangs, auch den Handel mit dem Fürstentum Moldau zu ermöglichen.

»Ich werde sehen, was getan werden kann«, antwortete Joseph. Dem Kaiser gefielen die Tuchweber so gut, dass in ihm die Idee keimte, mehr Protestanten zur Hebung des unterentwickelten Landes anzuwerben, sie erschienen ihm fleißig und ernsthaft. So würde es in den Folgejahren dann auch geschehen. Das Josephinische Ansiedlungspatent von 1781 würde fast 15000 deutsche Gewerbetreibende, Handwerker und Bauern nach Galizien bringen, die Kolonisten würden, und das sollte ihren Erfolg letztlich ausmachen, Häuser, Ställe und Vieh zur Verfügung gestellt bekommen und zehn Jahre steuerfrei bleiben.

Am 14. August ritt der Kaiser mit seinem Gefolge am Steilufer des Sbrutsch entlang. Im Teilungsvertrag stand der Fluss Podorze als Grenze, doch die intensive Suche nach ihm brachte kein Ergebnis, es schien den Fluss einfach nicht zu geben. Deshalb ließ der Kaiser die Grenze nun entlang des vorhandenen und perfekt von Norden nach Süden verlaufenden Sbrutsch abstecken, sehr zum Missfallen oder auch nur zur Irritation der immer noch im Land befindlichen russischen Soldaten. *Da an einer Brücke, die auf dem Sbrutz ist, ein von uns aufgesetzter Adler von dem Rittmeister der Russen hinweggenommen worden und niedergelegt worden war, so ließ ich selben gleich wiederum auf den nämlichen Platz aufsetzen, und eine Wacht von unsrigen dazu anordnen, wo sich dann auch die Russischen zurückzogen.*[52] Joseph würde in der Grenzsache hartnäckig bleiben, schließlich war das linke Ufer des Sbrutsch ein fruchtbarer, vielversprechender Landstrich, den zu sichern ob der allgemeinen Verwirrung nicht so schwer sein sollte.

Brody – Ein einziges Schtetl

Am 17. August erreichte die kleine Reisegesellschaft Brody im Nordosten von Galizien, eine hauptsächlich von Juden bewohnte Stadt. Von hier aus dominierten die Juden den Fernhandel. Als die Reisenden eintrafen, befanden sich noch russische Truppen in der Ortschaft, sodass der Kaiser den Befehl erteilen musste, er würde im schlimmsten Fall Gewalt anwenden, wenn sie nicht abzögen und ihn in »seine« Stadt eintreten ließen.[53] Dann wieder feuerte die ansässige Artillerie Salutschüsse ab, und auf dem Platz vor dem Haus, in dem Joseph Quartier bezog, wurde – sehr zu seinem Verdruss – eine Parade zu seinen Ehren abgehalten. Doch der zuständige General, den man zur Rechenschaft ziehen wollte, schob die Schuld auf den Major – und dieser wiederum auf den General. Alle sprachen Russisch, und so musste die Wahrheitsfindung bald aufgegeben werden.

Schon beim ersten Stadtspaziergang besucht Joseph die Synagoge. Brody, in dem seit 1584 Magdeburger Stadtrecht galt, war im 16. und 17. Jahrhundert durch den Zuzug von jüdischen und armenischen Kaufleuten zum wichtigen Umschlagplatz für Waren aus Westeuropa sowie Rohstoffen aus Russland und dem Osmanischen Reich geworden. Das Magdeburger Stadtrecht vereinte das Gewohnheitsrecht der Kaufleute, die von den Grundherren verliehenen Privilegien und die Selbstverwaltungsbestimmungen der Stadt. Sie garantierten den Bürgern persönliche Freiheit und die Unversehrtheit von Leib und Leben sowie eine geregelte wirtschaftliche Tätigkeit. Dann hatte Anfang des 18. Jahrhunderts die Magnatenfamilie Potocki die Stadt gekauft und seither ihre Hand über ihre »jüdischen Schützlinge« gehalten. Zwar waren die Juden freie Bürger, doch waren sie selbst in Galizien stets den Anfeindungen ihrer christlichen Nachbarn ausgesetzt.

Adelige wie die Potockis protegierten die Juden aber weniger aus Menschenfreundlichkeit, vielmehr ging es ihnen darum, dass ihr Schutz reichlich entlohnt wurde. Auch als Pächter der riesigen Landgüter – teilweise musste sich ein ganzes jüdisches Dorf zusammentun, damit das Geld reichte – waren die Juden bei den Adeligen beliebt, denn sie wirtschafteten sparsam und waren erpressbar. All dies bewirkte, dass die Juden in Galizien Vorteile besaßen, die ihnen anderswo verwehrt blieben. Dennoch waren sie meist bitterarm, denn sie hatten horrende Kopfsteuern und Koscher-Gebühren zu entrichten. Und wer die Kopfsteuer nicht bezahlen konnte, wurde – ungeachtet seines Alters und mochte er auch krank sein – als »Betteljude« über die Grenze abgeschoben. »Abgeschafft«, wie man zu sagen pflegte.

Gleich neben der Synagoge reihen sich die kleinen Häuschen der Judengemeinde, und in jedem betreibt jemand ein Geschäft. Joseph sieht Schneider und Bäcker, Seiler und Kürschner. In einer Seitengasse fertigen Riemer Sättel, und von weiter hinten ertönt der helle Klang eines Messerschmieds an sein Ohr, der einige Klingen zurechthämmert. Ein paar alte Weiblein, Witwen, die ihren kärglichen Lebensunterhalt eigenhändig verdienen müssen, bieten der Delegation Salz und Leinwand an. Ein wandernder Buchhändler ruft seine im Angebot befindlichen Schriften im jiddischen Dialekt seiner Gegend aus, und zerlumpte Kinder tollen durch die schmutzigen Gassen. Die Armut fällt dem Kaiser sofort auf, er findet die kleinen, mittelalterlichen Gassen unvorstellbar verdreckt. *Die ganze Stadt ist von Holz gebaut, bis auf wenige Häuser, alle Gassen, da die ganze Stadt schier im Morast steckt, sind mit Pfosten und Bäumen überlegt, also dass man auf einer beständigen Brücke fährt, welches dann die Feuersgefahr unendlich vermehrt.*[54]

Maria Theresia, der Joseph berichten wird, dass in Brody 44 000 Juden leben, wird sich in ihrer ablehnenden Haltung dem neuen Land gegenüber nur bestätigt fühlen. *Ich gestehe, es ist entsetzlich, Schrecken erregend. Und diese Stadt wird von nun an uns gehören*, schreibt sie an ihren Sohn Ferdinand.[55]

Anderntags hat der Kaiser die jüdischen Kaufleute zur Audienz geladen. Eine Abordnung erscheint, Händler in ihren traditionellen Kleidern, darüber schwarze Umhänge und Hut, immer einen Hauch von Orient in ihrem Äußeren. Die Männer strahlen Stolz und ein feines Selbstbewusstsein aus, dennoch sind sie stets darauf bedacht, untertänig zu wirken.

Wortreich schildern sie ihrem neuen Monarchen die Beschwernisse ihres Geschäfts. Ihr Handel mit Livorno, Frankfurt, Leipzig und Breslau habe – diese Klagen kannte Joseph schon – seit der Teilung gelitten, sodass sie den Transit nun über Bielitz im österreichischen Teil von Schlesien umzuleiten versuchten, um die Mauten der Könige von Preußen und Polen zu umgehen.

»Mit welchen Waren handelt ihr?«, will der Kaiser wissen.

Darauf scheinen die Versammelten nur gewartet zu haben. Ein Schwall bricht nun über Joseph herein, unermüdlich wird aufgezählt, alle sprechen durcheinander, sodass der Dolmetscher, der dem Monarchen alles aus dem Jiddischen ins Latein übersetzt, kaum nachkommt. Richtung Westen würde man mit galizischem Flachs, roh oder zu Segeltüchern verarbeitet, Wild- und Viehhäuten, Talg, Wachs, Honig, aber ebenso mit Kümmel, Anis, Tabak und Pelzen aus Russland handeln. All das auf dem Landweg zu transportieren sei möglich, wenn auch ungleich beschwerlicher als auf dem Wasser. Schon in Frankfurt, so berichten die tüchtigen Leute weiter, stünden weitere jüdische Händler bereit, die Luxuswaren aus Frankreich, feines Tuch und Galanteriewaren gegen die Güter aus dem Osten handeln. Dann organisierten sie den Export zurück nach Podolien und bis nach Südrussland, zu den Tartaren und in die Türkei. Alles sei in jüdischer Hand, schließlich kenne sich niemand im Handel mit dem Orient so gut aus wie sie.

Joseph erkannte das große Handelspotenzial der Stadt. Und trotz der ablehnenden Haltung seiner Mutter – Maria Theresia hatte ja 1744 alle Juden aus Prag vertrieben und damit nicht nur menschliches Leid verursacht, sondern dem Königreich empfindlichen wirtschaftlichen Schaden zugefügt – engagierte er sich dafür, dass Brody 1779 in direkten habsburgischen Besitz übergehen und nach dem Vorbild der Adriahäfen Triest und Fiume zur Freihandelszone erklärt werden sollte. Zehn Jahre würden die Bürger Brodys daraufhin Steuerfreiheit erhalten, damit sie ihre Häuser renovieren und neue Geschäfte gründen konnten. All das wird zur Folge haben, dass sich die Stadt alsbald zu einem der wichtigsten Handelsplätze in Mittel- und Osteuropa entwickeln sollte. Die Juden tauschten ihre Waren auf der Breslauer, Frankfurter und vor allem der Leipziger Messe gegen Baumwollgewebe, edle Stoffe wie französische Seide sowie englische Industrieprodukte. Aus Italien kamen Seide, Schmuck und Korallen, aus der Steiermark und Oberösterreich wurden Sensen für Osteuropa geliefert. Gewürze, Perlen und Juwelen führte man aus dem Fernen Osten ein. Russland lieferte Tee, Zucker, Wolle, Borsten, Federn, Pelzwaren und Pferde, die zweimal im Jahr auf einem großen Pferdemarkt angeboten wurden.

Wieliczka – Eine Kirche aus Salz

Der Rückweg aus dem im äußersten Osten gelegenen Brody nach Westen führte den Kaiser in die Renaissancestadt Zamość. Doch Joseph hatte weder Zeit, um die edlen Bauwerke zu besichtigen, noch den Fürsten Zamoyski zu treffen, denn er wollte, bevor er nach Wien zurückkehrte, unbedingt die Salzbergwerke von Wieliczka besuchen. Am 7. September heißt es dazu im Reisejournal: *In der Früh gingen wir gleich nach der beyliegenden Lista in die Salzbergwerke … so kann von selben überhaupt nur so viel sagen, dass deren Bau schön und so zu sagen nur zu prächtig ist.*[56] Die Schächte seien *unendlich groß* und die Stollen viermal so breit als in sonstigen Bergwerken. Um die sechzig Pferde seien ständig im Einsatz, sie hätten ihre Ställe unter Tage, kämen aber immer wieder an die frische Luft. Es werde gesprengt und gestemmt, auch eine Kirche gäbe es im Schacht – ganz aus Salz und mit vielen Figuren. Um wieder ans Tageslicht zu gelangen, mussten der Kaiser und seine Begleiter über 300 Stufen steigen.

Dann, am 10. September, Station in Austerlitz beim Fürsten Kaunitz. Das war wichtig. Mit Nachdruck und nun als jemand, der das Land durch eigene Anschauung kannte, verlangte der Kaiser von seinem Staatskanzler, die Verwaltung des neuen Landes aus der Hand zu geben. Es würde noch ein zähes Ringen werden, aber 1774 erhielt Galizien eine eigene Hofkanzlei, zwei Jahre später wurde sie mit der österreichisch-böhmischen Hofkanzlei vereint. Joseph schwor sich, er selbst würde ein besonders aufmerksames Auge auf Galizien haben, er würde weitere Reisen in den entlegenen Landesteil unternehmen und alles in seiner Macht Stehende tun, um ihn zum Blühen zu bringen.

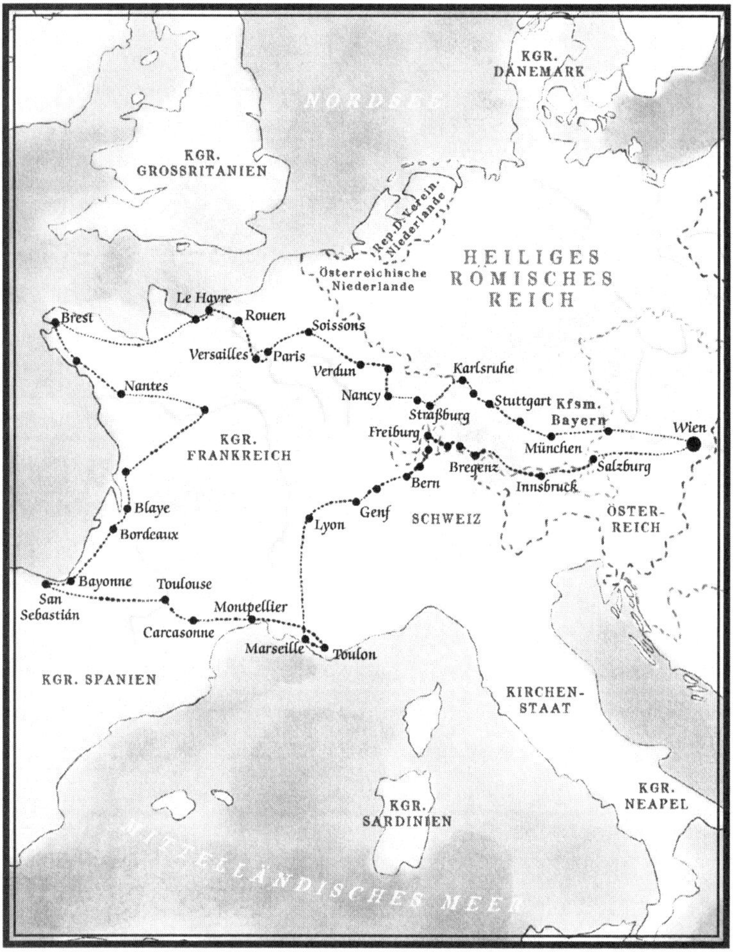

Wien ~ Braunau ~ **München** ~ Günzburg ~ **Stuttgart** ~ Pforzheim
Karlsruhe ~ Straßburg ~ Pfalzburg ~ Nancy ~ Metz ~ Verdun
Soissons ~ **Paris** ~ **Versailles** ~ **Paris** ~ **Rouen** ~ Le Havre ~ Villers
Brest ~ L'Orient ~ **Nantes** ~ Tours ~ Rochefort ~ **Blaye** ~ **Bordeaux**
Bayonne ~ **San Sebastián** ~ **Toulouse** ~ **Carcasonne** ~ **Montpellier**
Toulon ~ **Marseille** ~ Lyon ~ **Genf** ~ Lausanne ~ Bern
Langenbruck ~ Basel ~ Freiburg ~ Schaffhausen ~ Konstanz
Bregenz ~ Innsbruck ~ Salzburg ~ Wien

1777 Frankreich

»Die Revolution wird grausam sein«

Sechzehn Jahre später war sie nicht mehr am Leben. Marie Antoinette. Seine schöne, schmetterlingsgleiche kleine Schwester. Hingemordet durch das Fallbeil der Guillotine, fast neun Monate nachdem ihr Gemahl, König Ludwig XVI., den immer blutigeren Wellen der Französischen Revolution zum Opfer fallen sollte. All das ahnt Joseph natürlich nicht, als er frühmorgens – man schreibt den 1. April 1777 – mit vier Kutschen und zwei Kaleschen Wien Richtung Westen verlässt, um zweieinhalb Wochen später in Paris einzutreffen. Und doch, ganz ohne Vorahnung ist der Kaiser nicht, dafür hat er zu viel gesehen, zu viel erlebt. Und dafür ist die Situation in Europa zu krisenhaft, die Gefahr von Revolten und Aufständen allzu gegenwärtig.

Zwei Jahre zuvor waren sowohl in Frankreich als auch in Böhmen Bauernunruhen ausgebrochen. Seit der großen Hungersnot war das Land unter der habsburgischen Krone nicht mehr zur Ruhe gekommen, und die Elenden hatten sich entschlossen, ihr Schicksal nicht mehr den allmächtigen Grundherren zu überlassen. Erst hatten sie dem Kaiser und den Offizieren der Seelenkonskription ihr Leid geklagt, dann auf umfassende Besserungen gehofft und – als diese nicht eingetreten waren – schließlich Schlösser und Herrenhäuser angezündet. Sie waren marodierend durch das Land gezogen, bis die Staatsgewalt sie vor Prag hatte aufhalten können. Die Rädelsführer waren zum Tode verurteilt worden, und in der Folge hatte man mit Robot-Patenten dafür zu sorgen versucht, dass sich größere Gerechtigkeit zwischen den Gesellschaftsschichten einstellte. Doch den Bauern gingen die Verbesserungen nicht weit genug, ihre Unzufriedenheit konnte jederzeit wieder zu Explosionen führen. Derzeit braute sich ein Aufstand der Protestanten in Mähren zusammen, auch sie forderten Veränderungen – in ihrem Fall Religionsfreiheit –, die ihnen Joseph nur zu gern und sofort zugestanden hätte, wäre nicht Maria Theresia in dieser Sache stur geblieben. Und in einigen Jahren würde Siebenbürgen durch den Horea-Aufstand leibeigener Bauern schwer erschüttert werden.

Die Welt schien aus den Fugen. Doch während sich die meisten ein weiteres Jahrzehnt lang in der trügerischen Gewissheit wogen, dass die Zeit für Neues noch nicht reif sei, oder sie die Schuld an den Verhältnissen bei den Aufklärern, den Philosophen und ihre neumodischen Ideen suchten, gab sich Joseph keinen Illusionen hin.[1] Das war einer der Gründe, warum er immer rastloser durch Europa reiste, durch das Europa am Vorabend der Französischen Revolution. Er wusste, wie wichtig es war, die Bedingungen zu studieren, unter denen die Menschen lebten, um die Dinge zu verändern.

Sein Schwesterherz in Versailles hingegen war völlig ahnungslos, und das, obwohl es auch in Frankreich zwei Jahre zuvor unter der Landbevölkerung aufgrund von Missernten und Teuerungen zu Hungerrevolten gekommen war. *Welche Studien habt Ihr getrieben? Welche Kenntnisse erworben, um sich einbilden zu dürfen, dass Ihr Urteil oder Ihre Meinung für irgendetwas gut sein kann, vor allem in Staatsangelegenheiten, die so ausgedehnte Kenntnisse erfordern? Ihr, eine liebenswürdige Person, die den ganzen Tag nur an eitle Dinge, an Ihre Toiletten und Amüsements denkt, weder etwas Vernünftiges liest, noch auch nur eine Viertelstunde im Monat mit Vernunft zuhört. Ich bin mir dessen sicher, dass Ihr die Folgen Eures Tuns nicht abschätzen könnt,* hatte Joseph ihr schon damals geschrieben, als sie, erst seit einem Jahr Königin, ihre anfängliche Beliebtheit zu verspielen begonnen hatte.[2]

Sicher, nicht alle Vorwürfe waren gerecht, die antiösterreichische Partei jedoch – längst nicht alle waren Sympathisanten der bourbonisch-habsburgischen Freundschaft – wachte arglistig über ihre Handlungen und Gesten. Die französischen Staatsschulden waren astronomisch. Der Siebenjährige Krieg, in dem Frankreich durch die Allianz mit Österreich an der Seite Habsburgs gekämpft hatte, war ein ökonomisches Desaster gewesen und hatte das Bündnis der beiden Großmächte erschüttert. Und der Amerikanische Unabhängigkeitskrieg – von dem es später heißen wird, er habe Frankreich in den Bankrott getrieben – sollte ebenfalls kostspielig werden. Auch wenn die Ursachen für den Schuldenberg im Wesentlichen der Außenpolitik anzulasten waren und Marie Antoinettes verschwenderischer Umgang mit Kleidern und Frisuren sowie die Ausgaben für ihre Scheinwelt im kleinen Lustschlösschen Petit Trianon gewiss nur einen kleinen Teil darstellten, so wurden doch der Luxus des französischen Hofs und die verschwenderische Vergabe von Posten und Pensionen zunehmend als Skandalon empfunden. Keiner der Minister, nicht einmal der vormalige Generalkontrolleur der Finanzen, Anne Robert Jacques Turgot, hatte Sparmaßnahmen durchsetzen können. Und so flossen weiterhin Unsummen in die Heerscharen von Kammerdienern, Köchen, Silberputzern, Gärtnern und Lakaien, in Spiegel, Kerzen, Kristallgläser und Seidengewänder, in Wein und Gesang und vor allem in die Deckung der astronomischen Spielschulden dieser abgehobenen Gesellschaft. Die Königin wurde dadurch zum Symbol einer Lebensform, der man bald die Schuld an allem geben würde.

Marie Antoinette hatte sich 1775 auch noch durch ihr jugendlich unbedachtes Handeln in politischen Angelegenheiten unbeliebt gemacht: Sie mischte sich in die Ernennung von Ministern ein und verstrickte sich in das Versailler Intrigennetz – kaum ein Hof in Europa war hinterhältiger als der von Versailles. Und selbst ihre längst zum beliebtesten Klatsch der europäischen Oberschicht erhobene

Vernachlässigung der ehelichen Pflichten gefährdete die Allianz zwischen Österreich und Frankreich, als dessen Garant sie einst an den Hof von Versailles verheiratet worden war. Es gab also gute Gründe, warum Joseph sich ausgerechnet jetzt entschlossen hatte, seine lang gehegten Pläne, Marie Antoinette zu besuchen, in die Tat umzusetzen.

Das Spiel mit dem Inkognito

Wie immer reiste Joseph inkognito. Als Graf Falkenstein. In einfacher Kleidung. Diesmal hatte er in Paris eine den französischen Sitten angemessene Garderobe anfertigen lassen, eine, in der er nicht auffallen würde. Die Grafen Philipp von Cobenzl und Joseph von Colloredo hatte er wegen ihrer Einfalt als Reisegefährten gewählt, beide pflegten ausgiebig zu schweigen und nicht zu stören. So unauffällig wirkte sein Leibchirurg Alessandro Brambilla zwar nicht, aber Joseph vertraute Brambilla, nicht nur als Arzt, sondern auch als Berater bei den anstehenden sozialen Reformen. Und dann war da noch der geheime Kabinettskonzipist Johann Anton Knecht, der eine Erwähnung verdient, weil er alle Schreibarbeiten erledigen würde, darunter das dreihundertseitige Reisejournal. Ein Kammerdiener, ein Koch, einige Lakaien – ganz ohne Gefolge konnte nicht einmal Joseph II. verreisen.

Am 3. April gegen Abend erreichte die kleine Reisegesellschaft München. Joseph nahm in einem einfachen Gasthof Quartier, doch sein striktes Inkognito bewahrte ihn nicht davor, erkannt zu werden. Im Gegenteil, bei dieser Unternehmung verbreitete sich die Kunde vom reisenden Kaiser in fliegender Eile. Überall würde man ihn schon erwarten, überall sollten Poeten Reime oder gar Theaterstücke auf ihn schmieden, überall setzte sein Inkognito ein von den Zeitungen und periodischen Blättern eifrig befeuertes Versteckspiel in Gang, das seinen Ruhm als Kaiser der Aufklärung endgültig festschreiben sollte. Der Markt für Druckschriften war im Laufe des 18. Jahrhunderts förmlich explodiert. In Stuttgart, Frankfurt und Mainz fieberten alle, die lesen konnten, mit dem populären Monarchen mit, ja, man verfolgte seine Auftritte atemlos wie sonst nur die Voltaires, des populärsten Schriftstellers in Frankreich, wenn nicht gar in Europa. Sogar im Salon der Fürstinnen in Wien waren die unzähligen Anekdoten, die sich bald um Josephs Frankreichreise rankten, das wichtigste Thema. So lasen sie beispielsweise, dass er, nachdem er Wien verlassen hatte, einem Offizier und dessen zehn notleidenden Kindern einen höchstehrwürdigen Besuch abgestattet hätte. Der Kaiser sei von der Menschlichkeit des Mannes tief gerührt gewesen, der trotz seines Elends zudem noch ein Waisenkind in seine erbärmliche Behausung aufgenommen habe. Wie in allen anderen derartigen Fällen beschenkte Joseph den Mann großzügig.

Später, schon in Frankreich, hatte sich an einer Poststation eine andere, ebenso volksnahe Szene zugetragen, von der die Fürstinnen aus den Gazetten erfuhren. Die Frau eines Postmeisters hatte einen Sohn entbunden, der gerade getauft werden sollte, als der Kaiser eintraf. So bot sich Joseph, ganz der unauffällig Reisende, als Taufpate an. Als ihn der Priester während der Taufzeremonie nach seinem Namen fragte, antwortete er:

»Joseph.«

»Und weiter?«

»Ich dachte, dies genügt. Aber wenn Ihr wollt, nun, dann setzt hinzu: Joseph der Zweite.«

»Nun die Beschäftigung?«

»Kaiser.«

Endlich hatten ihn alle Anwesenden erkannt. Sie wurden bleich und fielen vor ihm auf die Knie, wiewohl er die guten Leute wie stets davon abzuhalten sich anschickte. Stattdessen überreichte er ihnen Geschenke und versprach, sein neues Patenkind nicht zu vergessen.

So ging es unentwegt. Ein Chronist, ein gewisser Ritter Du Coudray, brachte noch im Herbst desselben Jahres eine über hundertseitige Sammlung aller Anekdoten des mildtätigen Kaisers heraus, als *Zueignungsschrift an Ihro Majestät die Königin von Frankreich.*[3]

München und die bayerische Erbfolge

In Bayerns Hauptstadt residierte Kurfürst Maximilian III. Joseph. Ihn zu treffen war politisch von großer Wichtigkeit, weshalb das Itinerar – die sorgfältig ausgearbeitete Reiseroute – gleich drei Tage für den Besuch im Kurfürstentum veranschlagte.

Im Gasthof zum Goldenen Hirschen wartet schon der österreichische Gesandte in München, Graf von Hartig, sowie der französische Gesandte am Wiener Hof, Baron de Breteuil. Sie lassen dem Kaiser keine Minute der Ruhe und mahnen sogleich zum Aufbruch. *Ich musste*, diktiert Joseph später seinem Kabinettskonzipisten Knecht, *obwohl ich gleich zu Hause bleiben wollte, mich gänzlich anlegen* [kleiden] *und nach dem Hof gehen, allwo ich gleich ganz allein zum Kurfürsten in sein Zimmer ging, hierauf zur Kurfürstin, wo in dem nämlichen Zimmer Musik gemacht wurde. Der Kurfürst geigte selbst Viola da Gamba sehr gut. Hierauf wurde soupiert. Ich saß neben der Kurfürstin.*[4]

Maximilian III. Joseph und seine Gemahlin waren kinderlos. Doch nicht erst der baldige Tod des Kurfürsten – ihn sollten noch im Dezember desselben Jahres die Pocken hinwegraffen –, schon Josephs Heirat mit dessen Schwester, der unglücklichen Josepha, hatte im Dienste dynastischer Erwägungen gestanden. Seither war die bayerische Frage ein diplomatisches Thema ersten Ranges.

Seit Jahrhunderten waren die Wittelsbacher und die Habsburger miteinander verwandt, die Ländereien grenzten aneinander, und man hatte sogar Studien in Auftrag gegeben, um die österreichischen Erbansprüche zu untermauern. Außerdem gab es eine alte Rechnung zu begleichen. Bayerns Anspruch auf den Habsburgerthron hatte schließlich den Österreichischen Erbfolgekrieg ausgelöst. Im Europa der frühen Neuzeit gehörte das Aussterben herrschaftlicher Familien zu den größtmöglichen Katastrophen und – wenn man die Perspektive wechselt – zu den größtmöglichen Chancen auf Macht- und Gebietsgewinn.

»Mein lieber Schwager, wie war die Reise?«, säuselt Maximilian Joseph, und auch seine Gemahlin übt sich in vollendeter, wiewohl nichtssagender Höflichkeit.

»Danke, sie hätte besser nicht sein können«, spielt Joseph den Ball zurück, »zumal da ich mich nun als Euer Gast all diesen Annehmlichkeiten hingeben darf.«

Das Souper in der Münchner Residenz nimmt seinen Lauf. Während Lakaien die üblicherweise zu üppigen Speisen auftischen – unzählige Horsd'œuvres, braune und weiße Suppe, Kalbsbries, Pasteten, Kapaune, ganze Hühner und diverse Desserts –, hält sich der Kurfürst, was das alles beherrschende Thema der bayerischen Erbfolge betrifft, bedeckt.

»Die Freude und Ehre ist ganz auf meiner Seite, verehrter Schwager.« Maximilian Joseph gibt den Lakaien mit einer unauffälligen Geste zu verstehen, dass sie sich nun um die Getränke kümmern sollen.

»Und Eure verehrte Mutter? Ist sie wohlauf?«, fragt nun, wohlerzogen und der Etikette entsprechend die Kurfürstin.

So geht es noch eine ganze Weile dahin, wohltemperiert. Dazwischen das Geklimper der Gabeln und Messer, das Gluckern des Weins, den die Lakaien einzuschenken nicht müde werden, die Klänge eines Menuetts im Hintergrund. Alles ein Luxus, auf den Joseph auf seinen Reisen für gewöhnlich verzichtet.

Seit Langem schon bemühte sich Maximilian Joseph, die österreichischen Ansprüche auf sein Land zu vereiteln, darum hatte er Erbverträge mit Karl Theodor von der Pfalz (aus der pfälzischen Linie der Wittelsbacher) geschlossen, der jedoch ebenfalls kinderlos war, was die österreichischen Begehrlichkeiten keineswegs geschmälert hatte. Joseph II. war als römisch-deutscher Kaiser auch oberster Lehensherr aller bayerischen Reichsgüter – dass diese beim Aussterben im Mannesstamm jedoch dem Kaiser anheimfallen würden, war eine Rechtsmeinung, die nur wenige im Reich teilten. Doch ganz von der Hand zu weisen war sie nicht, weshalb sich sowohl der Kurfürst als auch der Kaiser ein umso größeres diplomatisches Fingerspitzengefühl verordnet hatten.

Für den nächsten Tag hatte der Kurfürst ein umfangreiches Besuchsprogramm ersonnen, um den Kaiser zu beeindrucken und zu zerstreuen. Am Vormittag ging es nach Schloss Schleißheim, zu Mittag gab es ein kleines Festessen in der Residenz mit dreißig Personen – die vielen Zuseher machten, wie Joseph in seinem Journal festhielt, eine *grausame Hitz* –, und am Nachmittag begleitete der Kurfürst den Kaiser nach Nymphenburg. *Keine schönere Avenue als diese habe ich gesehen, die Wässer springen aller Orten reichlich, die Zimmer sind schön. Der Garten aber ist unvergleichlich, sowohl wegen der vielen Wässern als auch der Alleen.*[5] Kurfürst und Kaiser spazierten durch den Nymphenburger Park, Maximilian zeigte Joseph den großen Kanal, auf dem man mit Gondeln spazierfahren konnte, und so ging der Besuch unter beiderseitigem Wohlwollen, aber ohne politische Ergebnisse am Abend des 5. April zu Ende.

Stuttgart – Der Dichter der *Räuber*

Auch Breteuil war, was die bayerische Frage betrifft, einsilbig, denkt Joseph, als hinter seiner Kutsche die Sonne aufgeht. Man hat München am 6. April frühmorgens verlassen, via Augsburg, Günzburg und Ulm würde man am 7. abends in Stuttgart eintreffen. Doch Breteuils

Bericht, Joseph überlässt sich, noch schläfrig, seinen Gedanken, würde er sowieso noch zu lesen bekommen.

Für gewöhnlich wurden die Briefe des französischen Gesandten von einem Mittelsmann Florimond de Mercy-Argenteaus, dem österreichischen Gesandten in Paris, abgefangen, kopiert und erst danach weiter nach Versailles zum König und seinen Ministern übermittelt. Der österreichische Botschafter war äußerst gut vernetzt, einer der besten Diplomaten seiner Zeit, doch an sich war sein Vorgehen in der internationalen Diplomatie des 18. Jahrhunderts nichts Ungewöhnliches. Jeder schaute jedem über die Schulter, überall saßen Spione oder sogenannte Vertraute. Und die Post wurde ohnehin perlustriert, also durchsucht. Aber da Kuriere meist zu teuer und nicht selten ebenso unzuverlässig waren, schickte alle Welt ihre Berichte trotzdem mit der Post.

Baron de Breteuil war kein besonderer Freund Habsburgs, er hielt Frankreichs Allianz mit Österreich für einen Fall diplomatischer Kurzsichtigkeit. Zwar war er ein Protegé Marie Antoinettes, aber ihren Bruder, den Kaiser, beobachtete er mit Argwohn. Er hatte den neuen französischen Außenminister, Graf de Vergennes, gewarnt: Joseph II. bezwecke mit seiner Frankreichreise die Unterstützung Ludwigs XVI. in der bayerischen Frage zu erlangen. Vergennes, genauer Charles Gravier, Comte de Vergennes, der über Joseph sagte, dass sein Charakter ebenso ehrgeizig wie sein Genie schwärmerisch-übertrieben sei, würde also auf der Hut sein und den König auf eine neutrale Linie einschwören[6]. Dennoch erwartete auch der Minister in Versailles den hohen Besuch mit einiger Aufregung, vielleicht würden die Familienbande helfen, dem besorgniserregenden Zustand der königlichen Ehe ein Ende zu bereiten.

In Stuttgart steigt Joseph im Gasthof zum Ritter ab. Hier gönnt er sich keinerlei Ruhe, vielmehr eilt er sofort in die Hohe Karlsschule, wo Herzog Karl Eugen von Württemberg schon ungeduldig darauf wartet, dem Kaiser seine weit über die Grenzen des Landes berühmte Akademie zu zeigen. Und noch ein anderer Mann harrt auf den als Graf Falkenstein angekündigten Besuch: Friedrich Schiller, der seit vier Jahren an der einst als Waisenschule für Soldatenkinder gegründeten Militärakademie studiert. Doch trotz der *herz- und geistlosen Erziehung*, wie Schiller dereinst über die Karlsschule urteilen würde, sind die Ideen der Aufklärung längst durch die Ritzen auch dieses Systems gedrungen wie die frische Luft durch schlecht isolierte Fenster. Schillers Lehrer Jacob Friedrich von Abel zum Beispiel ist so eine Ritze im System. Er lehrt Philosophie mit all dem Aufbruchsgeist jener Hellhörigen, die die Schriften der Aufklärer und ihre revolutionären Ideen in sich aufsaugen und voller Leidenschaft weiterverbreiten. Schiller, dem jungen Studenten der Medizin (die Jurisprudenz hatte ihm nicht zugesagt), sind 1776 die ersten Gedanken zu seinem Revolutionsdrama *Die Räuber* in den Sinn gekommen. Er gilt als unangepasst, schwierig, aber unzweifelhaft talentiert, weswegen die Schule ihn ausgewählt hat, vor dem Kaiser zu sprechen.

Man darf nicht vergessen, Bildung und Wissenschaft waren ein Gebot der Stunde und eine Aufgabe, die sich alle Aufklärer auf ihre Fahnen geschrieben hatten. In Österreich hatte die Seelenkonskription 1770/1771 das drastische Ausmaß des Analphabetismus aufgezeigt und eine heftige Diskussion im Staatsapparat ausgelöst. Als die Jesuiten 1773 verboten und ihre Besitztümer eingezogen wurden, gab es finanzielle Mittel für eine umfassende Reform des Bildungswesens. Maria Theresia hatte dazu den preußischen Pädagogen Johann Ignaz von Felbiger nach Wien geholt, einen Mann, der in kürzester Zeit eines der fortschrittlichsten Bildungssysteme in Europa konzipieren sollte. Schon 1774 wurde die »Allgemeine Schulordnung für die deutschen Normal-, Haupt- und Trivialschulen« gesetzesverbindlich – mit dem erstaunlichen Ziel, *die Erziehung der Jugend beiderlei Geschlechtes als die wichtigste Grundlage der wahren Glückseligkeit der Nationen* im Staat zu verankern.[7] Als Joseph unterwegs nach Paris war, herrschte in den habsburgischen Ländern seit drei Jahren Unterrichtspflicht für alle Mädchen und Jungen zwischen sechs und zwölf Jahren, und zwar in der jeweiligen Muttersprache und auf Deutsch, also nicht mehr, wie in den Lateinschulen zuvor üblich, in der Sprache der Gelehrten, die selbstverständlich weiter Latein sprachen. Flankierend wurden eine verbesserte Lehrerausbildung, einheitliche Schulbücher und moderne Unterrichtsmethoden eingeführt.[8]

Joseph II. sollte diese Bildungspolitik auch in seiner Zeit als Alleinregent fortführen. In jedem Ort mit mindestens neunzig Schulkindern entstand in den 1780er-Jahren eine Trivialschule, also eine Grundschule, und das seit Jahrhunderten übliche Schulgeld wurde abgeschafft – mit immensen Folgen. Nicht nur stiegen Schülerzahlen und Alphabetisierungsrate exponentiell an, sondern immer mehr gut ausgebildete Untertanen aus den unteren Schichten fanden ihren Weg in Lohn und Brot, insbesondere in den Staatsdienst. Freilich, das darf nicht vergessen werden, blieb noch für viele Generationen die Kluft zwischen den gebildeten oder gar aufgeklärten Eliten und der Masse der Bevölkerung fast unüberwindbar. Immerhin: Die Menschen, die lesen konnten, hörten auf, ihre Verhältnisse als ausschließlich gottgegeben hinzunehmen.

Ein Joseph, jener Schmuck der Prinzen, durchreiste schwäbische Provinzen, nicht als Monarch; als Menschenfreund! Und weiter: *Wenn Joseph, Deutschlands Stolz und Ehre, nicht ohne Marmor göttlich wäre …*[9] Schiller errötet, während der Kaiser freundlich lächelt. Hätte er sich nicht etwas mehr anstrengen können? Nicht einfach nur so einen Kalauer abliefern, sondern etwas Ernsthaftes, so wie es Klopstock getan hat, der Joseph 1769 sein Stück *Hermanns Schlacht* gewidmet hat?[10] Schiller hatte diese welthistorische Situation unterschätzt. Er hatte einfach wenig Lust verspürt, ein Auftragsgedicht zu fabrizieren. Gewiss, er hatte Besseres zu tun, er schrieb an den *Räubern* und an diversen Gedichten, von denen die Ode »Der Abend« im *Schwäbischen Magazin* des Balthasar Haug erschienen war.[11] Haug würde das Empfangsgedicht für den Kaiser ebenfalls in seinem Magazin abdrucken, jedoch nicht ohne zu erwähnen, dass der junge Dichter seinem künstlerischen Talent mit jenen einfältigen Zeilen keinen Dienst erwiesen habe.

Wie alle anderen Eleven hat Schiller nur eine schemenhafte Vorstellung von Joseph II., der doch seit über zehn Jahren als Kaiser des Heiligen Römischen Reichs auch sein und des Herzogs oberster Herrscher ist. Nun kann er sich selbst ein Bild von dem Monarchen machen, dem der Ruf vorauseilt, er sei eine Art Mark Aurel der Aufklärung, ein deutscher Titus, ein Reformator, der noch Friedrich den Großen in den Schatten stellen werde.

Versailles – Nur nicht dort wohnen

Es goss in Strömen, erinnerte sich der Herzog von Croÿ an die Ankunft des Kaisers am 18. April in Paris. Der hochdekorierte Generalleutnant der französischen Armee, ein Connaisseur und gealterter Weltenbürger, wusste, dass der österreichische Botschafter in Paris, de Mercy-Argenteau, durch sein Hämorrhoidalleiden ans Bett gefesselt, den Kaiser erwartete. Also ließ Croÿ seine Kutsche an der Residenz des Botschafters halten und legte sich auf die Lauer. Er spähte und sah, wie *eine schäbige deutsche Kutsche mit Postgäulen im Eiltempo die andere Seite der Rue de Tournon herunterrasselte, abbog und sodann vor dem Petit Luxembourg vorfuhr. Ich blickte nach rechts. Zwei Personen in regennassen Mänteln saßen auf dem Rücksitz der Landkarre.*[12] Es war der Kaiser mit einem Begleiter. Er war derart schnell, ja, geradezu geräuschlos im Palais verschwunden, dass die drei zu seiner Ankunft abgestellten Stadttrommler durchnässt und unverrichteter Dinge wieder abziehen mussten, wie Croÿ später äußerst amüsiert zu Papier brachte.

Anderentags in der Früh fuhr Joseph nach Versailles. Da sich der Kaiser von Beginn an weigerte, in der Nähe des Königspaars zu wohnen – *ich will für mein Geld logiert werden, und ich zöge es eher vor, alle Abende nach Paris zurückzukehren, als nur durch eine Nacht, die ich am Hof zu logieren akzeptierte, das ganze Gebäude meines Inkognitos umzustürzen*[13] –, würde er fast sechs Wochen regelmäßig zwischen seinem Hotel in der bürgerlichen Metropole Paris und dem Hof von Versailles hin und her pendeln. Als Graf Falkenstein entging er den Gesetzen der im Vergleich zum Wiener Hof viel strengeren Versailler Etikette, der ständigen Begleitung durch eine bestimmte Anzahl an Gefolgsleuten, der Notwendigkeit, auf eine bestimmte Art spazieren zu gehen, zu schlafen, zu speisen und sich mit dem König und der Königin zu unterhalten. Aber auch dem Sesselprivileg, denn als Kaiser hätte er bei den königlichen Tafeln ein Anrecht auf einen Sessel statt eines einfachen Stuhls gehabt. Und doch erkannten ihn alle als den, der er war, selbst in den Gazetten hieß er ganz unverblümt »der Kaiser«. Die Sache war gänzlich bizarr. Als Emmanuel Croÿ ihm vorgestellt werden wollte und den Gesandten Ludovico Belgiojoso um ein Entree bat, sagte dieser, ohne mit der Wimper zu zucken: *»Darf ich die Ehre haben, dem Duc de Croÿ den Grafen von Falkenstein vorzustellen?«* So hielt es der gesamte Hof, eine Gesellschaft, die sich auf Versteckspiele und Zweideutigkeiten so gut verstand wie sonst niemand. Und *da der Kaiser keinerlei Sonderregelungen wünschte, verlief bei Hofe alles weiter so, als wäre er nicht da*, stellte Croÿ denn auch einige Tage später trocken in seinem Tagebuch fest.[14]

Doch zurück zur Ankunft. Unbemerkt und nur von Belgiojoso begleitet, gelangt Joseph an jenem 19. April also nach Versailles. Die Anlage, größer und prunkvoller als das österreichische Schönbrunn, verschlägt ihm fast den Atem. Endlich sieht er das Gesamtkunstwerk

Ludwigs XIV., dieses barocke Idealschloss, das so vielen in Europa zum Vorbild geworden ist. Die schier endlose, durch hervorspringende Portale aufgelockerte Sandsteinfassade, die zum Schloss aufsteigenden Gartenterrassen mit ihren Skulpturen aus der griechischen Mythologie, die Springbrunnen, so weit das Auge reicht, die Rosengärten, Labyrinthe, Hecken und Wege. Alles nach den strengen Regeln der barocken Gartenkunst auf ihre repräsentative Bedeutung hin konzipiert, nichts dem Zufall überlassen, eine geläufige Sprache der Macht.

Schnell und unbemerkt eilen die beiden Männer am Hauptportal vorbei und verschwinden durch eine Nebentür im Palast. Die Flure und Raumfolgen des Schlosses, das an die 5000 Menschen beherbergt, sind endlos. Von ihnen gehen die einzelnen Appartements der Höflinge, Kammerfrauen und Kammerherrn ab. Die Leibwachen und das Küchen- und Dienstpersonal bevölkern die Dachkammern oder den dem Schloss gegenüberliegenden Wirtschaftstrakt, Grand Commun genannt. Nicht selten kommt es wohl vor, dass einer der Schlossbewohner in eine Ecke pinkelt, weshalb es auf den Fluren von Versailles stinkt wie in der Gosse.[15] Die hygienischen Bedingungen sind gefürchtet, Bademöglichkeiten der königlichen Familie vorbehalten, auch heizen kann man die hohen Räume mit ihren zugigen Fenstern so gut wie nicht. Eigentümlich, dass trotz dieser recht spartanischen Lebensbedingungen in dem zum Teil ziemlich baufälligen Gemäuer der Versailler Hof zu den am meisten verschwenderischen, luxuriösesten und teuersten Machtzentralen der damaligen Welt gehört. Gott sei Dank ist es Frühling, und die Sonne taucht die Räume, durch die der Kaiser und sein Begleiter nun gehen, in ein vorteilhaftes Licht.

Wie würde seine Schwester aussehen? Wie sich betragen? Würde sie sich ausschließlich nach Versailler Art benehmen? Joseph wusste es nicht, schließlich hatten sie einander sieben Jahre nicht mehr gesehen.

Zwei in die Ankunft des Kaisers eingeweihte Lakaien öffnen die Türe und führen Joseph, der, zwei Stufen auf einmal nehmend, die Treppe hinaufeilt, in die Gemächer der Königin.

»Meine geliebte Schwester!«

Marie Antoinette zittert vor Erregung. Die Geschwister gehen einige Schritte aufeinander zu, bis sie sich, erleichtert über das gegenseitige Vertrautsein, umarmen.

Lange blieben sie so in Rührung und Schweigen beisammen, wusste de Mercy-Argenteau in seinem ausführlichen Abschlussbericht an Maria Theresia zu berichten.[16] Und Joseph vermerkte in seinem Reisejournal, dass *die Königin in einer weißen Polonaise* [weißes Kleid] *mit einem schwarzen Hut, worauf Federn waren*, erschienen war.[17] Von Marie Antoinettes Anmut und Eleganz, ja, von ihrer Intelligenz war Joseph so angenehm überrascht, dass er den Fürstinnen gegenüber später versicherte, er könnte sich sogar vorstellen, sie zu heiraten, wenn sie nicht seine Schwester wäre – *ich glaube, dass ich mit einer Frau wie ihr ein angenehmes Leben hätte führen können.*[18]

Die Geschwister stürzen sich in eine sprudelnde Konversation, auf Deutsch, wie alle Chronisten des Ereignisses besonders anmerken sollten.

»Mein Bruder, wie nur habe ich Euch vermisst. Ihr macht Euch keine Vorstellung davon, wie einsam ich ohne Euch hier bin. Endlich, endlich habt Ihr meiner Einladung Folge geleistet.« Einem Wasserfall gleich bricht sich die Erleichterung der Königin Bahn, endlich ein vertrautes Gesicht, ein Mensch aus ihrer Herkunftsfamilie, endlich Joseph, ihr Lieblingsbruder.

»Ist schon gut«, beschwichtigt er das junge Mädchen, das die fast Zweiundzwanzigjährige trotz allem in erster Linie ist. »Keine Tränen. Königskinder weinen nicht.«

Marie Antoinette schnieft noch ein paarmal, dann strafft sie den

Rücken. »Wie geht es der allerehrwürdigsten Mutter? Wie den Geschwistern? Wie« – und da strömen schon wieder dicke Tränen über ihr Gesicht – »meinem über alles geliebten Hund?«

Joseph ist gerührt, so viele Emotionen hat er nicht erwartet. Er tröstet und scherzt, beantwortet all die sehnsüchtigen Fragen, auch die nach dem Hund, den man der Braut, als sie zum ersten Mal französischen Boden betrat, abgenommen hatte.[19]

Anschließend suchen sie den König in dessen Gemächern auf, und danach stellt die Königin Joseph auch noch dessen Brüder und die königlichen Tanten vor. Nach der Mittagstafel steht Josephs erster Besuch bei den Ministern auf dem Programm, unter ihnen Graf von Maurepas und Graf von Vergennes.

»Votre Majesté l'Empereur!«, grüßt Außenminister Vergennes, als er den seit fünfzehn Minuten wartenden Kaiser endlich in seinem Vorzimmer in Empfang nimmt. »Pardonnez-moi profondément«, entschuldigt er sich mit einer leichten Verbeugung. Er hatte seinem Kammerdiener strikte Anweisung erteilt, niemanden anderen als den Grafen Falkenstein in sein Büro einzulassen, doch der Bedienstete hatte den Grafen nicht erkannt und Joseph mit den Worten zurückgewiesen, dass sein Herr mit dem Großsiegelbewahrer beschäftigt und nicht zu stören sei.

»Pas du tout«, wehrt Joseph galant ab. *»Die Geschäfte zum Besten des Staates haben billig immer den Vorzug vor Besuchen von Privatpersonen.«*[20]

Der Kaiser sollte Vergennes noch einige Male sehen, doch am Ende würde er ihn zu keinen Zugeständnissen in der bayerischen Frage bewegen können. Dem Minister schienen die Pläne Josephs zu riskant, sie würden den König von Preußen reizen, und dies sei das Letzte, was Frankreich sich erlauben könnte. Während sich also die außenpolitischen Ziele von Josephs Frankreichreise nur schwer realisieren ließen, wuchs das Vertrauen des französischen Königs zu seinem Schwager von Besuch zu Besuch. Dem königlichen Ehepaar zuliebe sollte Joseph mehr Zeit in Versailles verbringen, als ihm lieb war. Er würde dem *Coucher* beiwohnen, dem öffentlichen Entkleiden und Zu-Bett-Gehen des Königs. Er würde genau beobachten, wie einem Auserwählten die Kerze gereicht wird, wie ein anderer dem König die Pantoffeln aushändigt und einer der Diener abschließend das wohlbekannte »Man ziehe sich zurück« ausruft. Dem König oder der Königin behilflich zu sein, ihnen Wasser oder das Nachthemd zu reichen, galt als Ehre, die über Aufstieg und Fall bei Hofe entschied.

Joseph würde – als Graf Falkenstein und also bescheiden eingereiht in die Riege der Höflinge – auch bei der Abendtafel zugegen sein und dem König beim Speisen zusehen. Und bei den unzähligen Spaziergängen in den Parkanlagen des Schlosses, zu den Gärtnereien und in die Menagerie sollte eine immer größere Schar von Neugierigen dem fremden Grafen folgen, von dem es hieß, er sei kein Geringerer als der römisch-deutsche Kaiser.

»Va banque!«, ruft eine der Damen aus Marie Antoinettes Entourage und setzt damit alles in der Bank befindliche Geld auf ihre Kartenabfolge.

Alle blicken gespannt in Richtung des Bankiers. Eines Nachmittags in Versailles gesellt sich Joseph zu Marie Antoinette und ihrem Gefolge, doch sobald sie das geliebte Glücksspiel Pharo beginnen, ist der sonst bei der Versailler Damenwelt so beliebte Graf von Falkenstein Luft für sie.

»La paix.« Die Gewinnerin der ersten Runde setzt noch einmal auf dieselbe Kartenreihe, alle blicken gespannt auf den Bankier, der die Karten neu mischt. So kann Joseph in aller Ruhe seine Schwester beobachten. Ihre Oberflächlichkeit. Ist sie nur Fassade? Schutz gegen die Hofkamarilla? Oder nicht doch ihr eigentliches Wesen? Joseph denkt zurück an damals, als sie ein zehnjähriger Wildfang war und er, nach dem Tod Franz Stephans, zum Kaiser geworden, sich anschickte, sich an Vaters statt um das jüngste Mädchen der großen Geschwisterschar zu kümmern.

Marie Antoinette war einen Tag nach dem verheerenden Erdbeben von Lissabon auf die Welt gekommen, sie war schon immer kapriziös gewesen, und dann wieder träge und unentschlossen wie ein alter Bernhardiner. Ziele gingen ihr stets ab, auch dann noch, als sie mit vierzehn Abschied vom Wiener Hof nahm und mit Ludwig XVI. vermählt worden war. *Seien sie gut zum französischen Volk, damit man sagen kann, ich hätte ihm einen Engel geschickt*, hatte ihr Maria Theresia damals mit auf den Weg gegeben.[21] Als sie mit achtzehn Königin von Frankreich wurde, sah kaum noch jemand einen Engel in ihr. Und doch, wer konnte es ihr verübeln, dass sie, ein junges, der Obhut und Strenge der Mutter entkommenes Mädchen, den Versuchungen des illustren Hoflebens von Versailles nicht erliegen würde? Sie konnte bestimmen, und anders als er, Joseph, wollte sie ihr Geld nicht in den Staatshaushalt, sondern in Kleider, Frisuren und Theaterstücke stecken. Versailles wurde ihr goldener Käfig.

»Herrscher sollen nicht mit hohem Einsatz spielen«, bemerkt Joseph, als das Spiel zu Ende geht. Und etwas leiser: »Schließlich handelt es sich um das Geld ihrer Untertanen.«[22] Doch kaum jemand am Spieltisch will verstehen, was der fremde Sonderling damit meint. Man lacht und scherzt, einzig Marie Antoinette schweigt betreten für einige Minuten.

Paris – Von Kranken und Taubstummen bis in die Seele angerührt

Schon zwei Tage nach dem ersten Besuch in Versailles begann Joseph sein vielfältiges Besuchsprogramm. Spitäler, Findelhäuser, Armeninstitute, Gefängnisse und Manufakturen – wie immer galt sein Blick den Lebensumständen des einfachen Volkes, dieses Mal wollte er sich ganz besonders der medizinischen Einrichtungen der Stadt annehmen. Als Erstes seinem ältesten und bedeutendsten Hospital, dem Hôtel-Dieu.

Paris, damals die zweitgrößte Stadt der Welt, war ein Moloch mit einer halben Million Menschen, mit enormen Verkehrs- und noch schlimmeren Hygieneproblemen (wobei man unter Verkehr vor allem das Gewusel zu Fuß gehender Menschen, berittener Soldaten und dazwischen einiger weniger Kutschen und weit mehr Karren verstand). In den Stadtvierteln der Reichen, insbesondere dem Faubourg Saint-Germain, bestimmten die Paläste der Aristokratie – die *Hôtels particuliers* – das Bild, im Zentrum hingegen drängten sich die Menschen in unwürdigen und ungesunden Lebensverhältnissen zusammen.

Schon früh morgens besteigen Joseph und Brambilla vor ihrem Hotel in der Rue de Tournon die Kutsche, um sich ins Stadtzentrum und auf die Île de la Cité chauffieren zu lassen. Während sich die Kutsche der Brücke über die Seine nähert, fällt Josephs Blick auf die Straße und ihre Passanten. Tagelöhner mit schweren Lasten sind unterwegs; Kinder in Lumpen, auf die niemand ein Auge hat; Prostituierte, von denen es in Paris mehr gibt als anderswo. Dazwischen – ein wenig besser bekleidet, wenn auch ebenso arm – Dienstboten auf dem Weg zum Markt Les Halles. In den baufälligen Häusern sieht er die kleinen Werkstätten der Schmiede, der Schuster und Tischler, die meist in winzigen Zimmern über ihren Geschäften leben. Plötzlich fließt Blut auf die Straße, doch es ist nur der Abfluss einer Schlachterei in einem der Hinterhöfe. Fliegende Händler mit alten Stoffen, andere mit zerbeulten Hüten oder einem Gläschen Tee. Je mehr sie sich dem Fluss nähern, desto größer ist der Gestank von menschlichem Unrat, der entweder in Hinterhöfen gesammelt – weil man auch damit Geld verdienen kann – oder direkt in den Fluss geleitet wird. Der Geruch nach Pestilenz und Armut, nach Tod und Verderben.

Brambilla und der Kaiser betreten das Hospital von der Kathedrale Notre-Dame kommend gänzlich unbemerkt, sie geben sich als zwei Reisende mit einem gesteigerten Interesse für Medizin aus. Die Nonnen sind freundlich, aber einsilbig. Hier gibt es weder Zeit noch Kraft für gewählte Konversation, für verfeinerte Galanterie oder geistige Höhenflüge. Hier gibt es nur die nackten Fakten. Das Hospital ist 1772 wie schon so oft einem Brand zum Opfer gefallen und seither nur zum Teil wiederaufgebaut worden.

»On a plus de 3000 patients. Voyez par vous-même. Überzeugen Sie sich selbst davon«, sagt die Schwester Oberin knapp und händigt dem Gast ein Bündel Papiere aus – die Liste mit den 3549 Insassen wird Joseph sorgfältig aufbewahren und nie mehr vergessen. Dann wendet sie sich zum Gehen, ihr langer Habit schwingt im Takt ihrer raschen Schritte. Sie führt die Besucher lange, nackte Gänge entlang. Trotz der sommerlichen Temperaturen draußen ist es hier kühl und feucht. In den Krankensälen drängen sich jeweils zwanzig bis vierzig Elende, notdürftig bekleidet und schlecht ernährt. Nicht alle Insassen leiden an irgendwelchen Krankheiten, viele holt man von der Straße, damit sie in ihrer Armut und Not keine Unruhe stiften oder gar Aufstände anzetteln. Seit dem Mittelalter dienen öffentliche Hospitäler nur in zweiter Linie der medizinischen Versorgung, in erster der Verwahrung der Armen und Verwahrlosten. Die moderne Medizin steht schließlich noch in ihren Anfängen.

»Et là? Qui est là-dedans? Wer ist da drin?«, will Brambilla wissen.

»La variole«, sagt die Oberin düster. »Die Pocken!« Sie lässt die beiden Männer nur einen Blick in den Saal werfen und schiebt sie weiter den Gang entlang zu Sälen mit weniger gefährlichen Krankheiten.

Brambilla und der Kaiser werfen sich einen vielsagenden Blick zu. Es hat geheißen, dass im Hôtel-Dieu Patienten mit ansteckenden Krankheiten von harmlosen nicht getrennt würden und dass die Ansteckungsgefahr selbst für flüchtige Beobachter deshalb besonders hoch sei. In den Fluren stinke es, und in den Krankensälen sei die Luft zum Schneiden.

Noch glaubte man, durch das Lüften der Räume Miasmen in die Häuser einzulassen, krankmachende Dünste. Angesichts der Luftverpestung draußen war es jedoch fraglich, was schrecklicher war, der Gestank draußen oder drinnen. Die Sterberate im Krankenhaus lag damals jedenfalls bei 25 Prozent, also deutlich über der allgemeinen Mortalität.

Überall findet Joseph mehrere Patienten in einem Bett vor, Kranke und Gesunde gemischt, einmal ist sogar ein Toter unter den Lebenden, man hat ihn noch nicht abtransportiert.

»Non, Monsieur, vous ne devriez pas voir ça. Nein mein Herr, das dürfen Sie nicht sehen.«

Auf der Entbindungsstation ist die Situation besonders schlimm, und die Oberin will ihren Besucher nun sogar den Blick in den Raum verwehren.

»Mais oui! Laissez-moi voir le début de la misère humaine.«[23] Joseph lässt sich nicht beirren. Er will unbedingt, wie er der Oberin versichert, den Anfang des menschlichen Elends sehen. Sie nickt still und erstaunt über das Mitgefühl ihrer fremden Besucher, die mehr über Armut und Krankheit zu wissen scheinen als sonst unter so feinen Leuten üblich. Und so nimmt Joseph auch dieses Bild des Jammers noch in sich auf. In großen Betten wieder mehrere Elende, vier bis fünf Gebärende in ihren Wehen, nur mit schmutzigen Laken bedeckt und nicht voneinander getrennt. Doch noch auswegloser als die augenscheinliche Not ist die soziale Situation der Frauen, von denen wohl kaum eine freiwillig und in guter Hoffnung schwanger geworden ist.

In dieser Freystätte der leidenden Dürftigkeit zerfloss in Mitleid seine große Seele, schrieb Du Coudray, der Chronist der kaiserlichen Frankreichreise, und fügte mit großem Stolz hinzu, dass Joseph (den die Nonnen wohl spätestens daran als römisch-deutschen Kaiser erkannten) am nächsten Tag dem Hôtel-Dieu 48 000 Livres anweisen ließ.[24] Auch in den Pariser Blättern wurde der hohe Besuch gelobt: *Im Hôtel-Dieu ist kein Saal, den er* [der Kaiser] *nicht in Augenschein genommen, nur in die Blatternstube wollten ihn die Nonnen nicht führen.*[25] Den Kaiser, der auch noch andere medizinische und soziale Einrichtungen besuchte – weit bessere, etwa das Hôspital de la Charité, weit angenehmere, etwa das von Ludwig XIV. errichtete Hôtel des Invalides, das der Versorgung von kriegsversehrten Soldaten diente, und viel fortschrittlichere, etwa die ihn und Brambilla nachhaltig beeindruckende Académie royale de chirurgie –, sollten die haarsträubenden Verhältnisse im Hôtel-Dieu nicht mehr loslassen. Er würde sowohl mit dem König als auch den Mitgliedern der Académie des sciences, der Akademie der Wissenschaften, über Verbesserungsmöglichkeiten für das Großkrankenhaus sprechen. Schon Ludwig XV. hatte es abreißen lassen wollen, doch am allgemeinen Willen, wie man die Armen und Kranken stattdessen betreuen konnte, fehlte es, und so war das Hôtel-Dieu die einzige Alternative geblieben. Dass man Armenhaus und Krankenanstalt trennen müsse, um in der Medizin voranzukommen und den Besitzlosen auf ihre Weise gerecht zu werden, sollte sich erst allmählich durchsetzen. In Prag hatte Brambilla beim Einrichten seines Sterbeasyls schon 1772 Arme und Kranke getrennt, im Hôtel-Dieu würde dies noch bis zum Jahr 1784 dauern, zur gleichen Zeit also, als Joseph in Wien mit dem Allgemeinen Krankenhaus neue Maßstäbe der medizinischen Versorgung in Europa setzen wird.

In Wien, so schworen sich der Kaiser und Brambilla beim Verlassen des Hôtel-Dieu, würde man die Fehler dieser Stätte schon zu vermeiden wissen.

Abbé de l'Épée – Wie Joseph einen selbstlosen Menschenfreund erkennt

Ebenfalls stark berührte den Kaiser ein für die damalige Zeit völlig einzigartiges Institut, das er am 7. Mai in der Rue des Moulins nahe dem Louvre aufsuchte. Dort hatte ein gewisser Abbé Charles-Michel de l'Épée, ein unangepasster Geistlicher und Armenanwalt, die erste Schule für Taubstumme gegründet. 1760 hatte er zwei stumme Geschwister von ihrem verstorbenen Lehrer übernommen und anhand ihrer Gesten und der Überzeugung Rousseaus von der natürlichen Neugier und Lernfähigkeit der Kinder die erste Gebärdensprache erfunden. Mit der Zeit sprach sich sein Erfolg herum, und bald hatte er an die sechzig Taubstumme in seinem Haus zu betreuen und zu unterrichten. Zwei Stunden verfolgte Joseph gebannt den Unterricht des Mannes, seine Unermüdlichkeit und seine Fähigkeit, jenseits der üblichen Ausdrucksweisen mit seinen Schülern zu kommunizieren. Der Abbé hatte mittlerweile alle seine Ersparnisse für seine Schützlinge ausgegeben, die viele Arbeit lastete schwer auf seinen Schultern.

»Ich habe mir bei der Regierung einige brauchbare Leute zur Hilfe ausgebeten«, klagte er seinem Gast, von dem er wusste, dass es sich um den Kaiser des Heiligen Römischen Reichs handelte, »allein man hat mir noch keine Antwort erteilt.«

»Ich sehe schon, ich muss aus Wien ein paar geeignete Männer schicken.« Joseph hatte sofort den Hintergedanken, ein ähnliches Institut in Wien zu gründen, so sehr war er von der Arbeit des Mannes überzeugt. Und dann, fügte er hinzu, werde er mit seiner Schwester, der Königin, sprechen. Sie werde die Arbeit des Abbés sicher kennenlernen wollen, und – dessen sei er sich ebenfalls sicher – wenn sie denn einmal da sei, deren Wert auch erkennen.

Tatsächlich trug Josephs Intervention bald Früchte, und der Abbé de l'Épée bekam endlich die nötige Unterstützung und Anerkennung.

Zwei Jahre nach seinem Tod, kurz vor der Französischen Revolution, wurde er von der französischen Nationalversammlung in die Liste der Wohltäter der Menschheit aufgenommen und seine Schule unter staatliche Aufsicht gestellt. Und doch, auch das wusste Joseph: Während es den Taubstummen des Abbés de l'Épée noch einigermaßen gut ging, fristeten in den Findelhäusern der Stadt an die 12000 Kinder, bloß von wenigen Aufsichtspersonen betreut, ein bitteres Dasein.

Manufakturen – Frankreich und die internationale Luxusindustrie

Das war der große Unterschied zwischen dem römisch-deutschen Kaiser und dem französischen Königspaar. Ludwig XVI. war weder durch sein Land gereist, noch hatte er die Armen und Beladenen nur ein einziges Mal mit seiner königlichen Anwesenheit beschenkt. Später würde man erkennen, dass dies der größte Fehler des Königspaars war. Wären sie, so wie Joseph II., glaubhaft Herrscher zum Anfassen gewesen, die Revolution wäre ihnen möglicherweise erspart geblieben. Doch Ludwig XVI. hatte bisher nicht einmal das Hôtel des Invalides besucht.

Wie nur kann man ein Land wie Frankreich regieren, wenn man es nicht kennt, dachte Joseph. Bei seinen Besuchen in Versailles riet er seinem Schwager wiederholt (aber umsonst), es ihm gleichzutun, das Land und seine Häfen zu besichtigen, Spitäler und Findelhäuser nicht nur mit seiner königlichen Gunst, sondern seiner Anwesenheit zu ehren, und vor allem zu verstehen, unter welch bitterer Not die Arbeiter und Bauern ihr Leben fristeten.

An seinen Bruder Leopold wird Joseph schreiben, dass sein Schwager *ein wenig schwach, aber nicht dumm* sei. *Er hat Vorstellungen, er macht sich ein Urteil, aber sein Körper und sein Geist sind apathisch. Er führt vernünftige Gespräche, hat aber keinen Sinn für Bildung, und er ist nicht neugierig.*[26] Das mag nicht ganz gerecht sein, galt doch der König als gebildet und belesen. Er war keineswegs dumm, wie der missgünstige österreichische Gesandte Mercy-Argenteau behauptete. Ja, sogar das Volk und Reformen waren ihm im Prinzip ein Anliegen, und er galt als der toleranteste aller Bourbonenkönige. Allein es fehlte, wie so oft, an einer tatkräftigen Umsetzung, und das, was er in Angriff nahm, ergab, abgesehen von der Teilnahme Frankreichs am Amerikanischen Unabhängigkeitskrieg, keine gute Bilanz. Und auch dieser außenpolitische Erfolg war letztlich, wegen der dadurch verursachten Finanzmisere, ein Danaergeschenk. Es war keine Kleinigkeit, in krisenhaften Zeiten wie diesen zu regieren, genauso wie es viel Mut brauchte, die Barriere zwischen sich als Herrscher und dem Volk einzureißen, sich zu den Menschen zu begeben und ihre Bitten anzuhören. Es war mit Unsicherheiten und Gefahren verbunden, sich derart auszusetzen, wie es Joseph II. zu tun gewohnt war. Erst an der Gegenüberstellung von Ludwig XVI. und Joseph II. sah man, wie einzigartig sich der inkognito reisende Kaiser verhielt. Denn während der französische König sich weiterhin vor allem für die Jagd und das Schlosserhandwerk (viele Herrscher der Epoche erlernten ein Handwerk, Joseph nach alter Habsburger-Tradition das Druckerhandwerk) interessierte, besuchte Joseph die Königliche Porzellanmanufaktur von Sèvres, die Seifensiederei und die Königliche Tapisserie-Manufaktur.

Kein Land besaß bessere Manufakturen für Luxusgüter als Frankreich. Kostbare Uhren, Schmuck und Silber, Schnupftabakdosen und Spiegel, Gobelins und Porzellan, ja, sogar Seife war ein kostbares Konsumprodukt für die oberen Zehntausend. Alle diese Waren wurden meist in und rund um Paris erzeugt und an sämtliche Höfe Europas bis nach Sankt Petersburg verkauft. Der Staat trat dabei als Unternehmer auf, gemäß den Prinzipien einer protektiven merkantilistischen Wirtschaft, die auf die Förderung einheimischer Produkte setzte und auswärtige Importe mit Zollschranken belegte.

Allerdings war dieses alte System staatlicher Wirtschaftslenkung in die Kritik geraten. Die moderneren Ökonomen, allen voran die Physiokraten, setzten auf die Landwirtschaft als natürliche Quelle allen Reichtums, forderten eine Steuerreform ohne Privilegien und freien Handel, etwa beim Getreide. Bis zum Vorabend der Französischen Revolution sollten sich Merkantilisten und Physiokraten an der Spitze der Regierung in rascher Folge ablösen, ohne dass eine Seite die Überlegenheit ihres Systems hätte unter Beweis stellen können. Dafür war die wirtschaftliche Situation in Frankreich allzu verfahren und die Zeit für durchgreifende Reformen zu knapp. Bald würden sich die Ereignisse, einem Schneeballsystem gleich, überschlagen, die Hungerrevolten 1775 waren gewissermaßen der Anfang einer Entwicklung, die in ordentliche Bahnen zu lenken immer unmöglicher werden würde.

»Votre Majesté, ich bin ihr Untertan«, stellte sich einer der Arbeiter in der Porzellanmanufaktur von Sèvres vor, nachdem der Kaiser die Fabrik schon einige Male besucht hatte und allmählich erkannt worden war. Es war ein Deutscher, der vor Ehrerbietung für seinen obersten Herrscher fast zu stammeln anfing. Dann führte er den Kaiser durch die Fabrik, und Joseph ließ sich alles erklären, jeden noch so kleinen Arbeitsschritt, jedes Detail. Er ließ Porzellanerde durch seine Finger rieseln, stocherte in Feldspat und Quarz, das in einem bestimmten, geheim gehaltenen Verhältnis zur Porzellanerde gemischt wurde. Er unterhielt sich über die verwendeten Farben, schaute den Porzellanmalerinnen über die Schulter und bewunderte ihren sicheren, feinen Pinselstrich. Zu guter Letzt widmete er sich auch noch dem Prozess des Brennens.

»Unser Porzellan ist wohl dauerhafter, aber nicht so schön«, sagte er anerkennend. Vor allem die Farben gelängen in der Wiener Porzellanmanufaktur nicht so strahlend.

Porzellan gehörte zu den prestigeträchtigsten Gütern der damaligen

Zeit. Aus China nach Europa gekommen, versuchte jeder Hof seine eigene Manufaktur zu betreiben, schon allein, weil ein Tafelservice zu den aufsehenerregendsten Geschenken gehörte, die ein Herrscher einem anderen machen konnte. Ludwig XV. zum Beispiel hatte Maria Theresia anlässlich des »Renversements des alliances«, dem 1756 geschlossenen Bündnis mit Frankreich, das kostbare Service mit den grünen Bändern geschenkt, das bei Josephs Hochzeit mit Isabella als Zeichen der Freundschaft beider Länder zur Verwendung gekommen war. Nichts unterstrich den Status von Monarchen, Aristokraten und geistlichen Würdenträgern besser als Luxusgüter. Man stellte sie in den Palästen zur Schau, immer bedacht, den eigenen Status damit zu untermauern oder gar zu mehren. Dass Joseph als oberster Herrscher ebendieses Gesellschaftssystems auf Status und Prestige weitgehend verzichtete, machte ihn beim einfachen Volk beliebt, die Elite hingegen reagierte zwiespältig. Ging es darum, in Joseph den aufgeklärten Helden einer neuen Zeit zu verehren, lobte man seine an den neuen Werten geschulte Bescheidenheit, sein volksnahes Wesen und sein modernes Auftreten, seine Reisen ohne Pomp und großes Gefolge. Wollte man jedoch seine Reformen, auch sie verdankten sich zu einem wichtigen Teil seinen Reisen, kritisieren, machte ihn sein Verzicht auf die herkömmliche Machtrepräsentation angreifbar. Man belächelte seinen Sparzwang, charakterisierte ihn als menschenfeindlichen Griesgram und ätzte, dass er seine Reisen nur unternahm, um den Streitereien mit seiner Mutter und Koregentin zu entfliehen.

»Es ist doch eine erstaunliche Sache um die Industrie«, sagte Joseph, als er sich von den großartigen Handwerkern von Sèvres verabschiedete. *»Man hat ihr eine solch große Menge guter Gedanken und Einfälle und aufs Höchste gebrachte Versuche und Erfahrungen zu danken!«*[27]

Die nötige Revolution von oben – Fast ein Doppelgänger

»Les manufactures sont très endettées«, ruft Turgot aus. »Die Manufakturen sind total verschuldet.« Der in Ungnade gefallene Minister blickt Joseph mit großem Ernst und entwaffnender Offenheit in die blauen Augen. Die beiden bemerken sofort, dass sie seelenverwandt sind, beide waren weit gereist und hatten die Wirklichkeit, also die Welt so gesehen, wie sie nun einmal war. Das sei Frankreichs größtes Problem. Der ganze Staat, das gesamte Land stehe vor dem Bankrott!

Joseph trifft den ehemaligen Generalkontrolleur der Finanzen am 11. Mai im Salon der Herzogin de La Rochefoucauld, nachdem er, wie schon einige Male während seines sechswöchigen Aufenthalts in Paris, das Theater besucht hat.[28] Augenblicklich versenken sich die beiden Männer in ein intensives, stundenlanges Gespräch. Jacques Turgot, der berühmteste französische Ökonom der Zeit – manche halten ihn gar für den Begründer der modernen politischen Ökonomie –, hat in den wenigen Jahren seit dem Thronantritt Ludwig XVI. alles darangesetzt, den Staatshaushalt in Ordnung zu bringen. Doch während das gängige Mittel dafür stets die Erhöhung der Steuern war, die größere Lasten für die Bauern bedeutete, hält Turgot nichts davon.

»Kein Bankrott, keine Steuererhöhung, keine Verschwendung, das ist meine Devise.«

Turgot hatte dreizehn Jahre lang als Intendant eine der ärmsten französischen Provinzen, das Département Limoges, regiert und dort die physiokratischen Ideen einer gerechteren Gesellschaft in die Tat umzusetzen versucht. Er war der Ansicht, dass Frankreich einzig durch eine rigide Sparpolitik aus der Schuldenfalle herausfinden würde. Die üppige und unrentable Vergabe von Posten und Pensionen sowie der kostspielige Luxus der Versailler Machtclique, all das hatte aufzuhören. Darüber hinaus mussten die Corvées, die Frondienste, durch eine allgemeine Steuer ersetzt, der freie Handel gewährt und die Zünfte aufgelöst werden. Alles fortschrittliche Ideen, die in ihm den Physiokraten und den Wirtschaftsliberalen erkennen ließen.

»Wie recht Ihr habt, mein lieber Turgot«, pflichtet ihm der Kaiser bei. Denn war dies nicht das Erste gewesen, was auch er unternommen hatte, als er Mitregent geworden war? Er hatte unsinnige Posten gestrichen, die Schweizergarde entlassen und gemeinsam mit seiner Mutter die Verwaltungsreform weiter vorangetrieben. Sobald er allein regieren würde, würde er überdies ein richtiges Staatsbeamtentum aufbauen, das hatte er ganz klar vor Augen.

Tatsächlich sollten die Josephinischen Reformen auf diesem Gebiet zur Grundlage des modernen österreichischen Staates werden. Und ähnlich wie Turgot wurde auch Joseph wegen seiner rigiden Sparpolitik kritisiert. Am Hof von Versailles zu sparen, war indes noch um einiges schwieriger. Turgot jedenfalls hatte seinen Angriff auf die Privilegien des Adels und seine Ansichten zum Freihandel mit dem Verlust seines Amts bezahlt.

»Les revoltes du pain …«, erklärt der Ökonom weiter. Die Brot-Unruhen nach der Hungersnot 1775 hätten sein ambitioniertestes Projekt verhindert, nämlich die Einführung einer Grundsteuer für alle.

Was für eine hervorragende Idee, denkt Joseph.

Doch auch der Kaiser würde mit dieser in den 1780er-Jahren in Angriff genommenen Reform letztendlich scheitern, zu radikal, zu umstürzlerisch war die Einführung einer Steuer für alle, einer, die den Gleichheitsgrundsatz ernst nahm.

»Niemand in Versailles«, seufzt Turgot, »will auch nur eine Kerze weniger verbrauchen! Das ist der eigentliche Jammer!«

»Dabei wäre es das einzig Vernünftige! Die Revolten waren nur der Anfang«, pflichtet ihm Joseph bei.

»Vous avez raison! Ihr habt ganz recht!« Turgot fühlt sich von dem jungen Herrscher verstanden. Wenn er nur anstelle Ludwigs XVI.

König wäre? Dann fügt er nachdenklich hinzu: »Man hat mir immer gesagt, ich handle zu überstürzt.«

Das würde man auch Joseph vorwerfen, als er, nach Maria Theresias Tod, seine Reformen mit allergrößter Beharrlichkeit durchzuziehen begann.

Aber gab es denn Zeit zu verlieren, überlegte der Kaiser weiter. War es nicht bereits fünf vor zwölf? Erst neulich waren etliche Fischweiber in seiner Unterkunft, im L'Hôtel de Tréville in der Rue de Tournon, erschienen, um ihm ein Kompliment zu machen (in Wirklichkeit waren sie neugierig, ob sie es wie die Gärtnersweiber, von deren Besuch sie gehört hatten, schaffen würden, an den hohen Herrn heranzutreten).

»Wir sind sehr glücklich, einen solchen Herrn zu sehen, der das Geld ganz händevollweis wegschenkt«, sagte eine hochgewachsene, in einer Mischung aus Stolz und Schüchternheit auftretende Frau, die die Weiber als ihre Sprecherin auserkoren hatten.[29]

Joseph nickte. Er war ernsthaft bemüht gewesen, die Lebenswirklichkeit auch dieser Frauen zu erfassen. Einige lachten unsicher. Oder war es ein rebellisches Lachen? Manche hatten die Arme vor der Brust verschränkt, das ließ sie selbstbewusster erscheinen, als sie es vermutlich waren.

»Hier, das ist für euch«, hatte Joseph schließlich gesagt und der Sprecherin einen Beutel mit Geld überreicht. Später hatte er lange über die Szene nachgedacht, auch über einen weiteren Satz, den er von einer der Frauen in der Gruppe aufgeschnappt hatte: *Wie glücklich ist das Volk, welches dieses Kleid bezahlt.* War das Ironie? Straßensarkasmus? Ja, es stimmte, das Volk bezahlte seine Herrscher, und dann wollte es doch wenigstens von ihnen ernst genommen und in seiner Not gesehen werden. So zumindest legte sich Joseph einen möglichen Sinn zurecht.

Die Fischweiber würden in der Französischen Revolution noch zu Ruhm gelangen, man würde den Demonstrationszug nach Versailles am 5. Oktober 1789 nach ihnen benennen – den Marsch der Fischweiber, der Poissarden. Sie, die Marktfrauen, führten die wütenden Massen mit ihren Piken und Bratspießen, den Messern zum Ausweiden der Fische und ihren schlechten Kleidern an, um den König dazu zu zwingen, die Augustdekrete zur Abschaffung der Vorrechte des Adels endlich anzunehmen. *»Versailles schlemmt, Paris hungert«*, skandierten sie so lange vor den Fenstern der gigantischen Königsresidenz, bis sich Ludwig XVI. der Macht der Straße beugen, die Erklärung der Menschenrechte und die Abschaffung der Adelsprivilegien unterschreiben sowie am nächsten Tag samt seiner Familie nach Paris in den Palais des Tuileries übersiedeln würde. Sie würden nie wieder so weit gehen müssen, wenn sie ihren König sehen wollten! Singend sollten sie ihn begleiten.

»Vergessen Sie Necker, der ist nur ein kleiner Bankier«, sagt Turgot zum Abschied über seinen Nachfolger Jacques Necker als Finanzminister, jenen Mann, dessen zweite Entlassung im Juli 1789 (1781 war er zum ersten Mal suspendiert und 1788 wieder zurückberufen worden) die Pariser Bevölkerung – er war die letzte Hoffnung auf Veränderung – zu den Waffen greifen ließ. »Sprechen Sie mit Voltaire, wenn Sie können!« Turgot hatte Frankreichs führenden Dichter und Aufklärer 1760 in Ferney besucht, seither waren sie Freunde. »Sie werden ihn doch beehren, oder?«

Die Bastille und die Wissenschaften – Noch ist Ruhe

Joseph interessierte praktische Politik stets mehr als Theorie, und doch gehörte es im Land der Aufklärung zum guten Ton, den Wissenschaftlern und Philosophen eine Aufwartung zu machen.[30] So begab er sich zum Beispiel zum greisen Naturforscher Comte de Buffon, der, nicht ahnend, wer der fremde Gast war, Joseph im Schlafrock empfing. Den berühmten Mathematiker und Philosophen d'Alembert, der gemeinsam mit Denis Diderot die *Enzyklopädie*, diese Bibel der Aufklärung, herausgebracht hatte, sah Joseph indes des Öfteren. Etwa in der ehrwürdigen Académie française, wo er d'Alembert spitzfindig fragte, warum Diderot nicht ebenfalls Mitglied des erlauchten Kreises sei. Doch seit *D'Alemberts Traum*, einem Hauptwerk Diderots, hatte sich das Verhältnis der beiden Enzyklopädisten verdüstert. Diderot hatte in diesem literarisch-wissenschaftlichen Essay d'Alemberts Lebensgefährtin, die Salonnière Julie de Lespinasse über Fragen der Sexualmoral philosophieren lassen. Eine allzu große Freizügigkeit, die das Verhältnis der beiden Männer erschüttert hatte. D'Alembert wechselte also rasch das Thema.

In der Académie des sciences sah Joseph dem Chemiker und Leiter der französischen Pulververwaltung, Antoine de Lavoisier, bei seinem Experiment mit »fixer Luft« zu. Dabei steckte der Gelehrte einen Vogel unter eine mit Kohlendioxid angereicherte Glocke, worauf das Tier augenblicklich umfiel. Dann, so beobachtete Joseph das Geschehen, rieb sein Assistent den Schnabel des Tiers mit einer bestimmten Substanz ein, wodurch sich der Vogel – der endlich wieder Luft bekam – erholte und im Raum herumflog.

»Wollen Sie ihm nicht die Freiheit schenken«, sagte Joseph, der das Experiment unsinnig fand und den Vogel retten wollte. Doch natürlich war Lavoisiers Experiment nicht unsinnig. Mit Experimenten wie diesen, das die todbringende Eigenschaft des Kohlendioxids zeigte, schuf der französische Gelehrte Grundlagen der modernen Chemie. Die Aufklärung war ein vielseitiges Projekt, von den Denkern der Epoche ausgerufen, durchdrang sie langsam, aber unumkehrbar alle Lebensbereiche und veränderte sie. Die Naturwissenschaften jedoch steckten noch in ihren Anfängen, erst im 19. Jahrhundert würde man die kuriosen Experimente für eine moderne Wissenschaft weiterentwickeln.

Schon am 2. Mai hatte der Kaiser die Bastille, das Zeughaus, besucht. Dass ausgerechnet mit dem Sturm auf die Bastille am 14. Juli 1789 die Französische Revolution ausbrechen sollte, konnte er nicht ahnen. Niemand konnte das. Im berühmten Staatsgefängnis saß gerade einmal eine Handvoll Insassen, es gab durchaus schrecklichere Kerker mit sehr viel mehr Inhaftierten. Und doch: Die Bastille war ein Symbol, und der Sturm auf sie später ein Signal, das zu überhören Marie Antoinettes Schicksal besiegeln sollte. Es folgte der Marsch der Fischweiber (dass Marie Antoinette gesagt haben soll, wenn das Volk kein Brot habe, solle man ihm Kuchen geben, ist eine Unterstellung), der missglückte Fluchtversuch der königlichen Familie 1791, der die »Österreicherin« noch verhasster und noch stärker zur Spionin abstempeln sollte, und schließlich 1792 die Internierung und im Jahr darauf der Tod des französischen Königspaars. Zuerst kam der König, dann auch die Königin unter die Guillotine.

Joseph, der seine Schwester am 29. Mai 1777 zum letzten Mal sah, hinterließ ihr eine zwanzigseitige Denkschrift, in der er ihr, ganz fürsorglicher Bruder und aufmerksamer Beobachter der Verhältnisse, Ratschläge erteilte. Sie solle sich um den König bemühen und ihre Vergnügungs- und Verschwendungssucht beenden. *Wenn Ihr die Revolution nicht verhütet, wird sie grausam sein*, endete er prophetisch seine Ausführungen.[31]

Die Rundreise durch Frankreich – Häfen, Handel, Sklaven

Am 31. Mai verlässt Joseph mit seinen Begleitern Paris und bricht zu einer Rundreise durch Frankreich auf – wie üblich wird es eine *tour de force* werden. Man reist zügig und einfach. Josephs Zeit ist kurz bemessen, denn am 1. August will er wieder in Wien sein, die Reise war schließlich lang genug und seine Abwesenheit vom Wiener Hof ebenfalls.

Nach den Wochen in Paris und Versailles genießt er die Fahrt, den frischen Morgenwind, die wechselnden Landschaften, grün und üppig in der Normandie und der Bretagne, trocken und zunehmend mediterran in der Provence und am Mittelmeer. Kurz vor Rouen, der Hauptstadt der Normandie, denkt er an die letzte Nacht in Paris zurück, als es plötzlich an seiner Tür klopfte und Ludwig XVI. – inkognito – erschien. Er, mit dem er noch am Tag zuvor in einem langen Gespräch über dessen Ehe mit Marie Antoinette hatte sprechen können, war nur erschienen, um sich zu bedanken. Er nannte ihn Bruder, fiel ihm mehrmals um den Hals und schien sichtlich erleichtert zu sein.[32] Doch wie war es nur dazu gekommen?

Joseph hatte eine List angewandt, um den scheuen Monarchen zum Sprechen zu bringen. »Lieber Schwager«, hatte er gesagt, »könnt Ihr nicht ohn alle dies Gepränge spazieren gehen?«

Es war bei seinem letzten Besuch in Versailles gewesen. Er musste, so sagte Joseph sich, endlich ernsthaft mit dem König reden. Und dazu war es unerlässlich, dass nicht Tausende Versailler Ohren mithörten. Allein und umgeben vom Duft der soeben aufgeblühten Rosen würde Ludwig vielleicht so viel Vertrauen zu ihm fassen, dass er ihm ehrlich und detailliert berichte, wie er sein Eheleben mit Marie Antoinette vollziehe. Denn, den Eindruck hatte der Kaiser schon längst gewonnen, die beiden schienen einfach nicht zu wissen, wie sie es so anstellen mussten, dass sich der lang ersehnte Nachfolger einstellte. Doch hätte in Wien die Etikette verlangt, dass Joseph und Isabella quasi coram publico miteinander schliefen, wer weiß, vielleicht hätte dann auch er, Joseph, keine Nachkommen zu zeugen vermocht. Der König und die Königin waren, was ihre Intimität betraf, die am besten überwachten Personen Frankreichs, wenn nicht ganz Europas. Es hieß, dass sich der sensationsgierige spanische Gesandte nicht damit begnügte, die Höflinge nach dem öffentlichen Coucher des Königs ins Gebet zu nehmen, sondern dass er zeitweise sogar einen

Spion im Paradeschlafzimmer der Königin installiert hatte. Auch beim Spaziergehen folgten den Majestäten auf jeden Schritt und Tritt ein großes Gefolge, darunter etliche Leibgardisten und Soldaten der Schweizergarde. Wie nur sollte man auf diese Weise einen natürlichen Umgang miteinander pflegen?

Ludwig hatte Joseph verdutzt angesehen. Darüber hatte er noch nicht nachgedacht.

»Erlaubt«, hatte der Kaiser weiter zu verstehen gegeben, *»dass ich Euch allein als Gardehauptmann diene? Lasst diese zahlreiche und glänzende Schar zu Hause!«*[33]

Die Strategie hatte Erfolg. Der Spaziergang brachte den Durchbruch.[34] Joseph wagte anzusprechen, wovon seit zwei Jahren die versammelte diplomatische Welt nur hinter vorgehaltener Hand debattierte. Dass der König der Franzosen sexuelle Probleme habe, weswegen sich trotz siebenjähriger Ehe noch keine Schwangerschaft bei der Königin einzustellen vermochte. Dass die Gründe, die man ohne Scham, aber auch ohne Einbeziehung der Protagonisten verhandelte, vielfältig seien. Einmal hieß es, die Königin meide das gemeinsame Bett, dann wieder, der König habe eine Phimose, die nur durch eine Operation zu beheben sei – ein Gerücht, das besonders genüsslich in den satirischen Blättern zum Besten gegeben wurde. Die bösesten Zungen (dabei flogen die allerbösesten von Paris via Berlin nach Wien zur Mutter Maria Theresia) unterstellten der Königin wiederum ein frivoles Leben mit Liebhabern beiderlei Geschlechts. Dass die beiden jungen Menschen mittlerweile nicht mehr nur unter der Last der Verpflichtung, sondern ebenso unter der öffentlichen Zurschaustellung litten, war etwas, was ihnen die öffentliche Welt nicht zugestand. Könige vollzogen ihre Ehen nun einmal mehr oder weniger öffentlich, schließlich handelte es sich bei deren Nachkommen um ein Politikum ersten Ranges.

»Je ne pense pas que vous ayez besoin de l'opération«, hatte Joseph deshalb vorsichtig gesagt, als Ludwig ihm endlich *en detail* die Situation im königlichen Bett geschildert hatte. »Ich denke, die Operation wird nicht nötig sein, Ihr müsst nur ein paar wenige Dinge in Eurem Verhalten ändern. Nichts Gravierendes. Wirklich. Es ist ein Kinderspiel.« Er hatte dem tief verängstigten König Mut zugesprochen.

Später, in einem Brief an seinen Bruder Leopold, würde Joseph hingegen ganz ohne Umschweife das Missverständnis des bedauernswerten Paars schildern. *Im Ehebett, und das ist das Rätsel, wird das Glied richtig steif, er führt es auch ein, bleibt dann ohne sich zu rühren vielleicht zwei Minuten dort, zieht sich zurück, ohne sich zu entladen, immer noch gespannt, und wünscht gute Nacht. Das versteht man nicht, denn bei dem allen hat er manchmal in der Nacht Pollutionen, doch nie beim Vollzug. Es macht ihm gar nichts aus, und er gesteht ganz friedlich, dass er das überhaupt nur aus Pflichtgefühl tut und kein Vergnügen daran hat. Ach, wenn ich nur ein einziges Mal hätte dabei sein können, den hätte ich auf die Sprünge gebracht … Man müsste ihn wie einen Esel peitschen, damit er* [ein unleserliches Wort] *entlädt. Meine Schwester hat dabei obendrein auch wenig Temperament, und sie sind beide ausgesprochen ungeschickt zusammen.*[35]

Schon im Oktober desselben Jahres sollte Josephs Strategie Erfolg haben. Wieder schrieb er an Leopold: *Wie Sie wissen, hat der König von Frankreich bei dem großen Werk endlich Erfolg gehabt, und die Königin kann schwanger werden. Sie haben es mir alle beide geschrieben und bedanken sich bei mir, da sie es meinem Rat zuschrieben. Es ist wahr, ich habe diese Angelegenheit in meinen Gesprächen mit ihm gründlichst behandelt, ich hatte vollkommen richtig erkannt, dass Faulheit, Ungeschicklichkeit und Gleichgültigkeit die einzigen Hindernisse waren.*[36]

Bordeaux – Ein Fenster zur Welt

Am 20. Juni erreichte Joseph mit seinen Gefährten Bordeaux. Sie waren in einem großen Bogen von Rouen nach Brest und die Atlantikküste hinunter über Nantes bis Blaye gefahren und dort auf ein Schiff gestiegen, um zu Wasser in der berühmten Hafenstadt einzutreffen. Überall waren die Straßen unterwegs gut gewesen, die Brücken bewunderungswürdig und die Städte – Joseph konzentrierte sich auf die Hafenstädte – prosperierend. Frankreich war dem vielerorts rückständigen Habsburgerreich wirtschaftlich weit voraus. Dafür sorgte vor allem der Überseehandel. Denn ganz grundsätzlich und trotz der die Epoche kennzeichnenden Hungerkrisen waren die Zeiten von Aufschwung gekennzeichnet, von einer Wachstumsdynamik, die schließlich einige Jahrzehnte später (und in England schon in dieser Phase) in der Industriellen Revolution münden würde. Die kapitalistische Marktökonomie bildete sich allmählich heraus, durch Verbesserungen in der Landwirtschaft, durch vorindustrielle Produktionsformen und ganz besonders durch ein weltweites Finanz- und Handelssystem. Und genau dabei waren sämtliche maritimen Nationen, also Frankreich, England und die Niederlande, im Vorteil. Nicht nur weil sie Häfen hatten, in denen die neuen Handelsgüter landeten, sie alle waren als Kolonialmächte in den Sklavenhandel verstrickt, der ihnen einen bislang ungekannten Wohlstand und enormen Vorsprung gegenüber den Mächten ohne Kolonien versprach.

Frankreich und England hatten im Siebenjährigen Krieg um eine Vormachtstellung in Übersee gekämpft, in der Folge hatte Frankreich den Großteil seiner Kolonien an England verloren. Aber auch wenn England nun den Handel mit Sklaven von Afrika nach Amerika dominierte, so folgte Frankreich in der Rangfolge gleich an zweiter Stelle. Das atlantische Kolonialsystem brachte Europa den Nutzen, dass es seine Produktion in den Überseegebieten ganz im Sinne der eigenen Bedürfnisse ausbauen und sich zugleich noch die Absatzmärkte sichern konnte. Zucker, Baumwolle, Kaffee und Tabak wurden seit dem Ende des 16. Jahrhunderts zu Insignien einer neuen Welt. Die österreichischen Kolonialbestrebungen durch die Ostindische Handelskompanie in Triest waren im Gegensatz zu denen der maritimen Nationen mehr als kläglich. Immerhin war es der Kompanie im März 1777 gelungen, einen von der Niederländischen Ostindien-Kompanie verlassenen Hafen in der Delagoa-Bucht in Mosambik zu erstehen, und ein Jahr nach Josephs Frankreichreise würden einige Nikobaren-Inseln im Indischen Ozean zu Kronkolonien Österreichs erklärt werden – ein Miniatur-Kolonialreich für eine europäische Großmacht, und eines, das sie recht bald, 1785, wieder verlor. Kein Wunder, dass Joseph auf seiner diesmaligen Reise auch die Zentren der neuen wirtschaftlichen Welt besuchte. Bordeaux stand dabei ganz oben auf seiner Liste. An der träge dahinfließenden Garonne gelegen, die sich bei Blaye mit der Dordogne vereinigt und in einem breiten Mündungsdelta, der Gironde, dem Meer zustrebt, war Bordeaux schon in der Antike ein blühender Seehafen gewesen.

Joseph II. ist auf der Garonne in Bordeaux eingetroffen. Vom Anblick der vielen Schiffe, die am drei Kilometer langen Pier liegen, ist er so beeindruckt, dass er erst von Bord gehen will, nachdem er den ganzen Hafen gesehen hat. An der Anlegestelle warten Massen von Menschen, es hat sich auch hier herumgesprochen, dass ein Graf von Falkenstein eintreffen werde, der in Wirklichkeit der römisch-deutsche Kaiser sei. Die Straßen sind deshalb derart mit Schaulustigen verstopft, dass der kaiserliche Konsul, Monsieur Johann Jakob von Bethmann, mit dem obersten Herrscher der Christenheit zu Fuß ins Hotel gehen muss.

»Verzeihen Sie, Majestät!«

»Nicht doch, es macht mir nichts aus. Im Gegenteil! Zu Fuß kann man einen Ort am besten erfassen.« Der Konsul nickt einigermaßen erstaunt. *»Erklären Sie mir alles, Handel, Häfen und natürlich die berühmten Weinkeller. Ich will mir ein genaues Bild machen!«*[37]

Die Stadt hatte ihr Handelsvolumen in den vergangenen sechzig Jahren verzwanzigfacht, die Bevölkerung hatte sich dagegen lediglich verdoppelt. Der Wohlstand schlug sich in den prächtigen Häusern der Bourgeoisie, aber auch im neuen Grand Théâtre mit seinem spektakulären Foyer nieder. Bordeaux galt als die schönste Stadt Frankreichs, und der Kaiser konnte dem nur zustimmen. Im Hafen lagen Schiffe mit Kaffee aus Martinique und Zucker aus Saint-Domingue, dem größten Zuckerproduzenten der damaligen Welt. Und auch der kaiserliche Konsul war nicht abgeneigt, im Sklavenhandel mitzumischen. Johann Jakob von Bethmann hatte seinen Bruder in Frankfurt um Geld gebeten, das er nun gewinnbringend anzulegen gedachte.

»Majestät erlauben mir die Bemerkung, aber Bordeaux hält für einen Kaufmann mehr Möglichkeiten bereit als irgendeine andere Stadt!«, erklärte er voller Enthusiasmus.

Bordeaux war nach Nantes der zweitwichtigste Umschlagplatz für den französischen Sklavenhandel. Bis zu dessen, wenngleich nur vorübergehenden Aufhebung durch die Französischen Revolution wurden insgesamt 1,2 Millionen Afrikaner verschleppt, verkauft und ausgebeutet. Selbst die Aufklärer, denen die Sklaverei als Metapher für Unterdrückung und Knechtschaft diente, handelten oft gegen ihre eigenen Postulate – Voltaire etwa investierte sein Geld in Aktien der Sklavenhändler. Die französischen Häfen wurden für das menschenverachtende Geschäft nur noch von London, Bristol und allen voran Liverpool übertroffen. Doch 1770 erschien Abbé Raynals zehnbändiges Werk *Histoire des deux Indes* (»Geschichte zweier Indien«) in Amsterdam, eine Anklageschrift gegen alles, was die koloniale Expansion in Afrika, Asien und Amerika angerichtet hatte, ein Werk, das, obwohl es von der französischen Zensur 1781 verboten werden sollte, zu einem der meistverkauften Bücher in Europa vor der Französischen Revolution wurde. Und so setzte allmählich ein Umdenken ein. Doch bis auf dem Wiener Kongress 1815 die atlantische Sklaverei geächtet wurde, hatten etwa elf Millionen Sklaven Zucker, Kaffee,

Kakao und Baumwolle unter unmenschlichen Arbeits- und Lebensbedingungen erwirtschaftet und den europäischen Handelsnationen einen beispielhaften Boom beschert.

Wir sahen auch 12 bis 15 Insurgentenschiffe aus Amerika, diktierte der Kaiser seinem Sekretär für das Reisejournal, Schiffe mit Aufständischen aus Amerika, deren Unabhängigkeitskampf Frankreich ab 1778 offiziell unterstützen würde.[38] Dass das Königreich sich mit dem Gedanken trug, im Kampf gegen die englische Kolonialmacht auf der Seite der Revolution zu stehen, sah Joseph mit Sorge. Der Unabhängigkeitskrieg war ein Krieg zwischen dem Ancien Régime, zu dem Joseph als Kaiser und Herrscher trotz aller Fortschrittlichkeit gehörte, und einer neuen Weltordnung. Auch sein Schwager – er war ebenfalls ein Repräsentant der alten Ordnung – würde aus geopolitischem Kalkül, nicht aus Überzeugung gegen England zu den Waffen greifen.

Ein Treffen mit Benjamin Franklin, dem Mitunterzeichner der amerikanischen Unabhängigkeitserklärung – seit einem Jahr weilte der Politiker, Schriftsteller und Erfinder in Paris, um Vergennes und Ludwig XVI. für die Seite der Aufständischen zu gewinnen –, war darum bei Josephs Aufenthalt in Paris zu einem diplomatischen Drahtseilakt geworden. Franklin genoss in der aufgeklärten Pariser Gesellschaft eine ähnliche, wenn nicht gar noch größere Popularität als Joseph II. Überall bildeten sich Menschentrauben, um den Politiker zu sehen; seine Schriften wurden ins Französische übersetzt, und die Damen der Gesellschaft imitierten Franklins braune Nerzkappe. Den populären Politiker also nicht zu treffen, erschien selbst für den Grafen Falkenstein deshalb schwierig, weshalb man die pikante Situation schließlich dadurch löste, indem das Treffen von Josephs Reisebegleiter Philipp von Cobenzl wahrgenommen wurde, wie jener in seinem Tagebuch festhielt.[39]

Doch zurück zur Rundreise des Kaisers durch Frankreich. Weiter ging es über Bayonne, mit einem Abstecher ins spanische San Sebastián, nach Toulouse, wo Joseph am 27. Juni eintraf und den berühmten Canal Royal in Languedoc zwischen Atlantik und Mittelmeer besuchte. Dann Carcassonne, Montpellier bis nach Marseille. Der Mittelmeerhafen – in Marseille verbrachte Joseph drei Tage – war das Tor zum Orient, hier wurden Kaufmannswaren aus allen vier Erdteilen gehandelt, ja, es gab sogar eine Fabrik für Kopfbedeckungen wie den Fez.

Am meisten aber hatte Joseph der Hafen von Toulon beeindruckt, dem er, bevor er nach Marseille kam, einen viertägigen Besuch abstattete. *Toulon ist der schönste Hafen, den ich gesehen habe. Er verdankt sein Bestehen Ludwig XIV., der seine Fundamente ins Meer gelegt hat*, schrieb er seinem Bruder Leopold.[40] Auch, dass man ihm zu Ehren ein Feuerwerk abgebrannt habe. In Toulon jubelten ihm die Menschen enthusiastisch zu. Genauso wie sie es in Paris getan hatten, als er und Marie Antoinette Voltaires *Oedipe* in der Comédie-Française besuchten. Nach den Zeilen *Gleich euch wies dieser König, größer als sein Glück, jedweden läst'gen Pomp verachtungsvoll zurück* gab es stehende Ovationen für den Kaiser.[41] Joseph rannen die Tränen über das Gesicht, aber nicht wegen der Ovationen. Sie waren ihm mittlerweile einigermaßen unangenehm geworden, denn er wurde ganz offensichtlich und je länger er in der Stadt weilte, zu einem Gegenbild des Königs hochstilisiert. Nein, die Tränen waren anderer Natur. Er hatte soeben erfahren, dass Josepha in Wien gestorben war. Josepha von Windisch-Grätz, die er seit etlichen Jahren verehrte. Er hatte die schöne und ebenso intelligente junge Fürstin 1774 kennengelernt. Sie litt an einer unheilbaren Krankheit, und er hatte sich dafür eingesetzt, dass sie zur Heilung in die Toskana ging. Danach war es eine Weile besser, bis die Krankheit wieder ausbrach. Josepha wurde schwächer, oft weilte er an ihrem Krankenbett, um ihr vorzulesen oder sie mit Geschichten von ihrem

Elend abzulenken. So ließ er sie, als er nach Frankreich aufbrach, zurück und ahnte nichts Gutes. An seinen Bruder Leopold hatte er einst geschrieben: … *wenn man die Ehre hat, sie zu kennen, würdigt man den ganzen Wert ihrer Seele und die Richtigkeit ihrer Denkart. Ich bin ihr wahrhaft zugetan und leide selbst durch ihren Zustand, den sie mit Mut und beinahe mit Gleichgültigkeit erträgt … Das ist eine von den seltenen Frauen, nicht wegen ihrer Gestalt, sondern wegen ihrer Denkungsart, welche mir bewunderungswürdig erschien.*[42]

Ferney und Voltaire?

Josephs Weg zurück nach Wien führte ihn über die Schweiz. Und dort, an der Grenze, nicht weit entfernt von Genf, lebte Voltaire. All die Leser, die die Reise des Kaisers in den Gazetten verfolgten, hielten ein Zusammentreffen mit Voltaire für den Höhepunkt dieser an Superlativen so reichen Reise, als eine geradezu perfekte Inszenierung einer neuen Zeit und eines neuen Herrschaftsverständnisses. Voltaire hatte dem Kaiser durch einige Verse seine Reverenz erwiesen. Auch in seinem *Oedipe* konnte man – Joseph hatte das Stück ja selbst in Paris gesehen – eine Anspielung auf den Kaiser entdecken.

Und nun hat sich der Philosoph und Schriftsteller, der einmal mit gespieltem Bedauern über seine Berühmtheit gesagt hat, er könne nicht einmal seufzen, ohne dass alle Welt es hört, in Schale geworfen. Er hat extra eine neue Perücke angelegt und ein Abendessen für den Kaiser arrangiert.

»Habt ihr ihn gesehen?« Ungeduldig und inquisitiv starrt Voltaire die beiden in das Schloss zurückgeeilten Diener an.

»Mais oui.«

»Und wo ist er dann?«

»Je ne sais pas, Monsieur«, sagt der eine Diener sichtlich verwirrt. »Erst war er da, dann wieder nicht.«

Voltaire zieht die Augenbrauen in die Höhe. Wie? Er war da und dann wieder nicht da? »C'est pas possible ça, das ist unmöglich!« Oder doch nicht? Hat dieser oberste Herrscher der Christenheit eine List angewandt? Seiner Mutter zuliebe? Voltaire wusste, dass Maria Theresia nicht zu seinen Verehrerinnen zählte.

»Vous êtes sure? Seid Ihr sicher? Es war der Kaiser?« Vielleicht war er es doch nicht. Vielleicht hat er ein Double geheuert, um aller Welt zu zeigen, dass er an Voltaires Wohnsitz vorbeifährt, während er selbst plötzlich vor der Tür steht? Vielleicht musste er, Voltaire, also abwarten? Er würde sich stillschweigend in den Garten begeben. Für alle Fälle! Was noch nicht ist, kann ja noch werden![43]

Doch Joseph kam nicht, stattdessen schrieb er den fünf Fürstinnen in Wien, jenem Kreis von Freundinnen, die ihm längst Familienersatz geworden waren: *Auf der letzten Post vor Genf kam ein Herr zu meinem Wagen und fragte, ob ich der Kaiser wäre. Als ich es bejahte und fragte, inwiefern ihn das interessiere, erwiderte er: Er möchte wissen, wann der Kaiser nach Ferney zu Voltaire oder nach Genf gehen wolle. Auf meine Frage, ob ihm Voltaire diesen Auftrag gegeben habe, antwortete er: Ja. Ich sagte ihm darauf, dass man das erste Mal auf der ganzen Reise Rechenschaft darüber verlange, wohin ich gehen wolle. Ohne weiter zu sprechen, bestieg der Herr sein Pferd und ritt vor mir her, bis ich den Weg nach Ferney einschlug. Er eilte dann rasch fort, um, wie ich glaube, den Philosophen zu benachrichtigen, der, wie man erzählte, eine neue Perücke aufgesetzt, ein kleines Diner hergerichtet und die Bauern auf die Bäume postiert hatte, damit sie Beifall riefen. Aber ich fuhr quer durch Ferney und, wie es meine Absicht war, nach Versoix, die neue Stadt, welche die Franzosen erbaut hatten.*[44]

Die Frauen waren von dieser Wendung überrascht. Vielleicht fanden Sie die Erklärung auch fadenscheinig. Nachdem der Kaiser in Paris der Sitzung der Akademie beigewohnt und Buffon und viele andere Gelehrte besucht hatte, hatten sie auch einen Besuch bei Voltaire erwartet, umso mehr, als er auf seinem Weg durch die Schweiz in Lausanne den Arzt Samuel Auguste Tissot und in Bern den Dichter

Albrecht von Haller treffen sollte. Staatskanzler Kaunitz schrieb indes befriedigt: *Es wäre gewiss unschicklich gewesen, einen Mann zu besuchen, den er in seinen Staaten nicht dulden könne; der Kaiser sei zu klug für einen Wortstreit mit dem Chef einer Sekte, welche für die Gesellschaft wie für die Regierung zerstörerisch ist.*[45]

Wie geplant traf Joseph am 1. August wohlbehalten in Wien ein, und sogleich begab er sich zu den Fürstinnen. Dort musste er so müde gewirkt haben, dass die Fürstin Kaunitz ihn ins Bett schickte. Auf seiner letzten Reiseetappe durch das damals zu Österreich gehörende Vorderösterreich hatte er in Freiburg Halt gemacht und war dann über den Schwarzwald zum Rheinfall bei Schaffhausen gefahren. In Basel hatte er den Kupferstecher und Kunsthändler Christian von Mechel kennengelernt, der ihm in seiner Heimatstadt die berühmte Hans-Holbein-Sammlung gezeigt und den Kaiser sodann bis nach Schaffhausen begleitet hatte.[46] Dort lud Joseph den begabten Mann ein, mit ihm auf einem Boot ganz nahe an die tosenden Wasserfluten heranzufahren.

»Eure Majestät werden von den Fluten nass werden«, protestierte der Künstler.

»Mein guter Mechel, glaubt er, ich habe auf meinen Reisen nichts Schlimmeres erlebt?«, antwortete der Kaiser gelassen und ließ sich noch einige Meter näher an die stürzenden Gewässer heranfahren.

Mechel war beeindruckt von der Szene, später sollte er den Rheinfall in Kupfer stechen. Und der Kaiser war beeindruckt von Mechel, so sehr, dass er ihn nach Wien holte, wo er den Künstler damit beauftragte, die Gemäldegalerie aus den engen Räumen der Stallburg in das Belvedere zu übersiedeln, neu aufzustellen und für das Publikum öffnen zu lassen. Erstmals wurde so ein Fachmann mit der Neuordnung und Katalogisierung einer Gemäldegalerie betraut, die nach rein wissenschaftlichen Gesichtspunkten erfolgte.

Etwa zehn Jahre nach Joseph fuhr der ungarische Adelige Graf István Széchenyi durch Frankreich.[47] Auch er war von den Häfen, den Fabriken, den Befestigungsanlagen so angetan, dass er in sein Tagebuch schrieb, nun könne er Joseph verstehen und ihm die Überstürzung verzeihen, mit der er seine Reformen nach dem Tod Maria Theresias 1780 in die Tat umzusetzen begonnen und damit viele seiner Untertanten verstört habe. Nachdem der Kaiser, so Széchenyi, so viele großartige Leistungen des menschlichen Verstandes im Land der Franzosen gesehen hatte, konnte er nur von dem glühenden Wunsch beseelt heimkehren, sein rückständiges Reich so schnell wie irgend möglich nach dem Bilde Frankreichs umzuwandeln.

Kein Zweifel, Joseph war von Frankreichs Fortschritt beeindruckt. Aber er hatte auch die tiefe Armut, die Verzweiflung der Unterschichten, die Wut der Bauern, die Rückständigkeit der Strafgesetzgebung miterlebt. Die Prosperität, die seit Ende des Siebenjährigen Krieges das Land erfasst hatte, war nur den Oberschichten zugutegekommen. In einem Land, das wie kaum ein anderes mit der Aufklärung in Verbindung gebracht wurde, klafften Ideen und Realitäten schmerzlicher auseinander als anderswo. Ist es ihm zu verdenken, dass er immer ungeduldiger wurde, dass er zu ahnen begann, dass ihm, ja, der gesamten europäischen Machtelite nur wenig Zeit verblieb, ihr Ancien Régime in eine moderne Welt zu verwandeln? Auch deshalb – das hatte Széchenyi nicht gesehen, kaum einer der Aristokraten hatte das – musste man die Reformen radikal durchziehen. Davon war Joseph mehr denn je überzeugt.

Wien ~ Schärding ~ Regensburg ~ Nürnberg ~ **Frankfurt** ~ Darmstadt
Worms ~ **Mannheim** ~ **Heidelberg** ~ Wittlich ~ **Luxemburg**
Namur ~ Charleroi ~ Mons ~ **Ostende** ~ **Brügge** ~ **Gent** ~ **Antwerpen**
Mechelen ~ **Brüssel** ~ Rotterdam ~ Den Haag ~ **Amsterdam**
Utrecht ~ Aachen ~ **Spa** ~ Löwen ~ Brüssel ~ Versailles ~ Montbéliard
Lauchringen ~ Günzburg ~ München ~ Braunau ~ Wien

1781 Die Österreichischen Niederlande

Ungeduld macht blind

Ich glaube nicht, dass wir es nötig haben, die Verfassung und die Prinzipien für die Verwaltung dieses Landes irgendwie zu ändern. Es ist unser einziger glücklicher Staat, der hohe Steuern zahlt, und dem wir unser Übergewicht in Europa verdanken … Sie wissen, wie großen Wert die Bevölkerung dieser Provinzen auf ihre altüberlieferten und vielleicht lächerlichen Vorurteile legt; aber sie sind gehorsam und treu und zahlen mehr Steuern als unsere erschöpften, unzufriedenen deutschen Länder.[1]

Es ist der 27. Mai 1781 und Joseph auf dem Weg in die Österreichischen Niederlande, das einzige der habsburgischen Länder, das er noch nicht mit eigenen Augen gesehen hat. Der Brief, den ihm seine Mutter vor einiger Zeit schrieb, geht ihm nicht aus dem Kopf.

Wie unrecht sie damit nur hatte! Und wie defensiv sie über ihren »einzig glücklichen Staat«, ebenjene Österreichischen Niederlande, dachte, deren Verhältnisse zu studieren er sich nun anschickt. Schon oft hatte er diese Reise geplant und wieder absagen müssen, er hatte die Arbeiten von dem in Brüssel geborenen Aufklärer Patrice-François de Neny gelesen, die wichtigste Informationsquelle zu den von der restlichen Monarchie losgelösten Provinzen, die nach dem Spanischen Erbfolgekrieg 1713 im Frieden von Utrecht quasi als Trostpflaster für das an die Bourbonen verlorene Spanien an Österreich gefallen waren. Die kürzlich erschienenen Kartenblätter – sie waren Teil der Josephinischen Landesaufnahme, bei der seit den frühen 1760er-Jahren sämtliche Länder der Monarchie vermessen und kartografisch erfasst wurden – hat er sogar auf die Reise mitgenommen. Ein umfassendes Werk, allein jene die Niederlande beschreibenden Karten umfassen über 200 Blätter. Und die haben es in sich, ist doch der Grenzverlauf, allein schon der zum mächtigen Fürstbistum Lüttich, von nicht zu überbietender Komplexität. Innerhalb des Bistums gibt es neunundzwanzig ausländische, meist österreichische Enklaven, während sechsundzwanzig Enklaven innerhalb der Österreichischen Niederlande wiederum zum Bistum gehören, welches seit Menschengedenken ein unabhängiger Staat inmitten des Römisch-Deutschen Reichs ist. Und das Bistum ist nur ein Beispiel der die Niederlande betreffenden Unübersichtlichkeit.

Der Kaiser seufzt, schon jetzt macht ihn diese Art der Komplexität wahnsinnig. Die Niederlande gehören seit dem Westfälischen Frieden 1648 im Prinzip nicht mehr zu seinem Römisch-Deutschen Reich, wiewohl er sein Recht, über die Niederlande zu herrschen, aus ebendieser Reichszeit herleitet. Was für eine verfahrene Situation! Es würde ähnlich schwer werden, hier Veränderungen zu bewirken wie die Durchsetzung von Reformen im Römisch-Deutschen Reich selbst.

Ach, das Reich! Dort legt jeder jeden lahm und ist nur auf seinen Vorteil bedacht, überlegt Joseph weiter.

Wie sehr er selbst zur Schwächung dieses einst glänzenden Gebildes beiträgt, etwa mit der bayrischen Frage, die ihn weiterhin beschäftigt, nimmt er wider Willen in Kauf, befindet er sich doch in einer Zwickmühle. Versucht er als Regent der habsburgischen Länder seine Hausmacht zu stärken, geht dies auf Kosten seiner Macht, ja, seiner Legitimität im Reich, das er in seiner Funktion als Kaiser eigentlich vor der Großmachtpolitik Einzelner zu schützen hätte.

Er seufzt abermals und scheint einen kurzen Moment zu schwanken. Trotzdem, er wird die Verwaltung der Niederlande vereinfachen und der Wiener Zentralgewalt unterwerfen, koste es, was es wolle.

Denn ist es nicht gefährlich, die Dinge zu lassen, wie sie sind? Einfach abzuwarten, bis alles zerfällt? Noch einmal vergegenwärtigt er sich die Zeilen seiner Mutter, und eine alte Wut steigt in ihm auf. So viele Jahre haben sie einander bekämpft, so oft hat er sich ihrer größeren Macht fügen müssen, so viele Reformen sind dadurch nicht mit der nötigen Radikalität zu Ende gebracht worden. Zugleich fühlt er einen jähen Stich im Herzen. Sie ist nicht mehr!

In den Wintermonaten des Jahres 1780 war es Maria Theresia immer schlechter gegangen. Atemnot, Husten, manchmal Fieber hatten ihrer seit Längerem angegriffenen Gesundheit (die sechzehn Geburten, die zunehmende Korpulenz, die nicht enden wollende Arbeit hatten ihren Tribut verlangt) den Todesstoß versetzt. Dass ihr Zustand lebensbedrohlich war, hatte Joseph zuerst nicht wahrhaben wollen. Dass sie, mit der er fünfzehn Jahre lang um die richtige Politik gestritten hatte, nicht mehr sein würde, war für ihn nahezu undenkbar gewesen. Es gab noch so viel zu tun, so viel, um das sie gemeinsam ringen mussten – unerledigte Aktenberge oder neu zu besetzende Beamtenstellen. Dann waren da all die ausländischen Gesandten, die ständig mit Neuigkeiten gefüttert, und all die Minister, die wöchentlich empfangen werden mussten. Der Staatsrat und die verschiedenen Hofkanzleien verdienten erhöhte Aufmerksamkeit, überhaupt die ganze Verwaltung der Monarchie, die langsam, sehr langsam ein neues, modernes Gesicht bekam. Sie waren doch noch mitten in der Arbeit gewesen.

Und dann, in der Nacht vom 26. auf den 27. November, wurde ihm der Ernst der Lage bewusst. Er wachte im Vorzimmer seiner Mutter, betrat hin und wieder leise ihr Schlafgemach und sah sie in ihrem Lehnstuhl vor sich hindämmern. Wie sehr er sie liebte! Wie sehr er sie verehrte![2] Was spielten all die Kämpfe, all die Reibereien angesichts ihres Todes noch für eine Rolle? Sie hatten beide stets versucht, ihr Bestes zu geben. Sie hatten sich die gemeinsamen Jahre der Koregentschaft nicht leicht gemacht. Sie hatten so viel erreicht. Das sah auch er, ihr Sohn, und war doch voller Ungeduld.

Als Maria Theresia in der darauffolgenden Nacht ihre in Wien lebenden Kinder zu sich rief, um sich von ihnen zu verabschieden, konnte Joseph seine Tränen nicht mehr zurückhalten. Alle weinten. Die sterbende Kaiserin gab ihm, ihrem Ältesten, den Segen; sie küsste seine Stirn und er ihre Hände. Dann segnete sie den Rest ihrer Schar und anempfahl Joseph seine Geschwister. Am 29. November um neun Uhr abends schloss sie für immer die Augen. *Das schreckliche Unglück, das mich zu Boden drückt*, schrieb Joseph sogleich an Staatskanzler Kaunitz, *wird Ihnen schon bekannt sein. Ich habe aufgehört, Sohn zu sein, und dies war es doch, was ich am besten zu sein glaubte. Bleiben Sie mein Freund, seien Sie meine Stütze und mein Leiter bei Ertragung der Last, die jetzt auf mich fällt.*[3]

Frankfurt – Ach das Reich!

Die wenigen Kutschen von Josephs Reisegesellschaft – diesmal hatte er neben seinem Leibchirurgen Brambilla und dem Kabinettskonzipisten Knecht auch noch den Freiherrn Ludwig von Terzi, einen erfolgreichen General aus dem Bayerischen Erbfolgekrieg 1778/1779, mitgenommen – holpern über das Stöckelpflaster der Frankfurter Innenstadt. Sie passieren den Römer und die St. Bartholomäus Kirche. Fast siebzehn Jahre ist es her, dass er, Joseph, hier zum römisch-deutschen König gekrönt wurde.

Unglaublich, wie schnell doch die Zeit vergeht, denkt der Kaiser.

Unglaublich auch, wie viel er in den Jahren erlebt, wie viel er von der Welt gesehen, wie viele Entscheidungen er getroffen und wie viele Schicksalsschläge er durchlitten hat. Siebzehn Jahre lang hat er mit seiner Mutter gemeinsam die Geschicke Österreichs gelenkt, jetzt trägt er die Verantwortung allein. Das ist nicht nur eine Last. Es ist auch befreiend. Er ist vierzig, wenn nicht jetzt, wann dann sollte er, noch voll im Besitz der eigenen Lebenskräfte und durch die vielen Erfahrungen auf seinen Reisen gut vorbereitet, das Ruder ganz übernehmen? Selbst wenn er die Wahl hätte: Alles bisher Erfahrene hat ihn zu dem Schluss kommen lassen, dass es einen Cäsar braucht, um das begonnene Reformprojekt zu vollenden. Er hat sich ein Bild von der Wiener Regierung und von den verschiedensten Lebensverhältnissen in allen Teilen seines Reichs gemacht, davon, wie die Menschen ihr Dasein fristen und der Staat darauf Einfluss zu nehmen vermag – unermüdlich, akribisch, mit der ihm eigenen schnellen Auffassungsgabe. Er hat Abertausende Bittschriften an sich genommen und von seinen Beamten beantworten lassen, er hat sich, wo immer er hinkam, für das einfache Volk eingesetzt, wie kein anderer Herrscher seiner Epoche.[4] Er hat *gesehen, gehört, kombiniert* und keine Vorurteile gelten lassen.[5] Im Grunde weiß er genau, was zu tun ist, um die Glückseligkeit aller zu bewirken. Er hat auch einen Plan, den es nur umzusetzen gilt. Doch immer weniger kann er nachvollziehen, warum alles so langsam geht, warum er, der doch das Beste will, Feinde und Gegner hat, warum ihn so viele nicht verstehen. In diesem Moment beschließt er, die Macht, die er hat, für seine Zwecke auszunutzen, selbst wenn man ihm einst Despotismus vorwerfen sollte. Schließlich ist er nun Alleinregent. Und auch jetzt ist er davon überzeugt, dass es Kenntnisse aus erster Hand braucht, damit eine moderne Welt entstehen kann.

Zwei der neun Jahre, die ihm noch als Herrscher der habsburgischen Länder vergönnt waren, sollte er weiter mit Reisen zubringen. Dass er die Staatsgeschäfte während seiner Abwesenheit nicht schleifen ließ, hatte er hinlänglich bewiesen, sein System aus Kurieren zum Transport der Post und dem Regieren von unterwegs funktionierte wie ein gut eingespieltes Räderwerk. Die Kuriere waren schnell und verlässlich, so erreichten ihn alle wichtigen Nachrichten und Depeschen mit einer durchaus vertretbaren Verzögerung. Und auch seine Befehle fanden ihren Weg problemlos zurück nach Wien. Seit er Alleinregent war, hatte er Kaunitz die Vollmacht erteilt, alles in Vertretung zu signieren, was in seiner Abwesenheit unaufschiebbar und sofort seine Unterschrift verlangte.

Für die kurze Nacht in Frankfurt steigen Joseph und seine Reisebegleiter im Hotel Zum Römischen Kaiser ab. Alles hier atmet Krönungsluft.

Ach das Reich! Der Gedanke lässt Joseph nicht los, während er seine müden Glieder auf der *Hirschhaut* ausstreckt, die sein Kammerdiener auf das einfache Gasthausbett gelegt hat. Sie und die *tuchene Decke* sind alles, was der Kaiser für seinen Schlafkomfort mitführt, seit Jahren nun schon, eisern in seiner Disziplin und treu in seiner Bescheidenheit.

In den ersten Jahren nach seiner Krönung hatte Joseph versucht, das schwerfällige Reich zu verändern. So war die letzte Reform des Reichskammergerichts seine Initiative gewesen. Dieses 1495 von seinem Urahn Kaiser Maximilian I. ins Leben gerufene höchste Gericht, seit 1689 mit Sitz in Wetzlar, war schon zu Zeiten seines Vaters Franz Stephan durch Korruptionsaffären und unerledigte Aktenberge lahmgelegt worden. Dem zweiten Höchstgericht, dem in Wien ansässigen, dem Kaiser näherstehenden Reichshofrat, vor dem nicht nur Reichsstände, sondern auch Untertanen gegen ihre Obrigkeit klagen konnten, warfen die protestantischen Stände schon lange konfessionelle Parteilichkeit vor. Während sich also in Wetzlar weiterhin die Arbeit staute, hatte das Prozessaufkommen in Wien einen Tiefpunkt erreicht, ein deutlicheres Signal, dass das Vertrauen der Reichsstände in den Kaiser als unparteiisches Oberhaupt im Schwinden begriffen war, gab es nicht.

Und genau das ist im Grunde das Problem, denkt Joseph, während er schlaflos von einer Seite der Bettstatt zur anderen rollt.

Das Alte Reich mit seinen zwanzig Millionen Einwohnern, seinen 2000 Herrschaften und 200 selbstständigen Reichstädten war zwar immer noch der Kristallisationspunkt der europäischen Politik, aber das bisherige Modell eines föderativen Staatenbunds mit einem als Primus inter Pares regierenden Kaiser an der Spitze, dessen edelster christlicher Auftrag die *immerwährende* Friedenswahrung war, stand im Konflikt zum modernen Staat, der seine Macht durch territoriale Expansion und dynastische Erbfolge zu sichern suchte. Und Joseph war nun beides in einer Person, friedensstiftender Kaiser und ambitionierter Machtpolitiker modernen Zuschnitts.

Dass diese Kombination auf Dauer nicht gut gehen konnte, hatte sich im Bayerischen Erbfolgekrieg gezeigt, den Joseph mit seinen Erbansprüchen auf das Kurfürstentum vom Zaun gebrochen hatte. Als er im Januar 1778 Truppen in Niederbayern und der Oberpfalz einmarschieren ließ, bedeutete dies nicht mehr und nicht weniger als die Verletzung der Reichsverfassung, denn der Kaiser vergriff sich an einem Reichsterritorium, dessen Schutz ihm als obersten Herrscher der Christenheit anvertraut war. Also legte der Reichstag Protest ein, und die Bayern riefen – ausgerechnet – Friedrich II. um Hilfe und Schutz an. Der »Kartoffelkrieg«, der in der Folge stattfand und der deswegen so genannt wurde, weil es auf beiden Seiten nur zu halbherzigen Kriegshandlungen gekommen war, bescherte Joseph zwar das Innviertel als gesichtswahrenden territorialen Gewinn, aber seine Autorität im Reich war bleibend erschüttert.[6]

Und Friedrich? Der Kaiser grübelt weiter. An Schlaf ist nicht mehr zu denken. Er seufzt. Wie so oft wird er aufstehen und sich, mit einer Kerze bewaffnet, an den kleinen Tisch setzen und schreiben, nicht allzu lang, noch vor Sonnenaufgang werden sie ohnehin die Stadt verlassen, die vor ihnen liegende Reisestrecke ist enorm.

Friedrich war es doch, der mit den Rechtsbrüchen im Reich angefangen hat. Damals, als er ohne Not in Schlesien einmarschierte und Maria Theresia in einen Doppelkrieg – den Schlesischen und den mit dem Rest Europas – hineingezwungen hat. Das war auch nicht im Einklang mit den Reichsprinzipien geschehen. Nur dem Preußenkönig hat man dies anscheinend nie übel genommen, der Antrag auf Reichsacht war von den Reichsständen einfach abgelehnt worden. Aber bei ihm, dem Kaiser, prangern alle sofort die unzulässige Expansionspolitik an, wenn er nur einen schmalen Streifen Land als Gebietsabrundung seines Territoriums beansprucht.

Es würde nicht lange dauern, bis der bereits dreiundsiebzigjährige Preußenkönig die selbst durch den Erbfolgekrieg nicht beigelegte bayerische Frage – Joseph entwickelte nach dem unrühmlichen »Kartoffelkrieg« 1785 die Idee, Bayern gegen die Österreichischen Niederlande zu tauschen – geschickt zum Anlass nahm, all die unzufriedenen Kräfte im Reich um sich zu scharen und 1785 den Deutschen Fürstenbund auszurufen, dem sich sowohl katholische als auch protestantische Stände gegen die Machtpolitik Josephs anschließen würden. Damit hatten alle Beteiligten dem Reich einen ersten Todesstoß versetzt.

Die Pfalz – Ein denkwürdiger Umweg

Um vier Uhr morgens am 28. Mai verlassen die Kutschen des Grafen von Falkenstein bereits wieder die Krönungsstadt. Joseph hat spontan entschieden, einen kleinen Umweg durch einen der schönsten Landstriche des Reichs zu unternehmen.[7] Allerdings gönnt er sich nur knappe vier Tage dafür, denn am 31. Mai will er in Luxemburg sein.

Erste Station ist Darmstadt. Dort wird er freundlich von Prinz Georg von Hessen-Darmstadt empfangen und durch dessen Residenz geführt. Der Prinz unterhält eine fantastische Exerzierhalle, die Joseph in Wien kopieren will, wie er seinem Freund Moritz von Lacy schreiben wird. Dann geht die Fahrt in die alte Reichsstadt Worms mit ihrem mittelalterlichen Kaiserdom, und von da nach Mannheim und Heidelberg – also mitten ins Herz der Pfalz. 1720 hatte der vormalige Kurfürst Karl III. Philipp die Burg von Heidelberg verlassen, sie war umständlich zu bewohnen und nicht mehr zeitgemäß, und sich in Mannheim eine barocke Residenz von geradezu märchenhaften Ausmaßen erbauen lassen – ein kostspieliges und prestigeträchtiges Langzeitprojekt. Seither war die Schlossanlage nach Versailles die größte in ganz Europa. Doch Karl Theodor, der dem Erbauer des Mannheimer Schlosses auf den Thron gefolgt war, residierte längst in München, wo er als Wittelsbacher aus der pfälzischen Linie 1777 die Nachfolge Maximilian III. Josephs angetreten hatte. Auch deshalb interessierte sich Joseph für dessen Ländereien, Städte und Residenzen.

Der beste Teil Deutschlands, schreibt er an Kaunitz, *eine andere Lombardei!*[8] Wäre der Bayerische Erbfolgekrieg anders ausgegangen oder hätte er gar nicht stattfinden müssen, weil die Verhandlungen zwischen Kurfürst Karl Theodor und ihm vom Rest des Reichs akzeptiert worden wären, dann würde Bayern nun zu Österreich gehören und Karl Theodor noch immer in Mannheim sitzen und nicht nur die schöne Kurpfalz, dieses uralte Kerngebiet des Römisch-Deutschen Reichs, sondern auch noch Vorderösterreich von Freiburg bis Konstanz sein Eigen nennen. Denn damit wollte Joseph die bayerischen Gebietsabtretungen dem Pfälzer schmackhaft machen.

Die Österreichischen Niederlande – Reich und eigenbrötlerisch

Doch wer weiß, überlegt Joseph, als er, wieder in der Kutsche sitzend die Karten der Österreichischen Niederlande inspiziert, wer weiß, welche Türen das Schicksal uns noch öffnen wird. Joseph hat das bayerische Projekt noch nicht ad acta gelegt. Vielleicht gibt es andere

Tauschoptionen. Die Österreichischen Niederlande? Sie liegen so weit entfernt von den habsburgischen Ländern, und in all ihrer Kleinteiligkeit sind sie zudem recht unübersichtlich. Neben ihm döst sein Begleiter Ludwig von Terzi vor sich hin.

»Reichlich kompliziert, findet Ihr nicht?«, sagt der Kaiser.

»Ehrwürdige Majestät sagen es! Es ist und bleibt ein Flickenteppich!«, beeilt sich der General zu antworten.

»So wie das Reich selbst!«

»Tja, so wie im Großen, so auch im Kleinen.« Der General ist zu müde für eine luzide Konversation.

»Und ganz bestimmt sind sie ebenso unregierbar.« Joseph fährt mit dem Finger die Grenze des Herzogtums Luxemburg entlang, während die Kutschen in die gleichnamige Hauptstadt einfahren. Zwar besitzt er Landkarten, aber weder ist in den Provinzen eine ordentliche Seelenkonskription durchgeführt worden, noch kennt er akkurate Angaben zu Einnahmen und Ausgaben des jeweiligen Landesteils.

Joseph schüttelt den Kopf.

Spätestens in Brüssel würde er sich vom Beobachter zum Akteur wandeln müssen.

Sie steigen im Hôtel des Sept-Souabes ab.[9] Der – zu Deutsch – Gasthof zu den Sieben Schwaben liegt in unmittelbarer Nähe der neuen Festung, die der Kaiser in den nächsten Tagen besichtigen wird. Joseph wird sogar ein Manöver befehligen und danach mit den Soldaten sprechen, ihre Suppe verkosten und sich ihren Dienst genau erklären lassen. So hat er es auf all seinen Reisen gehalten, und so soll es auch bleiben. Sein Interesse an den Verhältnissen der kleinen Leute, der Soldaten, Bauern und Handwerker, und sein Wille, an der Verwundbarkeit der Schwachen etwas zu ändern, ist ungebrochen.

Anderntags empfängt der Kaiser die Mitglieder des Rates von Luxemburg, der höchsten gesetzlichen Instanz des Herzogtums.

»Et pourtant, le Grand Conseil de Malines …«, heben die Stadtoberen zu klagen an. Der oberste Gerichtshof von Mechelen mische sich andauernd in ihre inneren Angelegenheiten ein.

»Lesquelles? Welche Angelegenheiten?« Joseph versucht, sich ein Bild von der Lage zu machen, die komplizierte Verwaltung zu verstehen. Im Prinzip waren die niederländischen Provinzen weitgehend autonom, sie hatten ihre eigenen Statuten und Rechtssysteme und wussten sich gegen Entscheidungen aus Brüssel, wo der Statthalter des Kaisers saß, gut zu wehren. Doch dann gab es eben auch Institutionen, die über den ständischen Provinzverwaltungen standen. Es war der Burgunderherzog Karl der Kühne gewesen – ähnlich wie Joseph hatte er in der Zentralisierung der Verwaltung ein hohes Entwicklungspotenzial erkannt –, der 1473 in Mechelen eine oberste Finanzverwaltung und einen obersten Gerichtshof installiert hatte. Den Luxemburgern, die sich dem Herzogtum Burgund nie so richtig zugehörig gefühlt hatten, war diese zentrale Institution deshalb ein ganz besonderer Dorn im Auge.

»Alors maintenant je comprends, langsam verstehe ich«, sagt der Kaiser stirnrunzelnd. Er beginnt zu begreifen, wie komplex die Verwaltung der Österreichischen Niederlande angesichts ihrer historisch gewachsenen Strukturen, aber auch ihrer geografischen Lage war. Als Herrscher war er eigentlich das einzige Bindeglied zwischen ihren zehn Provinzen. Er war Herzog von Brabant, Luxemburg, Limburg und Geldern, Graf von Flandern, Hennegau und Namur, Lehnsherr über Mechelen, Stavelot und Lüttich. Jede dieser Provinzen hatte ihre eigenen Gesetze, und Josephs Macht war aufgrund ihrer ausgeprägt ständischen Struktur äußerst eingeschränkt. Brabant hatte das strengste Statut, es galt seit dem Jahr 1356, wurde Joyeuse Entrée (»Glücklicher Einzug«) genannt und ließ dem Souverän kaum Möglichkeiten der Einflussnahme. Sogar die Steuern mussten in den meisten Provinzen Jahr für Jahr von Neuem ausgehandelt werden, verfügten die Stände doch überall über das Steuerbewilligungsrecht. Karl von Lothringen, der verstorbene Statthalter der Niederlande, hatte einmal gemeint, die Situation sei absurd, es sei ein Wunder, dass er angesichts der komplizierten Verhältnisse überhaupt irgendeine Art von Regierung etablieren hatte können. Joseph hatte den Zeitpunkt seiner Reise so gelegt, dass Prinz Albrecht von Sachsen-Teschen und seine Schwester Marie Christine noch nicht ihr Amt als Statthalterpaar angetreten hatten. Der Kaiser wollte sich ungestört ein Bild von seinen eigenwilligsten Provinzen machen und selbst neue Regeln etablieren, nach denen der neue Statthalter die Verwaltung dann übernehmen sollte.

Luxemburg – Das Gibraltar des Nordens

Luxemburg gefiel dem Kaiser. Die Festung war eine der größten und mächtigsten in ganz Europa (man nannte sie das »Gibraltar des Nordens«). Die Stadt gab Joseph einen ersten Eindruck von dem bis ins Mittelalter zurückgehenden Reichtum, dem er in den niederländischen Städten fast überall begegnen würde. Und von der gemeinsamen europäischen Geschichte, die all die Herzogtümer, Grafschaften und Bistümer trotz ihres Partikularismus einte. Die Luxemburger hatten im 14. und 15. Jahrhundert mehrere Kaiser gestellt. Heinrich VII., der die Tochter des Herzogs von Brabant geheiratet hatte, war als Erster aus dem Hause Luxemburg 1308 zum König ernannt und bald danach zum römisch-deutschen Kaiser gekrönt worden. Da die Verhältnisse im Königreich Böhmen nach dem Aussterben des Herrschergeschlechts der Přemysliden einigermaßen verworren waren, hatte Heinrich seinen Sohn Johann mit dem Königreich Böhmen belehnt, das zu seiner Zeit eines der bedeutendsten Territorien innerhalb des Römisch-Deutschen Reichs war. Dessen Sohn wiederum sollte als Karl IV. aus dem Geschlecht der Luxemburger ab 1355 zu einem der bedeutendsten Kaiser des Mittelalters und einem der wichtigsten Herrscher Europas aufsteigen.

Als Joseph vor dem Großen Rat von Luxemburg auftrat, versprach er den Mitgliedern – ganz im Gegensatz zu seiner Abneigung gegen Partikularismen –, dass er ihre Souveränität anerkennen und ihre Abhängigkeit von Mechelen beenden würde. Ob Joseph eine Schwäche für die mit den Habsburgern verwandten Luxemburger hatte? In jedem Fall sollte es dazu führen, dass Luxemburg bei allen anstehenden Reformen als einzige Provinz der Niederlande eine Sonderstellung genoss und – als Folge dieser Besserbehandlung – auch beim niederländischen Aufstand, der kurz vor Josephs Tod in Brüssel ausbrechen würde, nicht mitmachte.

»Ich möchte, dass Sie, meine Herren, mein Herz lesen können. Sie würden sehen, wie sehr es leidet, wenn es nicht alle glücklich machen kann. Seien Sie versichert, dass ich hart daran arbeiten werde, dies zu erreichen«, sagt der Kaiser zum Abschluss der Sitzung.[10]

»Euer Majestät leben hoch!«

Lang anhaltende Ovationen hallen durch den großen Ratssaal. Dann ist es Zeit, aufzubrechen.

Flandern – Die Landschaft erinnert an Russland

Am 4. Juni sitzt Joseph wieder in der Kutsche, bald würden sie Ostende erreichen. Die flache Graslandschaft erinnert ihn an Russland, das er vor einem Jahr bereist hatte.

»Waren Sie je in Russland, lieber Terzi?«, fragt Joseph zerstreut. Er entsinnt sich der Zusammenkunft mit der Zarin und dem Fürsten Potjomkin, damals im Juni 1780. Es war zu einer außerordentlichen, um nicht zu sagen pikanten Konstellation gekommen, als er, der Kaiser, neben Katharina und dem Fürsten sowie deren momentanen Liebesaffären in ein und derselben Kutsche Platz nehmen sollte, um zu fünft von Mogilew nach Smolensk zu fahren.

»Nein, Majestät, ich hatte noch nicht die Gelegenheit. Denkt Ihr an Eure Reise vor einem Jahr?«

»Ja, die Landschaft erinnert mich ein wenig an die russischen Ebenen.«

»Eure Reise, Majestät, war ein großer Erfolg«, muntert Terzi den nachdenklich wirkenden Monarchen auf. »Nicht wahr?«

»Ja, das ist sie wohl gewesen«, sagt Joseph und ärgert sich, dass Terzi keinen besseren Gesprächspartner abgibt.

Er ist sich jedoch nicht ganz sicher. Russland ist zu fremd, zu unergründlich. Ist das Bündnis, das er damals mit Katharina geschlossen hatte, wirklich von Vorteil für Österreich? Birgt ein gar nicht so abwegiger weiterer Krieg Russlands mit dem Osmanischen Reich, bei dem der Bündnisfall eintreten würde und sich Österreich auf Russlands Seite zu stellen hätte, nicht ungeahnte Risiken für die Monarchie? Ja, ist vielleicht der Preis, den er, Joseph, durch die Vermehrung seiner Macht zu zahlen hat, nicht doch zu hoch?

Jetzt schnarcht Terzi auch noch! Joseph schüttelt den Kopf.

Was sind eigentlich seine Prinzipien? Was will er erreichen? Lange Kutschenfahrten scheinen gerade dazu angetan, Überlegungen von solch grundsätzlicher Natur anzustellen.

Sein wichtigstes Ziel ist die Stabilität der Monarchie samt territorialen Zugewinnen, sinniert er weiter. Doch ist es das wirklich? Hatte er einst nicht ein viel edleres Ziel gehabt? Die Glückseligkeit seiner Untertanen? Die Verbesserung ihrer Lebensverhältnisse? Wo sind diese Werte nur geblieben? Hatte er sie verraten? Hatte ihn sein Mitgefühl verlassen? War es einer zunehmenden Ungeduld zum Opfer gefallen? Oder vergaß er manchmal einfach nur, dass er die Menschen mitnehmen musste? Er war es doch gewesen, der Friedrich gegenüber gesagt hatte, dass man gegen das Volk nicht regieren könne. Auch Leopold wurde nicht müde, ihn daran zu erinnern. Was ist also in ihn gefahren, dass er mehr und mehr zu einem Getriebenen wird?

»Man wird sehen, wozu das Bündnis mit Russland taugt«, sagt Joseph schließlich so laut zu Terzi, dass der General aus dem Schlaf schreckt und leicht verwirrt nickt.

Ostende – Zum Freihafen geadelt

Kurz bevor die Reisegesellschaft des Grafen Falkenstein in Ostende eintrifft, sind Josephs Gedanken wieder bei der komplexen Geschichte der Niederlande angelangt. Vor allem ihr – im Vergleich zu den österreichischen Erblanden – nahezu unendlich großer Reichtum (sie wiesen den höchsten Lebensstandard in ganz Europa auf) beeindruckt den Kaiser.

Sie waren entlang der südlichen Grenze über Mons und Tournai nach Ostende gereist und hatten Kohleminen, Glasfabriken und moderne Schmieden in der Region besucht, die den Landstrich zu einem der modernsten in Europa machten, einem, in dem man die Anfänge der Industriellen Revolution studieren konnte. Was für ein Unterschied zu den österreichischen Erblanden! Es war wie eine andere Welt. Ostende war ein prosperierender Hafen. Der Amerikanische Unabhängigkeitskrieg, dem Joseph skeptisch gegenüberstand, hatte die Handelsgeschäfte sogar noch angekurbelt.

Plötzlich ertönen zwanzig Salutschüsse von einem englischen Kutter. Joseph bleibt stehen. Die Matrosen auf der Reling erkennen in ihm den Kaiser des Römisch-Deutschen Reichs und jubeln ihm zu. Wahrscheinlich hat sich die Botschaft, wer sich hinter dem seltsamen Grafen von Falkenstein verbirgt, schnell herumgesprochen, denn ein Bildnis des Monarchen dürften die Seemänner nicht zur Hand gehabt haben. Für England, das seit sechs Jahren gegen die amerikanischen Aufständischen kämpft, sind die Neuigkeiten aus Übersee alles andere als erfreulich, seit Frankreich 1778, dann im darauffolgenden Jahr

Spanien und schließlich auch noch die Vereinigten Niederlande aufseiten der Amerikaner in den Krieg eingetreten waren. 1781 ist die endgültige Niederlage der britischen Kolonialmacht schon in Sichtweite (die Schlacht bei Yorktown von September bis Oktober sollte deren Schicksal besiegeln), die Gründung der Vereinigten Staaten von Amerika nur noch eine Frage weniger Jahre. Große Veränderungen liegen in der Luft, die ihre Schatten vorauswerfen.

Wie üblich mischt sich Joseph unter die Menschen im Hafen und bittet die englischen Matrosen, auf seine Gesundheit zu trinken. »Long live His Majesty«!

»Wie gefällt Ihnen Ostende?« Die Matrosen lassen sich von der Weltlage nicht bekümmern, sie sind vom Landgang gut gelaunt, voller Neugier und Vergnügungssucht, und sie staunen über den leutseligen und volksnahen Herrscher.

»Der Hafen«, antwortet Joseph, »hat Potenzial! Man müsste einen …« Dann verstummt der Monarch und verabschiedet sich lächelnd von seinen Bewunderern.

Das ging die Engländer nun wirklich nichts an. Aber die Idee war gut. Noch während seiner Reise durch die Österreichischen Niederlande würde Joseph Ostende zum Freihafen erklären – mit geradezu augenblicklich positiver Wirkung auf die Wirtschaft.[11] Während 1778 nur einundachtzig Schiffe ihre Fracht an der Mole von Ostende löschten, würden es Ende 1781 bereits 3000 sein.[12]

Brügge – Das Venedig des Nordens

Von Ostende aus ging die Reise an einem der Kanäle des Rheindeltas entlang weiter ins Herzstück des alten Flanderns. Nach Brügge, Gent und Antwerpen. Städte mit wohlklingenden Namen und einer reichen Vergangenheit, reicher und vielgestaltiger als alles, was der Kaiser kannte. Flandern war im Mittelalter die am stärksten urbanisierte

Landschaft Europas, Gent sogar größer als London. Alle Städte bewohnten stolze Bürger, weltgewandte Handelsleute, die auf Generationen in Wohlstand und auf eine reiche Kultur zurückblicken konnten. Und sie alle besaßen Statuten, die diesen Bürgern weitgehende Freiheiten einräumten.

Joseph trifft am 13. Juni zuerst in Brügge ein. Die Kutschen fahren durch die Wallanlagen mit ihren charakteristischen Windmühlen, über die Bogenbrücken, die sich über die zahlreichen Kanäle der Stadt wölben. Die Schritte der Pferde hallen durch die engen Gassen, dann hört man das beschwichtigende »Ho Ho« der Kutscher, und die Wägen kommen quietschend vor dem Hotel Du Commerce zum Halten, einem altehrwürdigen Gasthof.[13]

»Meine Herrn, ich erwarte Sie in Kürze zum Diner«, bemerkt der noch längst nicht müde Kaiser.

»Zu Befehl, Majestät«, antwortet Terzi, während Brambilla sich noch schnell den Koffer mit seinen chirurgischen Instrumenten bringen lässt. Man weiß nie, auch bei kurzen Aufenthalten gibt es meistens Menschen, die seine Hilfe brauchen, und so lernt er die Menschen und ihr Umfeld am besten kennen.

»Alles hier atmet eine ganz eigene Atmosphäre, findet Ihr nicht?«, fragt Terzi nun.

»Mittelalterlich«, antwortet Joseph knapp. Doch das greift entschieden zu kurz. Brügge ist weit mehr. Mittelalterlich und weltstädtisch, gedrungen und zugleich voller Offenheit.

Schon im 13. und 14. Jahrhundert war Brügge die wichtigste Handelsmetropole Nordeuropas gewesen. Man nannte sie das »Venedig des Nordens«. Es waren der Zugang zur See – leider versandete der Hafen in den Jahrhunderten danach mehr und mehr – und die Tuchindustrie, die aus der Stadt einen globalen Umschlagplatz des Mittelalters machten. Alle oberitalienischen Städte hatten hier ihre

Kaufmannskolonien, dazu kamen Engländer, Spanier und Portugiesen. Man tauschte Waren vielfältigster Art. Aus dem Norden Holz, Teer und Getreide, aber ebenso Luxusgüter wie russische Pelze. Und aus dem Süden Salz und Wein, später auch Madeirazucker und afrikanisches Elfenbein. Durch den regen Handel – schon im Jahr 1200 fand in Brügge die erste Handelsmesse statt – entstanden Banken nach italienischem Vorbild, und schließlich wurde hier die erste Börse der Welt eröffnet. Mitte des 14. Jahrhunderts, als Brügge Residenzstadt der burgundischen Herzöge wurde, erreichte sie den Höhepunkt ihrer Entwicklung als Zentrum der Textilindustrie. So wurde sie zu einer Geburtsstätte des Frühkapitalismus.

Gleich am nächsten Morgen besichtigt Joseph die Waterhalle am zentralen Grote Markt, in der noch immer Stoffe gehandelt werden. Daneben thront der über achtzig Meter hohe Belfried über dem Platz.

Der ebenfalls aus dem Mittelalter stammende Turm hätte dem Kaiser Warnung sein müssen, das selbstbewusste und reiche Bürgertum Brügges, dessen Wahrzeichen er bis heute ist, war nicht zu unterschätzen. 1488 hatte dieses Bürgertum einen Vorfahren Josephs, den späteren Kaiser Maximilian I., in Brügge inhaftiert. Der Habsburger hatte die letzte Erbin Burgunds geheiratet und war so in den Besitz der Niederlande gelangt. Doch anders als seine einheimische Gattin Maria war Maximilian in Burgund ein unbeliebter Fremder geblieben, einer in einer langen Reihe von Herrschern, die die reichen Provinzen für ihre geopolitischen Zwecke auszunutzen drohten. Als Maria nach einem Reitunfall verstarb, revoltierten die burgundischen Städte deshalb gegen Maximilian. Zuerst wurden seine beiden Kinder im Alter von zwei und drei Jahren durch Genter Rebellen entführt, dann, als der Vater mit Strafgerichten konterte, wurde er selbst in Brügge festgesetzt. Natürlich kannte Joseph diese Geschichte. Doch er sah sie aus der Perspektive Maximilians, der nach seiner Freilassung hart gegen die eigenmächtigen Brügger Bürger durchgegriffen und letztendlich die Oberhand behalten hatte. Nur zu welchem Preis?

Im Anschluss an den Spaziergang durch das wirtschaftliche Zentrum, vorbei an den prächtigen Kaufmannshäusern, auch dem der Familie van der Burse, ebenjenes Haus, in dem in- und ausländische Geschäftsleute Wechselgeschäfte tätigten und so – im Grunde en passant – die Börse erfanden, lässt sich Joseph von den Stadtautoritäten die Akademie der Schönen Künste zeigen.

Er bewundert die altflämischen Meister; Jan van Eyck, der im 15. Jahrhundert am Hof des Burgunderherzogs Philipp des Guten in Brügge gewirkt hatte; Rogier van der Weyden, der zur gleichen Zeit in Brüssel als Stadtmaler tätig war; Hieronymus Bosch, der für den Hof des Habsburgerherzogs und Sohn Maximilians, Philipps des Schönen, arbeitete, oder die Brueghels, die ein Jahrhundert später die niederländische Malerei der Spätrenaissance prägten. Das war in jener Zeit, in der Philipps Sohn, der spätere Kaiser Karl V., das Heilige Römische Reich noch ein letztes Mal zur Blüte bringen sollte.

»Was für eine Pracht«, ruft Joseph aus. »So eine Kunstgalerie brauchen wir auch in Wien, mein lieber Brambilla.«

Der Leibarzt nickt begeistert, er liebt nicht nur sein medizinisches Handwerk. Bildung, Wissen, Kultur, alles hält er, der aufgeklärte Geist, für nötig, um den Fortschritt der Menschheit in Gang zu setzen.

Die Akademie ist mehr als eine Kunstgalerie. Die Maler und ihre Werke erzählen dem Kaiser besser als irgendwelche gelehrten Bücher von der Geschichte seiner niederländischen Provinzen, von ihrem Reichtum, ihrem Feinsinn, ihrem Stolz und Selbstbewusstsein.

»Majestät geruhen den Titel eines Protektors der Akademie anzunehmen?«, fragt der Präsident während des Rundgangs.[14]

»Mit Vergnügen«, antwortet Joseph – etwas hastig vielleicht, er will und kann sich nicht zu lange mit zeremoniellen Details aufhalten, schließlich wartet in Brüssel allerlei Arbeit auf ihn. Und außerdem ist er vom Bürgerstolz der hiesigen Menschen etwas verunsichert. Sie scheinen ihm unlenkbar.

Nun ist es Brambilla, der sich betreten räuspert. Denn auf dem Gesicht von Josephs Gegenüber ist ein Anflug von Enttäuschung auszumachen. Gewiss, nur eine minimale Verstimmung. Und doch symptomatisch für das sensible Verhältnis der selbstbewussten niederländischen Bürger zu ihrer Obrigkeit.

»Welch ausgezeichnete Idee, schließlich haben wir eine der bedeutendsten Sammlungen Brueghels«, ruft Brambilla dem Kaiser zu.

»Fürwahr, sie ist ein großer Schatz und gereicht mir seit ich denken kann zur Freude«, nimmt Joseph den Gesprächsfaden wieder auf, aber nicht ohne mit Nachdruck hinzuzusetzen: »Es geht um unsere gemeinsame Geschichte.«

Nun setzen die Gastgeber ein höfliches Lächeln auf. Das mit der gemeinsamen Geschichte ist eine zwiespältige Angelegenheit. Die Habsburger, egal wie lange sie die südniederländischen Provinzen nun schon regieren, sind hier stets als fremde Herrscher wahrgenommen worden. Daran wird sich auch unter Joseph II. nichts ändern. Das kann man den stolzen Blicken der Anwesenden entnehmen, sie beobachten genau, wie dieser junge Herrscher mit den Traditionen des Landes umgeht und wie viel Wertschätzung er für die gewachsenen Strukturen mitbringt. Schließlich hat man schon alles Mögliche erlebt in all den Jahrhunderten!

»Majestät werden doch an der Fronleichnamsprozession teilnehmen?«, sagt denn auch zum Abschluss in einem fast belehrenden Ton der Präsident der Akademie. »Es bleibt also genug Zeit!«

Auch deshalb, also weil man den neuen Herrscher kennenlernen wollte, hatte man Joseph zu Ehren die örtliche Fronleichnamsprozession besonders farbenprächtig gestaltet. Der Kaiser sollte ruhig Augenzeuge des frommen Katholizismus werden, der seine niederländischen

Provinzen prägte. Und so zogen Choräle singende Gläubige mit riesigen Kirchenbannern und Fackeln in mittelalterlichen Kostümen durch die engen Gassen Brügges. Sie knieten vor den vielen Straßenaltären in tiefer Frömmigkeit auf den nackten Boden nieder, wenn die Klingeln und Schellen der Ministranten den Segen durch das Allerheiligste ankündigten. Für den Kaiser hatte man, nicht wissend, dass er ein Feind kirchlicher Umzüge, zu vieler Feiertage und ritueller Volksfrömmigkeit war, extra ein kostbares Kissen mitgenommen, damit er sein Knie standesgemäß und angemessen bequem beugen würde können. Doch er, so sollten die Chronisten später indigniert berichten, weigerte sich, darauf zu knien. Stattdessen hielt er bloß seinen Kopf leicht geneigt. Diese *affectation de philosophisme*[15] irritierte die Gläubigen nachhaltig.

Nach der Prozession schüttelte Joseph Hände und ließ die Menschen wissen, dass sie jederzeit mit ihren Bitten und Sorgen zu ihm kommen durften. Auch in den Österreichischen Niederlanden waren seine Untertanen anfänglich von ihrem volksnahen Regenten angetan, schließlich hatten sie seit dem spanischen Habsburger Philipp II. keinen ihrer Herrscher mehr persönlich zu Gesicht bekommen. Bloß habsburgische Statthalter weilten in Brüssel, und die hatten wenig Macht. Doch die Niederländer waren verhaltener, skeptischer und eigenwilliger als Josephs andere Völker, die Ungarn einmal ausgenommen. Die Niederländer spürten, dass dieser Kaiser einen Wind der Veränderung mit sich bringen würde. Doch ob sie dies gutheißen sollten?

Gent – Hauptstadt Flanderns

Gent, wohin Josephs Reisegesellschaft als Nächstes aufbrach, war eine zutiefst rebellische Stadt. Seit dem frühen Mittelalter, in dem sie zur größten Stadt des Nordens aufgestiegen war, verteidigten die Bürger und die Gilden ihre Autonomie gegen die Fürsten. Weder die

Herzöge von Burgund noch später der in Gent geborene Karl V. hatten hier freie Hand.

Man führte Joseph zum Geburtshaus des großen Habsburgers, in dessen Reich die Sonne nicht untergegangen war. Es nannte sich Hof ten Walle und stand in der Nähe der Kathedrale. Auch Gent, das spürte der Kaiser wohl, war noch immer eine stolze Bürgerstadt, ein Ort, in der das Wort des Souveräns nicht viel galt.

Man hatte ihm den Hafen und die militärischen Einrichtungen gezeigt und ihn dann in die Kathedrale zum berühmten Genter Altar gebracht, dem Hauptwerk Jan van Eycks. Als nächste Station stand das Gefängnis der Stadt auf dem Plan, eines der modernsten in Europa. Doch der Kaiser des Volkes, der Todesstrafe und Folter abgeschafft und sich selbst, blutjung und gerade Kaiser geworden, in der Festung Spielberg hatte anketten lassen, befand bei diesem Rundgang, dass es den Häftlingen in dem Zuchthaus zu gut ergehen würde.[16] Das erstaunt. Doch gerade in den Österreichischen Niederlanden machte Joseph die Erfahrung, dass die so stolzen, so weltgewandten Bürger sich renitent zeigten, dass man hier nicht durchregieren konnte. Vielleicht wünschte er sich deshalb einen strengeren Strafvollzug.

Antwerpen – Schuld an allem hat die Schelde

Am 18. Juni traf Joseph mit seiner kleinen Gesellschaft in Antwerpen ein. Eine weitere Etappe auf dieser Reise in die Vergangenheit, in eine glanzvolle und reiche Vergangenheit. Und doch, Antwerpen, diese an der Westerschelde gelegene Hafenstadt, wirkte auf Joseph träge und im Niedergang begriffen. Und das hatte seine historischen Gründe.

Im 16. Jahrhundert hatte Antwerpen, dessen Hafen größer und besser schiffbar war als der von Brügge, der Stadt den Rang abgelaufen und war zur bedeutendsten Handelsmetropole Europas aufgestiegen. In den 1560er-Jahren hatte es 100 000 Einwohner, bis zu

2500 Schiffe legten im Jahr an seinen Piers an. Die Stadt verdankte ihre Bedeutung dem Umstand, dass sie der bevorzugte Standort auswärtiger Kaufleute für den Handel mit ganz Nord- und Mitteleuropa war. Auf dem Grote Markt, dem Großen Markt von Antwerpen, gab es alle nur denkbaren Waren, und hinter den Mauern der prunkvollen Gildehäuser spielte sich ein vielsprachiges und weltstädtisches Leben ab. Auch 200 Jahre später, als Joseph II. im Hôtel du Grand Laboureur abgestiegen war und noch am Abend die Militärakademie besuchte, erzählten die Renaissancefassaden Geschichten von einstiger Prosperität und Macht. Eine Blütezeit, auf die während der Gegenreformation der Niedergang folgte.

»Majestät, Schuld an allem hat die Sperre der Schelde«, sagt ein Antwerpener Bürger voller Ingrimm. Er ist zur Audienz gekommen, die Joseph jeden Tag abhält.

»Was für ein Unsinn«, pflichtet ihm ein anderer bei. »Seit über hundert Jahren schon versperren uns die Holländer die Ausfahrt aus dem Hafen und machen unseren Handel kaputt!«

»Ja«, stimmen weitere Bürger ein und fordern die Freigabe der Schelde. »Majestät, wir bitten um Eure Hilfe!«

»Soso …« Joseph hört konzentriert zu. Die Sache mit der Schelde interessiert ihn. Schon in Wien hatte sich der Kaiser intensiv mit dem heiklen Thema auseinandergesetzt und Mittel und Wege ersonnen, wie dagegen vorgegangen werden könnte. Die Umstände, die zum Streit um den Fluss geführt hatten, kannte er nur allzu gut. Sie hatten mit der Teilung der Spanischen Niederlande am Ende des Achtzigjährigen Krieges zu tun. Auch in dieser Auseinandersetzung war es im Grunde um einen Machtkampf zwischen den Niederländern und ihren ausländischen Herrschern gegangen, in dem Fall den spanischen Habsburgern. Der streng katholische Philipp II. hatte einen beispiellos brutalen Kampf gegen den sich schnell ausbreitenden Calvinismus geführt, achtzig Jahre lang, nach denen von der einstigen Loyalität den spanischen Habsburgern gegenüber nichts mehr übrig war. Das Land zerfiel daraufhin in einen protestantischen Norden und einen katholischen Süden. Antwerpen hatte sich vorübergehend den protestantischen Provinzen zugeschlagen, war von Alexander Farnese jedoch 1585 zurückerobert worden. Dabei hatte der italienische Feldherr in spanischen Diensten die Westerschelde mit einer Schiffsbrücke versperrt und das protestantische Antwerpen so lange belagert, bis die hungernde Bevölkerung aufgab. Doch nach der Teilung der Niederlande blockierte das heutige Holland die zum Grenzfluss gewordene Westerschelde, ein Zustand, der im Westfälischen Frieden 1648 auch noch vertraglich besiegelt wurde. Seither war Antwerpen vom internationalen Seehandel abgeschnitten.

Die Teilung der Niederlande war jedoch längst nicht nur wegen der Scheldeblockade eine Katastrophe für den katholischen Süden. Sie hatte auch zu einer der größten Völkerwanderungen geführt. Den Protestanten wurde nach dem Fall Antwerpens zu verstehen gegeben, die Stadt innerhalb von vier Jahren entweder zu verlassen oder zu konvertieren. Die meisten hatten sich für den Neuanfang im protestantischen Norden entschieden. Antwerpen und Gent verloren auf diese Weise fast die Hälfte ihrer Einwohner. Ohne den Zustrom aus dem bis dato weit überlegenen Süden wäre das Goldene Zeitalter Hollands nicht möglich gewesen. Erst die Bankiers, die Textilindustriellen und Händler aus Antwerpen, Gent und Brügge machten den Aufstieg der Vereinigten Niederlande zur führenden Wirtschaftsmacht des 17. Jahrhunderts und zu einer der künstlerisch fruchtbarsten Epochen der Geschichte möglich. Um 1650 arbeiteten in Holland rund 700 Maler, die jährlich etwa 70 000 Gemälde schufen.

»So ein Unfug, dies alles«, sagt Joseph zu Terzi. Noch in Wien hatte er mit Kaunitz vereinbart, dass er die heikle Angelegenheit mit der Schelde bei seinem Besuch nicht ansprechen, sondern nur zur Kenntnis nehmen würde. »Ich habe versprochen, mich bedeckt zu halten, aber wenn wir wieder in Wien sind, wird mich nichts davon abhalten, die Blockade der Schelde aus dem Weg zu räumen«, fügt Joseph entschlossen hinzu. Terzi nickt.

Mechelen – Der Kardinal verrechnet sich

Am 20. Juni hielten die Kutschen des Kaisers in Mechelen, dem Sitz des obersten Gerichtshofs für die Österreichischen Niederlande und Residenz des Erzbischofs von Mechelen. Joseph blieb nur eine Nacht, und doch kam es im Hôtel de la Grue (Hotel zum Kranich)[17], in dem er mit seinen Reisegefährten abgestiegen war, zu weiteren denkwürdigen Treffen. Joseph hatte kaum Zeit gehabt, seine Reisegewänder gegen ein frisches Hemd und einen anderen Justaucorps, einen eleganteren Herrenrock zu tauschen sowie sein Gesicht mit dem bereitgestellten Wasser zu erfrischen, da kündigte sich schon der erste Besucher an, Johann Heinrich von Frankenberg, Kardinal und Erzbischof von Mechelen.

Eilig und herausfordernd steuert der Kirchenmann in seinen wallenden, kardinalsroten Gewändern auf Joseph zu, dessen Kammerdiener den Gastraum des Hotels mit ein paar Handgriffen zu einem bescheidenen Audienzraum umfunktioniert hat.

»Je vous en prie! Ich ersuche Euch.«[18] Die Bitte des Kardinals klingt eher wie ein Befehl. Auch der Klerus der Niederlande ist mächtig, und Frankenberg macht keinen Hehl daraus. Kaum hat er den Kaiser begrüßt, kommt er ohne Umschweife auf sein Thema zu sprechen. Er, der einst von Maria Theresia protegiert worden war, ist ein aufrechter Kirchenmann, vor allem aber einer von der konservativen Sorte.

Joseph hebt die Augenbrauen. »Continuez …«, fordert er den Kardinal mit einem Nicken zum Weiterreden auf. Er ahnt schon, was folgen wird, und gibt sich unergründlich.

»Die Toleranz!«, hebt der Kardinal an.

»Was ist damit?«, fragt Joseph gespielt verständnislos.

»Bitte nicht! Nicht in den Niederlanden!«

Frankenberg insistiert, doch in Josephs Ohren verhallt die Bitte des Kirchenmanns unverstanden. Vor gerade einmal vier Tagen, aus Gent, hatte er ein kurzes Manifest über religiöse Toleranz und gegen die Diskriminierung religiöser Minderheiten nach Wien gesandt.[19] Außerdem war die Situation doch absolut klar. Die religiöse Intoleranz während der Gegenreformation hatte den Niederlanden nur geschadet! Diese seine Länder waren das beste Beispiel dafür, dass der Wohlstand auf dem Spiel steht, wenn religiöse Minderheiten vertrieben werden.

»Die Menschen hier sind fromm.« Der Kardinal versucht eine Erklärung zu formulieren. »Religiöse Toleranz würde sie vor den Kopf stoßen!«

Joseph hält sich bedeckt. Er ist vom Gegenteil überzeugt. Zurück in Wien, wird er seine Toleranzpatente erlassen, für Protestanten und Orthodoxe (1781), und etwas später für Juden (1782). Frömmigkeit hin oder her, wenn die Menschen ihn nicht verstehen wollen, müssen sie zu ihrem Glück gezwungen werden. Davon ist er mehr und mehr überzeugt.

Doch die Toleranz Andersgläubigen gegenüber, Gesetze also, die ihnen erlaubten, zumindest privat die Religion ihres Herzens zu wählen, wenn auch noch keine Gotteshäuser zu errichten, war nur ein Teil von Josephs Kirchenreform. Ab 1782 folgte die Aufhebung der kontemplativen Klöster, deren Vermögen in einen neu gegründeten Religionsfond flossen (mit den 35 Millionen Gulden wurden Pfarreien gegründet und eine moderne Seelsorge aufgebaut). Denn Joseph war, was die bloß betenden Ordensleute und die klösterliche Gelehrsamkeit betraf, der Ansicht, dass die Monarchie *zu arm für Nichtstuer und Bettler* sei.[20] Orden hingegen, die sich sozial engagierten, blieben bestehen. Dass er mit der Auflösung von Hunderten von Klöstern auch einen wichtigen Teil des kulturellen Erbes der Monarchie zerstörte, waren Kollateralschäden, die hinzunehmen er für unabdingbar hielt. Er war beseelt von dem Projekt, den ungeheuren Reichtum der Kirche wieder seiner ursprünglichen seelsorgerischen Bestimmung zuzuführen. Und außerdem die Kirche der Oberhoheit des Staates zu unterstellen. Dafür brauchte es auch eine Neuordnung der religiösen Ausbildung. In den Niederlanden sollte die Verlagerung der Priesterausbildung in das unter staatlicher Aufsicht stehende Seminar in Löwen schließlich das Fass zum Überlaufen bringen. Als 1788 bei einer gewaltsamen Räumung der bischöflichen Priesterseminare in Antwerpen Dutzende Bürger starben, sollte im ganzen Land der bewaffnete Widerstand gegen den Kaiser und seine Reformen ausbrechen.

»Und noch etwas«, beeilt sich der Kardinal zum Abschluss der ihm gewährten Audienz zu erwähnen. »Wenn Eure Majestät etwas gegen die Schriften der Aufklärer tun könnten …«

Der gute Mann lebte hinter dem Mond. Joseph hatte schon im Februar die kirchliche Zensur abgeschafft. Ein lang gehegtes Projekt! Seit Jahren hatte er sich darüber geärgert, dass viele Schriften der Aufklärer in Österreich auf dem Index standen, wiederholt hatte er sich mit seiner Mutter darüber gestritten und die absurden Folgen der Bücherzensur in leuchtenden Farben ausgemalt. Bereits in seiner Denkschrift aus dem Jahr 1765 hatte er die Zensur kritisiert und Maria Theresia gebeten, doch wenigstens das Gepäck von ins Land reisenden Ausländern in Ruhe zu lassen – eine Anspielung auf die zahlreichen Gesandten, deren Koffer an der Grenze Österreichs durchwühlt und denen Dutzende Werke solch illustrer Geister wie Voltaire, Montesquieu, Diderot und Raynal, aber auch beim adeligen Publikum hoch im Kurs stehende erotische Bücher abgenommen wurden. Die Botschafter mussten dann bei Hof um die Herausgabe ihrer Schriften ansuchen – und die aufgeklärte Welt lachte über die bigotte

Herrscherin von Schönbrunn. Es war, wie in so vielen Bereichen der damaligen Lebenswelt, ein Kampf zwischen Tradition und Moderne, zwischen zwei Welten.[21]

»Eure Eminenz glauben wirklich …« Joseph legt die Stirn in Falten. Nein, es war reine Zeitverschwendung, weiter mit dem Kardinal zu sprechen. Diese Leute und ihre alten Zöpfe hat er so satt. Wenn man gelernt hat, mit eigenen Augen wahrzunehmen, wie die Verhältnisse sind, kann man die Fakten und die Natur der Dinge nicht mehr ignorieren.

»Diderot, Raynal und …«, nun schüttelt es den Kardinal vor Furcht und Ekel, »der Schlimmste von allen: Voltaire!«

»Haben Sie seine Werke gelesen?« Joseph kann sich nicht verkneifen, doch noch – so scheinheilig wie möglich – zu fragen.

Der Kardinal wird purpurrot, so wie sein Talar, ob aus Scham oder weil er sich bei seiner heimlichen Lektüre ertappt fühlt, ist nicht so leicht auszumachen.

»Mon dieu, Gott behüte«, stammelt der Kirchenmann, wirft sich den Umhang um und geht.

Brüssel – Machtzentrum ohne Macht für den Souverän

Am 22. Juni erreichte der Kaiser schließlich Brüssel, wo er vierzehn Tage bleiben sollte, schließlich war es das Verwaltungszentrum des Landes. Hier residierten seit jeher auch die kaiserlichen Statthalter. Der Letzte von ihnen, der verstorbene Karl von Lothringen, hatte 1774 die Ruinen des vierzig Jahre zuvor abgebrannten Coudenberg Palasts wegräumen und einen neuen Mittelpunkt, die Place Royale, erschaffen lassen. Stolz auf die prächtige klassizistische Architektur der noch nicht fertiggestellten Kirche Saint Jacques-sur-Coudenberg, die Weite des Platzes und die Statue des verstorbenen Statthalters zeigten die Stadtoberen dem Kaiser ihr neues Stadtzentrum. Er hatte wenig dafür übrig, befand die Architektur monströs und geschmacklos und konzentrierte sich ganz und gar auf seinen disziplinierten Arbeitstag.

Am Morgen gehe ich zu diversen Tribunalen, schreibt er am 6. Juli an seinen treuen Freund Moritz von Lacy. *Dann von 11,00 bis 3,00 Uhr gebe ich Audienzen für jedermann, danach esse ich alleine und arbeite. Um 6 Uhr jeden Tag treffe ich die Minister und Räte, wir besprechen eins nach dem anderen alle Aspekte der Verwaltung, der Finanzen, des Handels und der Justiz. Das braucht bis 10 Uhr. Abends und wenn ich nicht zu müde bin, begebe ich mich im Anschluss daran für eine Stunde in die Gesellschaft.*[22]

»Eure Majestät, bitte untertänigst meine Bittschrift entgegenzunehmen.«

»Et le mien aussi! Und meine auch!« – »Und diese.« – »Und die noch!«

Täglich stehen Hunderte Menschen Schlange, um Joseph II. Petitionen zu unterbreiten. Arme und Betuchte, wenige, die schreiben können, und viele, die sich für ihr Anliegen an einen Schreiber gewandt und für ein kleines Entgelt ihre Bitten haben aufschreiben lassen. Es kommen dickwanstige Beamte, stolze Bürger und schlecht gekleidete Handwerker, von der Feldarbeit braun gebrannte Bauern und abgemagerte Tagelöhner – sie alle wie aus einem Bild von Brueghel, bunt und vielfältig wie das ganze Land. Joseph absolviert die täglichen Audienzen, die längst zu einem Merkmal seiner Herrschaft geworden sind, mit routinierter Freundlichkeit. Am Ende würde er die Sorgen und Nöte von 10 000 Bittstellern gehört und zur Bearbeitung an Georg Adam Graf von Starhemberg, den bevollmächtigten Minister für die Niederlande, weitergeleitet haben.

»Bitte, bitte, gewähren Eure Majestät mir eine Unterstützung«, fleht ein Hundertjähriger, der zum Beweis, dass er zum Arbeiten nicht mehr taugt, seine krummen, vom jahrzehntelangen Einsatz gezeichneten Hände vorstreckt.

»Unser Dorf ist abgebrannt«, stammelt ein Mann, der von weit angereist ist. »Ob Ihre Majestät erlauben würden, uns für drei Jahre von allen Steuern zu befreien, damit wir es wiederaufbauen können?«[23]

Dies waren Fälle, in denen Joseph sofortige Abhilfe versprechen konnte. Doch die überwiegende Zahl der Bittschriften verlangte längerfristige Lösungen. Nicht wenige beklagten sich über die langsame, komplizierte Verwaltung, darüber, dass die Gesetze von Provinz zu Provinz variierten und der Handel wegen der Zölle und anderer Behinderungen unnötig erschwert werde, ganz abgesehen von den enervierenden Eifersüchteleien und Rivalitäten, die zwischen den Provinzen herrschten. Das alles war Wasser auf Josephs Mühlen, eine überwältigende Bestätigung jener Reformabsichten, die er nun für umso unerlässlicher erachtete. Die Petitionen gaben ihm das nötige Material für seine Diskussionen mit den Ministern und Räten, denen er seine Litaneien über einen modernen, funktionstüchtigen Beamtenstaat nicht ersparen konnte. Die Diener des Staates sollten *nicht allein ihren Hintern zum Sitzen und ihre Hände zum Unterschreiben dem Staate widmen, sondern die Kräfte ihrer Seelen, ihre Vernunft, einen wirkenden Willen und ihre ganzen Kräfte zu desselben Dienst auffordern und so ohne Rücksicht der Stunden, der Tage, der Form das Gute mit Eifer zu erhalten suchen*, hatte er erst im Januar dieses Jahres in einem Zirkular dem Staatsrat unterbreitet.[24] In seiner Vorstellung hatte der Staat ein einheitlicher, sinnvoll in sich abgestufter Organismus zu sein, von fähigen Beamten wie ein Uhrwerk verwaltet. Davon waren die Niederlande noch Lichtjahre entfernt. Und selbst in Wien wimmelte es nur von nachlässigen, unordentlichen, wenn auch liebenswürdigen Beamten, die ihm Maria Theresia hinterlassen hatte. Hier erlebte er Missstände im Kleinen, die er sonst im Großen bekämpfte. Die Vielgestaltigkeit der Niederlande und die daraus folgende Unregierbarkeit, die bunten, chaotischen Verhältnisse, wie er sie ebenfalls in den ungarischen, den böhmischen, siebenbürgischen und galizischen Ländern gesehen hatte – waren sie nicht Beweis genug dafür, dass ein moderner Staat absolut nottat? Und dazu waren die Niederlande im Vergleich zu den anderen Randterritorien seines Reichs die wohlhabendsten. Ihnen müssten die Reformen doch eigentlich einleuchten.

»Sehet, lieber Starhemberg!« Fast triumphierend händigt Joseph dem Grafen zu später Stunde wieder einen Stapel Bittschriften aus. Der Minister ist in Brüssel stets an Josephs Seite, schon seit Tagen arbeitet er mit seinem Stab die Petitionen ab, die der Kaiser erhalten hat, und zwar höchst effizient. Er hat schon zwei Drittel erledigt.

»Eurer Majestät untertänigster Diener, meine Leute arbeiten so gut sie können, um der Flut der Bitten Herr zu werden«, wirft der Minister ein.

»Es braucht eine umfassende Reform der Niederlande, Verwaltung, Kirche, Gesetze. Alles muss neu werden.«

»Nicht doch, Majestät. Das würde die Menschen vor den Kopf stoßen«, warnt Starhemberg.

»Vor den Kopf stoßen! Ich kann das nicht mehr hören. Wieso sollte ich die Niederländer anderes behandeln als den Rest meiner Völker?«

»Weil sie anders sind, Majestät.«

»Anders?«

»Stolz und rebellisch.«

»Was nutzt all der kulturelle Reichtum, wenn das Ganze so kompliziert verwaltet wird?«, seufzt Joseph, die Warnungen seines Ministers bereiten ihm Sorgen.

»Es sind eben fest verankerte Traditionen«, versucht der Graf eine Erklärung. »Sie geben den Menschen ihre Identität, selbst wenn sie sich über die ineffiziente Verwaltung beschweren.«

Starhemberg war seit 1770 bevollmächtigter Minister für die Österreichischen Niederlande, er war derjenige, der für den Statthalter die

Verwaltungsgeschäfte führte. Einen erfahreneren Beamten gab es nicht. Er hatte vieles erreicht, vor allem die Armut und das Bettlerwesen bekämpft und beträchtliche Reformen in die Wege geleitet. Eigentlich hätten er und der Kaiser Brüder im Herzen sein müssen. Doch Starhemberg war umsichtiger als der ungeduldige Monarch, er gab den mächtigen Ständen stets das Gefühl, dass sie bei allem ein Mitspracherecht besäßen, selbst wenn im Grunde er bestimmte.

Doch Diplomatie war Josephs Sache nicht, und so dachte der Kaiser im Stillen lieber weiter über die Grundprinzipien seiner Herrschaft nach. Schließlich war alles logisch und einfach. Nur weil jeder Quadratmeter seine eigene Geschichte, jede Provinz ihre Statuten hatte und voller Eifersucht darüber wachte, konnte und durfte man auf den Geist der Veränderung nicht verzichten. Man konnte doch nicht vergessen, dass es für alle dienlich wäre, wenn die Gesetze durch eine zentrale Regierung festgelegt und auch exekutiert würden. Wenn also jeder nur ein bisschen Macht abgeben und die Einheit fördern würde, wäre ein moderner Staat mit einer modernen Verwaltung kein Hexenwerk. Und war es schließlich nicht das, was die Bürger, die er in unzähligen Audienzen angehört hatte, wollten?

Amsterdam – Flucht ins Nachbarland

Während die neuen Statthalter, Josephs Schwester Marie Christine und ihr Mann Albert von Sachsen-Teschen, am 10. Juli ihren feierlichen Einzug in Brüssel erlebten und auf die Joyeuse Entrée schworen, wich Joseph für einige Tage in die Vereinigten Niederlande aus. Er besuchte Amsterdam, Rotterdam, Den Haag, Leiden und Utrecht, sah sich Werften, Magazine, Spitäler, Waisenhäuser, die Westindische und die Ostindische Kompanie sowie die Gemäldesammlungen des Landes an – zwanzig Sehenswürdigkeiten am Tag allein in Amsterdam, wie sein Begleiter Baron Terzi anerkennend in seinem Tagebuch festhielt.[25] Auch von den protestantischen Niederlanden wollte sich Joseph ein Bild machen. Und das, was er sah, bestätigte seine Vorstellungen. Es war einfach nicht einzusehen, dass seine Provinzen, die doch auf die glorreichste Vergangenheit zurückblickten, durch radikale Reformen den Vorsprung, den der protestantische Norden seit der Teilung gewonnen hatte, nicht wettmachen würden können.

Auf seiner Rückreise nach Brüssel und von dort weiter nach Wien hielt sich Joseph noch kurz im Modekurort Spa auf, wo er mit Heinrich von Preußen, dem Bruder seines einstigen Vorbilds und heutigen Widersachers Friedrich II., zusammentraf. Heinrich hatte den höchst geistreichen Friedrich Melchior Baron von Grimm und den Abbé Raynal im Schlepptau. Der französische Schriftsteller hatte soeben seine mit Diderot verfasste *Histoire des deux Indes* in der dritten Auflage herausgebracht (sowohl die erste als auch die zweite waren sofort auf dem Index gelandet), ein wahrer Gründungstext für Toleranz, Freiheit, Gerechtigkeit. Joseph genoss die anregenden Gespräche und die unbeschwerte Zeit, in der er sich – im Gegensatz zu Heinrich von Preußen (wie Terzi pikiert anmerkte) – der schönen Damenwelt hingab.

Wien – Ein Nachspiel

Als dann im Dezember desselben Jahres von Josephs umfangreichen Reformmaßnahmen und Verordnungen – er hatte nach seiner Rückkehr in Wien wie gewohnt ein detailliertes Memorandum verfasst – nur die Reduktion der Flurschäden verursachenden Wildschweine und die Verlegung des Pulvermagazins aus der Innenstadt von Luxemburg durchgeführt worden waren, erfasste den Kaiser Bitterkeit, um nicht zu sagen Wut.[26] Er würde es den Niederländern zeigen müssen. Und er würde seine Reformmaßnahmen fortsetzen. Nach der Kirchenreform würde 1787 die Verwaltungs- und Justizreform folgen. Die Provinzialstände sollten entmachtet und das Land in neun gleich strukturierte Provinzen aufgeteilt werden. Die uralten Herzogtümer und Grafschaften sollten verschwinden. Auch die bis dahin bestehende Vielzahl unterschiedlicher Gerichte sollte durch einige zentrale und einheitlich strukturierte Gerichtshöfe ersetzt werden. Außerdem musste die Reform der Kirchenverwaltung rigoros exekutiert, die arbeitsfreien Kirmestage zusammengestrichen und die Verstaatlichung der Priesterseminare vollendet werden.

Starhemberg warnte vergeblich. Das Tempo der Reformen sei zu schnell, und Albert von Sachsen-Teschen beobachtete, wie sich die Bevölkerung zunehmend radikalisierte. Ein junger ungarischer Adeliger, der auf seiner Reise in Brüssel Station machte, beobachtete die revolutionäre Stimmung, die sich Ende der 1780er-Jahre in den Niederlanden ausgebreitet hatte, trefflich: *Die Bevölkerung ist wild entschlossen, alles Nötige zu tun, um ihre Freiheit und ihre althergebrachten Rechte zu verteidigen. Die Beschlüsse des Kaisers sind beiseitegeschoben worden, und das ganze Land hat sich bewaffnet, genau wie vor 200 Jahren. Die Gouverneure wurden dazu gebracht, die ursprüngliche Staatsverfassung wiederherzustellen. Der Jubel ist unbeschreiblich. Jede Stadt ist illuminiert, der Adel gibt freie Tänze und Feste für das Volk, jeder Mann trägt eine gelbe und eine rote Kokarde als Zeichen seiner patriotischen Gesinnung.*[27] Nicht nur der Belfried von Brügge hätte dem Kaiser eine Warnung sein sollen.

Es ist unmöglich einen Staat zu regieren, wenn diejenigen, von denen wir Gehorsam verlangen, unsere Absichten nicht verstehen und nicht billigen, urteilte später Josephs Bruder Leopold über die Reformen des Kaisers in den Niederlanden.[28] Er, der noch während des Brabanter Aufstands 1789 dem verstorbenen Joseph auf den Thron nachfolgen sollte, wusste, dass sein Bruder einen schweren Fehler begangen hatte, indem er das Volk, das ihn einst so geliebt hatte, auf seinen radikalen Weg der Erneuerung irgendwann nicht mehr mitgenommen hatte. Als neuer Kaiser würde Leopold die Reformen darum zurücknehmen, er würde die bischöflichen Seminare wieder öffnen und die ständische Ordnung wiederherstellen. Doch im Land gärte es weiter. Während der Napoleonischen Kriege wurden die Österreichischen Niederlande von Frankreich besetzt, 1797 trat Österreich im Frieden von Campo Formio seine reichsten Provinzen an Napoleon ab. Nach dem Wiener Kongress wurden die nördlichen und die habsburgischen Niederlande für kurze Zeit als Königreich zusammengefasst, bis dann 1830 aus einer neuerlichen Revolution das Königreich Belgien hervorging.

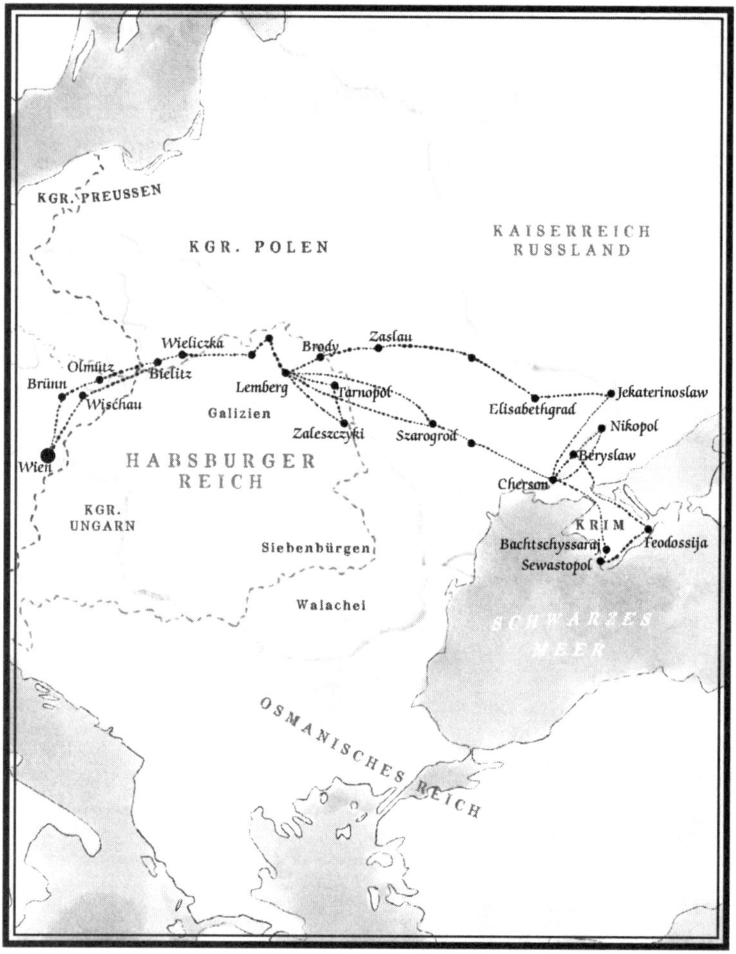

Wien ~ **Brünn** ~ **Olmütz** ~ Wieliczka ~ Jaroslau/Jarosław ~ Zamosc
Lemberg ~ Tarnopol ~ Zaleszczyki ~ Lemberg ~ Brody ~ Zaslau
Bialoczierkiov/Bila Zerkwa ~ Elisabethgrad/Kropywnyzkyj
Jekaterinoslaw/Dnipropetrowsk ~ **Cherson** ~ Nikopol ~ Beryslaw
Cherson ~ **Bachtschyssaraj** ~ **Sewastopol** ~ **Feodossija**
Beryslaw ~ Cherson ~ Josephgrod/Balta ~ Szarogrod ~ Lemberg
Bielitz/Bielsko-Biala ~ Wischau/Vyskov ~ Wien

1787 Russland

Ein mephistophelischer Pakt

»*Prosto spokoynyy*, es wird schon, es ist gleich vorbei!« Der Kaiser beruhigt den jungen Offizier auf Russisch, das er bei seiner ersten Reise zu Katharina II. ein wenig gelernt hatte. Der Mann hat sich verletzt, und Joseph säubert gewissenhaft und fürsorglich seine Wunden.

»Bol'shoye spasibo«, bedankt sich der Soldat, während ein Lächeln über sein schmerzverzerrtes Gesicht huscht. Seit vier Tagen schon ist ihm niemand zu Hilfe gekommen. Vergeblich hat er um einen Arzt gebeten, nachdem ihm beim Salutschießen Schwarzpulver an den Händen explodiert und er sich dabei abscheuliche Verbrennungen zugezogen hat.[1]

»Das wird euch guttun«, erklärt Joseph, während er die gesäuberten Wunden mit Ägyptischer Salbe bedeckt, fachkundig, so als wäre er ein Chirurg und nicht Kaiser und damit oberster Herrscher der Christenheit. Brambilla hatte ihm auf den zahlreichen gemeinsamen Reisen die wichtigsten Handgriffe beigebracht, um bei Unfällen und anderen Widrigkeiten helfen zu können. Reisen war schließlich gefährlich, vor allem, wenn man so reiste wie er, der Graf von Falkenstein. Vor allem hatte sein Leibarzt ihm eingeschärft, die Wundersalbe des arabischen Arztes Rhazes aus Honig, Essig und Kupferacetat stets bei sich zu haben, sie sei, obwohl vor fast tausend Jahren entwickelt, immer noch das wichtigste Medikament eines jeden Chirurgen.

Joseph blickt prüfend auf die geschwollenen, bereits entzündeten Hände. Ob sie wohl wieder heilen werden? Er weiß um die Gefahr der Fäulnis, wenn die Entzündung der Wunden überhandnimmt und jede Hilfe zu spät kommt. Doch er wirkt weiterhin beschwichtigend auf den Mann ein. Jetzt müsse er die beiden Hände nur noch verbinden. Dazu nimmt Joseph Stoff aus dem Verbandskoffer, schneidet ihn in Streifen und legt sie um die geschundenen Finger und den zerfetzten Handrücken des Offiziers. Dann schärft er ihm ein, jeden Tag zur Kontrolle der Verbände zu kommen, und zwar hierher auf die königliche Galeere, auf der er als Teil der illustren Gesellschaft anlässlich der Vergnügungskreuzfahrt Katharinas der Großen untergebracht war – über achtzig größere und kleinere Schiffe mit 3000 Mann Besatzung zählte die Flotte auf dem Dnjepr, ein Unternehmen, wie es glänzender und komfortabler noch nie in Szene gesetzt worden war.[2]

Er solle sich um Gottes willen nicht einschüchtern lassen, wenn ihm gesagt würde, der hohe Herr, der seine Wunden verbunden habe, sei in Wirklichkeit ein mächtiger Herrscher, kein Chirurg, und es gezieme sich nicht, ihn mit derlei niederen Diensten zu beschäftigen, schärft Joseph seinem Patienten zum Abschied noch ein.

»Merci Monsieur l'Empereur«, stottert der Offizier nun in radebrechendem Französisch, sich auf einmal bewusst werdend, wen er vor sich hat. Auch die russischen Eliten bedienten sich dieser Lingua franca, und dass Kaiser Joseph II. bei Katharina zu Gast war, hatte sich schon herumgesprochen.

»De rien mon cher ami. Keine Ursache, mein Freund«, sagt Joseph mit einem warmherzigen Lächeln. Es kam nicht gezwungen, nicht aufgesetzt daher, sondern natürlich, ehrlich und ohne jegliches Kalkül. Er, Joseph, hatte nun einmal etwas übrig für die Schwachen, die Kranken, die Verletzten. Auch deshalb hatte er ein großes Interesse für die Heilkunst entwickelt. In Wien hatte er mit der Erweiterung des Allgemeinen Krankenhauses einen der modernsten und größten Spitalskomplexe in Europa geschaffen. Er hatte die chirurgische Ausbildung mit dem Josephinum institutionalisiert, mit dem Narrenturm eine fortschrittliche Behandlung der Geisteskranken eingeführt und die Armenfürsorge ausgebaut. Er war tatsächlich zum Volkskaiser geworden, zu einem Politiker, der mit seiner sozialen Gesinnung seiner Zeit weit voraus war. Und andererseits war er ein Kind seiner Zeit, ein Herrscher des 18. Jahrhunderts, in dem es vor allem auf eines ankam: die Vergrößerung von Macht- und Einflusssphären.

Man schreibt den 19. Mai 1787. Joseph hatte die Einladung der Zarin auf die Krim nur widerwillig angenommen. *Sie denkt, sie braucht nur mit dem kleinen Finger zu winken, und ich laufe ihr bis Cherson nach*, hatte er indigniert zu Kaunitz gesagt, aber der Zarin dann doch, im Dezember 1786, zugesagt.[3] Im April 1787 trat er die beschwerliche Reise an, über Brünn, Olmütz und Lemberg bis nach Kaidak bei Jekaterinoslaw (»Katharinas Ruhm«). Doch es war ihm schwergefallen. Er war am Ende seiner Kräfte, die vielen Reisen hatten ihn ausgezehrt, die unermüdliche Arbeit hatte sich auf seine Gesundheit ausgewirkt. Er war erst Mitte vierzig, und doch hatte er das Gefühl, dass er mit dem Mann, der er bei seiner ersten Russlandreise 1780 war, nichts mehr zu tun hatte. *Ich kann Ehrwürdige Majestät nicht verhehlen, dass die Zeit den Grafen Falkenstein übel zugerichtet hat. Er trägt eine Perücke, und die ernste, anstrengende und undankbare Arbeit, der er sich, ohne zu säumen, hingibt, hat ihn alt gemacht und die Freude aus seinem Herzen vertrieben,* hatte Joseph Katharina im Vorfeld durch den Fürsten Charles Joseph de Ligne wissen lassen.[4] Der geistvollste Grandseigneur seiner Zeit war mit Josephs Schreiben nach Kiew vorausgeeilt, wo die Zarin mit 124 Schlitten aus Zarskoje Selo kommend am 29. Januar eingetroffen war. Dort hielt sie Hof, bis das Eis auf dem Dnjepr geschmolzen und Grigori Alexandrowitsch Potjomkin, dem zu Ehren das ganze »Zaubertheater« (wie es der französische Gesandte Louis-Philippe Comte de Ségur nannte) veranstaltet wurde, ihr von der Krim geschrieben hatte: … *ich glaube, die Blumen werden bald Knospen treiben.*[5]

Also würde man sich auf sieben kaiserlichen Galeeren – die luxuriösesten, märchenhaftesten Schiffe, die je auf einem Fluss verkehrt hatten – den Dnjepr hinunter bis nach Cherson begeben, einer von Potjomkins Stadtgründungen. Auch Jekaterinoslaw hatte der Fürst aus dem Boden gestampft, zu Ehren seiner geliebten Zarin, die ihm 1776 die riesige Aufgabe übertragen hatte, die südlichen Provinzen, die das Zarenreich im fünften Russisch-Türkischen Krieg erobert hatte, als Generalgouverneur zu verwalten und durch ein einzigartiges Kolonisationswerk in prosperierende Landschaften zu verwandeln. Jekaterinoslaw sollte das Zentrum dieses *Neuen Russland* werden, ein *Petersburg des Südens* oder ein *Athen des Nordens*, wie auch immer, das Schwärmen lag beiden, der Zarin und ihrem ehemaligen Geliebten, im Blut.

Dnjepr – Eine Luxuskreuzfahrt

Nun war Joseph also Gast der Semiramis des Nordens, ein Titel, den Voltaire Katharina der Großen in Gedenken an die fast mythische, altorientalische Königin gegeben hatte. Er logierte auf einer der vom britischen Ingenieur Samuel Bentham extra für die Reise konstruierten königlichen Galeeren, die außen mit Gold und Scharlachrot bemalt, innen mit Seide tapeziert waren. Joseph verfügte über einen Salon, eine Bibliothek, ein Musikzimmer und einen Baldachin auf Deck. Des Weiteren gab es ein Arbeitszimmer mit einem Schreibtisch aus Mahagoni und sogar ein Wasserklosett – eine Neuheit zu Lande, noch mehr natürlich auf dem Dnjepr.[6] Den kaiserlichen Galeeren folgten achtzig Versorgungsschiffe.

Zusammengetroffen waren die beiden Monarchen schon einige Tage zuvor unweit von Kaidak – zu Kutsche und Pferd allerdings, weil die Schiffe vierzig Kilometer nördlich des Marktfleckens auf Grund gelaufen und stecken geblieben waren. Man war in ein improvisiertes

Quartier gefahren und hatte ein ebenso improvisiertes Diner eingenommen. Weil die Köche auf den Schiffen verblieben waren, hatte Potjomkin sich als *chef de cuisine* verwirklicht, wie Katharina belustigt ihrem langjährigen Freund Baron von Grimm schreiben würde. *Das Diner bestand aus ungenießbaren Speisen*, sollte indes Joseph in einem Brief an Feldmarschall Lacy klagen, doch wenigstens sei *die Gesellschaft recht gut.*[7]

Nachdem alle wieder wohlbehalten auf ihren Schiffen eingetroffen und diese zur Weiterfahrt in tieferes Wasser gezogen worden waren, ging es nach Cherson ins Mündungsdelta des Dnjepr. Bis 1774, also bis zum Ende des fünften Russisch-Türkischen Krieges, gehörte das Delta zum Osmanischen Reich, 1778 hatte Potjomkin die Stadt Cherson errichten und dort seine Schwarzmeerflotte bauen lassen. Ligne und Ségur teilten sich eine Galeere und hatten sich bereits fest vorgenommen, das einzigartige Ereignis nicht nur zu genießen, sondern auch mit schuljungenhaftem Schabernack zu garnieren. Jeden Morgen klopfte Ligne an die dünne Trennwand zwischen seinem und Ségurs Schlafzimmer, um seinem Gesandtenkollegen improvisierte Gedichte vorzutragen. Danach schickte er ihm Briefe über *Weisheit, Torheit, Politik, hübsche Reden, militärische Anekdoten und philosophische Epigramme* in sein Kabinett. Nichts war seltsamer als diese frühmorgendliche Korrespondenz *zwischen einem österreichischen General und einem französischen Botschafter, Seite an Seite auf demselben Schiff liegend, nicht weit von der Kaiserin des Nordens entfernt und durchs Kosakenland den Dnjepr hinunterfahrend, um die Tataren zu besuchen.*[8]

Katharina hatte an Ségur und Ligne einen Narren gefressen. Ebenso war es schwierig, den Reizen der Zarin und ihres imperialen Schauspiels nicht zu erliegen. Keiner der Anwesenden hatte so etwas je erlebt, solch einen Luxus, solch eine Pracht, solch eine Verschwendung. Die Zarin wusste, wie sie jeden Einzelnen um den Finger wickeln und im Verbund mit Potjomkin, der als Spiritus rector der Kreuzfahrt sämtliche Vergnügungen dirigierte, für ihre Zwecke ausnutzen konnte.

»Finden Sie es richtig, wie ich die Zarin behandle?«, fragt Joseph, vom vergnüglichen Treiben der Botschafter angestiftet, anderntags den Fürsten Ligne.[9]

»Ich finde es wunderbar«, antwortet der Grandseigneur und blickt über Joseph hinweg auf den sich kräuselnden Fluss. Im Theater der Eitelkeiten vergaßen alle nur allzu leicht, dass trotz der vielfältigen Vergnügungen der eigentliche Zweck der Reise nicht darin lag, einander zu bezirzen.

»Meiner Treu«, spielt Joseph das Spiel weiter mit, *»es ist aber auch schwer, mit Euch allen Schritt zu halten, mein lieber Botschafter* [Johann Ludwig Graf von Cobenzl] *schwingt aus Verehrung für die Zarin unentwegt das Räucherfass. Sie, lieber Ligne, streuen eifrig Weihrauchkörner hinein. Der französische Botschafter* [Comte de Ségur] *drechselt sehr geistvolle und sehr französische Komplimente, und sogar der englische* [Alleyne FitzHerbert] *wagt hier und da, fast gegen seinen Willen, eine spröde Schmeichelei, die durch ihre Kürze nur noch anziehender wird.«*[10]

In Cherson hatte Joseph sogar ein galantes Abenteuer. Er umwarb eine Magd, doch ihr Dienstherr, der den Kaiser nicht erkannte, gebot ihm wütend Einhalt. Fast kam es zu einer Prügelszene, wäre Ligne nicht aufgetaucht und hätte den Kaiser aus der peinlichen Situation befreit. Die Zarin zeigte sich von der ganzen Sache aufs Äußerste amüsiert. Einige Tagesreisen später kaufte Joseph ein sechsjähriges Tatarenmädchen aus der Hand eines Sklavenhändlers. Er würde sie mit nach Wien nehmen und erziehen lassen.[11] Sie war nur unwesentlich jünger als seine Maria Theresia, als sie ihm im Alter von acht Jahren in den Tod entglitten war. Er wäre so gerne Vater geblieben, nun würde er wenigstens diesem Kind eine bessere Zukunft ermöglichen. Die Krimreise holte gut begraben geglaubte Emotionen an die Oberfläche.

Mogilew – Sieben Jahre zuvor

Joseph, der die Reize der Zarin und die überbordende russische Gastfreundschaft Potjomkins schon auf seiner ersten Russlandreise kennengelernt hatte, war hin- und hergerissen zwischen Bewunderung und Kritik. Wie erging es eigentlich dem verwundeten Offizier, fragte er sich nach einem Tag zerstreuungsreicher Superlative. Interessierte sich niemand für sein Schicksal?

Während es ihnen, den Gästen der luxuriösen Kreuzfahrt, an nichts fehlte, waren die einfachen Menschen, die Soldaten und dienstbaren Geister (fast alle waren Leibeigene) in diesem riesigen Land wenig wert. Obwohl sie es waren, die allabendlich Hunderttausende Lampions mit künstlichen Feuern entzündeten, jeden Tag Bankette schmissen, die Gäste mit Konzerten oder Feuerwerken unterhielten. Joseph hatte beobachtet, wie 400 Soldaten bis zu den Schultern im kalten Wasser einen Tag lang die Schiffe der illustren Gesellschaft samt ihren Equipagen hatten ziehen müssen, nur weil man vergessen hatte, ausreichend Pferde am anderen Ufer dafür bereitzustellen. *Es ist unerhört, wie wenig man in diesem Land den Menschen berücksichtigt. Im Großen und Ganzen kosten die Mittel nichts, und man sucht nichts als die Illusion und den Erfolg des Augenblicks.*[12]

Der Kaiser dachte an seine erste Reise nach Russland von Mitte April bis Mitte August 1780 zurück. Sie war, abgesehen von der aktuellen Reise, eine seiner längsten und weitesten gewesen. Dmitri Alexejewitsch Fürst Golizyn, der russische Gesandte in Wien, hatte sie eingefädelt, und so war Joseph am 2. Juni 1780 in der Stadt Mogilew in Weißrussland eingetroffen, um dort alsbald die russische Zarin zu treffen, die, gefolgt von einer langen Wagenkarawane mit ihrem gesamten Hofstaat, ein paar Tage später eingetrudelt war.

Vom 4. bis 9. Mai besichtigte man Mogilew, eine klägliche Ansammlung von Holzhäusern und schmutzigen Gassen, wie Joseph bemerkte.[13] Die Zarin hatte den Kaiser in orthodoxe Kirchen geführt und militärische Paraden vor ihm abhalten lassen. Er hatte alles gelobt und ihrer immer noch nicht verblühten Jugend geschmeichelt, obwohl er die sozialen Verhältnisse in Russland schon damals als gänzlich unmenschlich empfunden hatte. Auch deshalb hatte er sich nach Diderot erkundigt, dessen Bibliothek Katharina zu Lebzeiten des Philosophen und Kritikers angekauft und nach dessen Tod 1784 nach Russland kommen hatte lassen. Wie nur ging das zusammen? Der radikale Aufklärer und die autoritäre Monarchin, die nur wenig Gedanken daran verschwendete, die Ungleichheit in ihrem Land zu verringern und beispielsweise die Leibeigenschaft abzuschaffen? Wohl nur deshalb, weil selbst prominente Aufklärer wie Diderot dann und wann auf Geldgeschenke angewiesen waren und sich von gesicherten Einkünften verführen ließen.

Mehr noch als in Ungarn oder Böhmen stellte die Leibeigenschaft das stärkste Band zwischen Thron und Adel dar, und diese Bande zu zerreißen, war Katharina, trotzdem sie mit Aufklärern wie Diderot verkehrte und in Briefkontakt mit Voltaire stand, viel zu gefährlich. Sie, die durch einen Staatsstreich an die Macht gekommen war, war auf den Adel angewiesen, der seinen Reichtum in seinen »Seelen« maß, nicht etwa nach seinem Vermögen oder Grundbesitz. Bei neunzehn Millionen Russen gab es in etwa 50 000 männliche Adelige und 7,8 Millionen Leibeigene. Allerdings hatte nur ein Prozent der Adeligen mehr als tausend »Seelen«. Potjomkin sollte im Laufe seines Lebens ein Vielfaches davon anhäufen.[14]

Die Leibeigenen zahlten die Steuern, sie konnten verschenkt oder auch verkauft werden, ihre Herren hatten die vollkommene Verfügungsgewalt. Manche Leibeigene liebten ihre Herren dennoch, weil sie sich wie gütige Väter um ihre »Seelen« kümmerten, die Mehrheit jedoch wurde bis aufs Letzte ausgebeutet, was regelmäßig dazu führte, dass die Entrechteten gegen ihre Peiniger revoltierten, ja, sogar ihre Herren in ihren einsam gelegenen Herrenhäusern umbrachten. Doch sowohl Ausbeutung als auch Revolte ließen das riesige russische Reich (noch) nicht ins Wanken kommen.

Schon bei seiner ersten Reise hatte sich Joseph nicht nur für die Zarin, sondern mindestens so sehr für Fürst Potjomkin interessiert. Grigori Alexandrowitsch war nicht nur als Liebhaber Katharinas Gesprächsstoff an allen Höfen Europas, sondern auch als der mächtigste Mann Russlands. Selbst nach dem Ende der jahrelangen königlichen Affäre, ja, bis zu seinem Tod sollte Potjomkin gewissermaßen der Zar an Katharinas Seite bleiben, aber ohne dass er den Titel trug – doch angeblich hatten die beiden sogar geheiratet. Joseph hatte ihn schon 1776 auf Drängen Katharinas zum Fürsten des Heiligen Römischen Reichs ernannt, da die Herrscherin nicht mehr wusste, mit welchen Geschenken sie den raffgierigen Minister, Oberbefehlshaber der Armee und Generalgouverneur der südlichen Provinzen, den sie bereits mit zahllosen Reichtümern inklusive Gütern mit Tausenden Leibeigenen überhäuft hatte, noch zufriedenstellen konnte. Schon damals munkelte man, der Fürst habe das Bett der Zarin mit dem seiner verheirateten Nichte Alexandra Engelhardt vertauscht und Katharina einen jüngeren Liebhaber zugeführt, den zwanzigjährigen Alexander Dmitrijewitsch Lanskoi, was seinem Einfluss jedoch keinen Abbruch tat.

Sankt Petersburg – Ein verhängnisvoller Pakt wird geboren

Damals hatte sich die Zarin von Friedrich II. ab- und Österreich zugewandt, eine Chance, die man nicht ungenutzt verstreichen lassen konnte, zumal Joseph schon länger mit einem Näherrücken der beiden Länder spekulierte. In Smolensk hatte Katharina den Kaiser deshalb spontan nach Sankt Petersburg eingeladen, und er hatte, neugierig auf das riesige Land seiner potenziellen Bündnisgenossin, zugesagt. Er fuhr mit Potjomkin über Moskau (das er ausgiebig besichtigte) nach Petersburg. Dort ließ die Zarin keine Mühen ungenutzt, ihn zu beeindrucken, in Zarskoje Selo befahl sie sogar, einen einfachen Gasthof nach Josephs Geschmack in den Park zu stellen. Der österreichische Gesandte Cobenzl und Potjomkin begannen sofort mit den Verhandlungen über ein Bündnis der beiden Großmächte. Der Vertrag – am Ende hatte man sich aus Gründen der Etikette auf informelle Briefe geeint – wurde jedoch erst nach dem Tod Maria Theresias und kurz vor Josephs Reise in die Österreichischen Niederlande unterschrieben. Darin garantierten sich die Monarchen gegenseitig ihren Besitzstand und versprachen sich Hilfe bei ihren geostrategischen Plänen – die Zarin dachte dabei an ihr »griechisches Projekt«, die Eroberung Konstantinopels. Und Joseph hegte insgeheim die Hoffnung, dass die mächtige Herrscherin des Ostens ihn bei seinen Expansionsplänen im Westen zu Hilfe sein würde. Etwa, wenn er eines Tages doch noch die Niederlande gegen Bayern tauschen würde wollen.

Russland interessiert sie ebenso wenig wie meine eigene Person … Die Eitelkeit ist ihr Abgott, schrieb Joseph am Ende seiner ersten Russlandreise an Staatskanzler Kaunitz.[15] Die Monarchen hatten sich mit Komplimenten überhäuft und ihre gegenseitige Verachtung gekonnt verborgen. Katharina fand den Kaiser herrschsüchtig, leicht zu beeinflussen und durch Schmeicheleien zu täuschen, wenn sie auch in ihren Briefen an Grimm Josephs Geist als *den gründlichsten, tiefsinnigsten und intelligentesten*, den sie kenne, bezeichnet hatte.[16] Joseph wiederum hatte sich beim Anblick der Fregatten aus den Petersburger Werften gedacht: *Ich bin sehr froh, dass man in Böhmen und Galizien nicht anlanden kann.*[17] Er wusste, dass er sich mit seinem Bündnis einer Politik ausliefern würde, die ihn in absehbarer Zeit unter Zugzwang setzen sollte.

Die Krim – Ein Vorposten imperialer Macht

Doch zurück in das Jahr 1787 und zur glanzvollsten, teuersten und womöglich amüsantesten Kreuzfahrt der Geschichte. Vordergründig ging es ja darum, Potjomkins Kolonisationswerk zu bewundern und die 1783 von Russland annektierte Krim in Augenschein zu nehmen. Tatsächlich hatte wohl selten jemand in derart kurzer Zeit eine Region besiedelt, bebaut, befestigt und zur Blüte gebracht wie Potjomkin, dem seine politischen Gegner am Zarenhof fälschlicherweise unterstellten, Potjomkinsche Dörfer, also bloß Attrappen, gebaut zu haben. Doch der eigentliche Grund der Reise war machtpolitischer Natur, wenngleich ein solches Ziel selten derart schamlos, aber auch fantasievoll, lustbetont und vergnügt in Szene gesetzt worden war. Es ging ums Säbelrasseln, das in Konstantinopel nicht unbemerkt bleiben sollte. Potjomkin, der maßlose, machtbesessene Theaterdirektor der Reise, würde am Ende eine halbe Million Rubel für Feuerwerke, Konzerte, Bälle, für den Transport zu Wasser und zu Land, die Verpflegung seiner Gäste, die Hundertschaften an Dienern und die Ausrüstung der verschiedenen, den Zug eskortierenden Regimenter aufgewendet haben. Eine illustre, frivole Kreuzfahrt, die ihrem Höhepunkt zusteuerte. Und selbst wenn derartige Reisen eigentlich nicht Josephs Sache waren, musste er sich in das Schauspiel fügen, Russland war mittlerweile sein wichtigster Verbündeter.

»Was, lieber Ligne, denken die Türken über das ganze Spektakel?« Joseph hat seinen Gesandten zu einem Gespräch unter vier Augen auf seine Galeere gebeten.

Ligne macht ein unwissendes Gesicht. »Es ist eine Kreuzfahrt, Eure Majestät, mehr nicht.«

»Sehr richtig, verehrter Graf, aber die Türken werden sie mit den Kreuzzügen verwechseln.«

»Das steht zu befürchten«, sagt Ligne dünnlippig und lässt den Blick über die Schiffe schweifen, »… das steht zu befürchten.«

Sewastopol und die Schwarzmeerflotte

1783 hatte Russland – auch dies ein Erfolg Potjomkins – die Krim annektiert, und zwar unter fadenscheinigen Argumenten, indem man vorgab, die Halbinsel vor dem Einfluss der Osmanen schützen zu müssen. Schon 1774 hatte man das Khanat der Krimtataren aus der Vasallenherrschaft der Osmanen befreit, seine Unabhängigkeit erklärt und dann *von nun an und für alle Zeiten*, wie Katharina konstatierte, dem Zarenreich einverleibt. Doch viele Krimtataren fürchteten die osmanische Oberherrschaft gar nicht, sondern waren vor den neuen russischen Herren in die Türkei geflohen. Potjomkin siedelte in der Folge Europäer – darunter Engländer, Deutsche, Italiener, Griechen, Bulgaren und Balten – in den besetzten Gebieten an. Auf der Krim, die strategisch überaus wichtig war, begann er überdies sofort mit dem Bau des gigantischen Hafens Sewastopol. Auch der war ein Teil des Plans, das Osmanische Reich zu zerschlagen und Konstantinopel zur erobern – das *byzantinische*, das *griechische Projekt*, wie Katharina und Potjomkin es nannten. Sie betrachteten es als ihre wichtigste außenpolitische Mission.

Kurz vor Sewastopol – die Reisegesellschaft hatte im alten Palast von Bachtschyssaraj, der Hauptstadt des Khanats der Krimtataren, übernachtet – ließ Potjomkin die Zarin und ihren obersten Gast in einem hübschen Schloss auf einer Anhöhe bei Inkerman anhalten. Es stand auf einer Landzunge, die über das Meer hinausragte. Potjomkin ließ eines seiner Orchester aufspielen und an den Abhängen, die das Schloss umgaben, zur Belustigung der Gesellschaft tatarische Kavalleristen Scheinkämpfe aufführen. Dann wurden auf sein Zeichen hin die Vorhänge zurückgezogen und der Ausblick auf das Meer freigegeben. Der Anblick verschlug allen den Atem. In der ihnen zu Füßen liegenden Bucht, im vom Sonnenlicht glitzernden Wasser hatte sich die Schwarzmeerflotte versammelt – mindestens zwanzig Kriegsschiffe und Fregatten in Schlachtordnung. Ein weiteres, geheimes

Zeichen Potjomkins – und schon schossen die Schiffe Salut. Weder dem französischen Botschafter Ségur noch den restlichen Anwesenden entging die symbolische Wirkung. Das Russische Reich war im Süden angekommen, Katharinas Armeen würden *innerhalb von dreißig Stunden ihre Fahnen auf den Mauern von Konstantinopel hissen können.*[18] So etwas hatte man noch nie gesehen. Auch Joseph gab zu, dass dem Fürsten ein wahres Meisterwerk gelungen war.

Wenig später, in Sewastopol, lobte er, dies sei der schönste Hafen, den er jemals zu Gesicht bekommen habe. *Hundertfünfzig Schiffe lagen dort, bereit für alle Eventualitäten des Meeres.*[19] Aber der Sultan im gar nicht so fernen Konstantinopel gab sich ebenfalls keinen Illusionen über den wahren Zweck der russischen Vergnügungsreise hin, sondern sandte seine Flotte zur Dnjepr-Mündung. Und Joseph schrieb an Kaunitz sehr treffend über die Zarin: *Sie vergeht vor Lust, mit den Türken einen neuen Krieg anzufangen.*[20]

Vielleicht, so überkam es den zuletzt außenpolitisch mäßig erfolgreichen Kaiser, waren die Russen ja doch die richtigen Bündnispartner? Nach seiner Reise in die Österreichischen Niederlande hatte er zuerst die Schelde zu befreien versucht – und war gescheitert. Dann hatte er auf Anraten von Kaunitz wieder das bayerische Tauschprojekt in Angriff genommen, was ebenfalls zum Debakel mutierte, als es dem greisen Friedrich II. gelang, die Fürsten des Reichs im Fürstenbund gegen Joseph in Stellung zu bringen. Wenn ihm also schon im Westen alle Hände gebunden waren, so wäre er vielleicht im Osten glücklicher. Vielleicht würden Glanz und Glorie Russlands auch ihn und seine Truppen erfassen, wenn Katharina tatsächlich in absehbarer Zeit gegen das Osmanische Reich losschlagen und ihn, den Kaiser, in den Bündnisfall zwingen würde? Durch außenpolitische Erfolge – im Fall eines Türkenkrieges wollte er Belgrad, Teile der Walachei und des Fürstentums Moldau sowie das Gebiet westlich von Belgrad

Richtung Adria für das Habsburgerreich gewinnen – würde er als glorreicher Held endlich auch all seine innenpolitischen Reformen durchsetzen und bezahlen können.

Nach und nach tat die märchenhafte Reise ihre Wirkung. Die Schönheit der Krim, die Orangen, Granatäpfel und der Wein, die exotische Mischung unterschiedlichster Völker – all das ließ Josephs Lebenslust wieder aufflackern. Am 7. Juni – man war über Bachtschyssaraj Richtung Ostküste nach Feodossija gereist, das antike Theodosía (es wurde in der Folge von Griechen, Römern, Goten, Byzantinern, Russen, Mongolen, Venezianern, Genuesen, Türken und zuletzt Krimtataren beherrscht) – fand ein überdimensionales Spektakel statt. *Gegen Abend gab es ein künstliches Feuer, das wirklich herrlich war*, notierte Joseph. *Über allem ein Aufflackern der Feuergarbe, wie ich es von solcher Kraft und Fülle mein ganzes Leben nicht gesehen habe. Um der Zarin dieses Schauspiel bieten zu können, musste man eine »Landpartie« von Petersburg bis hierher machen, die unter dem Geleitschutz schwerer Geschütze stand, und eine Strecke von 2000 Werst zurücklegen. Das künstliche Feuer wurde von einem Leuchten gefolgt, das sich nicht nur in der Länge des englischen Gartens erstreckte, sondern auch auf allen umliegenden Höhen zu sehen war, wo zwei Mal das Monogramm der Zarin aufleuchtete.*[21]

»Eure Majestät scheinen zufrieden mit der Reise?«, erkundigt sich ein fürsorglicher Fürst Potjomkin, als er zu später Stunde den Kaiser etwas abseits der Festgesellschaft entdeckt.

»Ihr werdet wohl niemanden finden, der mit Eurer grandiosen Inszenierung nicht zufrieden ist«, entgegnet Joseph, er weiß mittlerweile um die Bestätigungssucht des Fürsten. »Manche indes sind beunruhigt.«

»Nicht doch! Darüber nachzudenken, verdirbt nur die Laune, finden Eurer Majestät nicht auch?«

»Wir stehen im Bündnisfall an der Seite Russlands«, sagt Joseph, merklich ernst geworden. »Ich hoffe, die Zarin weiß das zu schätzen.«

»Sie hat Euch ins Herz geschlossen«, entgegnet Potjomkin, immer noch mehr zu leichtlebigen Komplimenten aufgelegt als zu einem ernsthaften Gespräch.

»Ob das die Sache vereinfacht?«, mischt sich nun kryptisch Ligne ins Gespräch. Die Gelegenheit, einem Gespräch zwischen dem Kaiser und dem mächtigsten Mann Russlands zu lauschen, hat ihn herbeieilen lassen. »Liebe bringt nur das Blut in Wallungen. Die Kriegskunst« – und danach machte er eine Kunstpause – »verlangt einen kühlen Kopf.«

Die heitere Stimmung auf der Krim war trügerisch. Kurze Zeit später erreichte den Kaiser die Nachricht vom Aufstand in den Niederlanden, die ihn zur sofortigen Abreise zwang. Nur ein Jahr später erklärte das Osmanische Reich, die Provokationen der Russen nicht mehr hinnehmend, der Zarin den Krieg, und sechs Monate später, im Februar 1788, ließ auch Joseph seine Truppen gegen das Osmanische Reich marschieren. *Krieg in diesen verfluchten Ländern, mit einem Geleit von allen möglichen Krankheiten, Pest, Hunger und überdies mit wenig Aussicht auf einen Gewinn.*[22] Joseph wusste, auf was er sich eingelassen hatte. Und noch mehr. Nur durch Steuererhöhungen und Zwangsrekrutierungen konnte er sich an Katharinas Großmachtpolitik beteiligen, mit einer Politik, die er einst, weil er sie unmenschlich und ineffizient fand, aus der Welt geschafft hatte.

Außerdem entstand so eine Situation, die alsbald von den ungarischen Magnaten ausgenutzt wurde. Sie überzeugten die ins Kriegselend verwickelten ungarischen Bauern davon, dass nicht sie (alle Reformen und Beschneidungen ihrer Privilegien hatten die Magnaten und der Adel stets brüsk zurückgewiesen) das Volk unterdrückten, sondern der Kaiser, der die wahren ungarischen Werte nicht zu achten wüsste. Also bliesen auch die Ungarn – der Aufstand in den Niederlanden war noch längst nicht beendet – zum Aufruhr und drohten mit dem Abfall von der Monarchie. Da lag Joseph II., der im Dezember 1788 schwer krank von der österreichisch-türkischen Front nach Wien zurückgekehrt war, im Sterben. Ihm blieb nichts anderes übrig, als sämtliche Reformen in Ungarn – mit Ausnahme der Abschaffung der Leibeigenschaft und der Einführung der Toleranz – zurückzunehmen, die Stephanskrone wieder nach Pressburg zu schicken und darauf zu vertrauen, dass sich die Situation beruhigen möge, bevor er für immer dahinschied. Er hatte das Gefühl, sein Lebenswerk zerrann zwischen seinen Fingern, und so schrieb er in einem seiner letzten Briefe an den Staatskanzler Kaunitz: *Im Innersten überzeugt von der Integrität meiner Absichten, habe ich die Kraft zu hoffen, dass nach meinem Tode die Nachwelt günstiger, unparteiischer und folglich gerechter als meine Zeitgenossen über meine Taten denken und meine Ziele prüfen wird.*[23]

So trostlos seine Stimmung auch war, er hatte recht, die zurückgenommenen Reformen wurden spätestens 1848 wieder eingeführt. Manche ahnten jedoch schon damals, als der reisende Kaiser, der radikale Reformer, der unbequeme Monarch am 20. Februar 1790 für immer seine Augen schloss, wie wichtig dieser Herrscher für die Geschichte Europas in Wirklichkeit war. So etwa Georg Forster, der preußische Weltumsegler und Sympathisant der Französischen Revolution, den der Kaiser nach seiner Reise mit James Cook 1784 zur Audienz nach Wien gebeten hatte. Der begnadete Naturkundler und Philosoph widmete Joseph sogar seine 1787 entstandene Schrift *Cook, der Entdecker*. Und nun, drei Jahre später, schrieb er geradezu visionär: *Aus der Fackel seines Geistes ist in Österreich ein Funke gefallen, der nie mehr erlöschen wird.*[24]

Epilog

Den 20. Februar in 1790 Morgens vor halb 6 Uhr sind Seine Kaiserl. Königl. Apostl. Majestät Joseph II. nach einem ruhmvollen Leben zu Wien in der Hofburg verstorben und hiermit höchst Ihro Reisen geendet, notiert Franz Ludwig de Selliers de Moranville in der linken Spalte seines »Verzeichnis deren von … Joseph dem II. auf Allerhöchstdero Reisen genommenen Nachtstationen vom Jahre 1766 bis 1790«. Es ist eines meiner Lieblingsdokumente über den inkognito reisenden Kaiser. Der Hofbibliothekar Selliers hatte sich offenbar gleich nach dessen Tod (das Werk erschien 1792) an die Arbeit gemacht und aus dem umfangreichen Quellenmaterial die Stationen aller Reisen Josephs zusammengetragen und in eine zweispaltige Tabelle überführt – damals waren die handschriftlichen Dokumente wohl noch nicht (was sie jetzt sind) in elf Kartons verstaut, aber vielleicht aus Josephs Gemächern in der Hofburg in das von Maria Theresia gegründete Geheime Hausarchiv übersiedelt worden. Hunderte Ortsnamen, teils kennt man sie, teils sind sie veraltet oder tragen heute Namen in einer anderen Sprache, in einer anderen Schreibung. Fast alle Orte sind auffindbar und können zu Reiserouten verbunden werden. Sie sind eine über 200 Jahre alte Evidenz der Ereignisse, das Rückgrat des einzigartigen Versuchs eines Kaisers, seine Länder und Menschen kennenzulernen, indem er sie besucht. Josephs Biograf Derek Beales würdigt allein die monumentale Kilometerleistung des reisenden Monarchen. »Schon durch ihre schiere Größenordnung – fast 50 000 Kilometer – waren diese

Reisen in der Geschichte fast einmalig.« Doch nicht nur die Größe des Unternehmens fordert dem britischen Historiker Respekt ab. Friedrich der Große und natürlich der russische Zar Peter der Große seien ebenfalls Reisende gewesen. »Aber kein einziger Herrscher reiste nach einem solchen Programm, und keiner hat ihn seither nachgeahmt.«[1]

Einige – genauer neun – dieser Expeditionen (insgesamt waren es über vierzig inklusive der Reisen zu den Schlachtfeldern der Kriege[2]) habe ich hier beschrieben, sie dünkten mich die wichtigsten. Schon die zu diesen zehn gewaltigen Unternehmungen gehörenden »Nachtstationen«, die ich der Sellier'schen Tabelle entnahm, und die Routen, die sich daraus ergaben, beweisen, wie sehr sich Joseph II. durch seine Reisen aufgerieben, seine Lebenskraft verbraucht, seinen Körper durch die permanente Überanstrengung malträtiert hat. Er musste stets gespürt haben, dass seine Lebenszeit kurz bemessen und seine Aufgabe überdimensional groß war. Er war eine Kerze, die an beiden Enden brannte, fünfundzwanzig Regierungsjahre lang – fünfzehn gemeinsam mit seiner Mutter, zehn als Alleinregent. Denn er hatte cin cinziges großes Ziel, er wollte die Monarchie vom Kopf auf die Füße stellen, auf Füße, die das Reich die nächsten hundert Jahre zu tragen imstande wären, die die Kraft hätten, es von Grund auf zu erneuern, es in eine moderne Welt zu verwandeln. Dafür reiste er, denn er wollte alles sehen, alles hören und daraus seine eigenen Schlüsse ziehen. Aus der Wahrnehmung und Anschauung lernen also, aus den Erlebnissen sein Reformprogramm schmieden, denn – noch einmal sei an seine Gedanken dazu erinnert – *wenn das Reisen für jeden denkenden Menschen nützlich ist, so ist es das umso mehr für einen Souverän, der, alle Vergnügungen zurückweisend, sich nur auf die Nützlichkeit seines Tuns konzentriert.*[3] Und er war weit gekommen mit diesem Programm, mit seiner Fact Finding Mission.

Die Staatseinheit, der all seine innenpolitischen Reformen galten, war langsam aber sicher dabei, Form anzunehmen. Ein großer Erfolg, war es ja gerade die vielfach auf seinen Reisen gemachte Erfahrung, ein komplexes, heterogenes und partikularistisches Reich geerbt zu haben, in dem jede Provinz, jeder Fürst sein eigenes Süppchen kocht und Wien nur verschwindenden Einfluss genießt. Es war die Erfahrung von chaotischen Zuständen, die den Kaiser seit seiner Krönung mehr als alles andere antrieb – die er sich sozusagen »erritten« hat –, und so stellte er 1786, in einem Jahr, in dem er mehr gearbeitet hatte denn je, geradezu euphorisch fest: *Der Vermessungsunterricht ist im Gange, die Donauschifffahrt entwickelt sich, Industrie und Gewerbe machen gute Fortschritte, zahlreiche Nürnberger, Schwaben und sogar Engländer gründen bei uns Fabriken. Das neue System ist in Italien bereits in Anwendung, jetzt kommen die Niederlande dran, und dann wird die ganze Monarchie ein einheitliches, nach den gleichen Prinzipien gelenktes Gebilde sein.*[4]

Alles war auf den Weg gebracht, um aus dem disparaten Herrschaftsgebilde ein einheitliches Staatswesen zu machen, eines, das – letztlich erst vollends unter Franz I. verwirklicht – die Monarchie bis zum Ersten Weltkrieg tragen und selbst danach noch das in viele Einzelstaaten zerfallene Habsburgerreich prägen würde. Wesentlich dafür war die Vereinheitlichung des Rechts, sie war neben dem Toleranzpatent und der Abschaffung der Leibeigenschaft die wichtigste Reform der Epoche. 1786 kam der erste Band des Bürgerlichen Gesetzbuchs (ABGB) heraus, das schließlich 1811 zu seinem Abschluss fand. Der revolutionäre Kern dabei war die allmähliche Umwandlung der Untertanen in Staatsbürger, in Individuen mit gleichen Rechten und Pflichten. »Auch ohne eine Revolution, wie sie die französische Gesellschaft gegen Ende des achtzehnten Jahrhunderts in Aufruhr versetzte, wandelte sich die habsburgische Gesellschaft dieser Zeit rechtlich fundamental«, schreibt denn auch der Historiker Pieter M. Judson in seinem vielbeachteten Werk *Habsburg. Die Geschichte eines Imperiums* und nährt damit meine These, dass Joseph II. eine Revolution nach französischem Vorbild in seinen Ländern verhindert und die Entstehung einer modernen Welt befördert hat (wenngleich seine radikalen Reformen nahezu eine Konterrevolution auslösten).[5]

Eng mit der Rechtsreform verbunden war die Zentralisierung und Vereinheitlichung der Verwaltung der Monarchie sowie die Schaffung eines professionellen, effizienten Beamtenapparats – und auch da waren die Erfahrungen, die Joseph bei seinen Unternehmungen machte, prägend. Schon auf seiner ersten großen Inspektionsreise in das Banat 1768 erlebte er eine unfähige, korrupte Administration, die (noch dazu) von Wien geografisch geradezu Lichtjahre entfernt war. Und auch wenn Verwaltungsangelegenheiten auf den ersten Blick nichts mit dem großen Wind der Veränderung, mit Aufbruch und aufgeklärten Höhenflügen gemein zu haben scheinen – wir sind gewohnt, die Aufklärung als hehre Philosophie zu begreifen –, so war die Modernisierung beziehungsweise die eigentliche Schaffung des österreichischen Staats durch Maria Theresia und ihre Söhne (Leopold, der Joseph auf den Thron nachfolgte, gehörte zum Reform-Dreigestirn) eine Revolution im Sinne der Aufklärung. Sie brach die Dominanz des Adels über den öffentlichen Dienst und legte den Grundstein für den Aufstieg des Bürgertums in einem modernen Staatswesen.

Auch die Abschaffung wirtschaftlicher Barrieren im Binnenhandel der Monarchie, der Aufbau protoindustrieller Manufakturen, die Verbesserung der Landwirtschaft sowie die Kolonisation der Randgebiete der Monarchie führten zu einem enormen wirtschaftlichen Aufstieg, zu steigenden Wachstumsraten und – in manchen Gebieten – zu einer Verdoppelung der Beschäftigungszahlen.[6] Der Hafen von Triest (Joseph hatte Triest 1775 auf einer Reise, die ich nicht beschrieben habe, besucht) wurde ausgebaut, und das galizische Brody erhielt nach der Inspektion des inkognito reisenden Kaisers 1779 den Status eines Freihafens (ohne ein Hafen zu sein), was die zum Großteil jüdische Stadt für die nächsten vierzig Jahre in einen der wichtigsten Handelsplätze Mittel- und Osteuropas verwandelte. Ebenso profitierte Ostende vom Status des Freihafens. Die Aufhebung der Leibeigenschaft in Böhmen und Ungarn, die Befreiung der Bauern vom Frondienst und von der Bindung an die Scholle bildeten die Grundlage für die Industrialisierung Österreichs im 19. Jahrhundert, waren doch aus schollengebundenen Bauern steuerzahlende Arbeiter geworden, die in die Städte und industriellen Zentren der Monarchie abwandern sollten – mit allen diese Entwicklung begleitenden sozialen Problemen, von der Kinderarbeit angefangen bis zur Wohnungsnot der Gründerzeit.

Österreich wurde unter Maria Theresia und Joseph II. zu einem Musterland staatlicher Bildungspolitik. 1774 wurde die allgemeine Unterrichtspflicht eingeführt, Joseph sorgte sich in seiner Zeit der Alleinregentschaft vor allem um eine möglichst flächendeckende Schulversorgung. In jedem Ort mit mehr als neunzig Schulkindern – auch diese Idee war von seinen Reisen beeinflusst – hatte eine Trivialschule zu entstehen. Hunderte Lehrer wurden ausgebildet, und die Vorbehalte der einfachen Menschen gegen den Schulbesuch nahmen ab. In der Folge stieg der Alphabetisierungsgrad der Bevölkerung, sodass er zu Beginn des 19. Jahrhunderts rund doppelt so hoch war wie in Frankreich zur gleichen Zeit.[7] Wohl kaum eine Reform hat mehr zur wirtschaftlichen und gesellschaftlichen Veränderung beigetragen als die systematisch eingeleitete Anhebung des Bildungsniveaus breiter Bevölkerungsschichten.

Wie viele Bittschriften Joseph im Laufe seines Lebens einsammelte, lässt sich schwer abschätzen; es müssen Zehntausende gewesen sein. Es gab eine eigene Sektion in der Regierung, die diese Bittschriften bearbeitete, sie gewissenhaft beantwortete und die Wünsche und Bedürfnisse der Untertanen umzusetzen hatte. Vor allem die Petitionen, die dem Kaiser auf seinen Reisen in oft unvergesslichen und herzzerreißenden Szenen übergeben wurden, müssen ihn bleibend beeinflusst und seine Fähigkeit zum Mitleid verstärkt haben. Eine soziale Gesinnung – und sie ist es, die Joseph II. weit über die Herrscher seiner Epoche hinaushebt – war in seiner Zeit noch weitgehend fremd. Doch er schickte Hebammen in die Dörfer, ernannte Kreisärzte, die die Armen unentgeltlich behandelten, und sorgte sich um die Arbeiter in den neu entstehenden Fabriken. Seine sozialen Einrichtungen überdauerten die Jahrhunderte – man denke nur an das Allgemeine Krankenhaus in Wien. Und sie verstärkten »das Empfinden einer staatsbürgerlichen égalité«, sie schufen »patriotische Verbundenheitsgefühle mit dem Staat und Respekt vor der gesellschaftlichen Ordnung«.[8]

Als Joseph II. am 20. Februar 1790 an Malaria (die er sich auf seinen Reisen) und Tuberkulose (die er sich im Türkenkrieg zugezogen hatte) starb, sah er wegen der Widerstände und Revolten, die seine radikalen Reformen hervorgerufen hatten, nur noch seine Fehler und schrieb die berühmt gewordenen Worte: *Ich habe immer nur gewollt.*[9] Doch es wäre ungerecht und historisch falsch, wenn wir, die Nachgeborenen, sein in dunkelster Stunde gezogenes Fazit zu unserem eigenen machten und das Werk dieses Kaisers nicht als das sehen, was es war: das Titanenwerk eines großen Politikers und Herrschers. Denn er hat – nicht mehr und nicht weniger – das Fundament des modernen österreichischen Staates geschaffen. Und dabei den Blick auf das einfache Volk und seine Verwundbarkeit gelenkt. »In keiner Epoche zuvor, nicht einmal zur Zeit der mildtätigen Maria Theresia, war je so viel für die Armen getan worden«, schreibt sein Biograf François Fejtö.[10] Und Giovanni Alessandro Brambilla, Josephs Leibchirurg und Begleiter bei so vielen Reisen, einer der wenigen Menschen, die Joseph wirklich nahestanden, lenkte bei seiner Totenrede den Blick auf ebendiese Essenz des Kaisers Joseph II.: *Nichts konnte ihn abhalten, und alle Gefahr verschwand vor ihm, sobald es um die leidende Menschheit zu thun war; dieses erhabene Gefühl Seiner Seele verschlang jede andere Vorstellung. So ward Joseph II. für die Herrscher seiner Zeit das erhabenste Muster, und ein Gegenstand der Bewunderung für die entfernteste Nachwelt. – Spitäler errichten, sie unterhalten, sie beschenken, sind Werke eines großmüthigen und menschenfreundlichen Fürsten: aber sie mit Hintansetzung jedes Besorgnisses, oft mit offenbarer Gefahr seines eigenen Lebens besuchen, dieses sind Herrschertugenden, die nur in einem guten Vaterherzen gedeihen.*[11]

Nur: Wieso hatte er in seinen letzten Lebensjahren mit so viel Gegenwind zu kämpfen? War er zu ungeduldig? Hatte er es in den Jahren der Alleinregentschaft nicht mehr vermocht, die Menschen, die ihm doch so sehr am Herzen lagen, mitzunehmen? Oder war er einfach ein Opfer eines durch Aufstände, Revolten und Verfassungskonflikte gebeutelten Jahrhunderts, das schließlich, als er starb, gänzlich aus den Fugen geriet?

Die Josephinische Landesaufnahme, dieses in den 1760er-Jahren begonnene kartografische Mammutprojekt, war 1785 mit 4000 Blättern über die geografische Situation weiter Teile der Monarchie im Maßstab 1:28 800 (also in Google-Maps-Qualität) fertiggeworden. Es diente nicht nur militärischen Zwecken, sondern war auch eine bedeutende Grundlage zur Bemessung der Grundsteuer, die vielleicht radikalste und am empfindlichsten in die Sozialstruktur der Monarchie eingreifende Maßnahme, sollte sie doch dazu führen, alle Menschen, ob Adelige oder Bauern, einer gleichen steuerlichen Bemessungsgrundlage zu unterziehen. Aber als im Februar 1789 die damit verbundene Steuer- und Agrarreform angekündigt wurde, bestätigte das die schlimmsten Befürchtungen des Adels. Dieser fürchtete um seine Existenzgrundlage und protestierte mit aller Macht, sodass die Reformen verschoben werden mussten. »Der Schock«, urteilte deshalb Judson, »den diese Gesetzgebung auslöste, brachte im Verein mit der Wut über so viele andere Reformen die Habsburgermonarchie näher an den Rand der Katastrophe, als sie zu irgendeinem Zeitpunkt seit der Invasion Schlesiens durch Friedrich II von Preußen 1741 gestanden hatte.«[12]

Hätte Joseph mit mehr Fingerspitzengefühl regieren können? Oder ging es mit seiner Einsicht in die Notwendigkeit von Reformen nur radikal? In Frankreich hatte mit dem Sturm auf die Bastille am 14. Juli 1789 die Französische Revolution begonnen. Marie Antoinette schickte ihrem Bruder verzweifelte Briefe, doch Joseph konnte ihr nicht mehr zur Hilfe eilen, er bekam bloß, wie der britische Gesandte berichtete, einen Zornesausbruch, während Katharina die Große mit dem Fuß aufstampfte.[13] Denn die Welt, die Joseph mit so viel Engagement, unter Einsatz sämtlicher Kräfte, um der Glückseligkeit aller willen und in Vorahnung revolutionärer Instabilitäten zu ändern versucht hatte, war dabei unterzugehen. Trotz aufgeklärtem Gedankengut, trotz der immensen Reformen, mit denen Joseph II. das soziale Gefüge seines Reichs bis zur Revolte herausgefordert hatte, war es ihm jedoch keinesfalls darum gegangen, die herrschende Ordnung zu stürzen. Dass dies nun im Gange war, spürten die mächtigsten Regenten ihrer Zeit voller Sorge. Sie, also Joseph II., Katharina II. und Friedrich der Große, der drei Jahre zuvor gestorben war, konnten aufgeklärt sein *und* an die monarchische, ja, absolutistische Staatsform glauben. Viele später konservative, wenn nicht sogar reaktionäre Zeitgenossen begrüßten die Revolution anfänglich voller Enthusiasmus. So schrieb der preußische Staatsbeamte Friedrich von Gentz noch im Dezember 1790: *Sie* [die Revolution] *ist der erste praktische Triumpf der Philosophie, das erste Beispiel einer Regierungsform, die auf Prinzipien und auf ein zusammenhängendes, konsequentes System gegründet wird. Sie ist die Hoffnung und der Trost für so viele alte Übel, unter denen die Menschheit seufzt.*[14] Zwanzig Jahre später wird Gentz als Berater und Sekretär des österreichischen Staatskanzlers Klemens Wenzel Fürst von Metternich gemeinsam mit ihm zum verhassten Symbol eines reaktionären politischen Systems im Vormärz werden. Die Französische Revolution war die große Zäsur, die nachfolgenden Herrschenden schufen aus permanenter Angst vor erneuten Revolten eine Politik der Bespitzelung, Zensur und Repression.

Doch warum mussten wir derart tief eintauchen in eine längst verhallte Geschichte? Vielleicht, so scheint mir, die ich einige Jahre mit dieser Geschichte gelebt, sie zu verstehen und zu beurteilen versucht habe, ist sie ja nur scheinbar verhallt? Vielleicht habe aber auch nicht nur ich ein Gefühl von erstaunlicher Aktualität? Während ich ein Bild der Epoche vor der Französischen Revolution und seiner vielfach krisengeschüttelten, auseinanderklaffenden Gesellschaft zu zeichnen versucht habe, erschien mir unsere Welt des 21. Jahrhunderts immer anfälliger für Krisen jeglicher Art, ob Klimakatastrophe oder Pandemie. In Europa, selbst im reichen Deutschland geht die Schere zwischen Arm und Reich auseinander, fühlen sich weite Teile der Bevölkerung abgehängt und einer Beteiligung an der globalen, digitalen Entwicklung entzogen. Und die USA rutschen immer tiefer in eine bürgerkriegsähnliche Stimmung mit Massenprotesten gegen Rassismus und Polizeigewalt, wiewohl die bis auf die Unabhängigkeit Amerikas im 18. Jahrhundert zurückreichenden Probleme zwischen Schwarzen und Weißen nur ein Bruchteil eines größeren Unbehagens sind, das die zahlenmäßig größte Demokratie der Welt mit ihren noch viel größeren Ungleichheiten befallen hat.

Joseph ahnte, dass sich die gesellschaftlichen Ränder radikalisieren, wenn sie nicht gesehen werden, wenn die Ungleichheit zunimmt und mit ihr die Unzufriedenheit. Diese Lehre aus der Französischen Revolution haben wir nur allzu lange aus den Augen verloren. Der Blick in die Vergangenheit, in die ebenso revolutionär aufgeklärte wie krisenhafte Epoche vor der Französischen Revolution, wird so zu einer Studie über Politik, über die Risiken von Transformationen und die Beharrungskräfte von Gesellschaften.

Im Takt der Guillotine hauchte das Ancien Régime Europas seine Seele aus. Dem vielfach fortschrittlichen 18. Jahrhundert sollte das reaktionäre 19. Jahrhundert folgen, eine Welt, in der die Weiterentwicklung nicht mehr von den Herrschenden ausging. Die Monarchie würde nie mehr die einzig selbstverständliche Regierungsform darstellen, und die Aristokratie würde über ihre angeblich von Gott gegebene Stellung ins Grübeln geraten. Ihr langer Abschied von Macht und Würden sollte nicht mehr aufzuhalten sein.[15]

Wäre – so könnte man den Eindruck gewinnen – ein politisch denkender Herrscher vom Kaliber Joseph II. in den 1770er-Jahren in Frankreich an der Macht gewesen, es hätte vielleicht keine Französische Revolution gegeben. Denn Joseph hatte das, was Ludwig XVI. am meisten fehlte: Er sah über den Tellerrand höfisch-feudaler Herrschaftstraditionen und Klientelpolitik hinaus und mischte sich unter das Volk. In Paris umjubelter als überall sonst. »Er war der Nationalkonvent der Französischen Revolution in einer einzigen Person.«[16] Und vielleicht »der vollkommenste aufgeklärte Herrscher der europäischen Geschichte«.[17]

Quellen

Wer über Joseph II. schreibt, sieht sich einer unglaublichen Fülle sehr unterschiedlicher Materialien gegenüber. Allein im Wiener Haus-, Hof- und Staatsarchiv (HHSTA) gibt es 11 große Kartons mit Originalhandschriften – und das allein zu den Reisen des Kaisers durch das Europa der Aufklärung. Die Sekundärliteratur von damals bis heute – sowohl zu einzelnen Reisen als auch zu jedem nur denkbaren Aspekt seines Lebens und Wirkens – ist uferlos. Biografien entstanden bereits kurz nach Josephs Tod, die gründlichste Biografie, Derek Beales: *Joseph II, Band I: In the shadow of Maria Theresia 1741–1780*, Cambridge 1987, ist allerdings schon etliche Jahre alt, selbst wenn der zweite Band dieses vielgelobten Werkes *Against the World, 1780–1790* erst 2009 erschien. Eine umfassende Aufarbeitung der Reisen des Kaisers wurde (bis auf die Diplomarbeit von Roland Kratzer: *Die Reisen Joseph II*, Karl-Franzens-Universität Graz 2014) bisher von keinem Autor unternommen, zu spezifischen Reisen gibt es dafür eine Fülle mehr oder weniger erhellender Literatur aus dem 18. und 19. Jahrhundert (siehe Endnoten). Und das obwohl Derek Beales schreibt: *Niemand scheint die volle Bedeutung von Josephs Reisen gewürdigt zu haben. Sie wurden meistens nur als eine persönliche Exzentrizität behandelt. Tatsächlich jedoch repräsentierte die Art und Weise, wie er reiste, die Durchsetzung seiner Prinzipien. Seine Motive gingen weit über bloße Neugierde hinaus. Die Ergebnisse seiner Reisen sind wichtig genug, um einen Platz in jeder Geschichte der Monarchie zu verdienen.*[1]

Wie groß das Wagnis sein würde, Derek Beales ernst zu nehmen (ich habe ihn 2017 in Cambridge zu meinem Buchvorhaben interviewt) und aus den Reisen des Kaisers eine große Erzählung zu formen, wurde mir erst bewusst, als es gewissermaßen zu spät war und mich die Geschichte dieses außergewöhnlichen und streitbaren Monarchen längst gepackt hatte. Und so vertiefte ich mich, ja, versank ich in der Flut unterschiedlicher, vielfach über mein eigentliches Vorhaben hinaus unendlich spannender Quellen. Welche davon zu meinen Lieblingsbüchern wurden und welche mir bei meinem Vorhaben am meisten geholfen haben, will ich hier darlegen. Nicht nur um Rechenschaft über die verwendete Literatur abzugeben, sondern darüber hinaus einen Einblick in die Werkstatt des Schreibens zu gewähren. Wie kam ich, die Autorin dieses Buches, zu meiner Erzählung – insbesondere zu den romanhaften Szenen und Dialogen? Die Endnoten dienen der detaillierten und durchaus wissenschaftlichen Untermauerung dessen, was sich in meinem Kopf zu einem hoffentlich stimmigen Ganzen geformt hat, sind Verweise auf das gesammelte Wissen und die Erkenntnisse von Jahrhunderten. So verspreche ich mir ein wenig Verständnis für die Mühsal meines Unterfangens – dem erzählerischen, ja, romanhaften Schreiben nach der Wirklichkeit. Da und dort gibt es auch Hinweise auf die Freiheiten, die ich mir im Umgang mit dem Material manchmal erlaubt habe.

Viele Originaldokumente sind auf Französisch verfasst, der Lingua franca der Epoche, vor allem die unzähligen Briefe zwischen den Habsburgischen Familienmitgliedern, den Herrschern und ihren Beratern und Ministern, den ausländischen Gesandten (die meisten dieser Quellen hat der ehemalige Historiker und Mitarbeiter des Haus-, Hof- und Staatsarchivs Alfred Ritter von Arneth im 19. Jahrhundert herausgegeben). Viele dieser wichtigen Quellen sind unter https://archive.org online verfügbar. Wenn es sich um die italienischen Teile des Habsburgerreiches handelt, wird oft Italienisch geschrieben. In Ungarn,

Siebenbürgen und Galizien ist die Amtssprache Latein. Deutsch, was der Kaiser sehr gefördert hat und als Amtssprache flächendeckend einführen wollte, wird von ihm in einer altertümlichen Form verwendet. Vor allem die Reisejournale, die für dieses Buch ausgewertet wurden, sind dadurch oft schwer verständlich. In der älteren Sekundärliteratur werden Zitate aus deutschen Originalquellen darum in ein moderneres Deutsch übersetzt. Wir haben uns wegen der besseren Lesbarkeit dazu entschlossen, bei den deutschen Originalquellen sparsame Vereinheitlichungen vorzunehmen, etwa die heute gängige Orthografie zu verwenden, die grammatikalischen, so charakteristischen Satzkonstruktionen oder spezielle Ausdrücke jedoch im Großen und Ganzen so zu belassen. Französische und englische Zitate wurden entweder selbst übersetzt (Übers. M.Cz.) oder aus bereits übersetzten Quellen zitiert. Als Ortsnamen werden im Text die im Habsburgerreich üblichen Namen verwendet (Referenzquelle: Helmut Rumpler, Martin Seger: *Die Habsburgermonarchie 1848–1918, Band 9, 2. Teilband: Die Gesellschaft der Habsburgermonarchie im Kartenbild. Verwaltungs-, Sozial- und Infrastrukturen nach dem Zensus 1910*). Im Ortsregister finden sich auch die heute gängigen Bezeichnungen, die vor allem dann divergieren, wenn dort heute, wie etwa in Böhmen, Ungarn oder Galizien eine andere Sprache vorherrschend ist.

Die wichtigsten Biografien – Derek Beales: *Joseph II* 2 Bände, Bd. 1. Cambridge 1987 und 2009 (Beales steht ob seiner Bedeutung an erster Stelle, ansonsten folgt diese Auflistung der Chronologie des Erscheinens), Paul von Mitrofanov: *Joseph II, seine politische und kulturelle Tätigkeit.* 2 Teile. Wien/Leipzig 1910, Ernst Benedikt: *Kaiser Joseph II. 1741–1790.* Wien 1936, Hans Magenschab: *Josef II. Revolutionär von Gottes Gnaden.* Graz/Wien/Köln 1979, Lorenz Mikoletzky: *Kaiser Joseph II. Herrscher zwischen den Zeiten.* Göttingen/Frankfurt/Zürich 1979, François Fejtö: *Joseph II. Porträt eines aufgeklärten Despoten.* München 1987, Karl Gutkas: *Kaiser Joseph II. Eine Biographie.* Wien/Darmstadt 1989,

Tim Blanning, *Joseph II.* Harlow 1994, Helmut Reinalter: *Joseph II. Reformer auf dem Kaiserthron.* München 2011 – und die großartige Editionsarbeit Alfred von Arneths, ohne die kein Autor auskommen kann, stellen das Fundament all meiner Recherchen dar.

Mein Buch über Maria Theresia (Monika Czernin und Jean-Pierre Lavandier: *Maria Theresia. Liebet mich immer. Briefe an ihre engste Freundin.* Wien 2017) war eine wichtige Vorarbeit und die herausragende Biografie von Barbara Stollberg-Rilinger über die Kaiserin (Barbara Stollberg-Rilinger: *Maria Theresia. Die Kaiserin in ihrer Zeit.* München 2017) war für mein Buch über deren Sohn unerlässlich, nicht nur, weil Stollberg-Rilinger dem Verhältnis der gemeinsam regierenden Herrscher breiten Raum gibt, sondern darüber hinaus vieles zum Verständnis der Epoche beiträgt. Der Generationenbruch im Denken der beiden bleibt ein beständiges Faszinosum für die Autorin, bisweilen habe ich dabei an die Eltern der Nachkriegsgeneration und ihre 68er Kinder denken müssen.

Daneben gibt es eine Reihe von übergeordneten Werken zum historischen Kontext meines Themas, darunter sind einige meiner Lieblingswerke, zum Beispiel: Pieter M. Judson: *Habsburg. Geschichte eines Imperiums 1740–1918.* München 2017. Judson verdanke ich, die radikale Modernität Josephs II. richtig erkannt zu haben. Oder Brigitte Mazohl: *Zeitenwende 1806. Das Heilige Römische Reich und die Geburt des modernen Europa.* Wien/Köln/Weimar 2005. Ohne dieses Buch wäre mein Verständnis über das Heilige Römische Reich (eine selbst unter Historikern als äußerst komplex angesehene Materie) weit geringer. Aber auch scheinbar wenig mit meinem Thema verbundene Bücher, etwa Frank Vorpahl: *Der Welterkunder. Auf der Suche nach Georg Forster.* Berlin 2018, war eine lohnende Lektüre, entdeckte ich doch sozusagen en passant Hinweise auf meinen Kaiser. Was das unendlich spannende und vielschichtig aufgearbeitete Thema der Aufklärung betrifft, haben mich vor allem folgende Werke tief inspiriert: Barbara

Stollberg-Rilinger: *Die Aufklärung. Europa im 18. Jahrhundert.* Stuttgart 2017, Philipp Blom: *Böse Philosophen. Ein Salon in Paris und das vergessene Erbe der Aufklärung.* München 2011, Steffen Martus: *Aufklärung. Das deutsche 18. Jahrhundert. Ein Epochenbild.* Berlin 2015 oder auch Manfred Geier: *Aufklärung. Das europäische Projekt.* Reinbek 2012. Um zu verstehen, was auf Aufklärung und Französische Revolution folgte, habe ich zum wunderbar erzählten und erhellenden Buch von Adam Zamoyski: *Phantome des Terrors. Die Angst vor der Revolution und die Unterdrückung der Freiheit. 1789 –1848.* München 2016 gegriffen und eines meiner Lieblingsbücher über den Niedergang der Aristokratie, ihres Werte- und Machtsystems zu Rate gezogen, Dominic Lieven: *Abschied von Macht und Würden. Der europäische Adel 1815–1914.* Frankfurt am Main 1995. Um das durch Joseph II. radikalen Reformen ausgesetzte Feudalsystem zu verstehen, muss man Otto Brunner: *Adeliges Landleben und europäischer Geist.* Salzburg 1949 lesen oder auch Christoph Thienen-Adlerflycht: *Graf Leo Thun im Vormärz.* Graz/Köln 1967. Und natürlich das Standardwerk von Marc Bloch: *Die Feudalgesellschaft.* Stuttgart 1999.

Besonders schwierig zu recherchieren waren geographische und lebensweltliche Details, wenn es auch eine Flut von Reisetagebüchern gibt, angefangen bei Charles-Louis de Montesquieus *Meine Reisen durch Deutschland 1728–1729.* Stuttgart 2014 bis zu Johann Wolfgang von Goethes Italienischer Reise (https://www.projekt-gutenberg.org/goethe/italien/italien.html), um nur einen kleinen Ausschnitt der Inspirationen zu nennen. Doch wie hat man sich zum Beispiel ein Dorf im Banat des 18. Jahrhunderts vorzustellen? Oder wie breitete sich in Paris allmählich eine revolutionäre Stimmung aus? Wann gab es eine steinerne Brücke von Buda nach Pest? Wie wurden Straßen, Häuser, Manufakturen oder Quarantänestationen gebaut? Welche Kleider trugen die Menschen, zum Beispiel jene Polen, die mit ihrer ganz eigenen, sonderbarerweise orientalisch anmutenden Garderobe ab 1772 zum Habsburgerreich gehörten? (Dazu fand ich detailliertes

Anschauungsmaterial bei Auguste Racinet: *Kostümgeschichte. Vom Altertum bis zum 19. Jahrhundert, sämtliche Farbtafeln.* Köln 2016, ein Reprint des zwischen 1876 und 1888 erschienenen Originals.) Wie verhielten sich die gesellschaftlichen Schichten zueinander? Wie wurde gesprochen? Und wie erging es den Armen? Dazu nur eine Auswahl von interessanten Werken, allen voran mein absolutes Lieblingsbuch zur Lebenswelt des 18. Jahrhunderts: Tim Blanning: *The Pursuit of Glory. Europe 1648–1815.* London 2007. Hier erfährt man beispielsweise, wie Landwirtschaft getrieben wurde und warum der Hunger ein permanenter Schrecken war. Wie die normalen Menschen kommunizierten und wie der schon damals weltweite Handel funktionierte. Und weshalb die Zeit vor der Französischen Revolution in Europa zunehmend instabil und revolutionär wurde. Wer wissen will, wie es im 18. Jahrhundert am Hof von Versailles wirklich zuging bzw. wie unkomfortabel das Leben im luxuriösesten Schloss der Zeit tatsächlich war, muss William Ritchey Newton: *Hinter den Fassaden von Versailles. Mätressen, Flöhe und Intrigen am Hof des Sonnenkönigs.* Berlin 2010, lesen, ein Buch, das man nicht weglegen kann. Ein wunderbares Werk, um die revolutionäre Stimmung in den Großstädten der damaligen Welt zu erahnen ist: Mike Rapport: *Rebel Cities. Paris, London and New York in the Age of Revolution.* London 2017. Wertvolle Informationen zur vielfach schwer vorstellbaren Lebenswelt der Bauern, Handwerker, Händler, Landstreicher und Bettler habe ich gefunden bei: Jürgen Kocka: *Weder Stand noch Klasse. Unterschichten um 1800.* Bonn 1990. Oder bei Gerhard Ammerer: *Heimat Strasse. Vaganten im Österreich des Ancien Régime.* Wien 2003. Und um Josephs Reformen auf sozialem und medizinischem Gebiet besser zu verstehen, habe ich einerseits Markus P. Swittaleks *Das Josephinum. Aufklärung. Klassizismus. Zentrum der Medizin.* Wien 2014 gelesen und andererseits einen kurzen Dokumentarfilm über jene von Joseph II. gegründete chirurgisch-militärische Akademie (auch lohnend das kleine Büchlein von Barbara Sternthal,

Christiane Druml und Moritz Stipsicz (Hg.): *Das Josephinum. Mythos und Wahrheit. 650 Jahre Wiener Medizingeschichte.* Wien 2014) gedreht (Das Josephinum – ein Juwel im Umbau: https://www.josephinum.ac.at).

Damit wären wir bei all jenen Inspirationsquellen, die keine Bücher sind. Alle Aufsätze und wissenschaftlichen Fachartikel zu erwähnen, die mein Denken über den Kaiser der Aufklärung und die Entstehung der modernen Welt beflügelt haben, würde den Rahmen sprengen. Auch die vielen Gemälde und Stiche, die ich mir im Laufe der Jahre für ein besseres Verständnis der Epoche zu Gemüte geführt habe, würden Säle füllen. Von der berühmten Pflugszene bei Slawikowitz bis zum Zusammentreffen Josephs II. und Friedrichs des Großen in Neisse (festgehalten von niemand geringerem als Adolf Menzel) findet man zahlreiche Abbildungen im Internet. Auf einen ganz besonderen Fund möchte ich näher eingehen, hat er mir doch die historischen Landschaften entlang der durch das Habsburgerreich fließenden Donau nähergebracht. Rein zufällig stieß ich im Netz auf eine Publikation, die ich ob ihrer Erschwinglichkeit kurzerhand kaufte. Ich dachte, ich würde einen alten, etwas abgewetzten Katalog erhalten und war einigermaßen erstaunt, als der DHL-Postbote einen großen und schweren Karton brachte. Darin: Adolf Kunike (Hg.): *Donau-Ansichten vom Ursprunge bis zum Ausflusse ins Meer. Nach der Natur und auf Stein gezeichnet von Jacob Alt. Von mehreren Künstlern lythographiert.* Wien 1824 – in anderen Worten: ich erhielt 250 großformatige Drucke (und brauche nun ein entsprechend großes Stiegenhaus in einem herrschaftlichen Schloss, um sie alle aufzuhängen). Diese Donauansichten wurden zu meiner liebsten Quelle, um mich in Landschaften hineinzuträumen, in Flussläufe, Städte und Quarantänestationen, mir die Menschen besser vorstellen zu können, ob am Ufer, in ihren Dörfern oder unterwegs mit unterschiedlichen Fuhrwerken auf geschlungenen Wegen. Sogar die beschwerliche Tätigkeit des Schiffeziehens, die Joseph in seinem Tagebuch über die Banatreise beschreibt, wird in den wunderbar detaillierten Ansichten dargestellt.

Von den vielen literarischen Werken zur Epoche, die mich inspirierten, seien nur zwei herausgegriffen, das vor kurzem erschienene Büchlein von Éric Vuillard: *14. Juli.* Berlin 2019 und zwei Werke meines Lieblingsautors Stefan Zweig: *Marie Antoinette. Bildnis eines mittleren Charakters.* Leipzig 1932 sowie *Joseph Fouché. Bildnis eines politischen Menschen.* Köln 2018.

Ein unersetzliches Werk für alle Reisen des Kaisers findet man in der Handschriftenabteilung der Österreichischen Nationalbibliothek (und nebenbei eines dieser Dokumente, die durch ihr Alter, die Schreibweise, das vergilbte Papier und die Sorgfalt der nummerischen Auflistung mehr erzählen als ihr Inhalt): Franz Ludwig de Selliers: *Verzeichnis deren von Joseph dem IIten auf Allerhöchstdero Reisen genommenen Nachtstationen vom Jahre 1766 bis 1790*, Sammlung von Handschriften und alten Drucken, ÖNB. Anhand dieser Listen lassen sich die Reisen des Kaisers durch Europa, die jeweiligen Daten und Orte der Übernachtungen sehr genau eruieren und anhand von Vergleichen mit den Reisejournalen des Kaisers in die Landkarte Europas einzeichnen. Die verwendete Literatur zu den einzelnen Reisen wird in den folgenden Endnoten zitiert. Hier nur einige besonders wichtige Werke: Ohne Sieglinde Neidenbach: *Die Reisen Kaiser Josephs II. ins Banat.* Wien 1967 (Dissertation, Typoskript) hätte ich Josephs erstes großes Reiseunternehmen 1768 an die Ränder seines Reiches wohl nicht verstanden und ohne Stephan Steiner: *Rückkehr unerwünscht. Deportationen in der Habsburgermonarchie der Frühen Neuzeit und ihr europäischer Kontext*, Wien/Köln/Weimar 2014 die grausame Praxis der Aussiedlung unliebsamer Elemente an eben jene Ränder des Reiches nicht in ihrer vollen Wucht erkennen können. Für die nächste Reise, 1769 nach Italien, war mir Ignaz Philipp Dengel: *Der Aufenthalt Kaiser Josephs II. in Rom im Jahre 1769.* In: *Jahrbuch der österreichischen Leo-Gesellschaft,* Wien

1926 eine unersetzliche und vor allem auch höchst amüsante Quelle, zumal Dengel sich die köstlichen Szenen keineswegs ausgedacht, vielmehr aus den zeitgenössischen Quellen in den Vatikanischen Archiven geschöpft hat. Für das Treffen zwischen Kaiser Joseph II. und dem preußischen König Friedrich II. gibt es kein bewegenderes Zeugnis als Josephs Briefe an Maria Theresia. (in: Alfred Ritter von Arneth (Hg.): *Maria Theresia und Joseph II. Ihre Correspondenz sammt Briefen Joseph's an seinen Bruder Leopold.* 3 Bände. Wien 1867) sowie Hans Pleschinski (Hg.): *Voltaire. Friedrich der Große. Briefwechsel.* München 2004. Und das Kapitel über die Hungersnot in Böhmen und Josephs Reise 1771 dorthin hätte ich ohne diese beiden Werke nicht bewältigt: Erika Weinzierl-Fischer: *Die Bekämpfung der Hungersnot in Böhmen 1770–1772 durch Maria Theresia und Joseph II.* In: *Mitteilungen des Österreichischen Staatsarchivs,* 7, 1954, S. 478–514. Und: Michael Hochedlinger und Anton Tantner (Hg.): *»… der größte Teil der Untertanen lebt elend und mühselig …«* Mitteilungen des Österreichischen Staatsarchivs. Sonderband 8. Innsbruck/Wien/Bozen 2005. Die Reise nach Siebenbürgen und Galizien war eine ganz besonders große Herausforderung, nicht nur, weil die Landschaften und Orte auch dem heutigen Leser noch als reichlich fremd erscheinen werden, Gebiete im heutigen Ostpolen oder der Ukraine, in Ungarn oder Rumänien, Moldawien oder der Slowakei. Sehr hilfreich war wieder einmal eine Dissertation: Hubert Rumpel: *Die Reisen Kaiser Josephs II. nach Galizien.* Erlangen 1946, Typoskript. Die 1777 stattgefundene Frankreichreise des Kaisers hat zu einer Flut von zeitgenössischen Berichten geführt, wovon ich hier nur zwei erwähnen will: Alexandre-Jacques-Louis du Coudray: *Anecdotes intéressantes et historiques de l'Illustre Voyageur, pendant son séjour à Paris,* Paris 1777 und: *Anthologische Beschreibung der Reise des Herrn Grafen von Falkenstein nach Frankreich 1777.* Schwabach 1778. Ganz besonders sei auf eines jener köstlichen Tagebücher der Zeit verwiesen: Hans Pleschinski (Hg.): *Nie war es herrlicher zu leben. Das geheime Tagebuch des*

Herzogs von Croÿ 1718–1784. München 2011. Was Josephs Reise in die Österreichischen Niederlande betrifft, gilt es, ein umfangreiches Werk hervorzuheben: Eugène Hubert: *Le voyage de l'empereur Joseph II dans les Pays-Bas*. Bruxelles 1900. Und für die Reise 1787 zu Katharina der Großen sollte man sich Simon Sebag Montefiore: *Katharina die Große und Fürst Potemkin. Eine kaiserliche Affäre*. Frankfurt am Main 2009 zu Gemüte führen, ein Buch, das zu lesen in jedem Fall lohnt. Doch eine wirkliche Trouvaille sind die Briefe des Fürsten Ligne, der als unnachahmlicher Beobachter und literarischer Stilist an der fantastischen Reise auf die Krim teilnahm: Günther Elbin (Hg.): *Literat und Feldmarschall. Briefe und Erinnerungen des Fürsten Charles Joseph de Ligne 1735–1814*. Stuttgart 1979.

Während es über Maria Theresia 2017 mehrere Ausstellungen und Filmprojekte gab (unter anderem auch eine TV-Doku von mir: *Maria Theresia, Majestät und Mutter:* https://www.youtube.com/watch?v=TSO-J7RqXec), steht dies bei Joseph II. noch aus. Die 1984 noch von Karl Gutkas kuratierte Ausstellung in Melk (Katalog der Niederösterreichischen Landesausstellung *Österreich zur Zeit Kaiser Josephs II. Mitregent Kaiserin Maria Theresias, Kaiser und Landesfürst*. Stift Melk. 29. März – 2. November 1980) wird, auch wenn der Katalog zahlreiche zweckdienliche Informationen bietet, dem aktuellen Verständnis von Großausstellungen nicht mehr gerecht. Alleine die Reisen des Kaisers durch Europa würden ein großes, modernes Ausstellungsprojekt verdienen.

Immer wieder war ich von der Aktualität meines Themas beeindruckt und überlegte mir Analogien zu unserer Epoche. Und auch darin hatte ich Vorbilder, etwa jenen wirklich gewagten Aufsatz von James T. McHugh: *Last of the enlightened despots: A comparison of President Mikhail Gorbachev and Emperor Joseph II*, In: The Social Science Journal, 32:1, 69–85, 1995.

Dank

Wie jedes Buch hat auch dieses hier eine ganze Reihe von Geburtshelfern. Die Literatur und ihr unendlicher Wert für mein Vorhaben wurden schon gewürdigt, doch wie immer gibt es eine Unzahl von Menschen, die in irgendeiner Weise zum Gelingen dieses Projektes beigetragen haben. Ohne sie und ihre großzügige Hilfestellung würde es das vorliegende Buch nicht geben. Da sich meine Arbeit daran über drei bis vier Jahre erstreckte, greife ich nur die wichtigsten namentlich heraus, alle anderen seien mitbedankt. Zuallererst danke ich Derek Beales, der mich, längst emeritiert, im Sidney Sussex College in Cambridge empfing und mir Mut machte, seiner Idee einer Aufarbeitung der Reisen des Kaisers auf den Grund zu gehen. Jean Pierre Lavandier, mit dem ich gemeinsam 2017 über Maria Theresia geschrieben habe, war ein ständiger Begleiter, Kommentator und Ratgeber. Hannes Leidinger hat mich auf Michael Hochedlinger aufmerksam gemacht und mein Gefühl dafür geschärft, dass Joseph II., anders als von vielen österreichischen Historikern oder Fachleuten beurteilt, zu den wichtigsten Herrschern der Habsburger Dynastie gehört. Eine Sichtweise, die durch die Gespräche mit Pieter Judson, mit dem ich ein Symposium über Joseph II. bestritt, unterstrichen wurde. Dass es das Symposium *Vernunft. Macht. Vision. Joseph II. und die kurze Herrschaft der Aufklärung* überhaupt gab, verdanke ich Christiane Druml, die meine Arbeit stets mit großem Engagement unterstützt hat. Markus Swittalek hat mir mit der Totenrede von Josephs

Leibarzt und Chirurgen Giovanni Alessandro Brambilla eine der wichtigsten Quellen zur Würdigung des streitbaren Monarchen geschenkt. Wichtig war auch ein großes Gespräch mit Barbara Stollberg-Rilinger, deren ebenso präzise wie erzählerisch stets spannende Sicht auf die Epoche unerreicht ist. Zu ganz besonderem Dank bin ich Brigitte Mazohl und Kurt Scharr verpflichtet, die mein Manuskript nicht nur gelesen, sondern mich während meines Schaffensprozesses mit ihren Ratschlägen, ihrem Wissen und ihrer höchst spannenden Sicht auf das Habsburgerreich unter die Fittiche genommen haben. Sie haben mein Verständnis für wesentliche Phänomene des 18. Jahrhundert (Leibeigenschaft und Feudalwesen, Gottesgnadentum und Kaiserkrönung, Verwaltungsreform und Aufklärung, Klosterschließung und Religionsfond) geschärft. Ebenso hat Remo Largo das Manuskript gelesen und wie bei all meinen anderen Büchern in bewährter Beharrlichkeit Ungenauigkeiten kritisiert, bessere Beschreibungen des Alltags der normalen Menschen eingefordert und mir in langen Gesprächen geholfen, die These des Buches zu schärfen. Auch Clemens von Wedel hat das Manuskript studiert und mir wichtige Hinweise, vor allem aber seine unumschränkte emotionale Unterstützung gegeben, wofür ich ihm sehr dankbar bin.

Zu großem Dank verpflichtet bin ich auch meinem geliebten Haus-, Hof- und Staatsarchiv (HHSTA) in Wien und all seinen stets hilfsbereiten, fachkundigen Mitarbeitern. Die Wochen am Minoritenplatz und das Abtauchen in eine längst vergessene Geschichte waren ein Hort der Inspiration und der Entdeckungen. Michael Mürkl hat mir geholfen, die Flut der Quellen zu bewältigen und schwierige Handschriften zu entziffern. Sein Beitrag zu meinem Buch könnte nicht größer sein. Gerhard Katschnig, dessen kulturwissenschaftliche Dissertation zum 18. Jahrhundert mich begeistert hat, hat wichtige Anregungen zum Manuskript gemacht und meine Lektorin Regina Carstensen dem Text durch ihre präzise, stilistisch versierte und liebevoll insistierende Zusammenarbeit den letzten Schliff verpasst. Julia Hoffmann als Lektorin verdanke ich ihr nicht nachlassendes Interesse an meinem Projekt, endlos viele Diskussionen zu Form und Inhalt, Cover und Aussage und die Regie über das ganze Team im Penguin Verlag, von der Presse- und Veranstaltungsabteilung bis zu den Social-Media-Mitarbeitern, ohne die der Publikation von Büchern kein Erfolg beschieden ist. Peter Schäfer hat das beste Personen- und Ortsregister beigesteuert, das ich in einem meiner Bücher hatte. Gottfried Moritz und Cora Akdogan haben mich auf der Suche nach einem geeigneten Cover unterstützt, Elke Koch meine unschlüssigen Schritte zu einem erfolgreichen Social-Media-Auftritt geebnet und Bettina Breitling das Thema einer breiteren Medien-Allianz vorgestellt. Wie immer bin ich auch meiner Agentin Karin Graf zu großem Dank verpflichtet. Und natürlich meiner Familie, die mir über Jahre bei der immer gleichen Geschichte treu zugehört und mein Projekt mit Ratschlägen unterstützt hat.

Zeittafel

13. März 1741
Geburt des Erzherzogs Joseph von Österreich-Lothringen als erster Sohn und viertes Kind von Erzherzogin Maria Theresia, Regentin von Österreich, Ungarn und Böhmen und des Großherzogs der Toskana, Franz Stephan von Lothringen. Er wird auf den Namen Josephus Benedictus Joannes Antonius Michael Adamus getauft, als Taufpaten dienten u. a. Papst Benedikt XIV.

Januar 1757
Anzeichen einer Pockenerkrankung bei Joseph II. Der damalige Kronprinz kann die Krankheit jedoch innerhalb eines Monats erfolgreich besiegen.

6. Oktober 1760
Heirat mit Isabella von Bourbon-Parma, Tochter des Herzogs Phillip von Parma und der Prinzessin von Frankreich, Marie Louise Élisabeth de Bourbon.

April 1761
Joseph verfasst die *Rêveries* (Träumereien), in denen er Grundsätze seiner späteren Politik zusammenfasst.

20. März 1762
Geburt der ersten Tochter Maria Theresia.

22. November 1763
Geburt der zweiten Tochter Maria Christine, die wenige Stunden nach der Geburt stirbt.

27. November 1763
Josephs Gemahlin Isabella stirbt an den Pocken.

21. März – 10. April 1764 ***(Frankfurt – Nie mehr eine Hofreise)***
Joseph II. wird in Frankfurt am Main zum römisch-deutschen König gekrönt.

1764 – 1785
Josephinische Landesaufnahme, auch Erste Landesaufnahme, ist das erste umfassende Landkartenprojekt im Herrschaftsbereich der Habsburgermonarchie. Die 3589 handgezeichneten farbigen Kartenblätter (später erweitert auf 4096 Sektionen) umfassen die Habsburgischen Erblande und sind im Maßstab 1:28 800 (also in Google-Maps-Qualität) gefertigt.

23. Januar 1765
Heirat mit Maria Josepha von Bayern, Tochter des ehemaligen Kaisers Karl VII.

4. Juli 1765 – 1. September 1765
Reise durch Vorderösterreich und Südtirol zur Hochzeit von Josephs Bruder, dem Großherzog Leopold von Toskana mit María Ludovica von Spanien.

18. August 1765
Tod des Vaters, Kaiser Franz I. Stephan in Innsbruck. Joseph II. wird Mitregent in den österreichischen Erblanden und Kaiser des Heiligen Römischen Reichs.

7. April 1766
Öffnung des Wiener Praters für die Öffentlichkeit.

8. Juni 1766 – 27. Juli 1766
Reise nach Böhmen, Mähren, Sachsen und Preußen.

28. Mai 1767
Tod der zweiten Ehefrau Maria Josepha, ebenfalls an den Pocken.

15. April 1768 – 10. Juni 1768 *(Banat – Wie unzählige Bittsteller die Wahrnehmung verändern)*
Reise durch Ungarn in das Banat.

3. März 1769 – 8. Juli 1769 *(Italien – Ein Mark Aurel der Aufklärung)*
Erste Italienreise. Am 17. März besucht Joseph II. mit seinem Bruder Leopold das Konklave.

18. August 1769 – 15. September 1769 *(Neisse – Das erste Gipfeltreffen aufgeklärter Herrscher)*
Reise zu Friedrich II. von Preußen nach Neisse.

23. Januar 1770
Tod von Josephs Tochter Maria Theresia durch ein Lungenleiden.

4. August 1770 – 18. August 1770
Reise nach Mähren. Zweites Treffen mit Friedrich II. in Neustadt.

10. März 1770
»Allgemeine Seelen- und Zugviehbeschreibung sowie die Nummerierung aller Häuser in den Habsburgischen Ländern«, die ein neues militärisches Rekrutierungssystem ermöglicht.

1. Oktober 1771 – 16. November 1771 ***(Böhmen und Mähren – Hungersnot und Leibeigenschaft)***
Reise nach Böhmen und Mähren und in die Hauptstadt des Königreichs Prag.

5. August 1772
Erste Teilung Polens. Österreich bekommt Galizien.

6. Mai 1773 – 13. September 1773 ***(Siebenbürgen und Galizien – immer fremder, immer schwieriger)***
Reise nach Ungarn, Siebenbürgen, Galizien.

21. Juli 1773
Aufhebung des Jesuitenordens durch Papst Clemens XIV.

6. Dezember 1774
»Allgemeine Schulordnung für die deutschen Normal-, Haupt- und Trivialschulen« (allgemeine Unterrichtspflicht). Joseph II. sorgte sich dann als Alleinregent um eine möglichst flächendeckende Schulversorgung. In jedem Ort mit mehr als neunzig Schulkindern hatte eine Trivialschule zu entstehen.

7. Mai 1775
Abtretung der Bukowina vom Osmanischen Reich an Österreich.

13. August 1775
Neues Robot-Patent für Böhmen erlassen (nach den Aufständen im März und April 1775).

1. April 1777 – 1. August 1777 ***(Frankreich – »Die Revolution wird grausam sein«)***
Frankreichreise mit darauffolgendem Besuch der Schweiz und Vorderösterreichs.

3. Juli 1778 – 13. Mai 1779
Bayerischer Erbfolgekrieg: Eingliederung des Innviertels in das Habsburgische Territorium nach dem Frieden von Teschen.

2. Januar 1776
Abschaffung der Folter, die Todesstrafe wird ausgesetzt.

26. April 1780 – 20. August 1780
Erste Russlandreise, Treffen mit Zarin Katharina II. in Mogilew.

29. November 1780
Tod Maria Theresias, Joseph II. wird Alleinregent.

22. Mai 1781 – 14. August 1781 ***(Die österreichischen Niederlande – Ungeduld macht blind)***
Reise durch das Römisch-Deutsche Reich und in die Niederlande.

17. September 1781
Einführung des Ansiedlungspatentes für die Gebiete des Habsburgerreiches und Beginn der Josephinischen Kolonisation.

13. Oktober 1781
Toleranzpatent für Protestanten und Orthodoxe.

1. November 1781
Untertanenpatent: Aufhebung der Leibeigenschaft, endgültige Aufhebung am 15. Januar 1782.

12. Januar 1782
Erste Klosteraufhebungen, fortgeführt bis 1787.

2. November 1782
Toleranzpatent für Juden.

22. März 1782 – 22. April 1782
Besuch von Papst Pius VI. mit der am 31. März durchgeführten Segnung Urbi et Orbi auf der Terrasse der Wiener Kirche Am Hof.

2. Juni 1783
Einführung von Armeninstituten im gesamten Habsburgerreich.

Dezember 1783 – 1787
Pfarrregulierungen im Habsburgerreich, Ausbau des Pfarrnetzes, Einführung des josephinischen Religionsfonds (28. Februar 1782), Neugründung von Pfarren.

24. Januar 1784
Reform der Handwerksordnung und Zunftprivilegien: »Jedem soll erlaubt sein, auf beliebige Art sein Brot zu verdienen.«

16. August 1784
Eröffnung des Allgemeinen Krankenhauses in Wien.

23. August 1784
Einführung der Begräbnisordnung: josephinische Klappsärge werden von der Bevölkerung abgelehnt, die Reform wird am 20. Januar 1785 wieder rückgängig gemacht.

23. August 1784 – 20. September 1785
Streit um die Schifffahrt auf der Schelde.

31. Oktober 1784
Beginn des Aufstandes leibeigener Bauern in Siebenbürgen, Horea-Aufstand.

23. August 1785
Aufhebung der Leibeigenschaft in Ungarn.

7. November 1785
Eröffnung des Josephinum als zentrale Ausbildungsstätte für Militärärzte.

11. Dezember 1785
Erlassung des Freimaurerpatents: Freimaurerei wird nun staatlich überwacht, und eine Großloge für Österreich wird eingeführt.

1. Januar 1787
Ein erster Teil des Josephinischen Gesetzbuches wurde am 1. November 1786 verkündet und tritt am 1. Januar 1787 als Allgemeines bürgerliches Gesetzbuch in Kraft. Am 1. Januar 1812 wird es vom Allgemeinen Bürgerlichen Gesetzbuch (ABGB) abgelöst. Der revolutionäre Kern dabei ist die allmähliche Umwandlung der Untertanen in Staatsbürger mit gleichen Rechten und Pflichten.

1. Januar 1787

Einführung des Josephinischen Strafgesetzes (Allgemeines Gesetzbuch über Verbrechen und derselben Bestrafung). Die Todesstrafe wird in Österreich abgeschafft und durch die Verurteilung zu öffentlicher Arbeit (Schiffziehen, Schanzarbeit, Arbeitshäuser) ersetzt. 1795 führt man sie auf Grund der politischen Lage für Hochverrat wieder ein und dehnt sie 1803 auf gedungenen Mord und Raubmord aus.

11. April 1787 – 20. September 1787 ***(Krim – Großmachtpolitik und die Folgen)***

Zweite Russlandreise, Treffen mit Katharina II. und Fahrt auf die Krim. Die Reise wurde wegen des Aufstandes in den Österreichischen Niederlanden (Juni 1787 erste Tumulte, die sich in der Folge zur Revolution weiten) abgebrochen.

24. Oktober 1789 – Ende Dezember 1790

Brabanter Revolution als Reaktion auf die Reformen Joseph II. Der Aufstand findet damit nahezu zeitgleich mit der Französischen Revolution statt, steht aber unter anderen Vorzeichen. Nicht gesellschaftliche Erneuerung, sondern der Erhalt der bestehenden ständischen Gesellschaftsordnung stehen im Vordergrund. Es kommt zum Verlust der Österreichischen Niederlande.

24. August 1787 – 4. August 1791

Achter österreichischer Türkenkrieg, offizieller Eintritt Österreichs am 7. Februar 1788. Joseph II. übernimmt den Oberbefehl, gibt ihn aber am 18. November 1788 aufgrund gesundheitlicher Probleme wieder ab und kehrt schwer krank nach Wien zurück.

10. Februar 1789

Einführung des Grundsteuerpatentes, 1. Teil regelt die landesfürstliche Grundsteuer, 2. Teil die herrschaftlichen Urbarialforderungen.

14. Juli 1789 – 13. Dezember 1799

Mit dem Sturm auf die Bastille am 14. Juli 1789 beginnt die Französische Revolution. Joseph II. erlebt die Enthauptung seiner Schwester Marie Antoinette (16. Oktober 1793) und ihres Gemahls Ludwig XVI. (21. September 1792) nicht mehr. Die Revolution führt über mehrere Phasen schließlich zum Aufstieg Napoleons, der sie am 13. Dezember 1799 mit folgenden Worten beendet: »Bürger, die Revolution ist auf die Grundsätze gebracht, von denen sie ausgegangen ist; sie ist beendet.«

28. Januar 1790

Rücknahme der Reformen in Ungarn, um einen Aufstand zu vermeiden (ausgenommen sind die Toleranzpatente und die Aufhebung der Leibeigenschaft).

20. Februar 1790

Tod in Wien.

Anmerkungen

Prolog

1 Vgl. dazu Karl Gutkas: *Kaiser Joseph II Eine Biographie.* Wien/Darmstadt 1989, S. 149; Peter von Radics: *Die Reisen Kaiser Joseph II und die Volkswirthschaft in Oesterreich-Ungarn.* Wien 1890, S. 17–20. Bei Franz Ludwig de Selliers: *Verzeichnis deren von Joseph dem IIten auf Allerhöchstdero Reisen genommenen Nachtstationen.* Österreichische Nationalbibliothek, Sammlung von Handschriften und alten Drucken, Bibl. Pal. Vind. Cod. 7427 (1792) findet man die genauen Daten und die jeweiligen Nachtstationen.

2 Pieter M. Judson hat diese Situation in seinem herausragenden Buch: *Habsburg. Geschichte eines Imperiums 1740–1918.* München 2017, zum Ausgangspunkt seiner These gemacht, wonach Maria Theresia und ihre Söhne Joseph II. und Leopold II. mit ihren Reformen die Grundlagen für einen zentralen modernen Staat gelegt haben. Anders als frühere Historiker sehen heutige Habsburg-Forscher darin ein genuines Projekt der Aufklärung, so zum Beispiel Brigitte Mazohl: *Zeitenwende 1806. Das Heilige Römische Reich und die Geburt des modernen Europa.* Wien/Köln/Weimar 2005. Vgl. auch Helmut Reinalter (Hg.): *Josephinismus als aufgeklärter Absolutismus.* Wien/Köln/Weimar 2008.

3 Vgl. Pieter M. Judson, a. a. O., S. 71 ff. Judson begreift die Reformanstrengungen Maria Theresias, Josephs II. und seines Bruders Leopold II. als *die* Basis für den österreichischen Staat des 19. Jahrhunderts und die Herausbildung eines patriotischen Staatsbewusstseins unter den verschiedenen Völkern des Habsburgerreichs.

4 Barbara Stollberg-Rilinger: *Die Aufklärung. Europa im 18. Jahrhundert.* Stuttgart 2017.

5 Dazu sehr eindrücklich und informativ Barbara Stollberg-Rilinger: *Maria Theresia. Die Kaiserin in ihrer Zeit.* München 2017. Das Joseph-Zitat findet sich auf S. 690.

6 Vgl. Derek Beales: *Joseph II* 2 Bände, Bd. 1. Cambridge 1987 und 2009, S. 251 (Übers. M. Cz.); siehe auch Haus-, Hof- und Staatsarchiv (HHSTA), Hofreisen K 1-2.

7 Derek Beales, a. a. O., Bd. 1, S. 242.

1764 Frankfurt – Nie mehr eine Hofreise

1 Sowohl Peter von Radics, a. a. O., erwähnt diese hinreißende Anekdote (S. 9) als auch Karl Gutkas, a. a. O., S. 49 – und natürlich Joseph in einem Brief vom 29. Mai 1761 an Maria Theresia. Fast alle Historiker haben die Ehe zwischen Joseph und Isabella als unglücklich beschrieben, und zumindest Isabella, die selbst viel dazu geschrieben hat, war unglücklich, nicht nur in der Ehe. Einzig Gutkas hält die Verbindung für »trotzdem sehr glücklich«, was mir den Raum gab, die Liebesgeschichte der beiden etwas anders zu bewerten. Was ist schon Glück? Was Liebe? Noch dazu, wenn die Ehe wie im 18. Jahrhundert vorgegeben war?

2 Vgl. Alfred Ritter von Arneth (Hg.): *Maria Theresia und Joseph II. Ihre Correspondenz sammt Briefen Joseph's an seinen Bruder Leopold.* 3 Bände. Wien 1867, Bd. 1, S. 13 f.

3 Vgl. Johann Wolfgang Goethe: *Dichtung und Wahrheit. Aus meinem Leben.* Projekt Gutenberg, siehe: https://www.projekt-gutenberg.org/goethe/dichwah1/chap006.html, S. 118 ff.; Derek Beales, a. a. O., Bd. 1, S. 110 ff.

4 Joseph II. in einem Brief an Karl Fürst von Batthyány, Obersthofmeister vom 20. August 1765. In: Franz Schuselka (Hg.): *Briefe Josephs des Zweiten.* Leipzig 1846, S. 8.

5 Alfred Ritter von Arneth, a. a. O., Bd. 1, S. 75; Brief vom 4. April 1764.

6 Vgl. Johann Wolfgang Goethe, a. a. O.

7 Derek Beales, a. a. O., Bd. 1, S. 112.

8 Vgl. Hans Magenschab: *Josef II. Revolutionär von Gottes Gnaden.* Graz/Wien/Köln 1979, S. 65.

9 Derek Beales zitiert diese Briefstelle vom 3. und 4. April 1764 als Einziger, sie scheint mir für den Charakter Josephs von besonderer Wichtigkeit. (Übers. M. Cz.)

10 Vgl. Barbara Stollberg-Rilinger: *Maria Theresia*, a. a. O., S. 147 f. Maria Theresia an Hofkanzler Anton Corfiz Graf von Ulfeldt: Die Krönung sei »eine bloße Komödie, die sie nicht mitspielen« wolle. Sie fand sie überflüssig und kostspielig. Das war zwar anlässlich der Krönung ihres Mannes Franz Stephan 1745, aber Maria Theresias Meinung zur Kaiserwürde blieb skeptisch.

11 Über die Beziehung Josephs zu seinem Vater ist viel geschrieben worden. Ich nehme den schon zitierten Brief Josephs an Karl Fürst von Batthyány vom 20. August 1765 als Inspiration: »Mein Vater hatte die zärtlichste Zuneigung für mich gehabt. Er war mein Lehrer, mein Freund, und der größte Prinz seines Hauses; – würdig des Zutrauens seiner Familie, so wie jenes seines ganzen Volkes. Großmütig, gerecht, wohltätig, ein Freund der Wissenschaften, Künste, der Armut …«

12 Vgl. Barbara Stollberg-Rilinger: *Maria Theresia,* a. a. O., S. 147–150.

13 Karl Gutkas, a. a. O., S. 57 f. Gutkas erwähnt die beiden Maler und die auf ihre Skizzen zurückgehenden Gemälde »Einzug in Frankfurt«, »Krönungszug zum Dom«, »Krönung«, »Ritterschlag« sowie »Krönungsmahl im Römer«, die in den Wiener Museen zu sehen sind.

14 Peter von Radics, a. a. O., S. 12.

15 Dass die beiden Maler mitreisten, ist durch ihre Erwähnung im *Wienerischen Diarium* vom 16. Dezember 1767 verbürgt, und dass das Wetter schlecht und die Schiffsfahrt

darum gefährlich war, wissen wir aus den Briefen. Und dass die Skizzen nicht gelitten haben, nehme ich an, da sie den oben genannten Ölgemälden als Vorbilder gereichten.

16 Vgl. Monika Czernin und Jean-Pierre Lavandier: *Maria Theresia. Liebet mich immer. Briefe an ihre engste Freundin.* Wien 2017, S. 71 ff.

17 Ebenda, S. 74; Brief vom 12. September 1765.

18 Adolf Beer (Hg.): *Joseph II., Leopold II. und Kaunitz. Ihr Briefwechsel.* Wien 1873, S. 432; Maria Theresias berühmter Brief vom 23. August 1765.

19 Vgl. Hans Magenschab, a. a. O., S. 82.

20 Derek Beales, a. a. O., Bd. 1, S. 251 (Übers. M. Cz); siehe auch HHSTA, Hofreisen K 1–2.

21 Zit. nach Paul von Mitrofanov: *Joseph II., seine politische und kulturelle Tätigkeit.* 2 Teile. Wien/Leipzig 1910, S. 582.

22 Vgl. Philipp Blom: *Böse Philosophen. Ein Salon in Paris und das vergessene Erbe der Aufklärung.* München 2011.

23 Derek Beales, a. a. O., Bd. 1, S. 251 (übers. M. Cz.).

24 Peter von Radics, a. a. O., S. 6.

25 Siehe Barbara Stollberg-Rilinger: *Maria Theresia,* a. a. O., S. 691. In zahlreichen Briefen hat Maria Theresia den Ausdruck *terribles voyages* verwendet.

1768 Banat – Wie unzählige Bittsteller die Wahrnehmung verändern

1 1769, als Joseph abermals in Pest weilte, wurde er von der 300 Klafter langen neuen Schiffsbrücke überrascht; 1768 fuhr er also noch über eine einigermaßen derangierte Brücke. Siehe dazu Peter von Radics, a. a. O., S. 32. Erstaunlicherweise entstand erst 1839 die erste feste Brücke über die Donau.

2 Sieglinde Neidenbach: *Die Reisen Kaiser Josephs II. ins Banat.* Wien 1967 (Dissertation, Typoskript), S. 13.

3 Ebenda, S. 16.

4 Siehe Franz Ludwig de Selliers, a. a. O.

5 Vgl. Sieglinde Neidenbach, a. a. O., S. 34.

6 HHSTA, Hofreisen 2-2-1, Reisejournal Banat, S. 3.

7 HHSTA, Hofreisen 3-1-4, Punkten bzw. Relation, S. 422. Der Straßenbau ist ein großes Problem, da er durch einen Mangel an Steinen in dem flachen Land sehr kostspielig ist.

8 Zit. nach Derek Beales, a. a. O., Bd. 1, S. 157 (Übers. M. Cz.).

9 Zit. nach François Fejtö: *Joseph II. Porträt eines aufgeklärten Despoten.* München 1987, S. 99.

10 Vgl. Sieglinde Neidenbach, a. a. O., S. 21. Neidenbach erwähnt, dass Migranten aus Guttenbrunn nach Kapolnack gebracht wurden. Und Beales beschreibt die Hühner-Geschichte: Derek Beales, a. a. O, Bd. 1, S. 248.

11 Sieglinde Neidenbach, a. a. O., S. 50.

12 Ebenda, S. 112 f. Die Autorin erwähnt auch die Sache mit dem Brandweinkessel, die offenbar wiederholt vorgekommen ist.

13 HHSTA, Hofreisen, K 2-2-1, Reisejournal Banat. Interessant, dass Joseph das Wort »Asylant« benützt, von dem wir meinen, es sei eine Schöpfung unserer Tage.

14 Vgl. Sieglinde Neidenbach, a. a. O., S. 112. Die Administration hatte zwar das Überreichen von Bittschriften/Memorialien zuerst verboten, doch dieser Befehl wurde rechtzeitig aufgehoben, sodass dem Kaiser noch mehrere hundert Petitionen übergeben wurden.

15 Vgl. Derek Beales, a. a. O., Bd. 1, S. 313; Barbara Stollberg-Rilinger: *Maria Theresia,* a. a. O., S. 691.

16 Diese »Träumerei« ist natürlich eine Fiktion. Allerdings stützen viele das Thema Joseph und die Frauen betreffende Quellen die Szene. Ich habe mir nur erlaubt, sie etwas anders zu interpretieren als so mancher Historiker, der Joseph in erotischen Dingen etwas zwanghaft Spaßverderbermäßiges andichten wollte.

17 Monika Czernin und Jean-Pierre Lavandier, a. a. O., S. 62.

18 François Fejtö, a. a. O., S. 66.

19 HHSTA, Hofreisen, K 2-2-1, Reisejournal Banat, Blatt 13.

20 HHSTA, Hofreisen K 2-2-1, Reisejournal, Blatt 22.

21 HHSTA, K 2-2-1, Reisejournal Banat, Blatt 15.

22 Tatsächlich steht im HHSTA, Reisejournal, Hofreisen K 2, dass die Siedlungen so angelegt waren, dass man teilweise vier Stunden auf die Felder gehen musste.

23 Vgl. HHSTA, Relation Banat, S. 431, Punkt 1–5. Joseph interessierte sich sehr für landwirtschaftliche Methoden und war damit auf der Höhe seiner Zeit, wenn man an die gemeinnützigen, patriotischen und ökonomischen Gesellschaften des 18. Jahrhunderts denkt. Sie zielten im Gegensatz zu den vielen gelehrten und zum Gutteil elitären Sozietäten der Aufklärung (Salons, Lese- und Musikgesellschaften, Freimaurer) vorwiegend auf praktische Reformen, so etwa die Société royale d'agriculture, die Ökonomische Gesellschaft oder die Kaiserlich-Königlichen Ackerbaugesellschaften.

24 Sieglinde Neidenbach, a. a. O., S. 36.

25 Auch auf späteren Reisen (vgl. das Kapitel »Böhmen und Mähren«) scheute Joseph weder ansteckende Krankheiten noch gefährliche Orte. Vgl. HHSTA, Hofreisen, Relation Banat, S. 423, Punkt 4. Joseph wird sich dafür einsetzen, den Wasserschub abzuschaffen, der nicht von ungefähr an die Flüchtlingsthematik unserer Tage erinnert.

26 Zit. nach Sieglinde Neidenbach, a. a. O., S. 67.

27 Ebenda.

28 Sieglinde Neidenbach, a. a. O., S. 31.

29 Zit. nach Sieglinde Neidenbach, a. a. O., S. 28.

30 Vgl. Derek Beales, a. a. O., Bd. 1, S. 250.

31 Zit. nach Sieglinde Neidenbach, a. a. O., S. 29.

1769 Italien – Ein Mark Aurel der Aufklärung

1 HHSTA, Hofreisen 1, 2A *Table des choses a voire.*

2 Ignaz Philipp Dengel: *Der Aufenthalt Kaiser Josephs II. in Rom im Jahre 1769.* In: *Jahrbuch der österreichischen Leo-Gesellschaft.* Wien 1926, S. 42 (ein überaus empfehlenswertes und amüsantes Büchlein). Dengel hat, wie er schreibt, noch alle ursprünglichen Quellen in Rom zur Hand gehabt.

3 Die Geschichte mit Graf Papini ist vielfach beschrieben. Anekdoten dieser Art wurden schon zu Lebzeiten des Kaisers herumgereicht, denn sein Inkognito war von Anfang an eine Quelle für Spekulationen und allseits beliebte Verschleierungen.

4 Derek Beales, a. a. O., Bd. 1, S. 258 (Übers. M. Cz.).

5 Vgl. Stephan Steiner: *Rückkehr unerwünscht. Deportationen in der Habsburgermonarchie der Frühen Neuzeit und ihr europäischer Kontext.* Wien/Köln/Weimar 2014, S. 366.

6 Barbara Stollberg-Rilinger: *Maria Theresia,* a. a. O., S. 547 ff. Sehr ausführlich beschreibt die Autorin den Streit zwischen Mutter und Sohn und das plötzliche Einlenken Josephs, das sie sarkastisch nennt. Ich sehe es eher als Ambivalenz zwischen Liebe und Aufruhr.

7 Vgl. Ignaz Philipp Dengel, a. a. O. Dengel hat den Aufenthalt des Kaisers in Rom haarklein und voller Details beschrieben, das ganze Buch ist eine wichtige Quelle.

8 Derek Beales, a. a. O., Bd. 1, S. 256.

9 Vgl. *Ragguaglio, o Sia Giornale della venuta, e permanenza in Roma della Sacra Reale Cesarea Maestà di Giuseppe II. imperatore de' Romani &c. e di Sua Altezza Reale Pietro Leopoldo I. arciduca d'Austria e gran duca di Toscana.* Rom 1769.

10 Derek Beales, a. a. O., Bd. 1, S. 158.

11 Auch diese herrliche Anekdote findet sich bei Ignaz Philipp Dengel, a. a. O., S. 46.

12 Ebenda, S. 50.

13 Ebenda, S. 51.

14 Ebenda, S. 54.

15 Ebenda, S. 55.

16 Vgl. Franz Ludwig de Selliers, a. a. O., S. 6.

17 Monika Czernin und Jean-Pierre Lavandier, a. a. O., S. 134.

18 Zit. nach Barbara Stollberg-Rilinger: *Maria Theresia,* a. a. O., S. 781. Aus einem Brief an Maria Carolinas ehemalige Aya Gräfin von Lerchenfeld.

19 Vgl. Barbara Stollberg-Rilinger: *Maria Theresia,* a. a. O., S. 782.

20 Vgl. Joseph II., Relation de Naples, 21. April 1769, editiert bei Corti, *Ich, eine Tochter,* S. 721–746.

21 Zit. nach Adam Wolf: *Fürstin Eleonore Liechtenstein 1745–1812.* Wien 1875, S. 96.

22 Überliefert durch die Beschreibung des damaligen Leiters der Ausgrabungen, Francesco La Vega. In: Victoria C. Gardner Coates: *The Last Days of Pompeii.* Los Angeles 2012.

23 Adam Wolf, a. a. O., S. 97.

24 Portrait of the age. Pompeo Batoni. Vgl. http://figures-of-speech.com/2016/08/batoni.htm.

25 Die pragmatische Sanktion, die einst Maria Theresia den Weg auf den Thron geebnet hatte, galt nicht für Josephs Tochter, die gleichwohl noch als Kind sterben sollte.

26 Derek Beales, a. a. O., Bd. 1, S. 150 (Übers. M. Cz.).

27 So beschrieben bei Karl Gutkas, a. a. O., S. 70 ff.

28 Alfred Ritter von Arneth (Hg.), a. a. O., Bd. 1, S. 142.

29 Peter von Radics, a. a. O., S. 26.

30 Renate Zedinger: *Franz Stephan von Lothringen (1708–1765). Monarch, Manager, Mäzen.* Wien/Köln/Weimar 2008, S. 155 f.

31 Ebenda, S. 163 ff.

32 Siehe zu diesem Besuch: Barbara Sternthal, Christiane Druml und Moritz Stipsicz (Hg.): *Das Josephinum. Mythos und Wahrheit. 650 Jahre Wiener Medizingeschichte.* Wien 2014, S. 70.

33 Vgl. Marlene Jantsch: Zur Geschichte der Wiener anatomischen Wachspräparatensammlung. In: *Wiener Medizinische Wochenschrift*, Nr. 39, 1951, S. 753 ff.

34 Zit. nach Karl Gutkas, a. a. O., S. 95.

35 Vgl. Marlene Jantsch, a. a. O.

36 Steffen Martus: *Aufklärung. Das deutsche 18. Jahrhundert. Ein Epochenbild.* Berlin 2015, S. 808.

37 Alfred Ritter von Arneth (Hg.), a. a. O., Bd. 1, S. 279 (Übers. M. Cz.).

38 François Fejtö, a. a. O., S. 67.

39 Zit. nach Karl Gutkas, a. a. O., S. 141, Denkschrift Nov. 1771.

40 Alfred Ritter von Arneth (Hg.), a. a. O., Bd. 1, S. 284. (Übers. M. Cz.).

41 Vgl. Franz Ludwig de Selliers, a. a. O., S. 6.

42 Karl Gutkas, a. a. O., S. 96 ff.

43 Siehe: https://de.wikipedia.org/wiki/Sant'Eustorgio.

44 San Carlo ist der 1610 heiliggesprochene Carlo Borromeo, Fürsprecher der Pestkranken und seit 1566 Erzbischof von Mailand.

45 Vgl. Gerhard Katschnig: *Die Konstruktion von Zukunft im Zeitalter der Aufklärung.* Saarbrücken 2014, S. 151.

46 Vgl. Barbara Stollberg-Rilinger: *Die Aufklärung*, a. a. O. Der Begriff »Entzauberung der Welt« geht auf Max Weber zurück.

47 Derek Beales, a. a. O., Bd. 1, S. 266 (Übers. M. Cz.).

1769 Neisse – Das erste Gipfeltreffen aufgeklärter Herrscher

1 Am 29. August 1769 schrieb Joseph seiner Mutter nach seinem Besuch beim Preußenkönig in Neisse: »Er ähnelt keinem der Bilder, die Du von ihm gesehen hast …« Deshalb darf man annehmen, dass der Kaiser die berühmtesten Porträts des Königs kannte.

2 François Fejtö, a. a. O., S. 128 ff.

3 Karl Gutkas, a. a. O., S. 35 ff.

4 Richard Bassett: *For God and Kaiser. The Imperial Austrian Army 1619–1918.* New Haven/London 2015, S. 185.

5 Barbara Stollberg-Rillinger: *Maria Theresia,* a. a. O., S. 545.

6 Monika Czernin und Jean-Pierre Lavandier, a. a. O., Brief vom 11. Juli 1766, S. 111.

7 Das ist meine Anspielung auf Adolf Menzel, der fast hundert Jahre später das berühmte Bild der Begegnung in Neisse malte. Auch bei ihm kommt Friedrich die Treppen herunter, aber, im Gegensatz zu Josephs Brief an Maria Theresia, findet die Szene bereits im Stiegenhaus statt, der Kaiser geht also einige Stufen zum König hinauf, bevor die bei Menzel nur angedeutete Umarmung stattfindet. Der Kaiser wirkt dadurch leicht rangniedriger, was vielleicht des Malers preußischer Staatszugehörigkeit geschuldet war.

8 Wienerisches Diarium, 6. September 1769. ANNO, Österreichische Nationalbibliothek http://anno.onb.ac.at/cgi-content/anno?aid=wrz&datum=17690906&seite=5&zoom=45.

9 Die Begebenheit ist vielfach beschrieben. Ich entlehne die Fakten: Marcela Měchurová: *Der aufgeklärte Despot Joseph II. und seine Spuren nicht nur bei Slawikowitz in Mähren.* Brünn 2007, S. 84 ff.

10 Michael Hochedlinger und Anton Tantner (Hg.): *»… der größte Teil der Untertanen lebt elend und mühselig …«* Mitteilungen des Österreichischen Staatsarchivs. Sonderband 8. Innsbruck/Wien/Bozen 2005. Es ist eine der wichtigsten Grundlagenarbeiten über die Zeit Josephs II. und Maria Theresias. Die Befragung der Untertanen entspricht moderner qualitativ-empirischer Sozialforschung, ist mithin eines der aufgeklärtesten Projekte der Epoche überhaupt.

11 Wobei für den Türkenkrieg 1788/1789 wieder Rekruten gewaltsam ausgehoben werden müssen, um den Bedarf zu decken. Siehe Paul von Mitrofanov, a. a. O., S. 215.

12 Michael Hochedlinger und Anton Tantner (Hg.), a. a. O., S. XIII.

13 Zit. nach Michael Hochedlinger und Anton Tantner (Hg.), a. a. O., S. XLVI.

14 Die Josephinische Landesaufnahme (von 1763 bis 1785), auch Erste Landesaufnahme genannt, ist das erste umfassende Landkartenprojekt im Habsburgerreich. Es umfasste schließlich über 4000 Kartenblätter, die im Kriegsarchiv des Österreichischen Staatsarchivs aufbewahrt werden.

15 Karl Gutkas, a. a. O., S. 100.

16 So Christopher Clark: *Von Zeit und Macht. Herrschaft und Geschichtsbild vom Großen Kurfürsten bis zu den Nationalsozialisten.* München 2018, S. 89.

17 Alfred Ritter von Arneth (Hg.), a. a. O., Bd. 1, S. 300 ff. (Übers. M. Cz.).

18 Ebenda, S. 302.

19 Ebenda.

20 Kaum eine Beschreibung des jungen Joseph II. ist berühmter. Vgl. zum Beispiel Karl Gutkas, a. a. O., S. 27. In der Literatur entstand daraus sein Charakterbild, dabei wurde aber der Kontext, Friedrichs Kindheit, nicht berücksichtigt. Und oft wurde auch nicht darauf hingewiesen, dass man die Eigenschaften Josephs aus heutiger Sicht ganz anders deuten muss.

21 Alfred Ritter von Arneth (Hg.), a. a. O., Bd. 1, S. 301 (Übers. M. Cz.).

22 Hans Pleschinski (Hg.): *Voltaire. Friedrich der Große. Briefwechsel.* München 2004, S. 501; Brief Friedrichs an Voltaire vom 25. November 1769.

23 Derek Beales, a. a. O., Bd. 1, S. 284.

24 Alfred Ritter von Arneth (Hg.), a. a. O., Bd. 1, S. 301 (Übers. M. Cz.).

25 Richard Bassett, a. a. O., S. 143.

26 Ebenda.

27 Dieser Teil ist ein berühmter Ausspruch, zit. nach Cicero online: Friedrich der Große – Europas verlorener Sohn von Konstantin Sakka; siehe: https://www.cicero.de/kultur/europas-verlorener-sohn/47624.

28 Hans Pleschinski (Hg.): *Voltaire. Friedrich der Große. Briefwechsel,* a. a. O., S. 511; Brief Friedrichs an Voltaire vom 18. August 1770.

29 Siehe Christopher Clark, a. a. O., S. 90. Die historischen Schriften markieren einen Neuanfang. Seine *Denkwürdigkeiten zur Geschichte des Hauses Brandenburg,* sein elegantester und originellster historischer Text, sind ein wahrer Parforceritt durch die Geschichte. Diese knappe, kunstvoll aufgebaute Schilderung bietet eine so attraktive und plausible Synthese, dass sie das historische Gedächtnis Brandenburg-Preußens prägte – und noch heute prägt. Der *roi historien,* nicht der *roi philosophe* hat überdauert.

30 Ebenda. Und aus dem 1751 überarbeiteten Vorwort zu Friedrichs *Denkwürdigkeiten zur Geschichte des Hauses Brandenburg,* a. a. O., S. 92.

31 Zit. nach Christopher Clark, a. a. O., S. 91.

32 Ebenda, S. 105.

33 Vgl. Tim Blanning: *Friedrich der Große. König von Preußen. Eine Biographie.* München 2019.

34 Alfred Ritter von Arneth (Hg.), a. a. O., Bd. 1, S. 302 (Übers. M. Cz.).

35 Ebenda, S. 300 (Übers. M. Cz.).

36 François Fejtö, a. a. O., S. 134.

37 Roland Kratzer: *Die Reisen Josephs II.* Graz 2014, S. 77.

38 Zit. nach Hans Pleschinski (Hg.): *Voltaire. Friedrich der Große. Briefwechsel.,* a. a. O., S. 512; Brief Friedrichs an Voltaire vom 18. August 1770.

39 Peter von Radics, a. a. O., S. 35.

40 Ebenda.

41 Zu den Zusammenhängen siehe: Tim Blanning. *The Pursuit of Glory. Europe 1648–1815.* London 2007.

42 Rudolf Brázdil, Hubert Valášek, Jürg Luterbacher und Jarmila Macková: Die Hungerjahre 1770–1772 in den böhmischen Ländern. Verlauf, meteorologische Ursachen und Auswirkungen. In: *Österreichische Zeitschrift für Geschichtswissenschaft,* 12 Jg., Heft 2, 2001, S. 48.

43 Hans Magenschab, a. a. O., S. 90.

1771 Böhmen und Mähren – Hungersnot und Leibeigenschaft

1 Zit. nach François Fejtö, a. a. O., S. 150.

2 HHSTA »Wien, den 29. Sept. 1771. Joseph Correg.« Handbillett Josephs an Hatzfeld, Kop., Kommission Fasz. 3. September, n. 36.

3 Siehe Derek Beales, a. a. O., Bd. 1, S. 339.

4 Normalerweise hätte ein 21 Lot schwerer Laib Brot damals einen Kreuzer kosten sollen, das heißt, es handelt sich hier um eine 300-prozentige Teuerung. Ein Lot betrug 17,5 Gramm, also wog das Brot 367,5 Gramm, recht mickrig, wenn man bedenkt, dass das Mindestgewicht für Brot heute bei 250 Gramm liegt, dabei handelt es sich aber um Kleingebäcke. Siehe auch: https://www.baeckerlatein.de/brot gewicht/.

5 Thomas Winkelbauer (Hg.): *Geschichte Österreichs*. Stuttgart 2016. Darin schreibt Brigitte Mazohl: »Das Gravitations- und Integrationszentrum dieser Aristokratie war der kaiserliche Hof in Wien, der für die Mehrzahl der kurfürstlichen und fürstlichen Residenzen im Reich um 1700 eine stärkere Vorbildfunktion besaß als der Versailler Hof Ludwigs XIV.« Und weiter: Deren »Bedeutung für die Staatsintegration kann kaum überschätzt werden«, weil sie die Bindung an ein oder mehrere Länder nicht aufgab, sondern die Vermittlung zwischen den Ländern, dem Monarchen, dessen Hof und den Zentralbehörden übernahm. (Pos. 3715).

6 Zit. nach François Fejtö, a. a. O., S. 146 und S. 147; vgl. zu den Aufständen 1767 auch: http://diglib.uibk.ac.at/ulbtirol/content/pageview/15835.

7 HHSTA, Hofreisen 4, Reisejournal, S. 4 f.

8 Paul von Mitrofanov, a. a. O., S. 590.

9 Christoph Maria Merki und Josef Löffler: *Das Haus Liechtenstein in den böhmischen Ländern vom Mittelalter bis ins 20. Jahrhundert*. Vaduz 2013.

10 Die Kutsche kann noch immer im Gartenpalais Liechtenstein in Wien bewundert werden.

11 Erika Weinzierl-Fischer: Die Bekämpfung der Hungersnot in Böhmen 1770–1772 durch Maria Theresia und Joseph II. In: *Mitteilungen des Österreichischen Staatsarchivs*, 7, 1954, S. 478–514, hier S. 484. Allerdings datiert die Autorin den Bericht auf Februar 1772, was, nach gründlichem Studium aller anderen Quellen nicht stimmen kann. Es muss Februar 1771 gewesen sein.

12 HHSTA, Hofreisen 4, Reisejournal, S. 14 f.

13 Szene nach HHSTA, Hofreisen K 4, Reisejournal, S. 17 ff. Die darauffolgenden Klagen über den Robot finden sich so im Reisejournal. Und ähnliche Berichte aus anderen Dörfern in denen der Seelenkonskription. Siehe dazu Michael Hochedlinger und Anton Tantner (Hg.), a. a. O., S. 42 ff.

14 Vgl. Christoph Maria Merki: Zucker. In: Thomas Hengartner und Christoph Maria Merki (Hg.): *Genussmittel. Ein kulturgeschichtliches Handbuch*. Frankfurt am Main/New York 1999, S. 231–256. Das traditionelle Süßungsmittel Honig wurde bereits im Lauf des 16. Jahrhunderts in den Haushalten Adeliger und reicher Bürger durch Zucker verdrängt – was mit dem Aufkommen von Kaffee, Kakao und Tee korreliert.

15 Vgl. Michael Hochedlinger und Anton Tantner (Hg.), a. a. O. Die daran beteiligten Militärs verfassen aufgrund der mit Fragebögen erfassten Fakten Berichte über die soziale und wirtschaftliche Lage in den einzelnen Ländern, die »politischen Anmerkungen«. Faszinierende Dokumente sind es, die dabei entstanden und die als Ausgangspunkt der Josephinischen Reformen betrachtet werden können. Ein Zitat aus ihnen: »Wenn ihnen nicht in Ansehung der so vielen Insulten, der übertriebenen Robot und der so manigfaltigen Geldabgaben (die ein jeder herrschaftliche Beamte sozusagen für sich insbesondere zu vermehren suchte) Hülffe geschehen sollte, sie ohne weiters zu entlauffen gezwungen wären, indem sie nicht mehr imstande wären, sich und ihre Kinder zu nahren, da ihnen besonders wegen der überhäufften Robot nicht so viell Zeit übrig bleibe, um ihren eigenen wenigen Feldbau zu bestellen.«

16 Ebenda, S. 45.

17 Siehe Tim Blanning: *The Pursuit of Glory*, a. a. O., S. 162 und S. 163. Blanning geht davon aus, dass Josephs Leibeigenschaftspatente, aber mehr noch seine Bemühungen zur Einführung einer Grundsteuer, radikal und vorausschauend waren.

18 Thomas Winkelbauer (Hg.), a. a. O.

19 HHSTA, Hofreisen K 4, Reisejournal, S. 22–24.

20 Ebenda, S. 24–26.

21 Erika Weinzierl, a. a. O., S. 487 ff.

22 Ebenda, S. 489.

23 Michael Hochedlinger und Anton Tantner (Hg.), a. a. O., S. 60.

24 Derek Beales, a. a. O., Bd. 1, S. 339.

25 HHSTA, Hofreisen K 4, S. 47–52.

26 Ebenda, S. 33–35.

27 Michael Hochedlinger und Anton Tantner (Hg.), a. a. O., S. 55 ff.

28 Vgl. Erika Weinzierl, a. a. O.

29 Monika Czernin und Jean-Pierre Lavandier, a. a. O., S. 164, Brief vom 23. Oktober 1771.

30 HHSTA, Hofreisen K 4, S. 56–59.

31 HHSTA, Hofreisen K 4, Relation, S. 7–9.

32 HHSTA, Hofreisen K 4, Reisetagebuch S. 68 f.

33 Johann Alexander Ritter von Brambilla: *Rede auf den Tod Kaiser Joseph II.* Wien, im April 1790, S. 31.

34 Ebenda, S. 32.

35 Markus P. Swittalek: *Das Josephinum. Aufklärung. Klassizismus. Zentrum der Medizin.* Wien 2014, S. 88 und S. 89.

36 Siehe: https://de.wikisource.org/wiki/BLKÖ:Fürstenberg,_Karl_Egon_Fürst.

37 Derek Beales, a. a. O., Bd. 1, S. 343 (Übers. M. Cz.).

1773 Siebenbürgen und Galizien – immer fremder, immer schwieriger

1 Vgl. Hans Pleschinski (Hg.): *Voltaire. Friedrich der Große. Briefwechsel.*, a. a. O., S. 521.
2 Vgl. Barbara Stollberg-Rilinger: *Maria Theresia,* a. a. O., S. 573.
3 HHSTA, K 7-1, Reisejournal Galizien, S. 3.
4 Derek Beales, a. a. O., Bd. 1, S. 298. Bales berichtet von diesem Treffen und zitiert den geheimen Bericht Stormonts.
5 Vgl. François Fejtö, a. a. O., S. 138. Heinrich schreibt all dies sogleich an seinen Bruder Friedrich II. nach Potsdam.
6 HHSTA, K 7-1, Reisejournal Galizien, S. 10.
7 Vgl. François Fejtö, a. a. O., S. 317. Tatsächlich begründete Joseph die Einführung von Deutsch als Amtssprache 1784 mit diesem Argument.
8 HHSTA, K 7-1, Reisejournal Galizien, S. 12.
9 Vgl. Barbara Stollberg-Rilinger: *Maria Theresia,* a. a. O., S. 91 f. Stollberg beschreibt Voltaires Coup in aller Ausführlichkeit, eine köstliche Geschichte, die beweist, wie lange es in Politik und Medien schon alternative Fakten gibt.
10 Vgl. Voltaire: *Précis du Siecle de Louis XV. Servant de suite au Siecle de Louis XIV.* Genf 1769. Insofern könnte Joseph dieses Buch 1772 und die Stelle über die Krönung tatsächlich gekannt haben.
11 Monika Czernin und Jean-Pierre Lavandier, a. a. O., S. 106; Brief 31 vom 2. Juni 1766.
12 HHSTA, K 7-1, Reisejournal Galizien, S. 47–53.
13 HHSTA, Hofreisen 7, Reisejournal, S. 64.
14 Barbara Stollberg-Rilinger: *Maria Theresia,* a. a. O., S. 646.
15 Ebenda, S. 653 ff.
16 HHSTA, Hofreisen K 7, Reisejournal, S. 79 ff.
17 Vgl. Derek Beales, a. a. O., Bd. 1, S. 168 ff.
18 Die Situation war ähnlich wie bereits 1731/1732, als Tausende lutherische Protestanten aus dem Pongau in großen Wanderzügen ihre Heimat verlassen mussten und sich Großteils in Ostpreußen unter König Friedrich Wilhelm I. niederließen, der im Februar 1732 das Patent zur Aufnahme der Salzburgischen Emigranten unterzeichnet hatte.
19 Vgl. François Fejtö, a. a. O., S. 170.
20 Ebenda, S. 175.
21 HHSTA, Hofreisen K 7, S. 90.
22 François Fejtö, a. a. O., S. 327.
23 Derek Beales, a. a. O., Bd. 1, S. 361 (Übers. M. Cz.).
24 François Fejtö, a. a. O., S. 325. Bei Fejtö geht dieses Zitat auf einen Beamten aus Hermannstadt zurück. Andere schreiben, dass sich ein Bauer weinend und mit dieser Klage dem Kaiser zu Füßen geworfen habe.
25 Derek Beales, a. a. O., Bd. 1, S. 361. Beales zitiert einen Augenzeugen.
26 Alfred Ritter von Arneth (Hg.): *Briefe der Kaiserin Maria Theresia an ihre Kinder und Freunde.* Wien 1881; S. 210 (Übers. M. Cz.).
27 Derek Beales, a. a. O., Bd. 1, S. 361 (Übers. M. Cz.).

28 Johann Polek: *Joseph's II. Reisen nach Galizien und der Bukowina und ihre Bedeutung für letztere Provinz.* Sonderabdruck aus dem Jahrbuch des Bukowiner Landes-Museums. Czernowitz 1895, S. 25–140, hier S. 3.

29 Ebenda, S. 5.

30 Severin Perrig (Hg.): *»Aus mütterlicher Wohlmeinung«. Kaiserin Maria Theresia und ihre Kinder. Eine Korrespondenz.* Weimar 1999, S. 192.

31 Ebenda.

32 Ebenda.

33 Vgl. Derek Beales, a. a. O., Bd. 1, S. 361 (Übers. M. Cz.).

34 Ebenda, S. 362.

35 HHSTA, Hofreisen K 4, S. 9–11.

36 Derek Beales, a. a. O., Bd. 1, S. 364.

37 HHSTA, K 4, Galizien, S. 9–11.

38 Adam Wolf, a. a. O., S. 129 ff.

39 Ebenda. Wolf zitiert Nathaniel William Wraxall: *Memoirs of the Courts of Berlin, Dresden, Warsaw, and Vienna, in the Years 1777, 1778, and 1779.* 2 Bde. London 1806, 3. Ausgabe. Wraxall schätzt die Sache meines Erachtens am besten ein, wenn er schreibt: »Schwer zu sagen, welche Grenzen seine Mäßigung und ihre Tugend ihrem Verhältnis setzte.«

40 HHSTA, Hofreisen K 4, S. 9–11.

41 Ebenda, S. 13–14.

42 Meine Annahme, dass es sich beim erwähnten Fürsten Czartoryski um Adam Kazimierz (1734–1823) handeln muss, verdankt sich einer umständlichen Recherche, denn im Reisejournal fehlt der Vorname. Doch Kazimierz' Sohn Fürst Konstantin Adam Czartoryski (1773–1860) erwarb 1834 die Villa Schwab in Wien, bekannt alsdann unter dem Namen Czartoryski-Schlössl. 1896 wurde ein Teil der Kunstsammlungen von des Fürsten Sohn Georg Konstantin (1828–1912) nach Schloss Jaroslau gebracht, das weiter im Besitz der Familie blieb.

43 HHSTA, Reisejournal Galizien K 4, S. 12–15 f.

44 Vgl. Hubert Rumpel: *Die Reisen Kaiser Joseph II nach Galizien.* Erlangen 1946, Typoskript.

45 François Fejtö, a. a. O., S. 144 f.

46 HHSTA, Hofreisen K 4, S. 19.

47 Hubert Rumpel, a. a. O., S. 46.

48 Barbara Stollberg-Rilinger: *Maria Theresia,* a. a. O., S. 635.

49 HHSTA, Hofreisen K 4, S. 21.

50 Ebenda, S. 27.

51 Ebenda, S. 30–31.

52 Ebenda, S. 40–42.

53 Hubert Rumpel, a. a. O., S. 43.

54 Ebenda, S. 48 und S. 49.

55 Alfred Ritter von Arneth (Hg.): *Briefe der Kaiserin Maria Theresia an ihre Kinder und Freunde.* Wien 1881; S. 225 (Übers. M. Cz.)

56 HHSTA, Hofreisen K 4, S. 80–84.

1777 Frankreich – »Die Revolution wird grausam sein«

1 Vgl. Paul Christoph (Hg.): *Maria Theresia und Marie Antoinette. Ihr geheimer Briefwechsel.* Wien 1980, S. 146. Maria Theresia schrieb etwa am 2. Juni 1775 an Marie Antoinette anlässlich der dortigen Brotunruhen: »Dieselbe Sprache, wie Sie sie mir mitteilen, haben auch unsere Leute in Böhmen geführt, mit dem Unterschied, dass Ihre Leute sie wegen der Brotteuerung und die unseren wegen der Frondienste führten … Dieser Aufruhrgeist beginnt sich überhaupt überall auszubreiten: das ist also die Folge unseres aufgeklärten Jahrhunderts.«

2 Alfred Ritter von Arneth (Hg.): *Marie Antoinette, Joseph II. und Leopold II. Ihr Briefwechsel.* Leipzig 1866, S. 2, Brief Josephs an Marie Antoinette vom Juli 1775. Laut Paul Christoph, a. a. O., S. 157, hat Joseph diesen Brief auf Bitten seiner Mutter in einer abgemilderten Form an Marie Antoinette geschickt, doch erhalten hat sich nur diese Kopie, die auch überall zitiert wird.

3 Alexandre Jacques Louis Chevalier du Coudray: *Anecdotes intéressantes et historiques de l'Illustre voyageur, pendant son séjour à Paris.* Paris 1777, S. 20.

4 HHSTA, Hofreisen K 9, Reisejournal, S. 5–8. In keiner anderen Quelle ist der Aufenthalt in München beschrieben, der sich durch das Studium des Reisejournals als so ertragreich herausstellte.

5 HHSTA, Hofreisen K 9, Reisejournal, S. 5–8.

6 Vgl. Paul von Mitrofanow, a. a. O., S. 26 ff. Er beschreibt die unterschiedlichen Gesandten, ihre Einstellung zu Österreich und ihre Methoden besonders treffend.

7 Vgl. *Österreich zur Zeit Kaiser Josephs II.* Ausstellungskatalog. Wien 1980. Darin befindet sich ein Methodenbuch für Lehrer der deutschen Schulen in kaiserlich-königlichen Erblanden. Wien 1775, S. 380.

8 Vor allem in den Dörfern und kleineren Gemeinden wurde das schlecht bezahlte Lehreramt nebenberuflich von Pfarrern, ihren dafür manchmal wenig qualifizierten Bediensteten (Mesnern, Organisten, Pfarrprovisoren), von Studenten oder abgedankten Soldaten ausgeübt. Mit der Schulordnung wurde ein Befähigungsnachweis eingeführt, der eine Mindestbildung der Lehrperson durch mehrwöchige Präparandenkurse verlangte. Josef Apih: Die theresianisch-josephinische Schulreform in Kärnten (IV). In: *Carinthia* I 94 (1904), S. 10.

9 Georg Kurscheidt und Norbert Oellers (Hg.): Schillers Werke: Nationalausgabe Bd. 2, II B. Wien/Köln/Weimar 1993, S. 267.

10 Derek Beales, a. a. O., Bd. 1, S. 132. Die Widmung im Original: »Ich übergebe Unserem erhabnen Kaiser dieses väterländische Gedicht … Ich kenne keinen stärkeren Ausdruck der Verehrung, mit dem ich mich, bey Ueberreichung dieses Gedichts, Ew. Kaiserlichen Majestät nähern könnte, als das ich meinem Vaterlande, und Ew. Majestät Selbst zu dem, was Sie für die Wissenschaften thun wollen, Glück wünsche …«

11 Vgl. Peter von Radics, a. a. O., S. 44.

12 Hans Pleschinski (Hg.): *Nie war es herrlicher zu leben. Das geheime Tagebuch des Herzogs von Croÿ 1718–1784.* München 2011, S. 326 ff.

13 Hans Pleschinski (Hg.): *Nie war es herrlicher zu leben*, a. a. O., S. 328.

14 Hans Pleschinski (Hg.): *Nie war es herrlicher zu leben*, a. a. O., S. 324 ff. Croÿ beschreibt treffend, wie alle Welt das Inkognito durchschaute.

15 Vgl. William Ritchey Newton: *Hinter den Fassaden von Versailles. Mätressen, Flöhe und Intrigen am Hof des Sonnenkönigs*. Berlin 2010.

16 Zit. nach Paul Christoph, a. a. O., S. 213. De Mercy-Argenteau hielt den Aufenthalt des Kaisers in seinem ausführlichen Schreiben an Maria Theresia vom 15. Juni 1777 fest.

17 HHSTA, Hofreisen 9, Konv. 1, S. 65 (19. April 1777).

18 Derek Beales, a. a. O., Bd. 1, S. 373 (Übers. M. Cz.).

19 Die herzzerreißende Szene findet sich nicht nur in der Verfilmung von Marie Antoinettes Leben durch Sofia Coppola, sondern auch in diversen anderen Quellen.

20 Anonymus: *Anthologische Beschreibung der Reise des Herrn Grafen von Falkenstein nach Frankreich 1777*. Schwabach 1778, S. 37.

21 Vgl. Hannes Etzlstorfer: *Maria Theresia. Kinder, Kirche & Korsett.* Wien 2008, S. 74.

22 Hans Pleschinski (Hg.): *Nie war das Leben herrlicher*, a. a. O., S. 337. Während vielfach geschrieben wurde, dass Joseph in Versailles nicht beliebt war, schreibt Croÿ, der nun wahrlich ein intimer Beobachter des Hoflebens war, dass der Kaiser »einhellig zu gefallen« schien und die »sonst so überheblichen Franzosen« begeistert waren. »Die Damen, denen er begegnete, das heißt jene mit Würden in Versailles, vernarrten sich in ihn.« Und Paris war sowieso »ganz hingerissen von ihm, das Volk beklagte allerdings, dass er immer so flink entwich.«

23 Zitat gefunden in: *Anthologische Beschreibung der Reise des Herrn Grafen von Falkenstein nach Frankreich 1777*, a. a. O., S. 38.

24 Alexandre Jacques Louis Chevalier du Coudray, a. a. O., S. 29.

25 Adam Friedrich Geisler der Jüngere: *Joseph der Zweyte auf Seiner Reise nach Paris.* Naumburg 1777, S. 105.

26 Alfred Ritter von Arneth (Hg.): *Maria Theresia und Joseph II. Ihre Correspondenz sammt Briefen Joseph's an seinen Bruder Leopold.* a. a. O., Bd. 2, S. 139 (Übers. M.Cz)

27 *Anthologische Beschreibung der Reise des Herrn Grafen von Falkenstein nach Frankreich 1777*, a. a. O., S. 45 f.

28 Ebenda, S. 56. Hier ist der Abend mit Turgot erwähnt, der Inhalt des Gesprächs der beiden Männer ergibt sich aus dem Quellen. Siehe auch Karl Gutkas, a. a. O., S. 170.

29 Vgl. *Anthologische Beschreibung der Reise des Herrn Grafen von Falkenstein nach Frankreich 1777,* a. a. O., S. 56.

30 Vgl. dazu: *Anthologische Beschreibung der Reise des Herrn Grafen von Falkenstein nach Frankreich 1777*, a. a. O.; Adam Friedrich Geisler der Jüngere, a. a. O.; Alexandre Jacques Louis Chevalier du Coudray, a. a. O.; Peter von Radics, a. a. O.

31 Diese Stelle wird überall zitiert, so auch von François Fejtö, a. a. O., S. 184 f.

32 Das beschreibt als einer der wenigen der anonyme Autor der *Anthologischen Beschreibung der Reise des Herrn Grafen von Falkenstein nach Frankreich* 1777, a. a. O., S. 70 f.

33 Zit. nach Alexandre Jacques Louis Chevalier du Coudray, a. a. O., S. 59 f.

34 Vgl. François Fejtö, a. a. O., S. 192 f. Fejtö gelangt aufgrund eines Briefs Josephs an Leopold zu dieser von allen anderen Biografen abweichenden Einschätzung der königlichen Kinderlosigkeit.
35 Ebenda. Diesen Brief hat Arneth unterschlagen, wie alle Briefe, die nicht ins prüde 19. Jahrhundert passten. Der ungarische Historiker und Josephs Biograf Fejtö hat ihn gefunden und als Erster publiziert.
36 Ebenda.
37 *Anthologische Beschreibung der Reise des Herrn Grafen von Falkenstein nach Frankreich 1777*, a. a. O., S. 111.
38 HHSTA, Reisejournal Frankreichreise K 9-2-1.
39 Philipp von Cobenzl: *Journal de mon voyage en France avec l'Empereur Joseph en 1777.* HHSTA. 92 pp. Folio, siehe: https://steffenvoelkel.com/cobenzl-eyewitness-diary. Überall wird über dieses Treffen spekuliert (sowie über ein Treffen Josephs II. mit Jean-Jacques Rousseau). Durch diese Quelle scheint nun Licht in die Frage gekommen zu sein.
40 Vgl. Alfred Ritter von Arneth, a. a. O., Bd. 2, S. 145 (Übers. M. Cz.).
41 François Fejtö, a. a. O., S. 187.
42 Vgl. Adam Wolf, a. a. O., S. 139.
43 Die Version mit dem Double habe ich in einer etwas dubiosen Quelle im Internet gefunden, doch sie hat mich nachhaltig inspiriert.
44 Vgl. Adam Wolf, a. a. O., S. 145.
45 Ebenda.
46 Vgl. *Anthologische Beschreibung der Reise des Herrn Grafen von Falkenstein nach Frankreich 1777*, a. a. O., S. 125 ff.
47 Vgl. François Fejtö, a. a. O., S. 190.

1781 Die österreichischen Niederlande – Ungeduld macht blind

1 François Fejtö, a. a. O., S. 352.
2 Vgl. Josephs Brief vom 4. Dezember 1780 an seinen Bruder Leopold: »Eine innige Gemeinsamkeit von vierzig Jahren, das Um und Auf meines Lebens und den Gegenstand meiner Dankverpflichtung für die vielen empfangenen Wohltaten verlieren zu müssen, geht über mein Begreifen.« (Siehe: Monika Czernin und Jean-Pierre Lavandier, a. a. O., S. 188.)
3 Vgl. Karl Gutkas, a. a. O., S. 222.
4 Der Unterschied zwischen 1764, als Joseph gekrönt wurde, und den 1780er-Jahren: Verfehlt der König von Volkes Gnaden seinen Auftrag, so wird der Bürger »ihn, in der Qualität eines Beleidigers, strafen …« So Karl von Knoblauch 1792. In: Gerhard Katschnig: Ein tuskulanischer Dialog im Augenschein der französischen Revolution – Karl von Knoblauchs »Politisch-philosophische Gespräche«. In: Franz Eybl (Hg.): *Häuser und Allianzen*. Bochum 2016 (= *Das Achtzehnte Jahrhundert und Österreich,* Bd. 30), S. 137–148.

5 Vgl. Barbara Stollberg-Rilinger: *Maria Theresia,* a. a. O., S. 690.

6 Vgl. Thomas Winkelbauer (Hg.), a. a. O., S. 214 ff.

7 Derek Beales, a. a. O., Bd. 2, S. 141. Diesen Umweg hat vor allem Beales beschrieben.

8 Ebenda.

9 Vgl. Eugène Hubert: *Le voyage de l'empereur Joseph II dans les Pays-Bas.* Bruxelles 1900, S. 35.

10 Vgl. Eugène Hubert, a. a. O., S. 36; Heinrich Benedikt: *Als Belgien österreichisch war.* Stuttgart 1965.

11 Vgl. Eugène Hubert, a. a. O., S. 47. Diesbezüglich hatte er mit Triest bereits gute Erfahrungen gesammelt, als sein Großvater Karl IV. den Handelsplatz 1719 zum kaiserlichen Freihafen erklärte.

12 Derek Beales, a. a. O., Bd. 2, S. 142.

13 Eugène Hubert, a. a. O., S. 48.

14 Ebenda, S. 49.

15 Ebenda.

16 Karl Gutkas, a. a. O., S. 398.

17 Vgl. Eugène Huber, a. a. O., S. 59.

18 Ebenda.

19 Derek Beales, a. a. O., Bd. 2, S. 157.

20 François Fejtö, a. a. O., S. 278.

21 Sogar in Frankreich provozierte die Zensur bei manchen Werken absurde Situationen. So gab es Bücher, die entweder illegal auf mobilen Druckerpressen hergestellt oder über Heringsfässer mit verstecktem Boden aus dem liberalen Amsterdam, wo die Manuskripte gedruckt wurden, wieder in das Ursprungsland ihrer Niederschrift, also nach Frankreich kamen. Philipp Blom: *Böse Philosophen. Ein Salon in Paris und das vergessene Erbe der Aufklärung.* München 2011, S. 127.

22 Derek Beales, a. a. O., Bd. 2, S. 143 (Übers. M. Cz.).

23 Ebenda, S. 146.

24 Circularium an den Staatsrat vom 31. Januar 1781, auch Josephs erster »Hirtenbrief« genannt; zit. nach François Fejtö, a. a. O., S. 249.

25 Österreichisches Staatsarchiv, Kriegsarchiv, Mem 1781-28-14. (Terzis *Journal der Reiße, so seine Majestæt der Kaÿser den 22ten Maÿ 1781 unternommen,* ohne Angabe des Autors).

26 Derek Beales, a. a. O., Bd. 2, S. 159.

27 Zit. nach Christoph Driessen: *Geschichte Belgiens. Die gespaltene Nation.* Regensburg 2018, S. 85.

28 François Fejtö, a. a. O., S. 385.

1787 Krim – Großmachtpolitik und die Folgen

1 Karl Gutkas, a. a. O., S. 442.
2 Vgl. Günther Elbin (Hg.): *Literat und Feldmarschall. Briefe und Erinnerungen des Fürsten Charles Joseph de Ligne 1735–1814*. Stuttgart 1979, S. 55. Die sehr lebendigen Beschreibungen Lignes sind eine der wichtigsten Quellen dieser Reise.
3 Karl Gutkas, a. a. O., S. 441.
4 Zit. nach François Fejtö, a. a. O., S. 344.
5 Simon Sebag Montefiore: *Katharina die Große und Fürst Potemkin. Eine kaiserliche Affäre*. Frankfurt am Main 2009, Kindle Pos. 7386 ff., hat diese Vergnügungsreise meisterhaft beschrieben. Nicht von ungefähr denkt man dabei an die Yachten nicht nur russischer Oligarchen heutiger Tage.
6 Ebenda, Pos. 8305.
7 Ebenda, Pos. 8446.
8 Ebenda, Pos. 8338.
9 Günther Elbin (Hg.), a. a. O., S. 57.
10 Ebenda.
11 Karl Gutkas, a. a. O., S. 443.
12 Ebenda, S. 443.
13 François Fejtö, a. a. O., S. 215.
14 Simon Sebag Montefiore, a. a. O., Pos. 471.
15 François Fejtö, a. a. O., S. 218.
16 Simon Sebag Montefiore, a. a. O., Pos. 5164.
17 Roland Kratzer, a. a. O., S. 101.
18 Simon Sebag Montefiore, a. a. O., Pos. 8558.
19 Ebenda, Pos. 8573.
20 François Fejtö, a. a. O., S. 347.
21 Karl Gutkas, a. a. O., S. 442.
22 Ebenda, S. 445.
23 Barbara Sternthal, Christiane Druml und Moritz Stipsicz (Hg.), a. a. O., S. 19.
24 Die Audienz ist beschrieben bei Frank Vorpahl: *Der Welterkunder. Auf der Suche nach Georg Forster*. Berlin 2018, S. 23. Zitat aus Wolfgang Häusler: Das Nachleben Joseph II. In: *Österreich zur Zeit Kaiser Josephs II.* Ausstellungskatalog, a. a. O., S. 282.

Epilog

1 Derek Beales, a. a. O., Bd. 1, S. 242.
2 Siehe: https://de.wikipedia.org/wiki/Reisen_Josephs_II.
3 Derek Beales, a. a. O., Bd. 1, S. 251 (Übers. M. Cz.).
4 Vgl. François Fejtö, a. a. O., S. 337.
5 Vgl. Pieter M. Judson, a. a. O., S. 77.
6 *Österreich zur Zeit Kaiser Josephs II.* Ausstellungskatalog, a. a. O., S. 220 ff.

7 Barbara Stollberg-Rilinger: *Die Aufklärung*, a. a. O., S. 230.
8 Vgl. Pieter M. Judson, a. a. O., S. 21.
9 Hans Magenschab, a. a. O., S. 275.
10 Vgl. François Fejtö, a. a. O., S. 392.
11 Johann Alexander Ritter von Brambilla, a. a. O., S. 31 ff.
12 Pieter M. Judson, a. a. O., S. 115.
13 Zit. nach Adam Zamoyski: *Phantome des Terrors. Die Angst vor der Revolution und die Unterdrückung der Freiheit. 1789 –1848*. München 2016, S. 22.
14 Ebenda, S. 21.
15 Vgl. Dominic Lieven: *Abschied von Macht und Würden. Der europäische Adel 1815–1914*. Frankfurt am Main 1995.
16 A.J.P. Taylor, 1964.
17 C. A. Macartney (Hg.) *The Habsburg and Hohenzollern Dynasties in the Seventeenth and Eighteenth* Centuries. London 1970.

Quellen

1 Derek Beales, a. a. O., Bd. 1, S 243.

Personenregister

Ortsregister

T

V

W

Z

NORDSEE
KGR. DÄNEMARK
KGR. GROSSBRITANNIEN
Amsterdam
Rep.D. Verein. Niederlande
Rotterdam
Ostende
HEILIGES RÖMISCHES REICH
Gent
Österreichische Niederlande
Brüssel
Spa
Leitmeritz
Hohene
Brest
Le Havre
Rouen
Luxemburg
Frankfurt
Paris
Prag
KGR. BÖHMEN
Versailles
Kurpfalz
Nantes
Kfsm. Bayern
Stuttgart
Pisek
Brün
Straßburg
Donauwörth
KGR. FRANKREICH
München
Linz
Lauchringen
Konstanz
Salzburg
ÖSTERREICH
Rochefort
SCHWEIZ
Genf
Bordeaux
Lyon
Mailand
Bayonne
Turin
Mantua
Forli
an Sebastián
Toulouse
Montpellier
Marseille
Toulon
Livorno
Florenz
KGR. SPANIEN
Grzhm. Toskana
KIRCHENSTAAT
Rom
Caserta
Neapel
KGR. NEAPE
MITTELLÄNDISCHES MEER
KGR. SIZILIEN